国家出版基金项目
NATIONAL PUBLICATION FOUNDATION

上海高校服务国家重大战略出版工程

秦汉六朝字形谱

第一卷

臧克和 郭瑞 主编

华东师范大学出版社

圖書在版編目（CIP）數據

秦漢六朝字形譜/臧克和，郭瑞主編. —上海：
華東師範大學出版社，2019
ISBN 978-7-5675-9416-6

Ⅰ.①秦… Ⅱ.①臧… ②郭… Ⅲ.①漢字—古文字—字形—中國—古代②隸書—字形—中國—古代
Ⅳ.①H121

中國版本圖書館CIP資料核字（2019）第132148號

秦漢六朝字形譜

主　　編　臧克和　郭　瑞
策劃組稿　王　焰
項目編輯　張繼紅
裝幀設計　高　山

出版發行　華東師範大學出版社
社　　址　上海市中山北路3663號　郵編 200062
網　　址　www.ecnupress.com.cn
電　　話　021-60821666　行政傳真　021-62572105
客服電話　021-62865537　門市（郵購）電話　021-62869887
地　　址　上海市中山北路3663號華東師範大學校内先鋒路口
網　　店　http：//hdsdcbs.tmall.com

印 刷 者　上海盛通時代印刷有限公司
開　　本　890×1240　16開
印　　張　440.5
字　　數　2243千字
版　　次　2019年8月第1版
印　　次　2019年8月第1次
書　　號　ISBN 978-7-5675-9416-6
定　　價　3300.00圓（全15卷）

出 版 人　王　焰

（如發現本版圖書有印訂品質問題，請寄回本社客服中心調换或電話021-62865537聯繫）

項目支持

華東師範大學教育部重點研究基地學科交叉研究重大項目「AI和VR技術介入的漢字應用體系（2019ECNU-GXJC001）」

國家哲學社會科學基金重大項目「秦漢六朝字形全譜（13&ZD131）」

華東師範大學「雙一流」特別支持專項建設「世界表意文字大數據研發體系建設」

教育部高校人文社科重點研究基地十三五重大項目「漢字文化圈表意文字主要類型數據庫建設及相關專題研究（16JJD740012）」

基於網絡專業大數據字海

表意文字專業大數據研發工作委員會

主任委員：

童世駿

副主任委員（音序排列）：

梅　兵　孫真榮

委員（音序排列）：

顧紅亮　劉志基　嵇渭萍　梅　兵　孫真榮　童世駿　王　焰　吴瑞君　臧克和

主編：

臧克和　郭　瑞

審讀：

朱葆華　羅　順

編委（音序排列）：

白於藍　程玲玲　段　凱　范芮杉　高凱文　和艷芳　黄艷萍　姜　慧　金延河　蘭小燕　李海燕
劉孝霞　樓　蘭　馬　芳　潘玉坤　沈婷薇　孫晨陽　王金沛　肖馨琪　謝國劍　姚美玲　殷有爲
張再興　鄭　婕　鄭邵琳　周　祥　莊舒然　鄒　虎

網絡安全及技術支持：

陳優廣　臧其事

目録

前　言

秦漢六朝漢字斷代調查的時間層次

一、所謂“頂層設計”

面對類型繁多、呈開放性體系的文字材料，如何實現各種關係的有效表達，一直是困擾出版者和閱讀者的問題。完整的秦系、兩漢及六朝字形譜系呈現，應全面揭示秦漢六朝漢字演變，即針對漢字隸變以來繁多“開放性”出土文字材料的調查處理、進行符合漢字發展史實際的字形發展演變綫索的復原清理；依靠數據庫系統來實現關於漢字隸變複雜現象的文獻、語言及文字研究角度的有效關係表達，而不是簡單在汗牛充棟的簡牘文字編、碑別字編裏再平面堆疊字形爲“彙編”“全編”“大系”之類。

針對上述總體問題和研究物件，各類出土文字材料調研和複雜關係的有效表達，構成本課題基本研究内容。

根據上述研究内容，系統整理秦系、兩漢及六朝簡帛石刻等“海量”書寫文字材料，實現文獻研究視角的字形考察（在實現出土簡帛石刻器銘釋文全文檢索基礎上，進行釋文的斷代、載體、内容分類標注）、語言研究視角的字形考察（通過對資料庫中出土簡帛石刻器銘釋文的語言標注來完成，即秦漢六朝文字語料庫）、文字研究視角的字形考察（通過對資料庫中釋文用字的窮盡性文字屬性標注，及文字原形拓片逐字切分來完成，即秦漢六朝文字屬性庫）；秦漢六朝出土文字屬性庫及相關歷史字彙數據庫加工整合，基於標準化意義數據庫平臺體系，篩選排比發布出體現漢字發展史綫索的《秦漢六朝字形譜》圖表。

所謂“有效關係表達”，就是考慮到紙媒的空間局限，秦漢六朝出土文字全部字形以及各種時代材質等關係，在紙媒上同時呈現有很大困難，即使有所選擇也以規模過大，影響使用效率，造成資源浪費。課題設計的《秦漢六朝字形譜》將以紙質版和網絡版結合使用的形式發布，紙質版使用者同時可以獲得一個網絡賬號和密碼，用以網絡版的查檢（這種紙媒與網絡結合的形式，文字基地重大項目“兩周出土文獻‘語義知識網絡’建設”的研發成果之一“金文語義網絡辭典”等已有成功的範例和經驗）。考慮到本課題的特點，《秦漢六朝字形譜》紙質版所收的每個字形都只是代表字形，代表字形是根據斷代、載體、實際字頻使用、結構類型等因素綜合考慮而確定的，它的確定原則是真實、全面反映字形發展演變層次與關係。《秦漢六朝字形譜》網絡版，不受平面空間的限制，可以通過鏈接的形式實現多種信息的立體呈現。具體形式爲：網絡版的視覺形態與紙質版對應，在相應的位置添加超鏈接。使用者可以通過頁碼或者索引號查詢對應網絡版，點擊網絡版每個字形，即可鏈接該字形所代表的全部字形及相關信息，包括具體語境信息和用字信息；點擊字形下所附器物名稱，可以查詢該器物的文獻屬性信息。

隸變，是秦漢六朝漢字學領域討論最多的術語之一，實際書寫使用過程表明，整個秦漢六朝乃至隋唐五代各個階段，“隸”包含著“楷”，換言之，漫長的術語使用過程中，通常所謂“隸”其實很多情況下就是“楷”等書體。

相對於隸變篆文“解構”過程，草書流行算得上是第二次“解構”，實際討論也非常有限。二次解構打亂了各種結構類型認知模式，包括構成部件可以替代歸併變換規則（草書章程），釋放出成批過渡形體，有的被歷史字彙固定爲“楷化定型”。歷代字彙都是靜態積淀的結果，毋寧説是歷史條件制約的產物，根本無法反映漢字的實際使用情況和異常豐富的演變信息。過渡性形體，是觀察字形變化趨向的關鍵環節，也是構建漢字認知關聯的途徑。因此，努力復原漢字使用歷史過程，特別是恢復解構變異過程所產生的大量中介過渡狀態“字跡”綫索，是實現漢字發展史真實觀察、客觀描寫的主要因素。梳理過渡形體，可以實現將被固定爲靜態的字形，置於動態的使用歷史過程考察，爲漢字的理解提供前所未有的可能性，從而使複雜字際關係定義、各種所謂“疑難字”的辨識，不啻恢復業經失落的聯繫環節、重建認識綫索。中介字跡及過渡形體，對於拓展漢字發展的認知管道具有不可替代的價值。

二、基本體例[①]及取材範圍

（一）取材範圍

本書字形選取材料類型涉及銅器銘文、璽印陶文、簡帛殘紙、石刻文四大類，

[①]基本體例見本書《凡例説明》。

瓦當文、銅鏡銘文、玉石文字、貨幣文字等，這批材料漢字具裝飾性或流通性的材料，文字功能不强，而且比較分散，不涉及此部分材料不會影響展示這一時段漢字字形的發展演變。

1.銅器銘文（7種）

秦漢銅器銘文對描述秦漢時期漢字發展演變脈絡有舉足輕重的作用。根據專家建議，選取2013年12月以前公開出版、圖版清晰、斷代明確，且具較高學術價值的銅器銘文拓本。

(1)《秦銅器銘文編年集釋》（三秦出版社，1990）；

(2)中國社會科學院考古研究所編《殷周金文集成》（中華書局，2007）；

(3)《近出殷周金文集録》（中華書局，2004）；

(4)《近出殷周金文集録二編》（中華書局，2010）；

(5)《新收殷周青銅器銘文暨器影彙編》（臺北藝文印書館，2006）；

(6)《珍秦齋藏金》（珍秦齋，2012）；

(7) 徐正考編著《漢代銅器銘文綜合研究・文字編》（作家出版社，2007）。

2.璽印（9種）

秦漢璽印零散而數量驚人，現有條件下不可能做到完整萃取。該類型大部分内容單一，有些時代標記不明。因此，本書選取2013年12月之前公開出版的，字跡清晰且斷代明確，並被學界普遍認可的材料，輔助描述某些漢字字形的演變軌跡。

(1)《增訂漢印文字徵》（紫禁城出版社，2010）；

(2)《二十世紀出土璽印集成》（中華書局，2010）；

(3)《秦印文字彙編》（河南美術出版社，2001）；

(4)《珍秦齋藏印・秦印篇》（珍秦齋，2005）；

(5)《秦封泥集》（三秦出版社，2000）；

(6)《中國歷代印風・秦代印風》（重慶出版社，2011）；

(7)《中國歷代印風・漢晉南北朝印風》（重慶出版社，2011）；

(8)《歷代印陶封泥印風（秦、漢）》（重慶出版社，2011）；

(9)《漢代官印選》（學苑出版社，2011）。

3. 簡帛（20 種）

秦漢簡帛是本課題開展的第一類大宗材料，截止 2013 年 12 月，公開出版的秦漢簡帛材料就有數十種，但是有的材料發表時間過早，限於當時技術處理非常不清晰，只有釋文而對應的字形卻難以辨認，儘管我們獲悉有些材料已經利用現代紅外技術重新拍照，但尚未公開出版，而現有的課題條件不足以購買獲取這批材料，例如：《龍崗秦簡》（中華書局，2001），原簡本身就不清楚，經拍照處理印刷出版後更加難以辨認；香港中文大學所藏漢簡，儘管出版了光碟，但是所收照片解析度低，很多字形不能清晰辨認。所以此類材料只能捨棄。另外，有些簡牘文獻雖然是在 2013 年後出版的，但是由於具有補充新字的作用，所以也酌情收入，比如《北京大學藏西漢竹書(壹)・蒼頡篇》，新增很多字頭，更真實地反應漢代的漢字情況，所以課題組也進行了數字化處理，收入到本字形譜中。

⑴《睡虎地秦墓竹簡》（文物出版社，1990）；

⑵《天水放馬灘秦簡》（中華書局,2009）；

⑶《關沮秦漢墓簡牘》（中華書局，2001）；

⑷《里耶秦簡（壹）》（文物出版社，2012）；

⑸《天水放馬灘秦簡》（甘肅省文物考古研究所，2009）；

⑹《湖南嶽麓書院藏秦簡（壹、貳、叁）》（上海辭書出版社，2010、2011、2013）；

⑺《敦煌漢簡》（中華書局，1991）；

⑻《武威漢簡》（文物出版社，1964）；

⑼《居延新簡—甲渠候官》（中華書局，1994）；

⑽《長沙馬王堆漢墓簡帛集成》（中華書局，2014）；

⑾《銀雀山漢墓竹簡（壹、貳）》（文物出版社，1985、2010）；

⑿《尹灣漢墓簡牘》（中華書局，1997）；

⒀《張家山漢墓竹簡（247 號墓）》（文物出版社，2001）；

⒁《額濟納漢簡》（廣西師範大學出版社，2005）；

⒂《長沙東牌樓東漢簡牘》（文物出版社，2006）；

⒃《肩水金關漢簡（壹、貳、叁）》（中西書局，2011、2012）；

⒄《北京大學藏西漢竹書（貳)》（上海古籍出版社，2012)；

⒅《北京大學藏西漢竹書(壹)》（上海古籍出版社，2015)；

⒆《長沙走馬樓三國吴簡・嘉禾吏民田家莂》（文物出版社，1999年)；

⒇《長沙走馬樓三國吴簡・竹簡（壹、貳、叁、肆)》（文物出版社，2003，2007，2008,2011)。

4.石刻（16種）

秦石刻除了石鼓文之外，其他多爲後世摹刻，如：詛楚文、嶧山刻石等，增加新字頭新字形的予以酌情收入。本課題主要選取2013年12月之前公開出版的秦漢、六朝石刻材料中字跡清晰的拓片。原石漫滅、拓片模糊者只能捨棄。

⑴《石鼓文》；

⑵《秦公一號大墓殘磬》；

⑶《秦駰禱病玉版》；

⑷《懷後磬和明瓊》；

⑸《泰山刻石》；

⑹《漢碑全集》（河南美術出版社，2006)；

⑺《北京圖書館藏中國歷代石刻拓本彙編》（中州古籍出版社，1989)；

⑻《西安碑林全集》（廣東經濟出版社，2000)；

⑼《西安碑林博物館新藏墓誌彙編》（綫裝書局，2007)；

⑽《漢魏六朝碑刻校注》（綫裝書局，2008)；

⑾《新中國出土墓誌》[陝西卷、河北卷、河南卷、北京卷、江蘇卷、重慶卷、上海天津卷]（文物出版社，1994—2009)；

⑿《洛陽新獲墓誌》（文物出版社，1996)；

⒀《洛陽新獲墓誌續編》（科學出版社，2008)；

⒁《洛陽新見墓誌》（上海古籍出版社，2011)；

⒂《洛陽新獲七朝墓誌》（中華書局，2012)；

⒃《三晉石刻大全》（三晉出版社，2009—2012)。

此外，課題組還參考了王輝主編《秦文字編》（中華書局，2015)，陳松長編《馬王堆簡帛文字編》（文物出版社，2001)，徐正考編《漢代文字編》（作家出版社，2016)，毛遠明編《漢魏六朝碑刻異體字典》(中華書局，2014）等，對所收入字頭字形進行了對照補充。

（二）調查統計數據

按課題組所研製《秦漢六朝出土文獻文字資料庫》統計給出基本數據如下：

⑴各類文獻錄入文字總量約 135 萬字，其中分類：簡帛文字約 70 萬字；石刻文字約 58 萬字；璽印金文等約 7 萬字。

⑵去除模糊殘缺的字形，切割圖片字形 87 萬多張（簡帛圖片約 35 萬張，石刻圖片約 45 萬張，璽印金文等約 7 萬張)。

⑶經過代表字形篩選後得字形圖片 81590 多張：秦文字字形圖片 11700 多張（金文約 2000 張，璽印 2500 多張，石刻 1100 多張，簡牘 6100 多張)；漢代文字字形圖片 42000 多張（石刻 7800 多張，簡帛 18400 多張，璽印 12500 多張，金文 3300 多張)；六朝文字字形圖片 27000 多張（石刻 21000 多張，簡牘 1700 多張，璽印 4300 多張)。

⑷去重後所得單字 8100 多個：秦文字單字 3100 多個；漢代文字單字 6080 多個；六朝文字單字 5300 多個。

三、關於字形標注體系的實際處理

（一）中介過渡

各個歷史時期斷代各類文字調查，根本上來説有兩項任務：一是單位歷史漢字的認知識别，一是整個漢字體系的使用情况（結構變化、字頻消長、書體類型及書寫方式的演變等)。前者也包含兩個互相聯繫的方面：首先是找到該時期所使用字形結構與歷史上業已使用過的字形結構存在的聯繫，以及屬於何種聯繫；其次是辨識屬於該時期特有的“新出字”。歷史漢字的認知識别，其實就是找到歷史上曾經存在過的種種關聯，否則，所識别對象就等於宣布爲“死字”。由此可推導出兩點結論：斷代漢字分類認知調查，主要的工作就是找到並恢復歷史的認知關聯綫索；即使所謂“死字”，在相當程度上也屬於認知聯繫綫索的潛隱失落，有待於補綴建立而已。真正屬於“前不見古人，後不見來者”的“戛戛獨造”情況，其實在各個歷史階段都是比較例外而罕見的。

至於整個漢字體系的使用情況，歷史地觀察，各個時期漢字體系代代傳承；就其功能考察，各個時期使用的漢字體系又是自洽的。或者說，下面情形就是一種客觀存在：在歷時的漢字體系裏結構變異存在問題，諸如引發種種字際關係的糾纏；但是，在一個斷代的文字體系裏結構變異則是成立的，並無礙信息交流。這個調查結論，再明白不過地顯示：漢字書寫的基本單位，無論怎樣演變，各個歷史時期都基本相同；漢字體系，無論怎樣發展，各個歷史時期都是統一的。

基於此，課題調查過程中，使用了“中介過渡”這一術語，試圖真正貼近材料繁多類型豐富而字體演變劇烈的秦漢六朝各個歷史階段漢字發展實際。《中國文字發展史》關於“過渡性形體”作了如下定義：[①]

所謂過渡性形體或曰中介性字跡，主要是指文字在楷化過程中，由於漫長變異過程複雜影響因素帶來形體分化，最終形成跟原形字迥乎有别的形體；而且有的變異結構甚至被字彙固定爲另外的字，獲得了獨立地位，就是中斷並失去了聯繫：這其間的變異形體，都可以算得上是過渡性形體或曰中介性形體。像下面提到的例子，在{旌-旍-旂}異體組，從{旌→旂}，旂之於旌，乍瞥初觀，結構相隔已遠；而中間旍形從“全”構造，“生、全、令”楷化輪廓庶幾近似。如此，旍形就構成{旌→旂}的中介聯繫環節。這個環節，作用爲過渡。已知條件爲{旌=旍}，又因{旍=旂}，那麼{旌=旂}。

在長期使用和發展過程中，相對於最終爲六朝到唐宋之際字彙所固定下來的字形，大量變異形體只起到了過渡性或曰中介性作用，爲了調查統計的方便，這裏暫擬爲“過渡性形體”。歷史地看，每個被實際使用過的形體，都已成爲凝固的客觀存在，本無所謂“過渡”；而相對於歷史字彙的靜態貯存，大量實際使用過程的字形則是被忽略的，充其量只是某種“過渡”階段產物。字彙所貯存的形形色色的異體字，甚至呈現爲所謂的“疑難字”，種種字際關係，往往就是由“過渡性形體”使用發展的結果。

[①]臧克和主編：《中國文字發展史・隋唐五代文字卷》，華東師範大學出版社，2015 年，第 60 頁、第 67-84 頁）。

若易簡之以公式，表述可轉換爲：已知 A=B，且存在 B=C 條件，則有 A=C。如此，下面異體組悉可套用：在{滑--惑}中，已知{滑==}，又因{=惑}，則有{滑=惑}。在{鑄--}中，已知{鑄=}，又因{=}，則有鑄=。在{浣--涗-�}中，已知{浣=}，又因{涗=涙}、則有{浣=涙}，等等。

“過渡性形體”價值，在於恢復業經中斷的字形結構認知關聯。例如，東漢《説文·我部》所見“義”之於“羛”。其實，秦代《石鼓文》“我”字形體即接近於“弗”形。另外，根據《漢魏六朝隋唐五代字形表·羊部》“義”條列：睡虎地秦簡作，漢簡則有諸形。是知{義-羛}，爲一形之書寫變異所導致分化，中間以{我→弗}爲過渡單位。

過渡性形體調查，理想狀態是限定於具有明確時代關係的一次性寫定文本範圍。如上述關係，斷代調查發現，也是僅見於秦漢之際簡牘字形使用。像《嶽麓書院藏秦簡·占夢書》篇（第 152 頁）第 0102 號正存“吉凶有節，善羛有故”，整理者注[三]，引《字彙補》“羛與義同”，義通俄，奸邪也。羛字在嶽秦簡中具正邪、人名三用，原簡字形從羊從弗作，皆隸定爲“羛”形結構：

第一册用，即羛，與善相對；

第三册第二篇“來歸羛”凡三見，皆作，整理者於本册第 117 頁下注脚[六]解釋“歸羛”爲歸附正義；

第三册第七篇《識劫冤案》“大女子冤自告曰：七月爲子小走馬羛占家訾（貲）。羛當大夫建”（第 153 頁 108 號正），爲人名之用，本篇尚有“冤産羛”“與羛同居”等數處，本册第九篇《同、顯盜殺人案》亦見數用“歸羛”（第 179 頁），皆寫作。

要之，該批秦簡用“羛”字而不見“義”形，堪稱秦代該類文獻一個書寫特點。按第一册“善羛”相連相對，是善邪連屬，以善即正直也。羛義一字之過渡分形，“弗”即“我”形之扭曲，中間存在過渡中介形態，基本上就是見於秦漢之際。前後，則若兩不相犯者。[①]

（二）隸變與草寫，使得該歷史時期各類出土材料處理，隨時都會遇到字際關係識別與處理的若干實際問題。

1. 異體字處理[②]

原來的思路是把異體字單獨作爲字頭，材料處理過程發現，這樣處理雖然字表編次方便但對於使用者會帶來許多麻煩，最後採取將其放入正字之中，具體作法是：

○許慎《説文》中的重文大都作爲異體字來處理。

○凡是能確定其爲異體字者（古代字書中有標注等）亦作爲異體字處理。

○凡是不能確定其爲異體字者，則單獨列爲字頭。

利用資料庫處理該時期字形使用相對混亂的材料過程中，易發生的問題是：

○把不是異體字的字作爲異體字來處理了。

○把異體字作爲非異體字來處理了。

○俗字作爲異體字的一個類型也會存在上述問題。

2. 通假字問題

通假字與異體字性質不同，它與本字是不同的兩個字，不能收入本字之中。由於該時期簡牘石刻材料字形使用情況比較混亂，易產生通假字誤收入本字條目之下的情形。

（三）原材料釋文

由於原材料原有釋文情況比較複雜，錯誤叢生，材料收集，往往會反映到字形表中來而產生錯誤。

---

① 臧克和等編著《實用説文解字·我部》“我”“義”二字，從中摘列部分出土書寫結構以便與小篆對照：犾，甲骨金文簡帛石刻，狀，古文我。犺，金文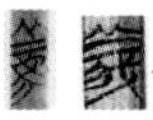簡牘古璽漢印。《丿部》“弗”部分出土書寫與小篆對照：犖，金文簡帛石刻。上海古籍出版社，2012年，第393頁、396頁。

② 本報告所使用“異體字”等術語，參見《中國文字發展史》“前言”總結部分，華東師範大學出版社，2015年。下同。

（四）字形選取

1. 字形選取不典型、不全面。一些能夠反映文字真實表現形態的字形没有選取，尤其是草書、草寫文字。

2. 在文字材料充分的條件下，儘量選擇字形清晰的文字；只有在文字材料缺少的情況下，即使字形不夠清晰也保留。

（五）認同合併

某個特定時段出現的異體字，一般合併至《説文》相對應的字頭下，如：

祕、秘，合併於“祕”字下。《説文》：祕，神也。從示必聲。六朝石刻多見“秘”字，其中“”見北魏盧令媛誌“秘書監”；“”見北周崔宣靖誌“去來秘省”。因爲示、禾兩個構件隸變草化形體相近而混用。

初、初合併於一個字頭“初”之下。“初”字，在秦漢六朝出土材料中還使用字形 “”見北魏蘇屯誌“爰初釋褐”。兩者記詞功能相同，ネ、衤混同，歸於“初”字頭下，不再單列“初”字。

㓛、功合併於“功”字下。，見於北魏侯剛誌“封當其功”，秦漢六朝出土文獻存在刀、力偏旁混用現象。

跡、迹合併於“迹”字下。《説文》無“跡”字。

逳、遞合併於“遞”字下。《説文》無“逳”字。

遍、徧合併於“徧”字下。《説文》無“遍”字。

歕、噴合併於“噴”字下。“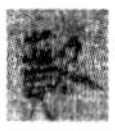”見漢簡馬貳・77_169/156“歕（噴）鼓三曰”；“”，見馬貳・70_52/52“噴者虞噴”。

又如，“商”和“商”合併於“商”字下，符合“商”在秦漢六朝某些出土文獻中實際使用的情況。“商”往往被當作是説文小篆“”的一個隸定字形，另一個是“啇”。如“”隸定爲“摘”，“”隸定爲“擿”。但是對照秦漢六朝出土文獻實際使用，“商”實爲“商”字異體：“”見東魏元悰誌“商人罷市”；“”見北魏趙謐誌“族興夏商”。

又如，“禮”“礼”異體，列於《説文》小篆和重文之後。“礼”字據《説文》

重文“𠃊”隸定，“”類似這樣的字形也歸入“礼”字。通過合併羅列，可以建立兩者使用的時代坐標，“礼”字在秦漢時期的金石和簡帛文獻中用例並不是很多，僅 3 例都見於漢碑，秦漢簡帛材料中無“礼”字，都是用“禮”字。六朝時期“礼”字使用增多，有 302 例，“禮”字六朝文獻用例 362 例，兩字在六朝時使用較爲均衡。這是從字頻使用實際方面考慮字頭分合的情形。

另外，《説文》列入重文的對應字形，儘管在具體使用中已經不存在完全對應的記詞功能，但是依據《説文》收字情況合併一起。如：《説文》：“西，鳥在巢上。象形。……棲，西或从木妻。”兩字秦漢六朝文獻中各自承擔不同的記詞功能，本表遵照《説文》排字形式，統一放在一起。

（六）字頭分列

字形結構發生改變，且在漢字實際使用過程中記詞功能不完全相同的字形，一般分列字頭處理。例如：

“珮、佩”分列。“”見北魏鮮于仲兒誌“禮躬是珮”；“”見北齊高百年誌“玄珮徐響”。《玉篇》：“珮，玉珮也。本作佩，或從玉。”南北朝出土文獻使用過程中，表意符號替换。本表分列兩個字頭處理。

“璐”和“鏗鏘”記録雙音節結構詞，本表分列。“”見於北魏·元焕誌“華萼璐”。南北朝出土文獻使用過程中表意符號替换。

“饐、噎”分列。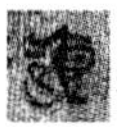，見漢馬貳·65_31/65“上氣饐（通噎）嗌”，饐、嗌並列，屬於通假使用，分列處理。

另外，記詞功能同，但是《説文》分列不同字頭，本書據此慣例，按照字形分列。例如，“爾、尔”分列，“逾、踰”分列，“遲、遅”分列，“待、侍”分列等。

（七）同一字形的分合問題

字形相同，記詞功能不同的情況，一般按照字形統一歸併，然後給出具體語境進行對照。例如：

“祏”，南北朝出土文獻實際使用過程中，“祏”字至少存在三種不同使用場合：

，見北魏元肅誌“莊皇幽執，宗祏無主”，該語境當中，所用爲“祏”本字。

，見北魏元弼誌“君祏緒岐陰，輝構朔垂”，該語境當中，所用實際爲“袥”字變異形體。

，見北魏李林誌“皇帝開祏四方，博引才彦”，該語境當中，所用實際爲“袥”字變異形體。

《説文・衣部》：“袥，衣衸。”段注：“袥字引申爲推廣之意。……今字作開拓。”《玉篇・衣部》：“袥，廣大也。”

《説文・示部》：“祏，宗廟主也。”

像這樣的情況，本資料庫和字表依據《説文》的原則，將三個形體都歸入“袥”字，並給出相應的使用語境。

四、草寫與楷化：秦漢六朝漢字體系演變狀況觀測

漢字發展史斷代調查表明，在戰國秦漢六朝漫長的草寫過程中，漢字實際上經歷了兩次解構：其一是篆文的隸變，其二是楷法的易簡。第一次解構，注意者衆多，調查研究課題非常集中。第二次解構主要發生於草書流行過程中，構件可以重新歸併，串通變换；有的筆順，可以變换書寫方向，在一定程度上建立了新的區别機制，釋放出成批的過渡性形體，極少量部分被固定爲“定型楷字”，海量的字跡則僅僅形成“中介字跡”。相對於篆文的隸變，草書所帶來的楷書結構認知干擾，一向並未引起相關調查者關注。草書流行過程中，等於是又一次打亂了各種結構類型，轉换了認知區别模式。不僅是簡寫，包括構成偏旁重新形成一整套化簡、替代、歸併、變换等區别與認同規則。例如，臣、足等胥歸“訁”旁（“足”形獨立使用，在乙符上部加“、”筆；作構件使用，連筆成“訁”旁），遂使路、臨諸字，偏旁一律，胡越遂成肝膽，南轅等同北轍。[1]

（一）草寫與楷化涵義[2]

草寫，就是指文字的潦草寫法。草寫與草書是不同的兩個概念，草寫是一種

[1] 草書流行對整個楷字書寫體系帶來的“解構”影響，參看臧克和：《漢字認知器的研製》，《杭州師範大學學報（社會科學版）》2018 年第 3 期，第 119—128 頁。

[2] 朱葆華：《中國文字發展史・秦漢文字卷》第一章，華東師範大學出版社，2015 年。

書寫方式，其特點是快速、潦草、不講求規範。草書則是一種書體。每一種書體都有規範的寫法和潦草的寫法兩種情况，往往是正式的場合採用規範的寫法，非正式的場合或者是應急之時就會用草寫。篆書、隸書、楷書都有草寫，其實草書也有草寫和規範的寫法兩種書寫形式。東漢趙壹《非草書》中提到當時寫草書的人給朋友寫信時説，因爲信寫得匆忙，所以不能用草書來寫了（適迫遽，故不及草），趙壹感到不解（其實現在的人更是不解）：“草本易而速，今反難而遲，失指多矣！”這只能説趙壹對草書不甚瞭解。跟其他書體相比，草書可以説是“易而速”，但要寫規範的草書，有時確實是“難而遲”。“易而速”與其説是草書的特徵，倒不如説更是草寫的特點，規範的草書有時“易而速”，有時“難而遲”，這是跟草寫的不同之處，現在有許多人跟趙壹一樣將漢字的“草寫”與“草書”混爲一談了。

楷化，是指漢字的規範化和定型化。楷，有楷模、典範、法式的意思。《禮記·儒行》：“今世行之，後世以爲楷。”唐代孔穎達疏：“楷，法式也。”趙壹《非草書》：“皆廢倉頡、史籀，竟以杜、崔爲楷。”一種書體從舊的書體脱離而演化爲一種新的書體的過程，是從不定型到定型、從不規範到規範的演變過程，這個過程及其結果就可以稱之爲楷化。因此，楷化和楷書不是一回事兒。楷書是一種書體，是其前代書體（隸書）由草寫到楷化的結果。楷化不僅僅限於楷書的規範化和定型化，任何一種新産生的書體都有一個楷化的過程。篆書、隸書、草書都有楷化的過程。以章草爲例，章草是從隸書的草寫中演變而來的，如果没有楷化這一環節，那它只能停留在“草寫”的階段，不能形成一種新的書體—草書。如“爲”字在西漢有許多寫法，以居延新簡爲例：、、、，這四種寫法皆爲草寫，但没經過楷化，所以不能算作真正意義上的草書。只有在其定型化、規範化以後，寫法相對固定了，才能稱之爲草書。武威漢代醫簡和敦煌馬圈灣木簡中“爲”的寫法基本定型，完成了由草寫到楷化的過程：、，我們認爲這是草書“爲”的寫法。

草寫的目的是爲了提高書寫速度。提高書寫速度表現在兩個方面，一是提高運筆的速度，二是對漢字的結構進行簡化。顯然，草寫比規範寫法的運筆速度要快很多，運筆速度加快以後，原來的寫法就會發生變化，有時還會出現連筆的情况，如，“有”字，睡虎地秦簡一般寫作，周家臺秦墓竹簡則寫作，因爲寫得快，“有”字上部的“又”由原來的三筆變成了兩筆。再如“左”字，在睡虎地秦簡中寫作，下部的“工”寫成了連筆。

草寫除了提高運筆速度外，另一重要方面是簡化，包括綫條筆劃的簡化和部件結構的簡化。就拿小篆來説，小篆主要是由曲綫和直綫兩種綫條構成的，草寫以後，有時把長綫條變成短綫條，如實字，《説文》小篆作，睡虎地秦簡作，其上部的“宀”綫條明顯縮短；有時把曲綫條變成直綫條，如“年”字，《説文》小篆作，睡虎地秦簡作；把圓轉的綫條變成方折的綫條，如“母”字，《説文》小篆作，睡虎地秦簡作；把原來的兩筆或數筆簡化成一筆，如“未”字，《説文》小篆作，秦關周簡作，“是”字小篆作，西漢馬王堆漢墓帛書作，下部的“止”簡化成一筆。有時甚至打破原來小篆的結構，加以簡化，如“春”字，《説文》小篆作，睡虎地秦簡裏有兩個字形分别爲、，與小篆結構不同。

楷化是對草寫漢字的定型化，是爲了確立一種書寫標準。草寫具有個人隨意性，任其發展下去，漢字的交際功能將會大大削弱，因爲每個人草寫的程度不同，有時某個人寫的字另外的人看不懂，甚至自己也看不懂（史書上有這樣的記載）。因此，楷化是漢字發展演變的必然趨勢和結果，是社會和個人在準確傳遞言語信息時所必須遵循的原則。

楷化的特點：

⑴書寫速度均匀平穩。草寫漢字的書寫速度時快時慢，不均匀，書寫者往往隨意而爲；楷化漢字書寫時運筆速度均匀平穩，很少有明顯的起伏變化。我們將同一時代的睡虎地秦簡和里耶秦簡中的文字加以對比即可看出。

⑵筆劃（或綫條）分明，不連筆書寫。

⑶字形端正，結體謹嚴。

⑷遵循合理性原則。

⑸具有可複製性。

(6)具有穩定性。

(7)具有社會認同性。

（二）草寫與楷化是影響秦漢六朝漢字體系發展演變的兩個重要因素[①]

漢字由一種書體演變爲另一種書體，要有外因與内因的推動。就外因來説，社會的發展、語言的變化、書寫材料和工具的差異等必然會對文字的存在狀況産生影響。其内因，則是文字自身的書寫變化和結構變化，而草寫與楷化是影響漢字書寫與結構的最重要的因素。漢字由一種書體到另一種書體的演化，往往經歷從草寫到楷化的過程。

對於漢字來説，草寫與楷化既是一對矛盾，又相互依存。一方面，爲了快速便捷的需要，書寫者打破原來規範的寫法，採用草寫；另一方面，草寫超出共同認知的範圍以後，就需要楷化。這是矛盾的，但它們又不能分離，漢字往往是在草寫—楷化—草寫—楷化的過程中不斷演進的。這恰恰符合漢字作爲記録語言的符號系統的原則。文字記録語言應遵循快速和準確兩個原則，二者缺一不可。草寫意味著快速，楷化是爲了準確。文字的發展始終圍繞著快速和準確兩個原則來進行的。從漢字發展史上來看，草寫運用少的時候，漢字使用相對穩定，其演變的速度就會放慢；草寫運用多的時候，漢字的穩定性就會被打破，其發展演變的速度就會加快。漢字的使用權最初掌握在少數貴族統治者手中，可以稱之爲廟堂文字——一種被神聖化了的文字。甲骨文主要用於貴族統治者的占卜記事；西周金文是刻鑄在青銅器上的文字，這些青銅器勞動者無權享用。廟堂文字的特點是規範嚴謹，一絲不苟。在這種場合，漢字草寫的情况就比較少。因此，西周以前漢字草寫的現象不多見到（並非没有）。當文字走出廟堂，注重實用以後，草寫的現象就多了起來。春秋戰國以後，諸侯紛爭，文字已不再被貴族統治者所獨享，同時，由於“庶務繁多”，文字的交際功能日趨重要，規範認真的寫法難以應急。如某些利益集團臨時爲某事締結盟約，需要馬上將誓詞記録寫下來，這時書寫的文字就不會像西周金文那樣宛轉悠揚，從容不迫（如侯馬盟書）。爲了應急的需要，草寫的現象就多起來了。

草寫是爲了省事功、趨簡易，必然會對原來漢字的結構或者某些部件甚至書

[①]朱葆華：《中國文字發展史・秦漢文字卷》第一章第二節，華東師範大學出版社，2015年。

寫方法造成影響，時間一長，原來文字的根基就會動摇。隸書、草書、楷書的出現都與草寫有直接的關係。認識到這一點，對闡釋某種書體出現的原點是非常重要的。但是，只有草寫是完不成漢字從一種書體到另一種書體的演變的，書體演變的最終實現是楷化。

草寫是漢字的一種散漫狀態，這種狀態不能維持長久，當其交際功能削弱時，就會確定統一的標準，使其定型，這就是楷化的作用了。就書體而言，每一種書體的標準狀態都是其楷化後的狀態，换言之，没有經過楷化而處於草寫狀態下的文字有時很難確定其書體類型。因爲草寫狀態下的文字是不穩定的，往往因人而異，具有明顯的個性特徵。只有當經過楷化後，文字處於一種相對穩定的狀態，其書體類型才得以確認。

像居延新簡裏的部分文字，實際上很難確定它是隸書、草書還是楷書，或者説，它們既像隸書又像草書、楷書，因爲它們是出於草寫的狀態（參見後附圖版）。

草寫與楷化的對立統一，在秦漢時期表現得尤爲明顯。先秦時期，尤其是春秋以前，漢字的草寫現象比較少。春秋以後，隨著中央集權制的不斷削弱，諸侯力政，不統於王，文字的神秘性不斷削弱，實用性日益突出，草寫的現象越來越多。秦漢時期，一方面庶務更加繁多，草寫的運用更加普遍；另一方面國家統一，文字的規範化不斷加强，楷化的力量也在增加。漢字就這樣在草寫、楷化、再草寫、再楷化的矛盾衝突中向前發展著。漢字的幾種主要書體小篆、隸書、草書、八分、楷書紛紛在這一時期遞相出現。這充分顯示了草寫與楷化對漢字發展演變的重要影響。

（三）秦漢簡牘石刻材料呈現了豐富的隸變草寫楷化過渡層次[①]

1. 篆書—古隸

小篆《説文》叓，《里耶》作 ；

小篆《説文》亊，《里耶》作 ；

小篆《説文》㠯，《里耶》作 ；

小篆《説文》秊，《里耶》作 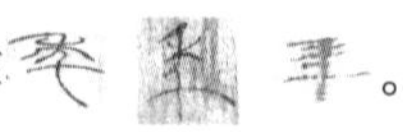。

[①]朱葆華：《中國文字發展史・秦漢文字卷》第一章第二節，華東師範大學出版社，2015 年。

以上數例，《說文》是其篆書的規範寫法，《里耶秦簡》中的第一個字形也是篆書，只是寫法較潦草，第二乃至第三個字形則是其隸書的寫法。

2. 古隸—八分

古隸是指漢初以前的隸書，這裏所用的材料主要有《睡虎地秦簡》(簡稱《秦睡》或《睡》)，《里耶秦簡》，《馬王堆漢墓帛書》(簡稱《馬》)，《張家山漢墓竹簡》(簡稱《張》)。八分的典型材料是東漢晚期的碑刻文字，以及西漢中期以後的簡牘文字。

須：《睡》作，《里耶》作，《張》作，東漢簡作，東漢《肥致碑》作。

是：《睡》作，《里耶》作，《馬》作，《曹全碑》作。

益：《睡》作，《里耶》作、，《馬》作，《華山廟碑》作。

長：《睡》作，《里耶》作，《馬》作，《禮器碑》作。

3. 秦隸—草隸

睡虎地秦簡和里耶秦簡的隸書對比，即可看出草隸和正隸的區別，見下附表。

楷書	睡虎地秦簡	里耶秦簡
年		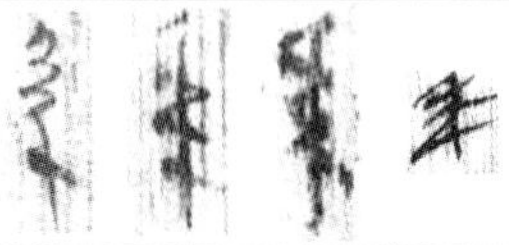
爲		
言		
之	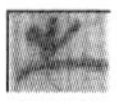	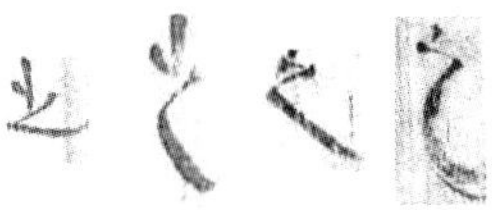
敢	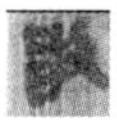	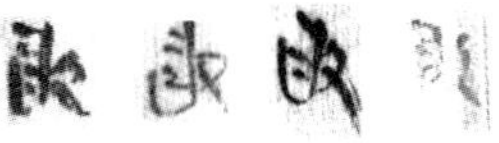

4. 隸草的差等

同樣屬於草隸的類型，不同時期，呈現出不同層次。《嶽麓書院藏秦簡牘》更趨草率，而相對而言，《里耶秦簡》接近秦篆古隸，其使用書體所代表的書寫時代，爲去篆未遠的秦代早期文字，篆意猶存，隸變程度遠較《嶽麓秦簡》爲低。具見《中國文字發展史》第二册《秦漢文字卷》第二章。

參考文獻

①劉志基：《中國文字發展史·商周文字卷》，華東師範大學出版社 2015 年。
②朱葆華：《中國文字發展史·秦漢文字卷》，華東師範大學出版社 2015 年。
③郭瑞、王平：《中國文字發展史·魏晉南北朝文字卷》，華東師範大學出版社 2015 年。
④臧克和：《中國文字發展史·隋唐五代文字卷》，華東師範大學出版社 2015 年。
⑤臧克和：《聯繫的重建》，《中國文字研究》總第 13 輯。又見中國人民大學書報資料中心《人大複印資料·語言文字學》2011 年第 2 期。
⑥臧克和：《過渡性形體價值》，《古漢語研究》2013 年第 3 期。
⑦臧克和：《漢字認知器的研製》，《杭州師範大學學報（社會科學版）》2018 年第 3 期。
⑧臧克和：《書劄·書體·書藝》，韓國漢字研究所《漢字研究》2018 年第 2 期。
⑨臧克和：《中古漢字流變》，華東師範大學出版社 2008 年。

資料庫

華東師範大學中國文字研究與應用中心研發歷代出土文獻文字資料庫。
華東師範大學中國文字研究與應用中心研發歷代字彙韻書資料庫。
華東師範大學中國文字研究與應用中心研發日本所藏唐代漢字抄本資料庫、韓國歷史漢字資料庫。

附錄圖版

居延漢簡

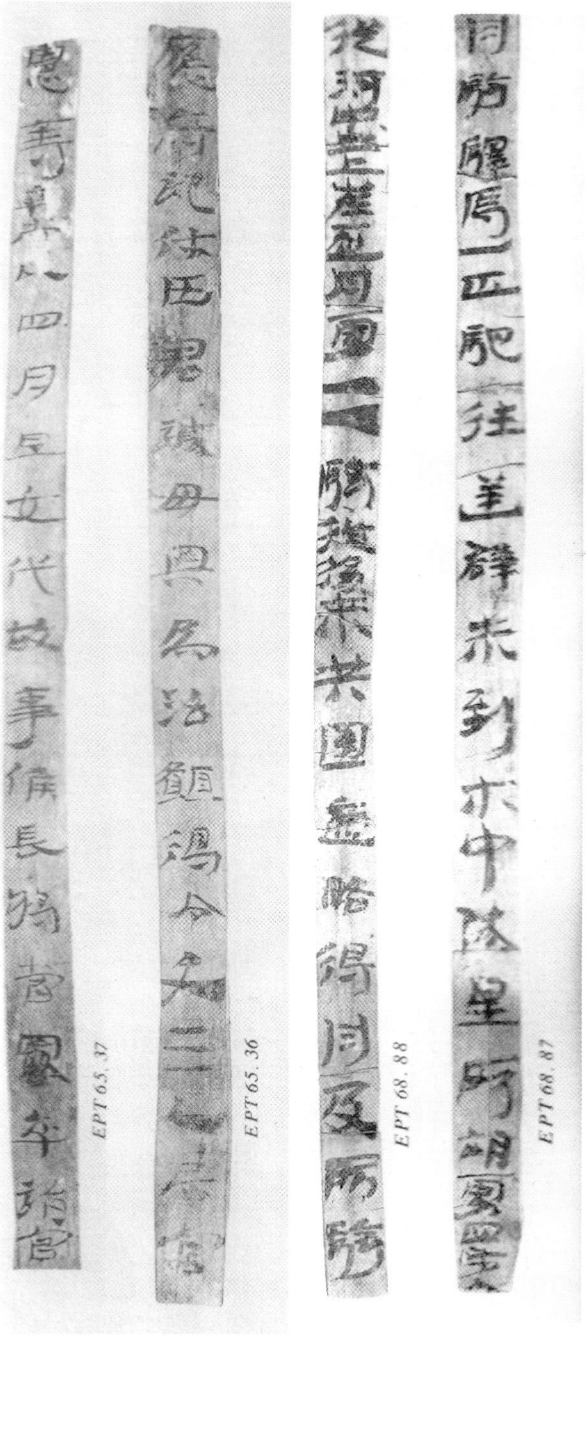

EPT65.37　EPT65.36　EPT68.88　EPT68.87

依次爲睡虎地秦簡、里耶秦簡、嶽麓書院藏秦簡、北大藏漢簡《倉頡篇》

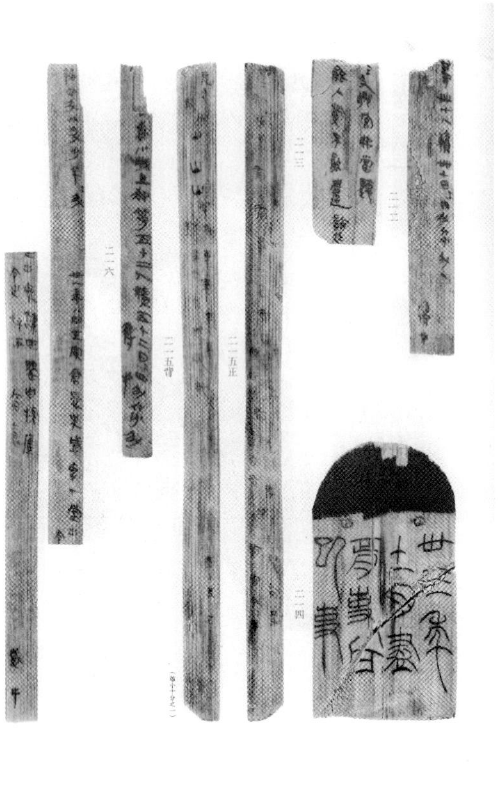

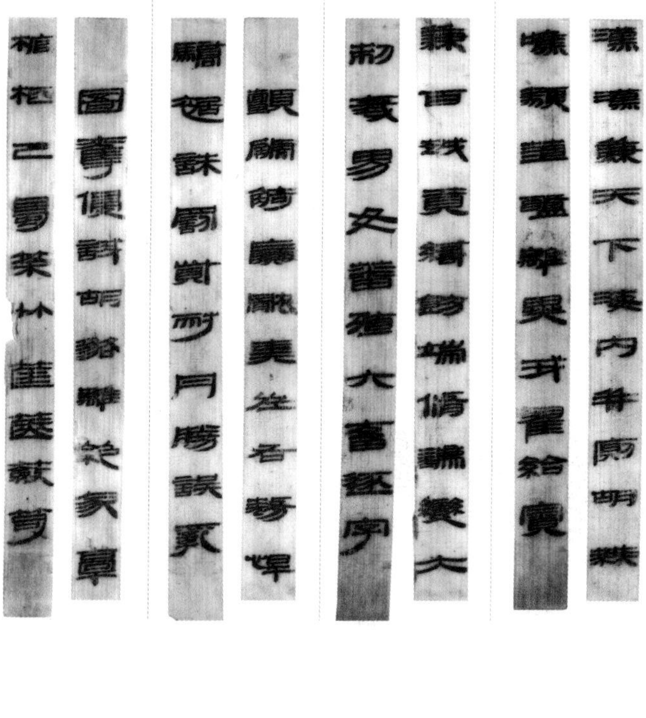

凡例説明

◎字頭

字頭數量的確定。基本原則依照《説文》[1]小篆和重文的結構確定字頭，没有對照出土文獻字形的《説文》小篆或重文，也予以保留字位，因爲《説文》作爲漢代一部經典字書，可以客觀呈現秦漢時期漢字字量情況。本書字頭分爲《説文》有和《説文》無兩部分，《説文》有的字頭以【】標識，《説文》無的字頭以〖〗標識。結構形體和《説文》小篆或重文相同的字形，歸爲《説文》對應的小篆字頭下，結構形體和記詞功能都不能和《説文》小篆或重文找到對應關係的，則認定爲《説文》所無字。

字頭字形的確定。分爲集内字和集外字兩種情況處理。集内字字頭字形選用《説文》小篆或重文結構的隸定字形。如：《説文》："，禱牲馬祭也。"見璽印文"謝坴印信"，本書依據小篆字形選用"坴"字。《説文》小篆""字，依據結構隸定爲"靃"。集外字則采用字符集支持的異體字形代替。

字頭的認同。在秦漢六朝歷史時期記詞功能完全相同，形體不同的字形，本書認同爲同一字位，依照上述原則選擇代表字形作爲字頭。如："初"字，在本書材料中還有字形""見北魏·蘇屯誌"爰初釋褐"，本書歸併於"初"字下，不單列"从示从刀"的字頭。對於字形結構明確對應《説文》小篆，但是實際借用爲他字的字形，我們原則上按照字形結構歸於《説文》對應小篆下。比如："幃謀幄議""爰褰幃作牧"，這兩個字形結構明顯是"从心"，和《説文》小篆""結構相同，儘管根據語境判斷是借用作"幃"字，本書將這兩個字形歸入《説文》小篆的隸定字"愇"下。另外一種情況需要説明，在《説文》體系中作爲重文出現的字形，在後世使用中記詞功能出現了差别，本書仍然依據《説文》體系歸字，在字形先出現具體辭例。如：《説文》："（西），鳥在巢上。……（棲），西或从木、妻。""西"和"棲"兩字後世功能不同，但是遵照《説文》體系，本書還是把兩者的字形聚合在一起。

字頭的别異。分兩種情況處理。一種是在秦漢六朝歷史時期，形體混同但是記詞功能不同的字形，或者是通假現象。本書原則上分入不同的字頭。例如："豐"

---

[1] 參照大徐本《说文解字》，中華書局影印陳昌治刻本，1963年。

字在石刻材料中往往寫作“豊”,《説文》有“豊”，本書根據使用情況分列入“豐”字和“豊”字下。第二種是依照《説文》的小篆和重文字形進行分列字頭，例如：“爾”和“尔”,《説文》分列兩個字頭“爾”“尒”，儘管在秦漢六朝石刻材料中，用法並没有太大的區别，但是全書依據《説文》分列字頭的原則，將二者分屬“爾”和“尔”兩個字頭。

◎字形

清晰保真。字形的圖片盡量選擇字跡清晰可辨的原始拓片切割圖片。原始圖片模糊難辨，且對應語境也無法準確判斷的字形，本書不選。摹本原則上不選用，但是兩種情況例外：第一種是增加新字頭，且是學界公認確定的字形，本書酌情選入；第二種是增加新字形結構，且是學界公認確定的字形，本書酌情選入。字形摹本主要存在於秦文字和漢印中，本書选取王輝主編《秦文字編》（中華書局，2015 年 4 月）和罗福頤、罗隨祖編《增訂漢印文字徵》（紫禁城出版社，2010 年 6 月）所收字形摹本，供使用者參考。

結構原則。字形圖片的篩選，遵照結構差異的基本原則，結構相同的字形選擇最清晰的選入書中。有些能夠體現書寫筆勢特點字形，特别是簡帛類的字形，本書也盡量保留。

時代材質。字形的選擇兼顧時代和材質兩種屬性。不同時代不同材質屬性的字形盡量保留，比如秦漢時期的簡帛，材料種類多，時代跨度長，體現了隸變的過程，本書則盡量照顧到每個時段每種簡帛材料。

◎出處

每個字形右邊給出該字形的出處信息。金文類，出處信息具體到時代、器物名稱。如果有明確斷代信息的，則給出準確的時代信息。具體來説，秦分爲春秋戰國時期的秦國和秦始皇統一后的秦朝，前者以“春秋戰國”作爲時代信息，分别簡稱爲“春”和“戰”，比如：戰晚・十三年少府矛。“戰晚”即“戰國晚期”。後者以“秦”作爲時代信息，如：秦・少府矛。漢代銘文主要選自徐正考《漢代銅器銘文文字編》（吉林大學出版社，2005 年 3 月），出處使用簡稱“漢銘”，並給出字形所出器物。如：漢銘・桂宫行鐙。簡帛類，出處信息具體到簡帛種類

和簡帛編號，簡帛種類一般使用簡稱的形式，本書後《附録四：本書所涉文獻目録》。如：張・脈書 47。“張”即“張家山漢簡”。璽印類，因爲比較零散，所以僅給出著録信息。如：秦代印風。石刻類，給出時代和石刻名稱。如：西晉・成晃碑。

辭例。在字形下給出該字形的辭例，辭例前面用“○”標識。常見字形和在判斷上不會産生歧釋的字形，本書一般不附辭例。字形變異比較大、容易産生歧釋、以及比較生僻的字形，本書都盡量給出辭例，供使用者對照判斷。漢代銅器銘文因爲《漢代銅器銘文文字編》中只有器名，所以本書使用這部分材料也没有附辭例。辭例的長度以能夠準確判斷字形意義爲基本原則，盡量簡短準確。原文語句殘缺的字，本書用“□”代替。辞例中重文符号有两种：“=”主要是出現在秦系文字材料中和簡帛文獻材料中；“々”主要出現在漢魏六朝石刻文獻中。異體字、錯訛字、通假字，在其後的括號内給出規範字或本字。如：

北齊・高湝誌　　　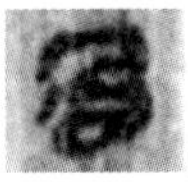睡・日甲《詰》27

○秉喆（哲）宣猷。　　　○不可咼（過）也。

◎編排

字頭：初步統計，《字形譜》全部字頭 13663 個。按照《説文解字》540 部分部，字頭順序依《説文》小篆和重文排列方法編排（含《説文》新附字），《説文》無的字形參照《説文》歸部原則，按照該字的筆劃和筆順，依次排列到相應部首中的《説文》字頭後。

字形：本書收字形約 81590 個，每個字頭下字形按照時間和材料雙重屬性座標進行排列，材料屬性順序爲：金文、簡帛、璽印、石刻，同種材料下再按照時代先後排列。使得字形演變的歷史和材質特點，一目了然，清晰展示秦漢六朝時期漢字的演變軌跡。“合文”本書列於附録部分。

索引：本書附録部首索引（部首筆畫索引、《説文》順序索引）、筆劃檢字表、異體檢字表。

一部

【一】

《說文》：一，惟初太始，道立於一，造分天地，化成萬物。凡一之屬皆从一。

【弌】

《說文》：弌，古文一。

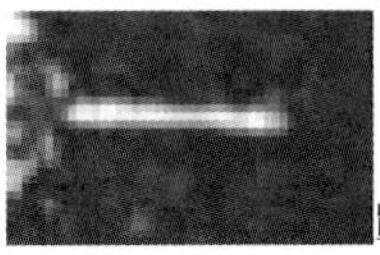
戰晚或秦代・梡陽鼎

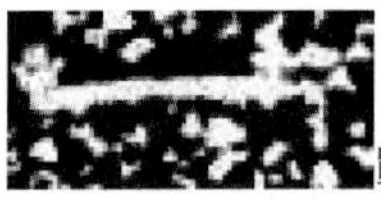
戰晚・上造但車軎

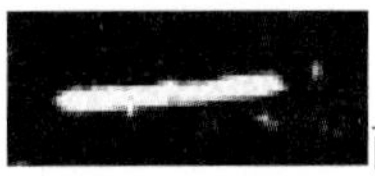
西晚・不其簋

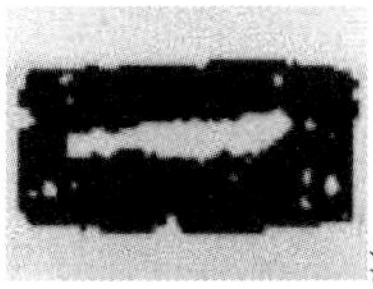
漢銘・承安公鼎一

漢銘・廢丘鼎

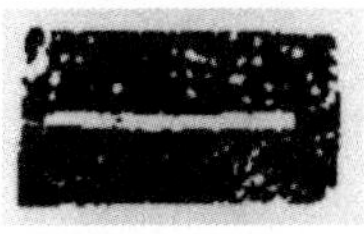
漢銘・第七平陽鼎

漢銘・長楊鼎二

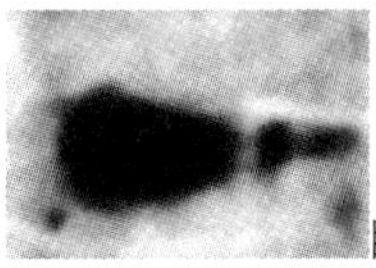
睡・編年記 28

〇廿一年

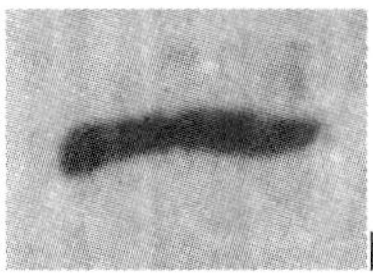
睡・秦律十八種 47

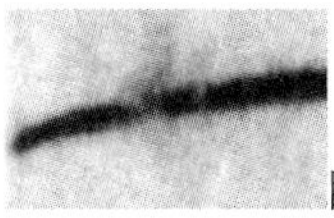
睡・法律答問 129

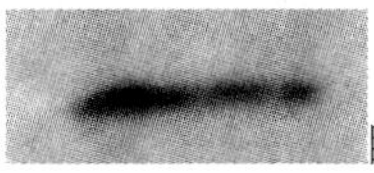
睡・日甲《詰》45

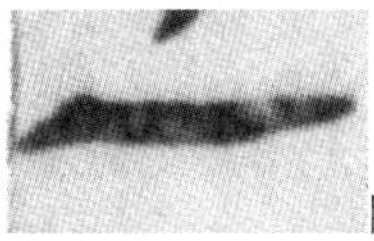
睡・日甲《詰》41

〇三年一室

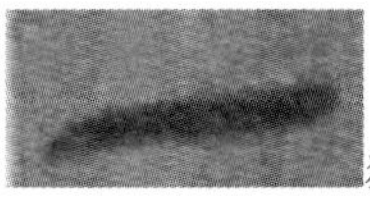
嶽・數 19

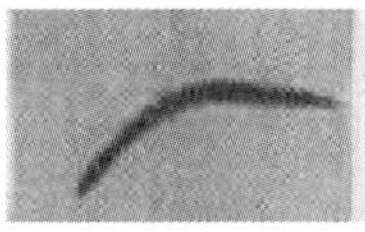
嶽・暨過案 99

〇丹論一甲

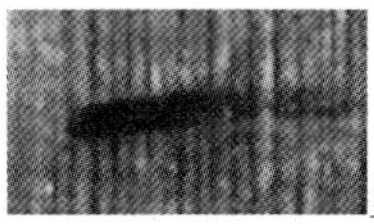
里・第五層 23

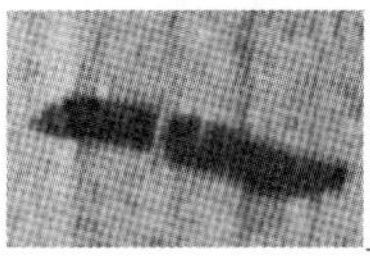
里・第八層 95

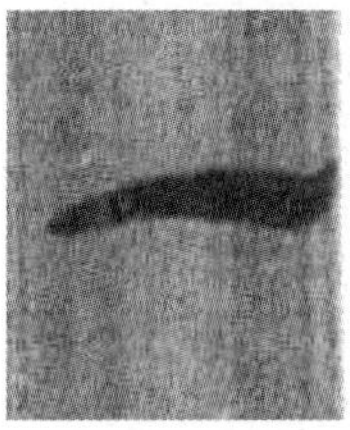
馬貳 271_145/163

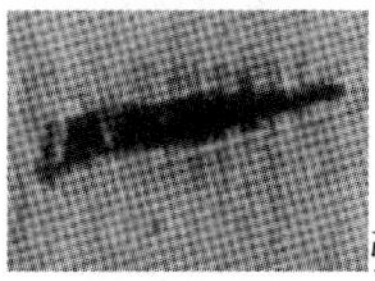
張・賊律 7

張・算數書 9

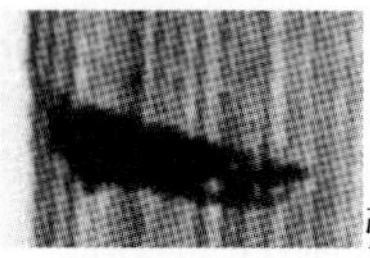
張・遣策 33

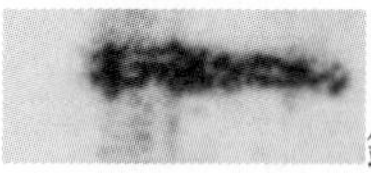
銀壹 943

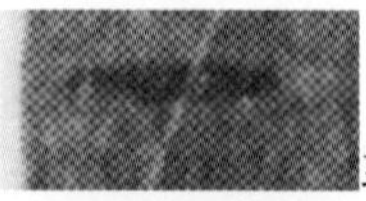
敦煌簡 1050

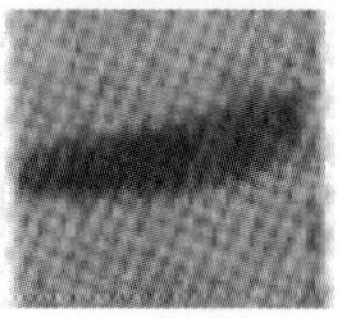
關沮・蕭・遣冊 13

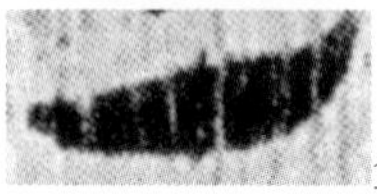
金關 T06:041A

○年十一歲

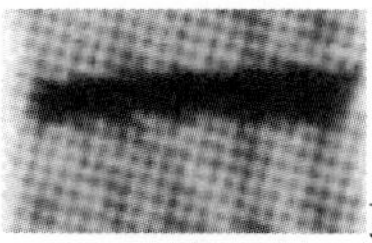
武・甲《特牲》19

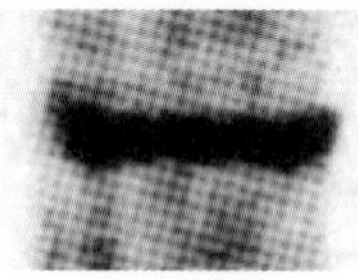
武・甲《少牢》45

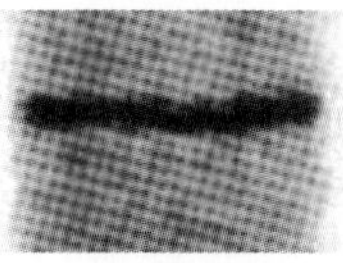
武・甲本《泰射》11

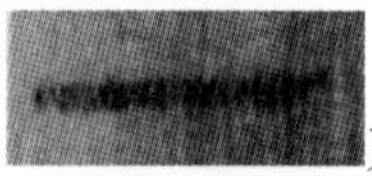
東牌樓 110

北壹・倉頡篇 37

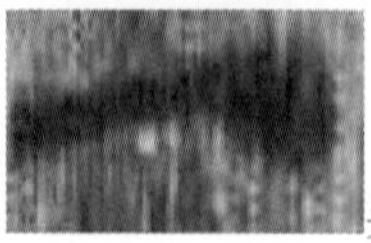
吳簡嘉禾・五・一〇三

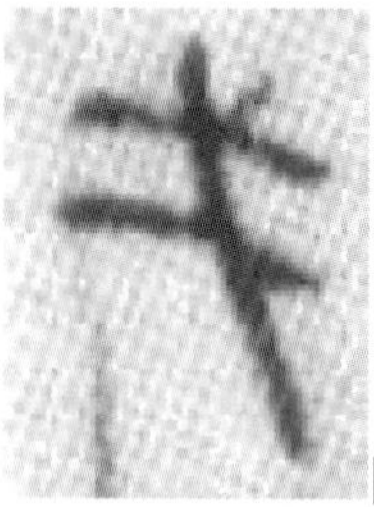
關・病方 367

○日中弌餔

廿世紀璽印三-GP

廿世紀璽印三-SY

歷代印匋封泥

○八月一置

漢晉南北朝印風

歷代印匋封泥

○一慈

漢印文字徵

柿葉齋兩漢印萃

○一紀私印

廿世紀璽印四-SY

○大一三府

秦代印風

○樂弌

漢晉南北朝印風

○尹弌私印

石鼓・馬薦

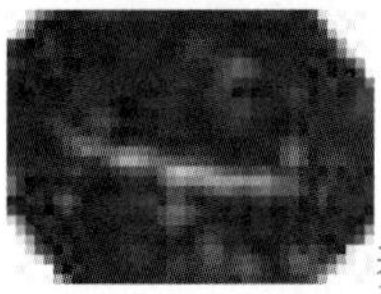
秦・明瓊

東漢・朝侯小子殘碑

東漢・司徒袁安碑

東漢・孟孝琚碑

東漢・肥致碑

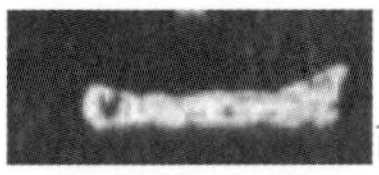
西晉・司馬馗妻誌

東晉・高崧妻誌

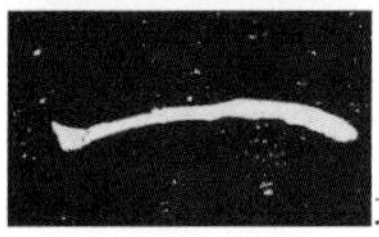
北魏・王僧男誌蓋

北魏・謝伯達造像

【元】

《説文》：元，始也。从一从兀。

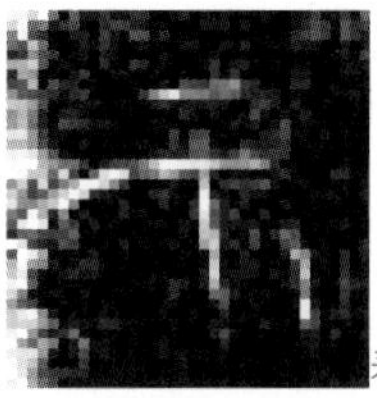
春早・□元用戈

○□元用戈

春早・秦子矛

○公族元用

春晚・秦公簋

○西元器

春早・秦子戈

○中辟元用

春早・元用戈

○元用

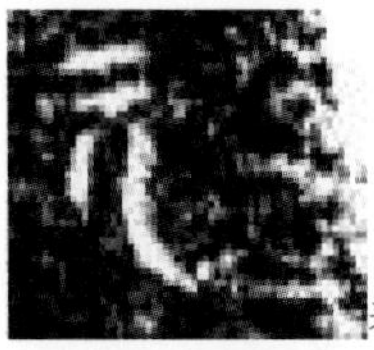
春早・秦子戈

○公族元用

秦代・元年詔版二

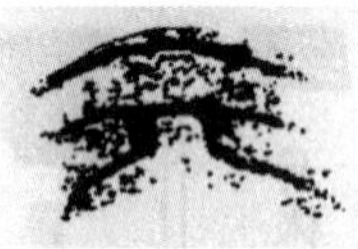
漢銘・永元十三年洗

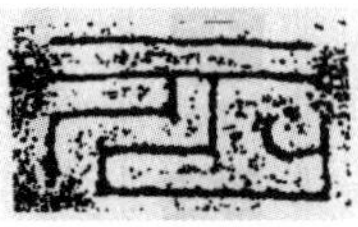
漢銘・元和四年洗

漢銘・建始元年鐙

漢銘・綏和鴈足鐙

漢銘・長安鋗

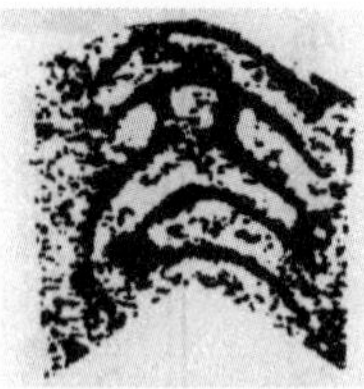
漢銘・永元十三年堂狼洗

漢銘・林光宮行鐙

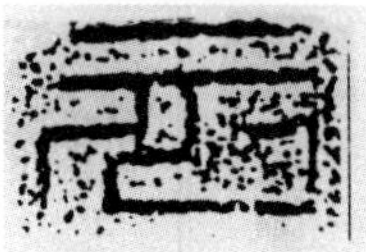
漢銘・永元二年堂狼造洗

漢銘・永和元年洗

漢銘・信都食宮行鐙

漢銘・臨虞宮高鐙三

漢銘・萬歲宮高鐙

漢銘・漢安元年洗

漢銘・長安下領宮高鐙

漢銘・苦宮行燭錠

漢銘・上林量

漢銘・承安宮鼎一

漢銘・新一斤十二兩權

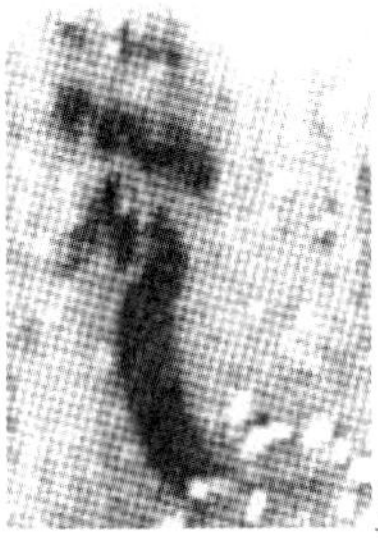
里・第五層 1

○元年

里・第六層 3

○元年端月

里・第八層背 738

○元□

馬壹 3_6 上

馬壹 146_62/236 上

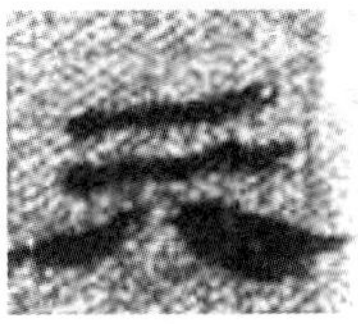
馬貳 32_16 上

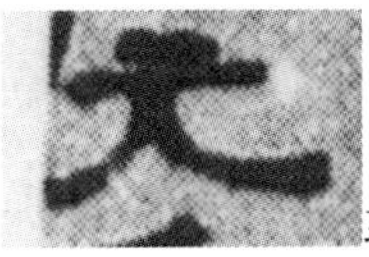
敦煌簡 1859

金關 T24:022

○建國元年

武・王杖 7

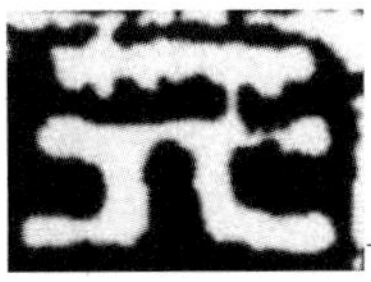
廿世紀璽印三-SP

○元平元年

廿世紀璽印三-SY

○李元始印

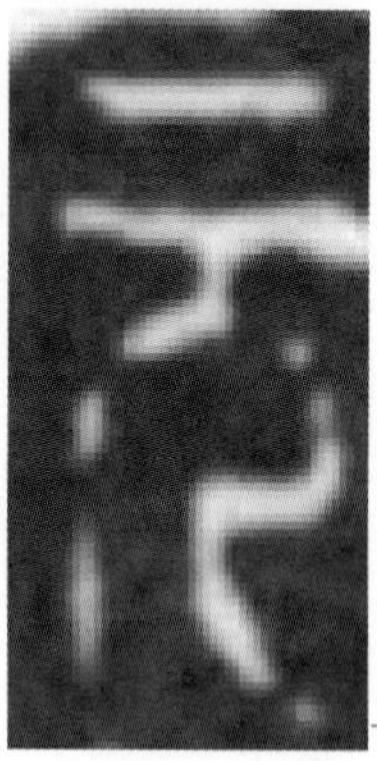
廿世紀璽印三-SY

○陳元

歷代印匋封泥

○張元

歷代印匋封泥

○張元

柿葉齋兩漢印萃

○元澤

歷代印匋封泥

○都元始五年

歷代印匋封泥

○元延元年

歷代印匋封泥

○元延元年

漢印文字徵

○聚元

漢印文字徵

○俞丞元印

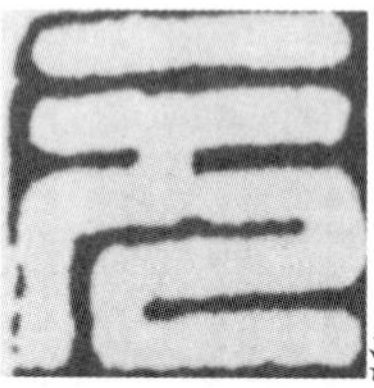
漢晉南北朝印風

○俞元丞印

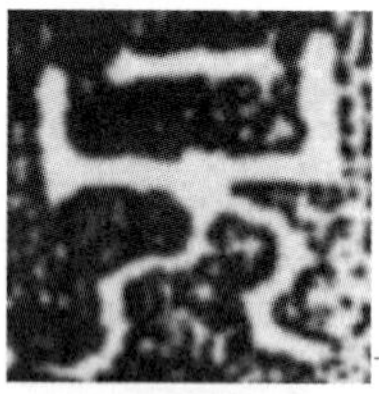
廿世紀璽印四-SY

○秦元孫呈

廿世紀璽印四-SY

○秦元孫白牋

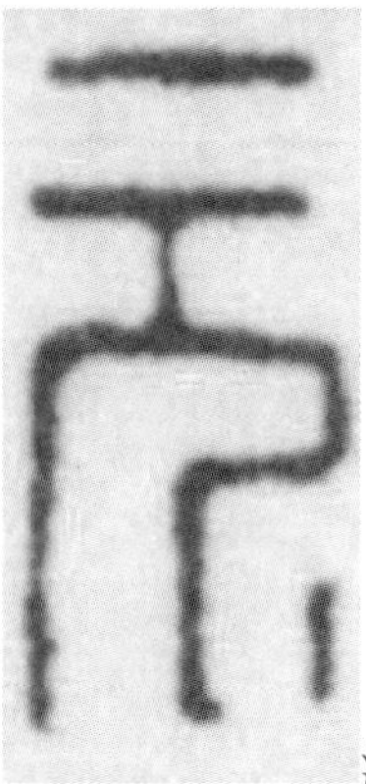
漢晉南北朝印風

○元憙

東漢・王得元畫像石墓題記

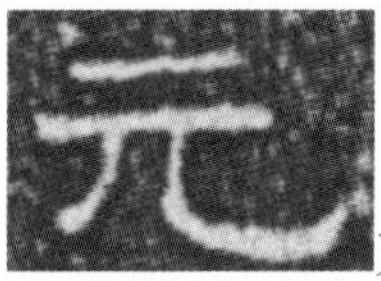
東漢・史晨後碑

東漢・禮器碑側

東漢・禮器碑陰

東漢・元嘉元年畫像石墓題記

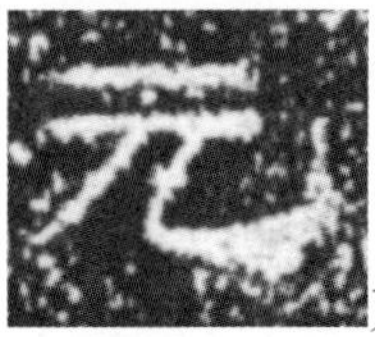
東漢・北海相景君碑陰

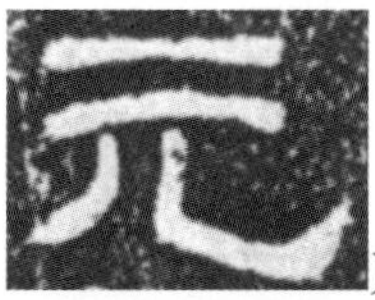
東漢・從事馮君碑

東漢・司徒袁安碑

○元和三年

東漢・乙瑛碑

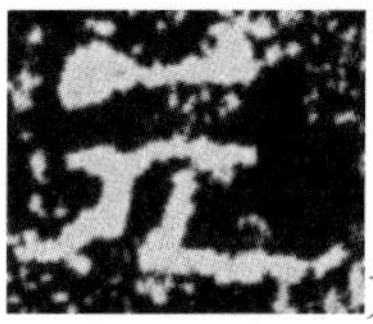
東漢・三老諱字忌日刻石

○猶元風力射。

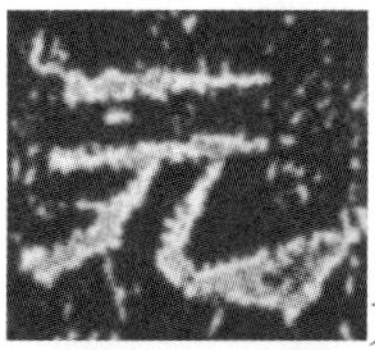
東漢・北海相景君碑陰

三國魏・三體石經春秋・篆文

○衛元咺

北魏・元顯俊誌蓋

北魏・馮會誌

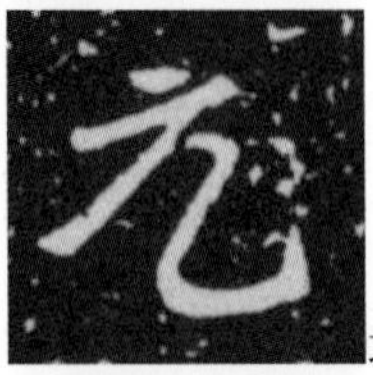
北魏・寇偘誌

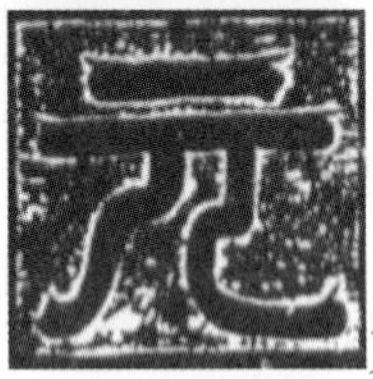
東魏・元玕誌蓋

○魏故元使君之墓銘

東魏・高歸彥造像

北齊・暴誕誌

北齊・斛律氏誌

北周・寇嶠妻誌

【天】

《說文》：天，顛也。至高無上，从一、大。

春晚・秦公鎛

○受天命

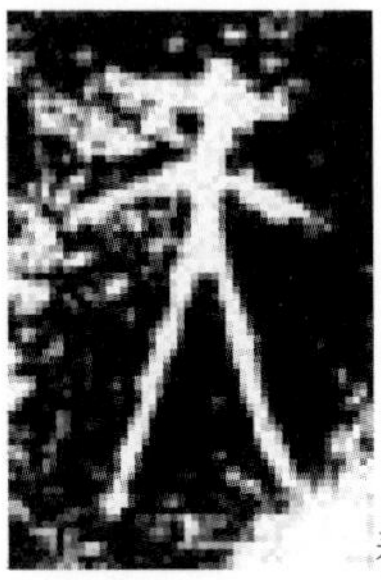
春晚・秦公簋

○受天命

戰晚・左樂兩詔鈞權

○盡并歉天下

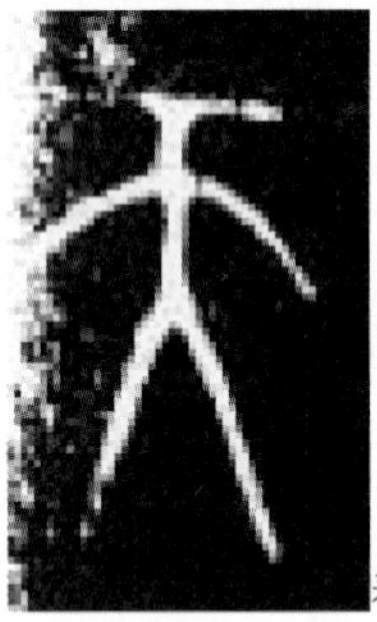
春早・秦公鐘

○受天令

春晚・秦公鎛

○受天命

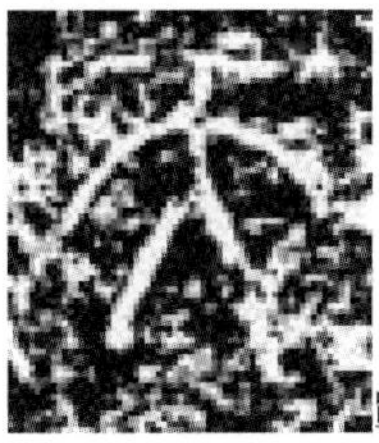
戰中・商鞅量

○盡并兼天下

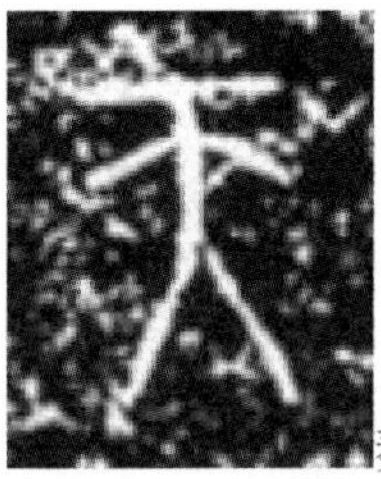
秦代・始皇十六斤銅權四

秦代・北私府銅橢量

秦代・大騩銅權

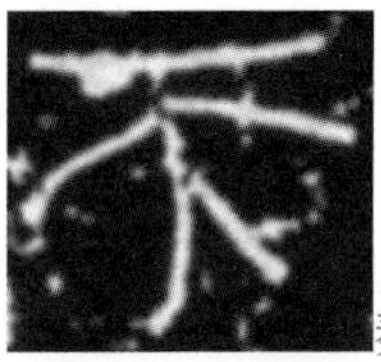
秦代・始皇十六斤銅權三

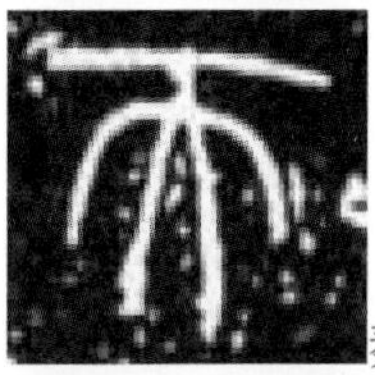
秦代・始皇詔銅權十

秦代・美陽銅權

漢銘・天馬鈴

漢銘・新嘉量二

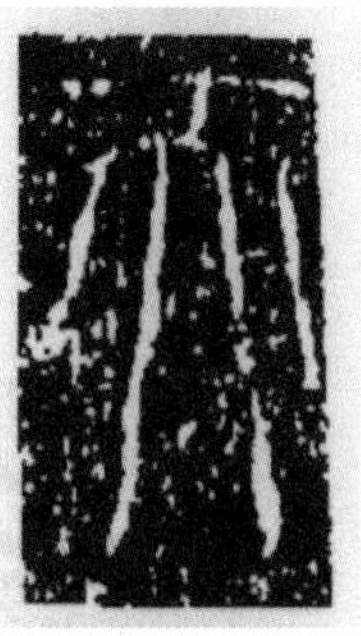
漢銘・新嘉量一

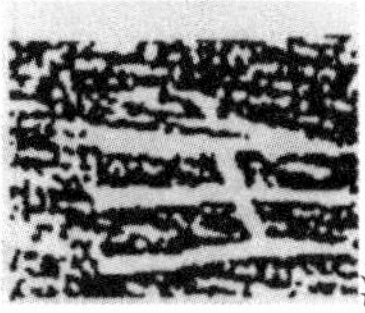
漢銘・南宮鍾

漢銘・大吉田器

睡・日甲104

○天所以張生時

關・病方 345

○馬心天某爲我

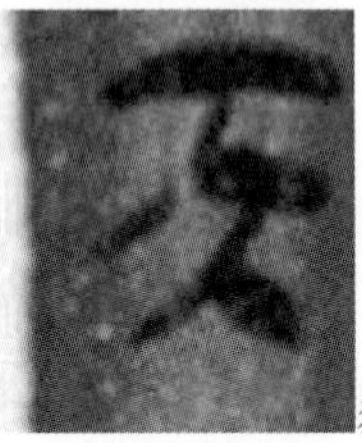
嶽・為吏 33

○必有天當

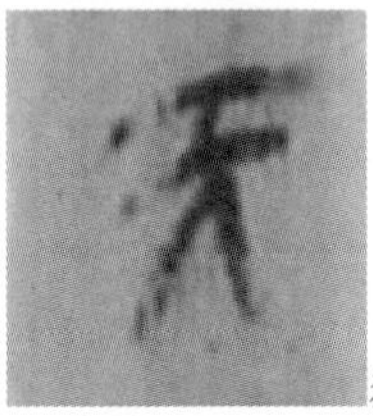
嶽・暨過案 96

○倉天

里・第八層 1786

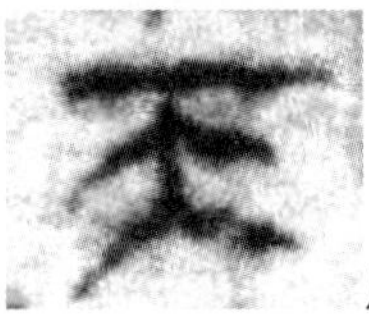
馬壹 84_106

○天下有功

馬壹 12_70 下

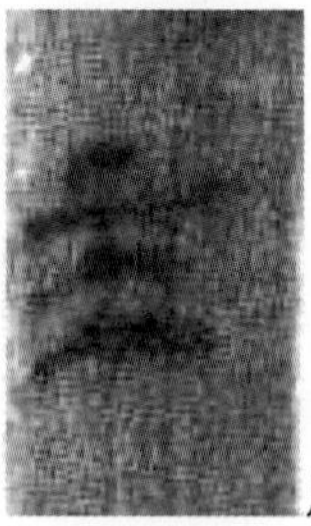
馬貳 216_6/17

○天下至道談

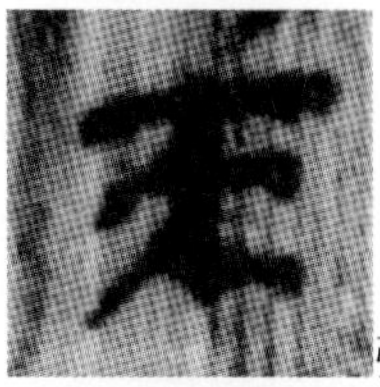
張・蓋盧 4

○必得天時

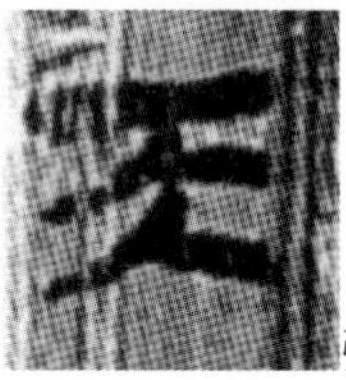
張・引書 111

○欲與天坨（地）

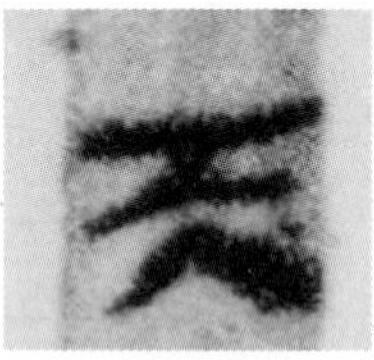
銀壹 337

○上知天之道

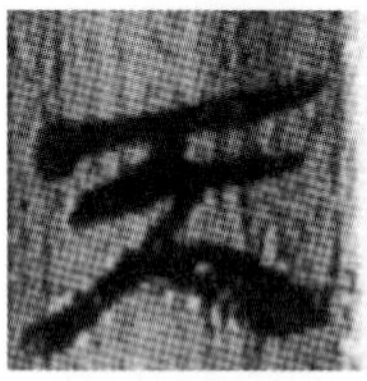
銀貳 2136

○以天倅（猝）發

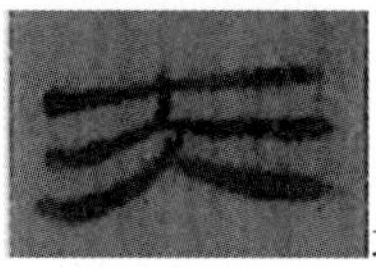
北貳・老子 112

○於天者

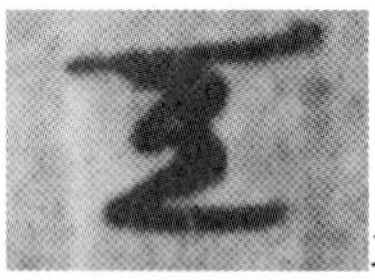
敦煌簡 0099

○建國天鳳

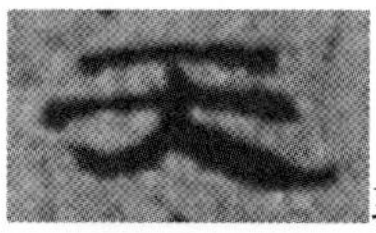
敦煌簡 2253

金關 T04:098B

○蘭入天

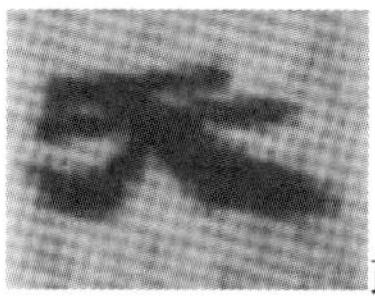
武・儀禮甲《服傳》20

○天子

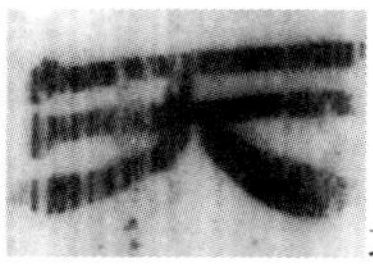
北壹・倉頡篇 8

○兼天下海内

廿世紀璽印三-SY

廿世紀璽印三-GP

○天鳳四年

廿世紀璽印三-GP

○天帝使者

廿世紀璽印四-GY

○天帝使者

漢印文字徵

○天下大明

漢代官印選

○天水太守章

歷代印匋封泥

柿葉齋兩漢印萃

○天禄永昌

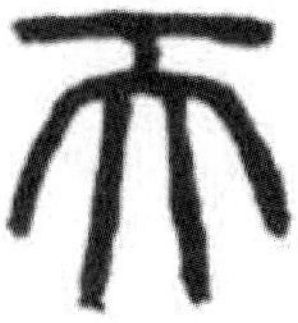
漢印文字徵

○黃神越章天帝神之印

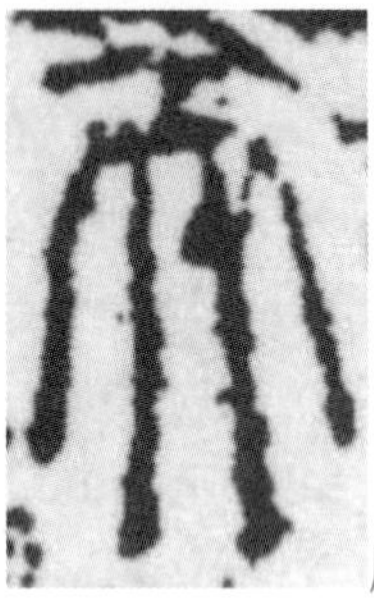
歷代印匋封泥

○天水太守章

漢晉南北朝印風

○郭次天

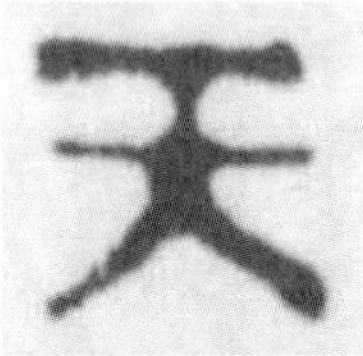
漢晉南北朝印風

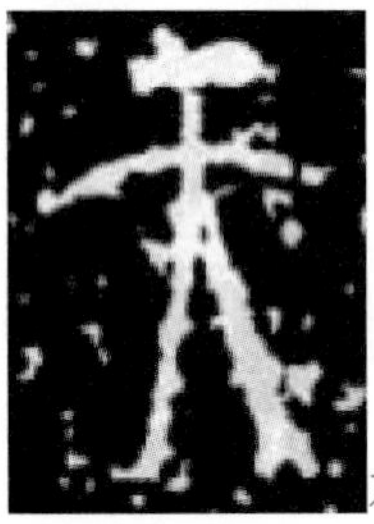
石鼓·吾水

○天子永寗

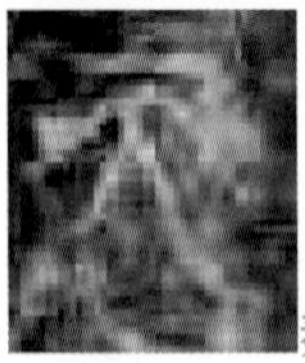
秦駰玉版

○慭事天地

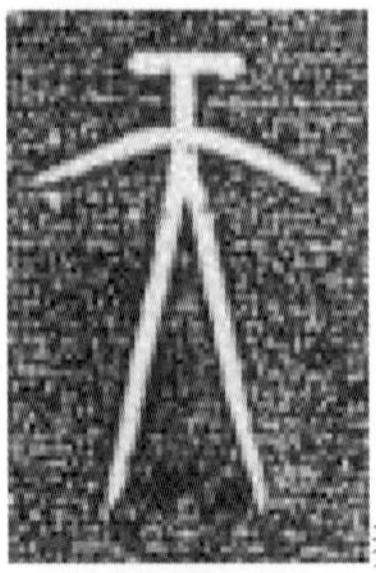
秦公大墓石磬

○天子匽喜

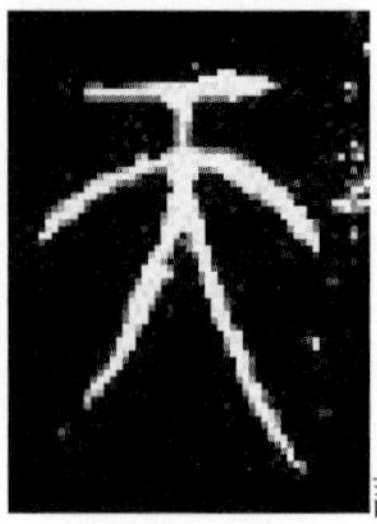
詛楚文·沈湫

○皇天上帝

懷后磬

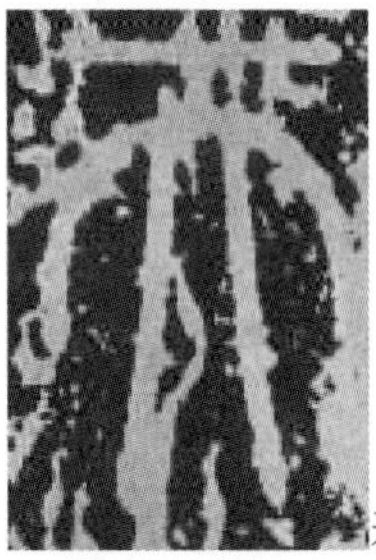
泰山刻石

○既平天下

西漢·楚王墓塞石銘

○述葬棺郭，

東漢·肥致碑

東漢·夏承碑

東漢·熹平殘石

東漢·北海太守爲盧氏婦刻石
○天生□女

東漢·從事馮君碑

東漢·石堂畫像石題記

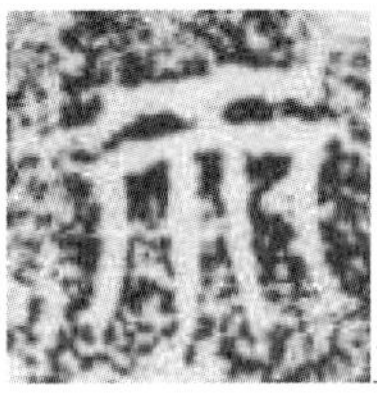
三國吳·天發神讖碑
○上天帝言

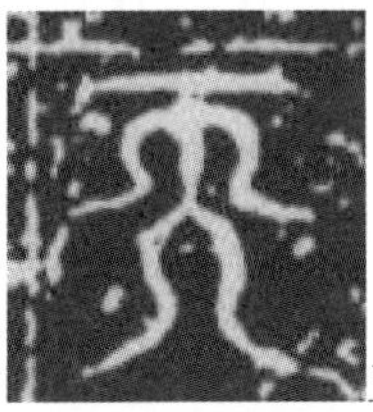
三國魏·三體石經尚書·古文
○殷豊（禮）陟配天

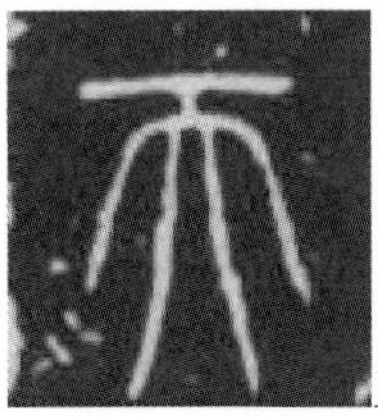
三國魏·三體石經尚書·篆文
○皇天

三國魏·三體石經春秋·隸書

北魏·元愔誌

北魏·楊氏誌
○孝敬自天

北魏·長孫瑱誌
○明燭天墀

北魏·封和突誌
○昊天不吊

北魏·淨悟浮圖記
○天台□隱寺

北魏·元定誌
○天鑒有魏

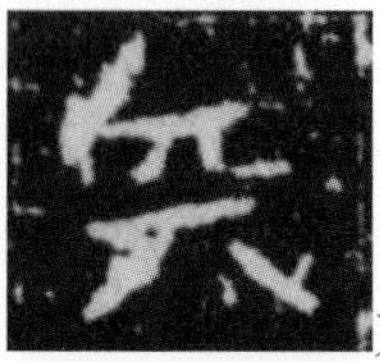
東魏・淨智塔銘

○普天率土

東魏・道寶碑記

○七星之紀天

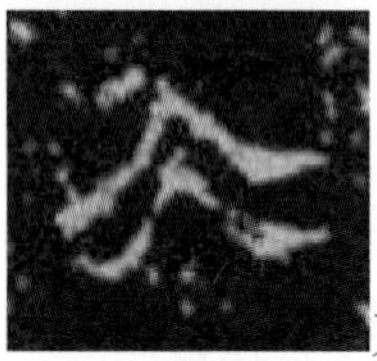
東魏・道寶碑記

○紀天綱地

【丕】

《說文》：丕，大也。从一不聲。

漢印文字徵

○作丕

漢印文字徵

○作丕私印

東漢・東漢・魯峻碑陽

○劉丕景

北魏・于纂誌

○丕承休烈

北魏・元子直誌

北魏・元昭誌

○令聞丕顯

【吏】

《說文》：吏，治人者也。从一从史，史亦聲。

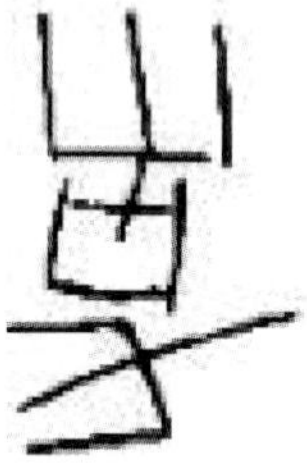
戰晚・卅三年昭事戈

○昭吏

戰晚・三年詔事鼎

○詔吏

漢銘・元和四年壺

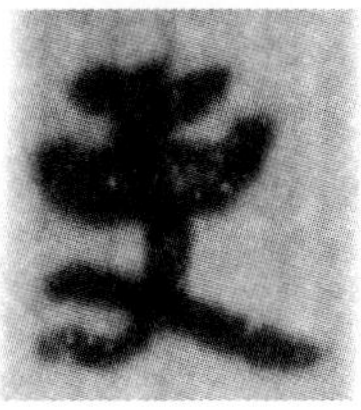
睡・語書 5

○吏民

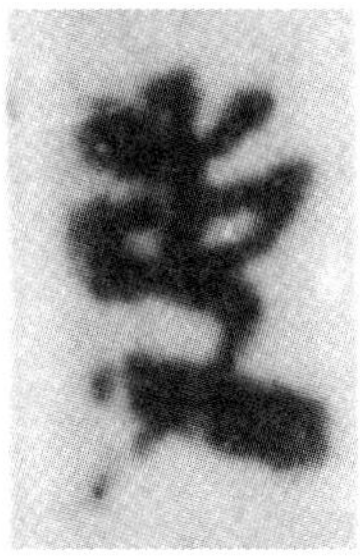
睡・秦律十八種 106

○吏代賞（償）

睡・法律答問 184

○布吏

睡・為吏 6

○吏有五善

嶽・為吏 30

○舉吏審當

嶽・癸瑣案 15

○有取吏貲瀘

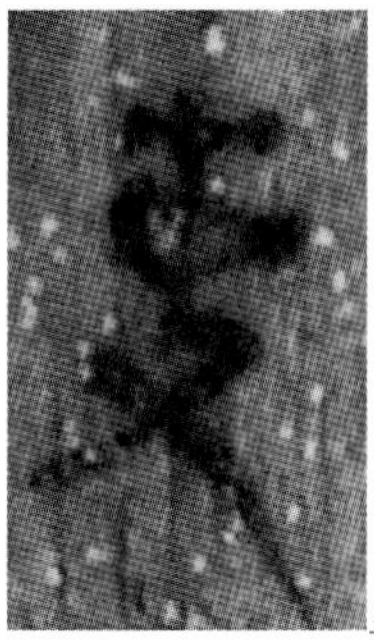
里・第五層 1

○士吏

里・第八層 98

○□吏曹

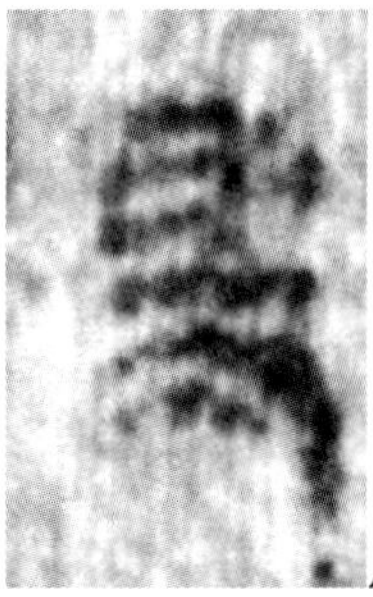
馬壹 219_127

○衆敗吏死

馬壹 175_49 上

○吏死

張・盜律 61

○斬吏所興能捕

張・奏讞書 225

○令吏勿智

銀壹 846

○敗而吏嗇

銀貳 1062

敦煌簡 0534

○吏私牛出入關

金關 T04:173

○吏一

東牌樓 044

○爲騎吏意

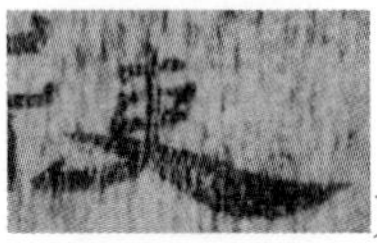
東牌樓 146

○縣小吏

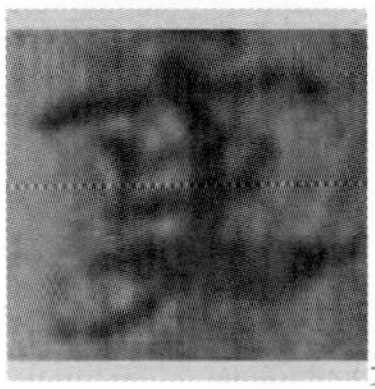
吳簡嘉禾・五・二四二

吳簡嘉禾・五・一八

○付倉吏

秦代印風

○南鄉喪吏

漢代官印選

○諸吏中郎將羽林監印

漢印文字徵

○長生左吏

漢印文字徵

○宣曲喪吏

東漢・鄭季宣碑

○尉氏故吏處士人名

東漢・曹全碑陽

○部吏王罜

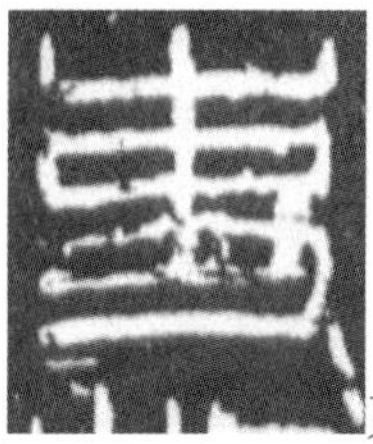
東漢・韓仁銘額

○漢循吏故聞

東漢・陽嘉殘碑陰

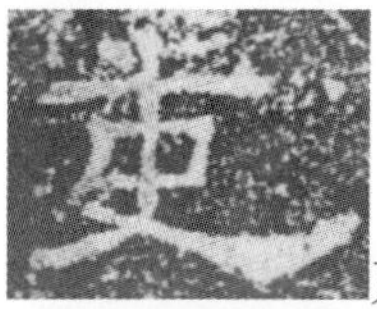
東漢・陽嘉殘碑陰

北魏・元煥誌

東魏・李憲誌

○除吏部郎中

東魏・陸順華誌

○吏部尚書

北齊・赫連子悅誌

丄部

【丄】

《説文》：丄，高也。此古文上，指事也。凡丄之屬皆从丄。

【上】

《説文》：𠄞，篆文丄。

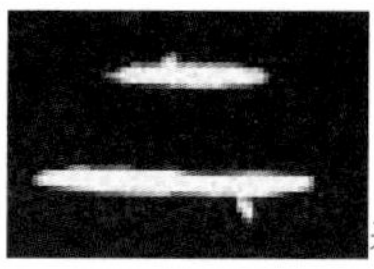
春早・秦公鐘

○于上卲(昭)合

春晚・秦公鎛

○才(上)嚴龏(恭)

春晚・秦公鎛

〇上嚴龏(恭)

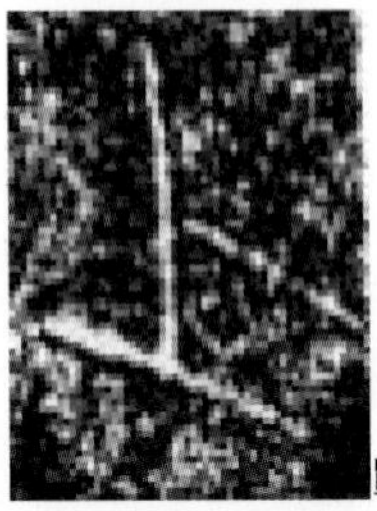
戰中・王五年上郡疾戈

戰晚・上造但車害

戰晚・二十七年上守壇戈

戰晚・二十五年上郡守廟戈

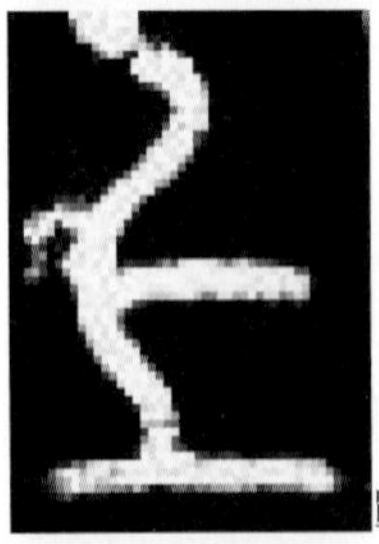
戰晚・新郪虎符

戰晚・廣衍矛

戰晚・廿一年寺工車害

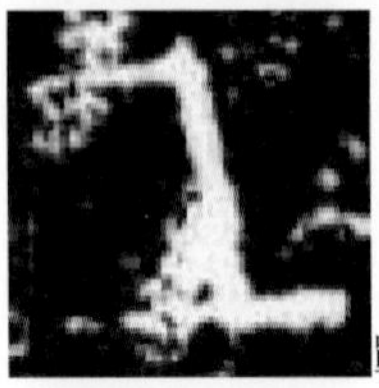
戰晚・上五銅條

漢銘・上林豫章觀銅鑒

漢銘・九江共鍾一

漢銘・齊食官鈁一

漢銘・日上鐙

睡・秦律十八種 125

睡・效律 3

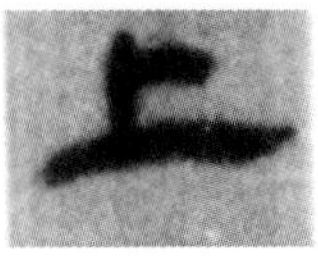
睡・秦律雜抄 9

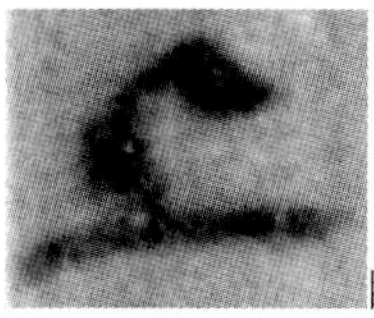
睡・日甲《行》127

睡・日甲《盜者》71

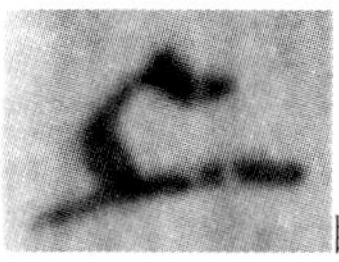
睡・日甲《毀弃》101

關・曆譜 47

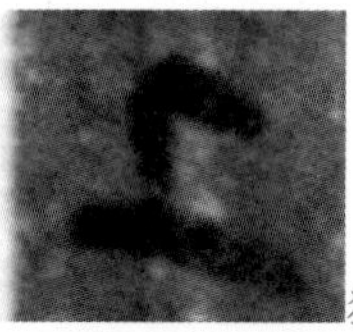
嶽・為吏 52

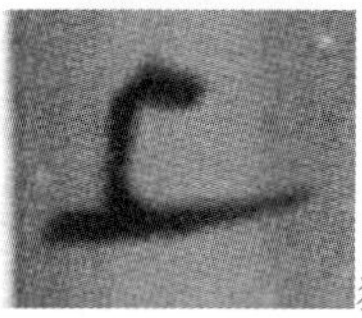
嶽・數 134

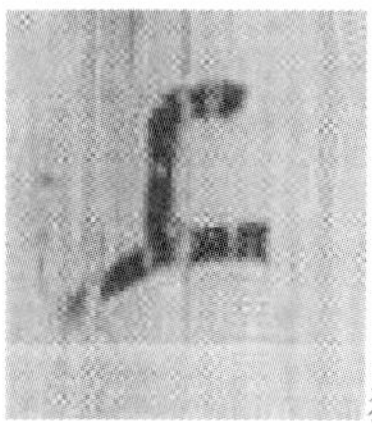
嶽・癸瑣案 2

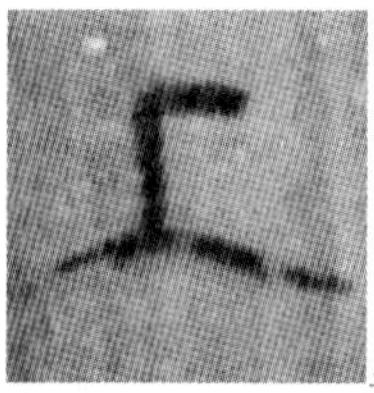
里・第八層 2159

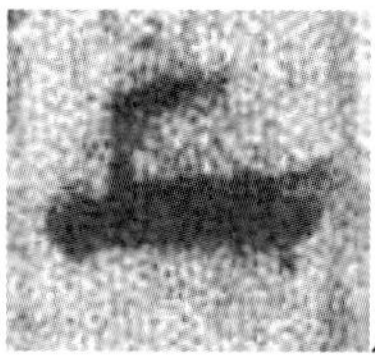
馬壹 42_16 下

馬貳 219_42/53

馬貳 213_19/120

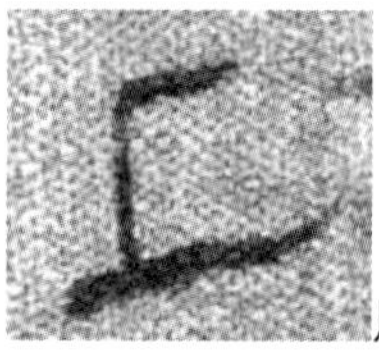
馬貳 63_25

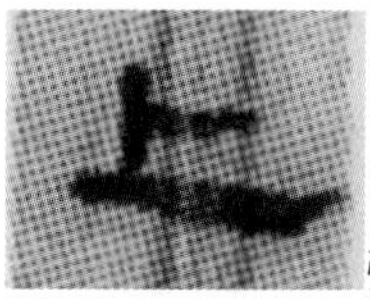
張・賜律 289

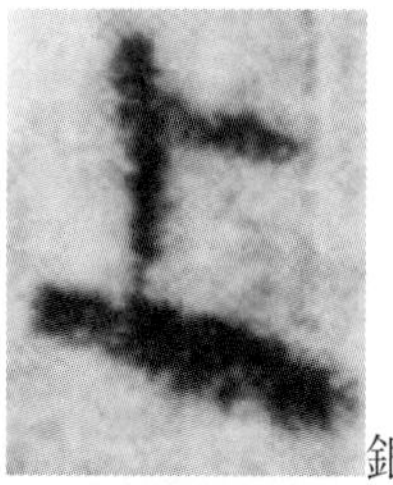
銀壹 2

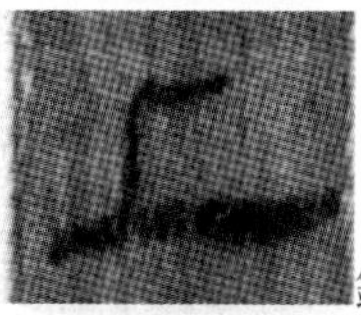
銀貳 1772

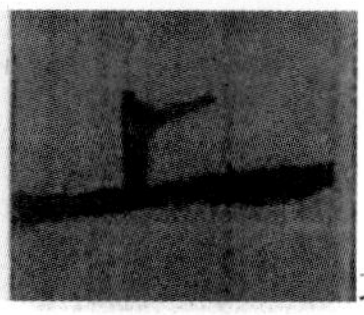
北貳・老子 206

敦煌簡 0256

金關 T01:091

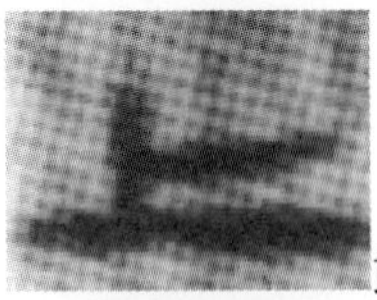
武・儀禮甲《服傳》56

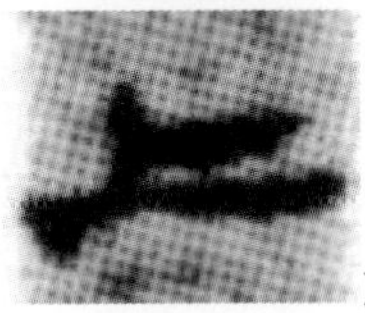
武・甲《少牢》26

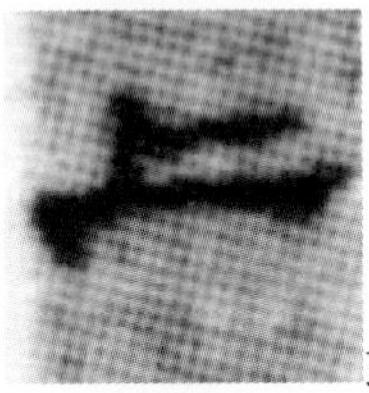
武・甲《泰射》36

東牌樓 146

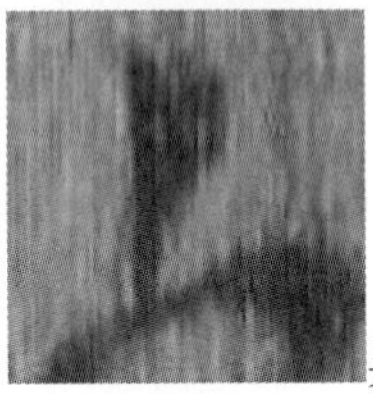
吳簡嘉禾・五・一〇三

魏晉殘紙

廿世紀璽印二-SP

廿世紀璽印二-SY

歷代印匋封泥

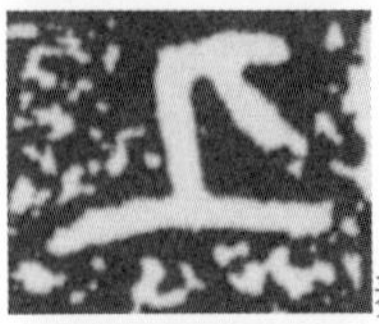
秦代印風

秦代印風

秦代印風

秦代印風

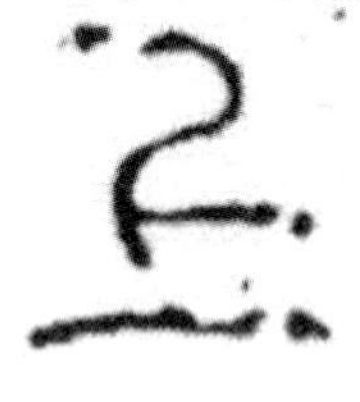
廿世紀璽印三-GP

廿世紀璽印三-GP

歷代印匋封泥

歷代印匋封泥

歷代印匋封泥

秦代印風

漢晉南北朝印風

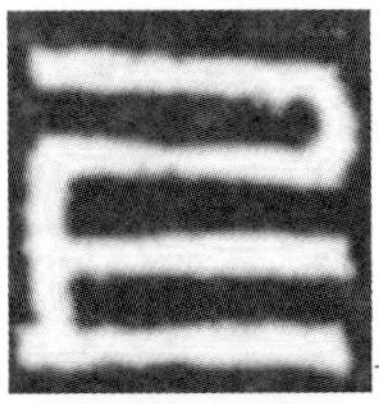
廿世紀璽印三-SY

漢晉南北朝印風

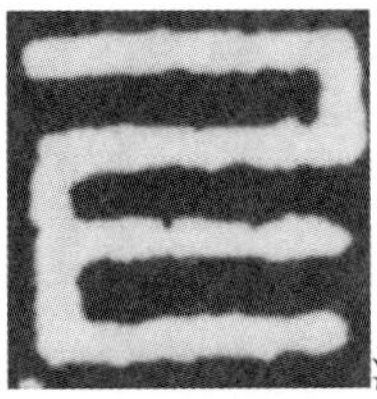
漢晉南北朝印風

漢代官印選

漢代官印選

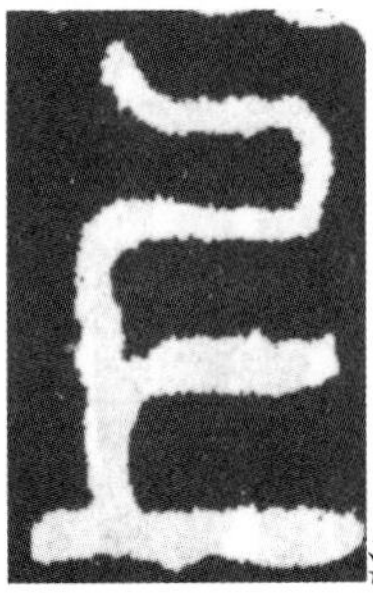
漢代官印選

漢代官印選

漢印文字徵

漢代官印選

柿葉齋兩漢印萃

柿葉齋兩漢印萃

漢印文字徵

漢印文字徵

漢印文字徵

漢印文字徵

漢印文字徵

漢印文字徵

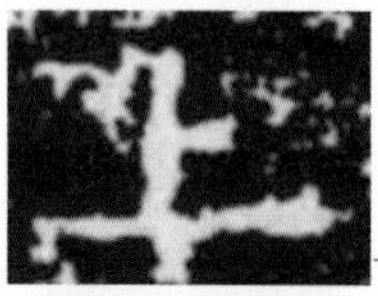
廿世紀璽印四-SY

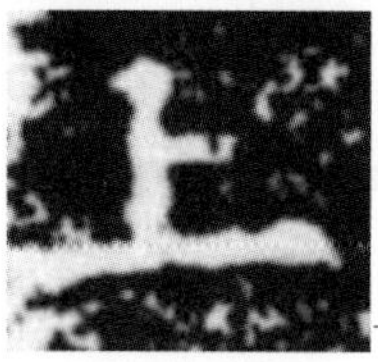
廿世紀璽印四-SY

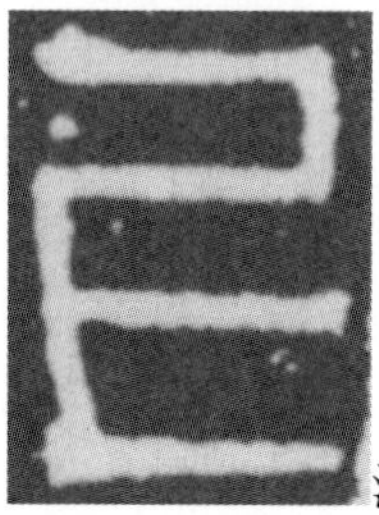
漢晉南北朝印風

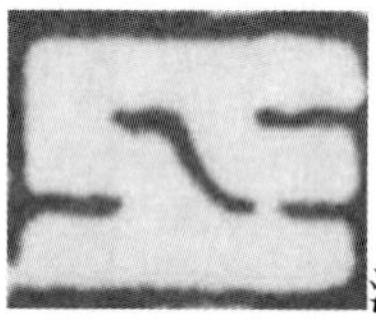
漢晉南北朝印風

漢晉南北朝印風

漢晉南北朝印風

漢晉南北朝印風

漢晉南北朝印風

漢晉南北朝印風

秦公大墓石磬

○上帝

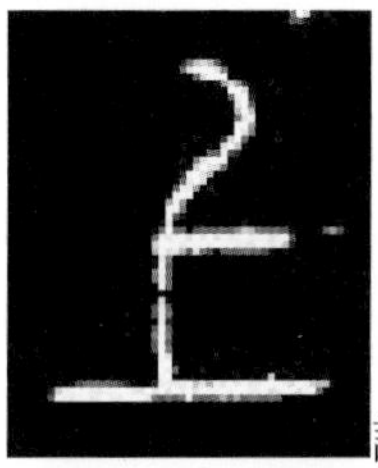
詛楚文・沈湫

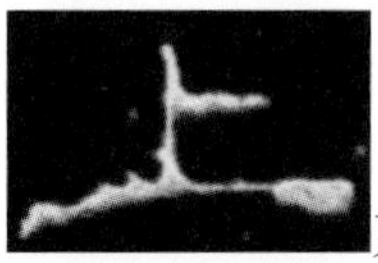
東漢・楊震碑

東漢・鮮於璜碑陰

○上輔機衡

三國魏・三體石經尚書・古文

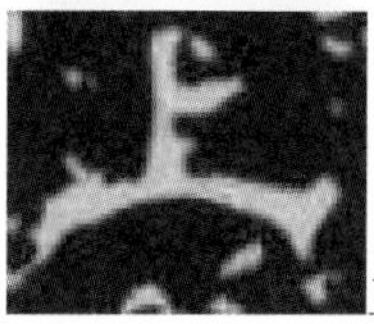
三國魏・受禪表

三國魏・曹真殘碑

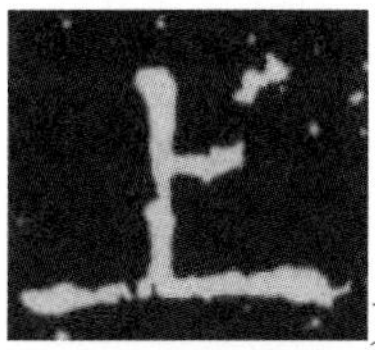
東晉・黃庭經

北齊・劉悅誌

○除上儀同三師

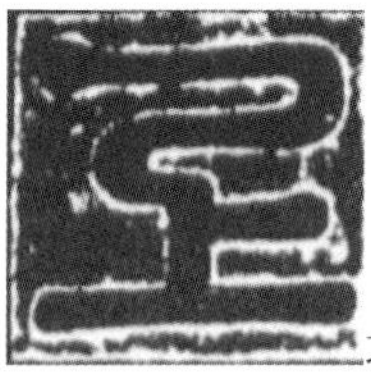
北周・宇文儉誌蓋

○上柱國

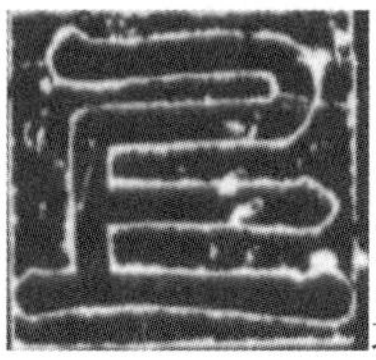
北周・尉遲運誌蓋

【帝】

《説文》：帝，諦也。王天下之號也。从丄朿聲。

【帝】

《説文》：帝，古文帝。古文諸丄字皆从一，篆文皆从二。二，古文上字。辛示辰龍童音章皆从古文丄。

戰中・商鞅量

春晚・秦公簋

○帝之矿嚴龏(恭)

戰晚・左樂兩詔鈞權

秦代・大騩銅權

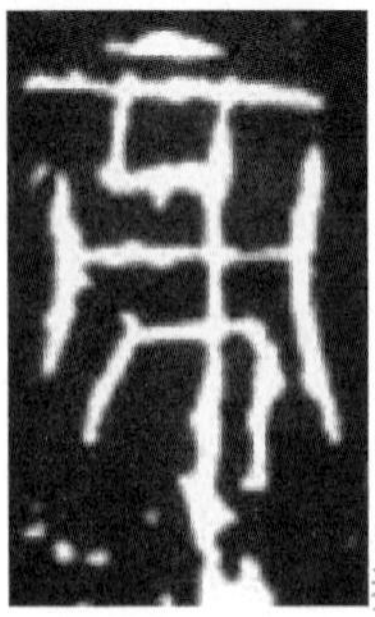
秦代・始皇詔銅權二

秦代・始皇詔銅橢量四

漢銘・新嘉量二

漢銘・新嘉量一

漢銘・新衡杆

漢銘・新銅丈

漢銘・文帝九年句鑃二

漢銘・文帝九年句鑃七

馬壹 133_29 下/106 下

○桯帝曰

馬壹 82_69

○斷事立帝

張・賊律 9

○皇帝

銀壹 256

○帝（當爲商）奄反

北貳・老子 135

○子象帝之先

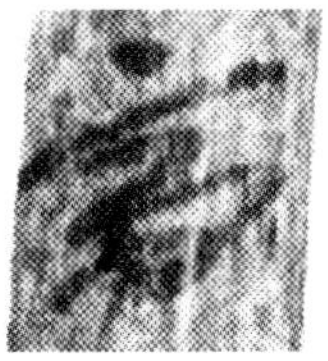
敦煌簡 0181

○皇帝陛下

金關 T21:001

○皇帝璽書

金關 T23:966

○赤帝三陽

武・王杖 10

○皇帝

廿世紀璽印三-GP

○皇帝盡并兼

廿世紀璽印三-GY

○帝印

漢晉南北朝印風

○帝印

廿世紀璽印四-GY

○黃帝神印

廿世紀璽印三-GP

○天帝使者

歷代印匋封泥

○皇帝信璽

漢印文字徵

詛楚文・巫咸

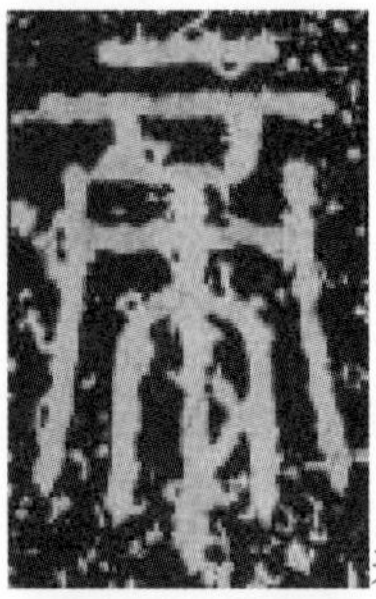
泰山刻石

瑯琊刻石

東漢・楊震碑

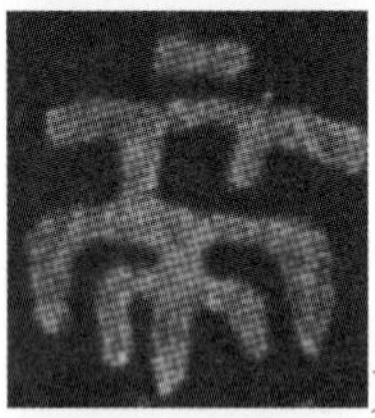
東漢・楊統碑陽

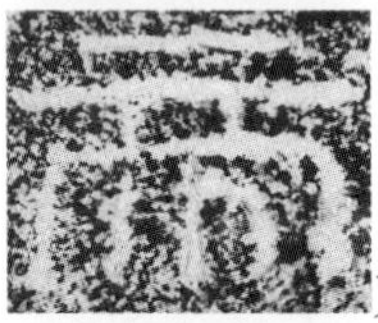
東漢・觀音廟漢墓殘碑

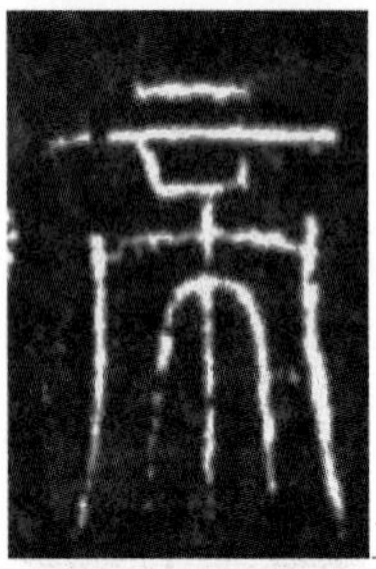
三國魏・三體石經殘・篆文

西晉・臨辟雍碑額

北魏・弔比干文

北魏・元定誌

○內光帝度

北魏・元謐誌

北魏・丘哲誌

○皇帝

北齊・道常等造像

○國王帝主

三國魏・三體石經春秋・古文

○遷于帝坧

【旁】

《說文》：，溥也。从二，闕；方聲。

【𠫰】

《說文》：，古文旁。

【𡕧】

《說文》：，亦古文旁。

【雱】

《說文》：，籒文。

漢銘・新嘉量一

漢銘・建始國元年銅撮

春早・秦政伯喪戈之二

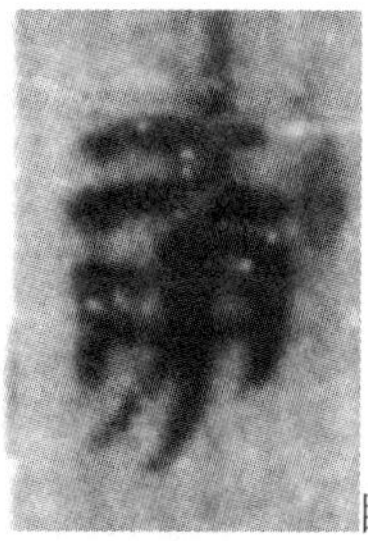
睡・秦律十八種 196

○其旁火慎守

睡・封診式 22

○亭旁

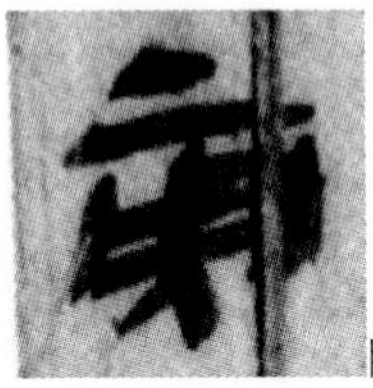
睡・日甲《詰》60

○旁人

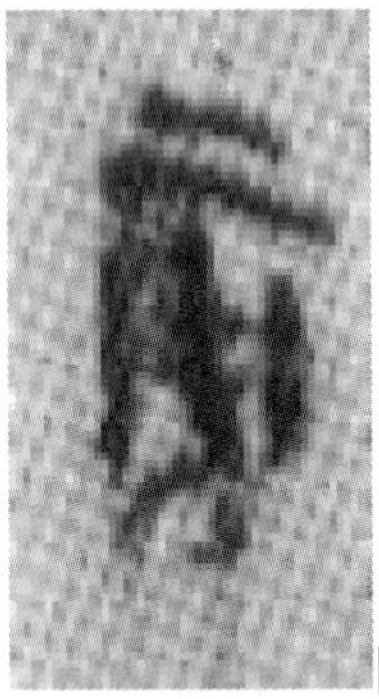
關・病方 354

○取戶旁腏黍

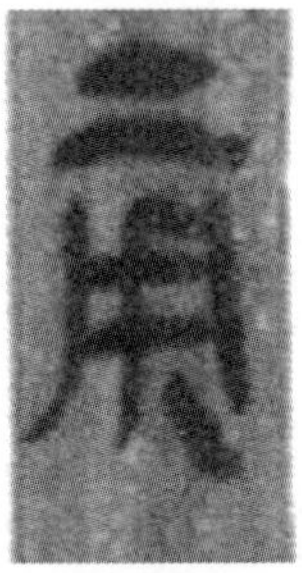
嶽・為吏 29

○精廉无旁（謗）

嶽・芮盜案 65

里・第八層 262

馬壹 100_122

馬貳 38_76 上

張・具律 117

張・奏讞書 225

張・奏讞書 221

張・引書 21

銀貳 1831

敦煌簡 1472

金關 T21:059

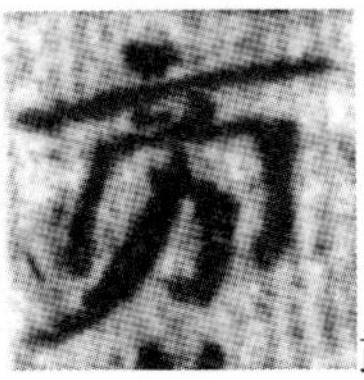
武・王杖 5

漢印文字徵

○旁臨

漢印文字徵

○梁旁家丞

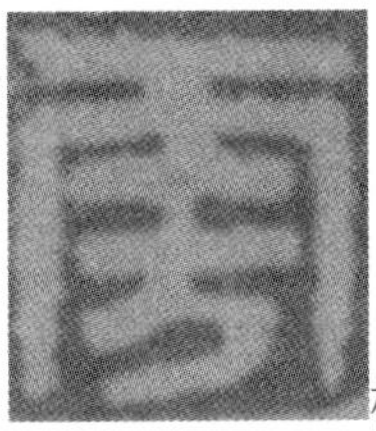
柿葉齋兩漢印萃

西漢・李后墓塞石

○西宮東北旁

東漢・熹平石經殘石四

○揮旁通情也

北魏・元熙誌

北魏・李超誌

北齊・李難勝誌

○重輪旁祉

【丅】

《説文》：丅，底也。指事。

【下】

《説文》：𠄟，篆文下。

春晚·秦公鎛

○下國

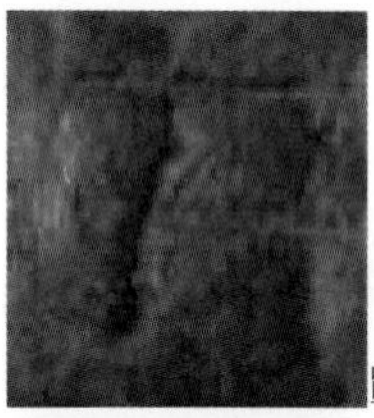
戰晚·二十六年始皇詔書銅權

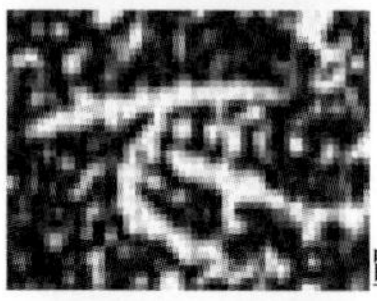
戰晚·左樂兩詔鈞權

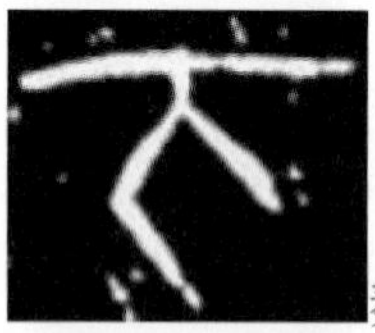
秦代·武城銅橢量

秦代·美陽銅權

秦代·大騩銅權

秦代·始皇詔銅橢量五

秦代·始皇詔銅橢量四

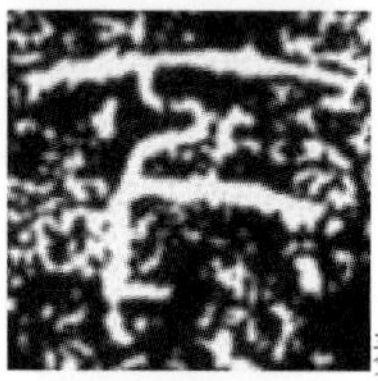
秦代·兩詔銅權三

漢銘·長安下領宮行鐙

漢銘·齊大官畜罍一

漢銘·新衡杆

漢銘·上廣車飾

漢銘·齊大官右般罍二

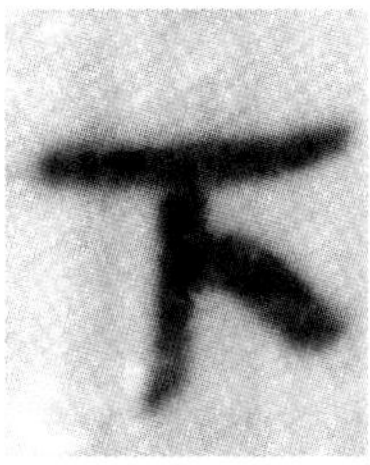
睡·語書 2

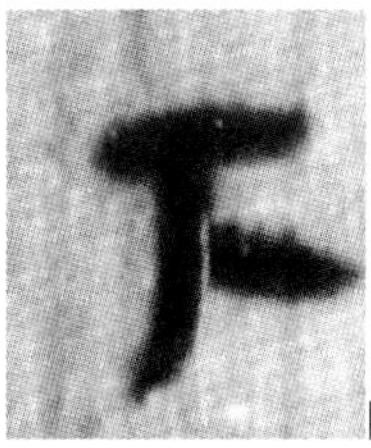
睡·秦律十八種 45

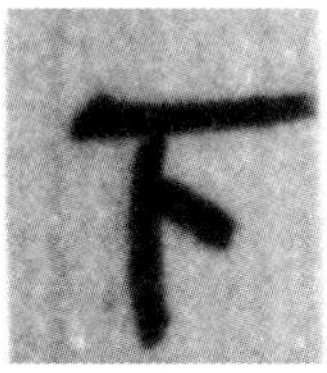
睡·效律 25

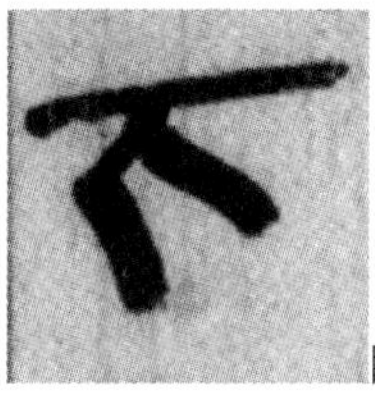
睡·法律答問 152

睡·為吏 48

睡·為吏 11

睡·日甲《盜者》74

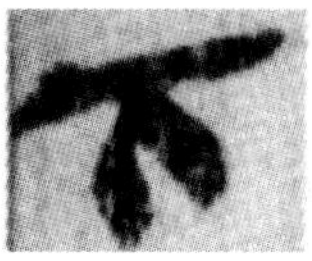
睡·日甲《詰》32

關·病方 351

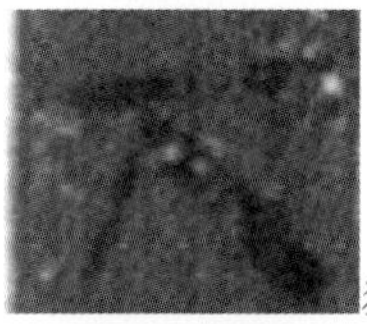
嶽·占夢書 10

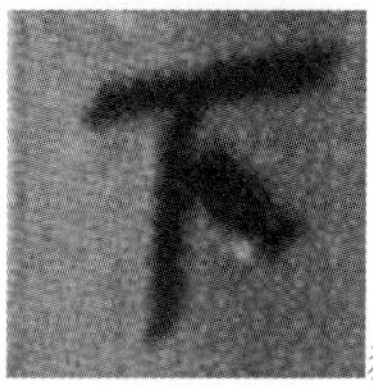
嶽·數 187

嶽·芮盜案 74

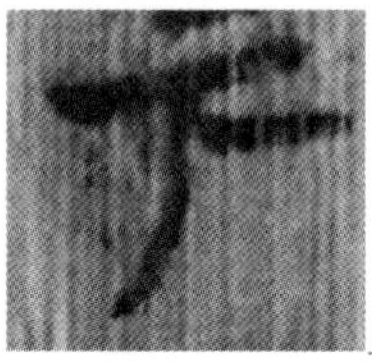
里·第五層 4

〇中士下事

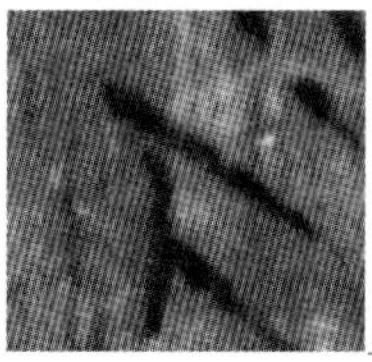
里·第八層背 2025

馬壹 89_226

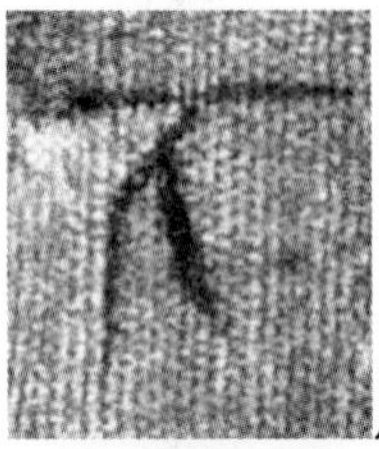
馬貳 71_70/70

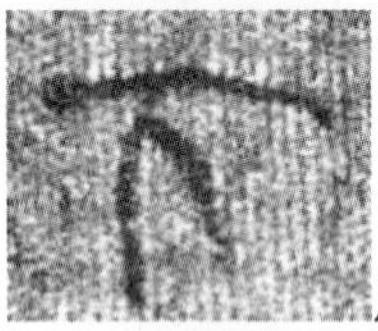
馬貳 72_84/84

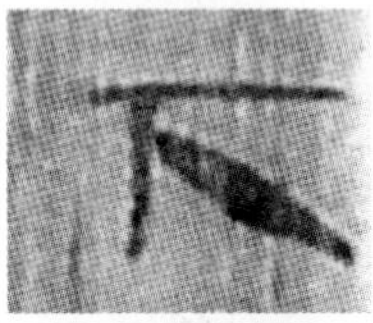
張・賊律 28

張・蓋廬 5

張・算數書 27

張・引書 68

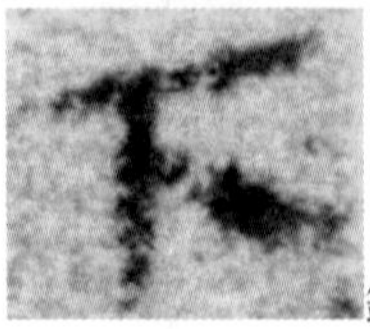
銀壹 250

銀貳 1897

孔・日書残 27

○雲下

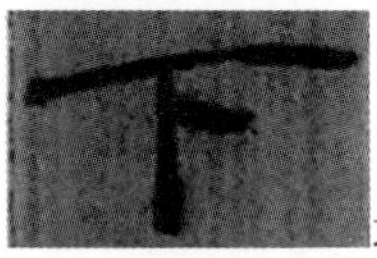
北貳・老子 11

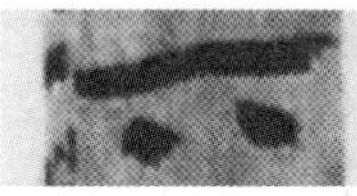
敦煌簡 0006A

○爲人下

敦煌簡 1182

金關 T06:172

金關 T30:235

○鼓下

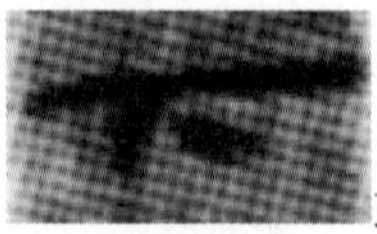
武・儀禮甲《士相見之禮》9

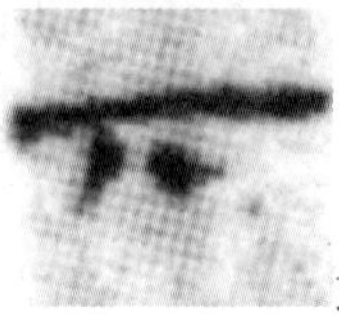
武・甲《泰射》26

武・王杖 3

東牌樓 032 正

○□冀下

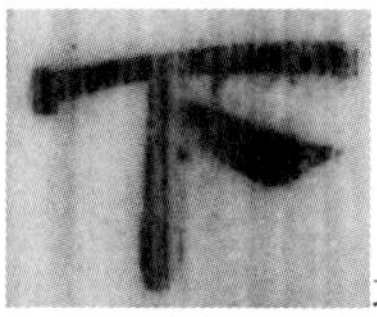
北壹・倉頡篇 8

漢代官印選

○下瀨將軍

廿世紀璽印三-GP

歷代印匋封泥

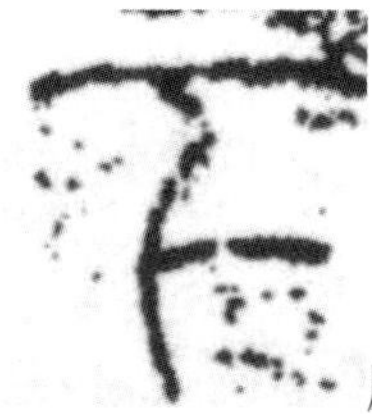
歷代印匋封泥

歷代印匋封泥

廿世紀璽印三-GP

秦代印風

廿世紀璽印三-GP

漢晉南北朝印風

○下邳中尉司馬

歷代印匋封泥

漢代官印選

漢印文字徵

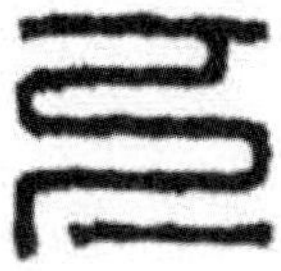
漢印文字徵

○下良私印

歷代印匋封泥

漢印文字徵

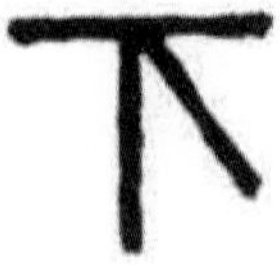
漢印文字徵

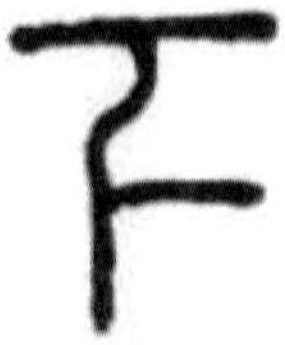
漢印文字徵

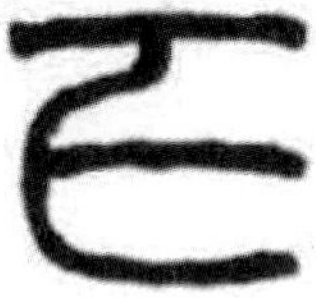
漢印文字徵

漢印文字徵

漢印文字徵

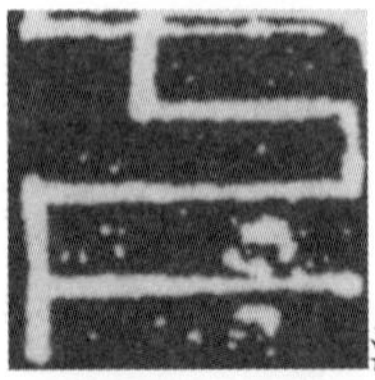
漢晉南北朝印風

漢晉南北朝印風

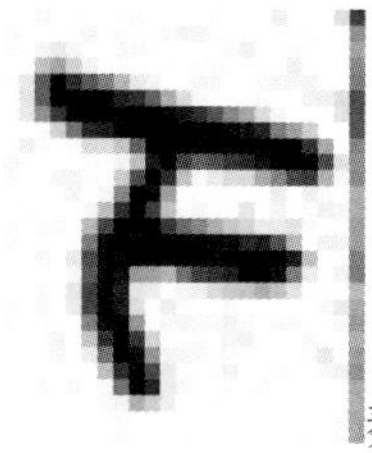
秦駰玉版

泰山刻石

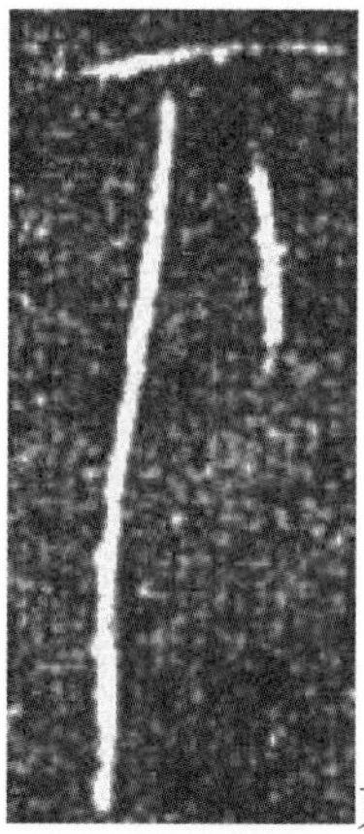
東漢・洛陽刑徒磚

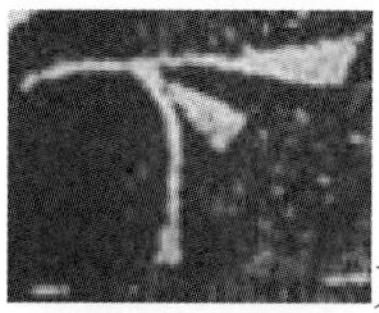
東漢・禮器碑

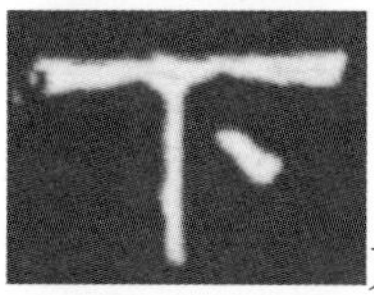
東漢・楊著碑額

東漢・應遷等字殘碑

西晉・司馬馗妻誌

○下降福休

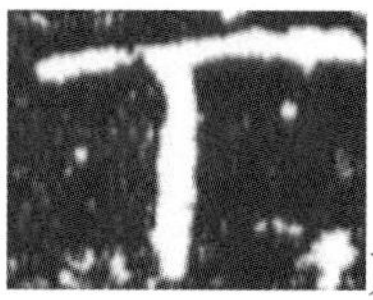
東晉・朱曼妻薛氏買地券

○下極泉

北魏・劉賢誌

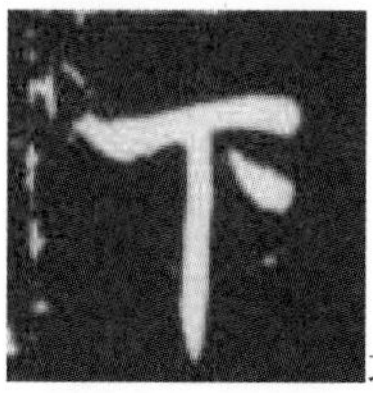
北魏・元瑑誌

東魏・司馬興龍誌

○天下

東魏・叔孫固誌

東魏・廉富等造義井頌

○陛下

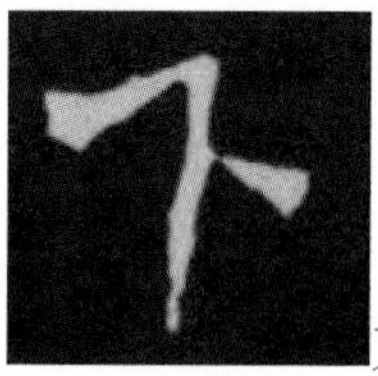
東魏・吳叔悅造像

○下及昆蟻

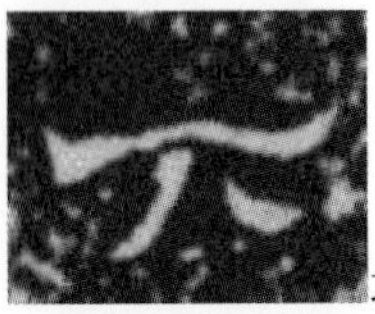
北齊・房周陁誌

○風流稷下

北齊・劉悅誌

○遽下山泉

北齊・赫連子悅誌

示部

【示】

《說文》：示，天垂象，見吉凶，所以示人也。从二。三垂，日月星也。觀乎天文，以察時變。示，神事也。凡示之屬皆从示。

【𥘅】

《說文》：𥘅，古文示。

張・蓋廬 37

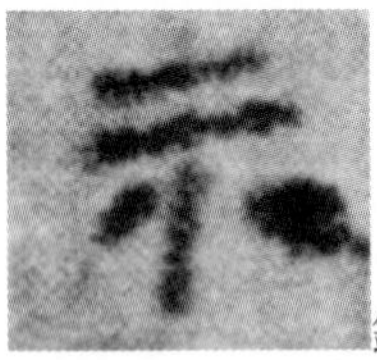
銀壹 238

敦煌簡 2402A

○日示

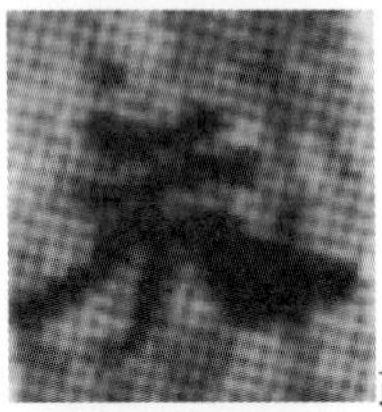
武・甲《少牢》3

○示主人

東牌樓 050 正

○昨□（示）悉別

秦代印風

柿葉齋兩漢印萃

○孫示私印

秦駰玉版

○山川神示（祇）

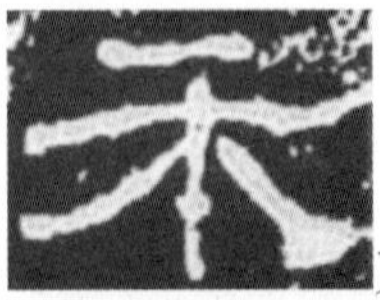
東漢・圉令趙君碑

○示萬邦。

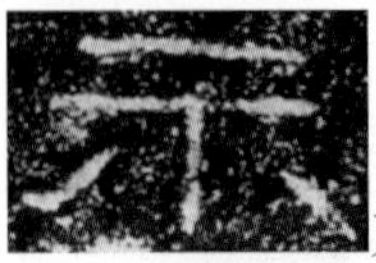
東漢・石門闕銘

東漢・石祠堂石柱題記

東漢・鮮於璜碑陽

東漢・夏承碑

東漢・景君碑

○示後昆兮

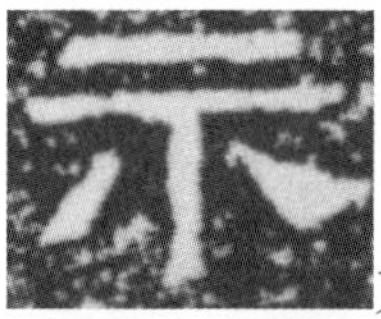
東漢・西狹頌

三國魏・曹真殘碑

○示後嗣

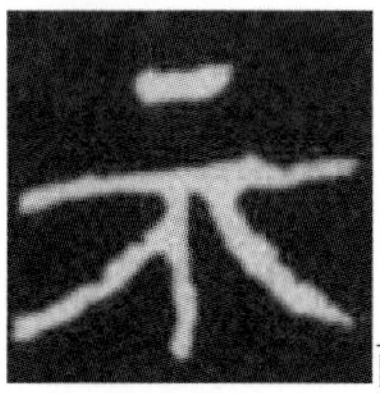
西晉・張朗誌

○示導出處

東魏・杜文雅造像

○示人寶渚

北齊・裴子誕誌

○繡衣表德解冠示武

北齊・無量義經二

北周・李府君妻祖氏誌

北齊・郭顯邕造經記

○以示未悟

【祜】

《説文》：祜，上諱。

西晉・張朗誌

○宗蒙蔭祜

北魏・元澄妃誌

東魏・元季聰誌

【禮】

《説文》：禮，履也。所以事神致福也。从示从豊，豊亦聲。

【礼】

《説文》：𠃞，古文禮。

漢銘・元始鈁

漢銘・敕廟牛鐙

嶽・魏盜案 169

○平端禮任謁

里・第八層 755

○守禮

馬壹 3_4 上

○履（禮）虎尾不咥

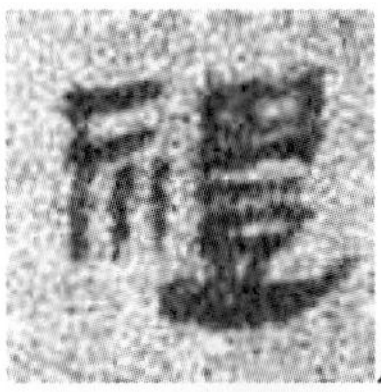
馬壹 8_44 下

張・奏讞書 177

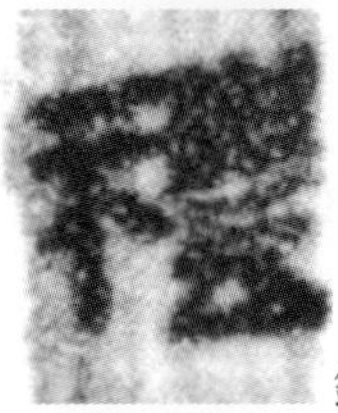
銀壹 623

銀貳 1187

北貳・老子 2

敦煌簡 0481A

○官興禮樂

金關 T24:902

○和脩禮里

金關 T15:008A

○外毋禮物

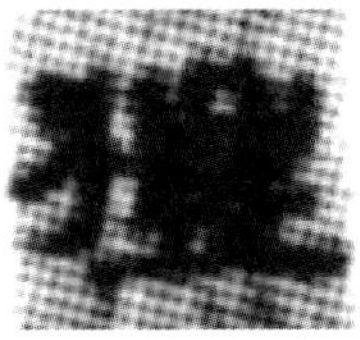
武・儀禮甲《士相見之禮》3

○以習禮

東牌樓 036 背

○禮二百

北壹・倉頡篇 27

○禮節揖讓

吴簡嘉禾・五・一〇九

○何禮佃田

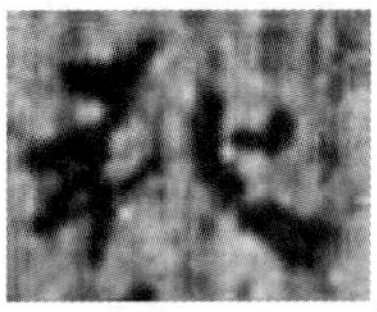
吴簡嘉禾・五・五三

○男子文礼

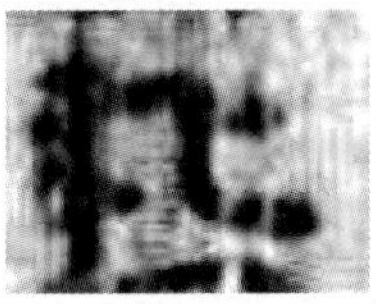
吴簡嘉禾・四・二六八

○男子聶礼

吴簡嘉禾・五・九八二

○縣吏番礼

秦代印風

漢晉南北朝印風

廿世紀璽印三-SY

漢印文字徵

漢印文字徵

漢印文字徵

漢代官印選

廿世紀璽印四-SP

詛楚文・巫咸

新莽・禳盜刻石

東漢・乙瑛碑

○先聖之禮

東漢・桐柏淮源廟碑

○虔恭禮祀

東漢・西岳華山廟碑陽

○禮與岱亢

東漢・陶洛殘碑陽

○禮□返

東漢・史晨前碑

東漢・史晨前碑

東漢・肥致碑

東漢・夏承碑

○進退以禮

東漢・西狹頌

東漢・成陽靈臺碑

○禮祠絕矣

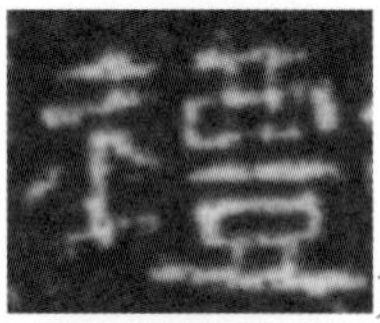
東漢・石祠堂石柱題記

○喪服如禮

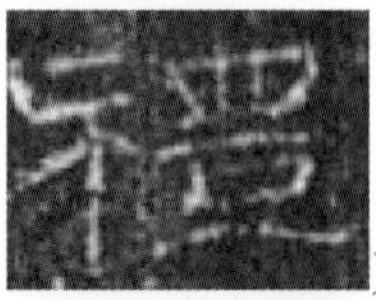
東漢・禮器碑

東漢・乙瑛碑

東漢・石門頌

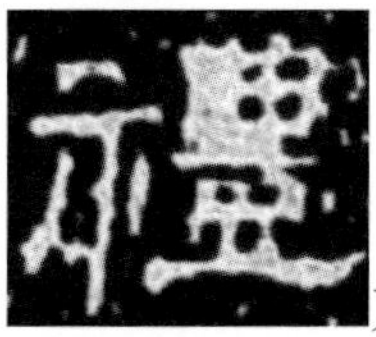
東漢・楊震碑

東漢・祀三公山碑

○薦牲納禮

東漢・乙瑛碑

○掌領禮器

三國魏・三體石經尚書・篆文

○殷禮

西晉・郭槐柩記

西晉・臨辟雍碑

西晉・臨辟雍碑

北魏・韓氏誌

北魏・元濬嬪耿氏誌

北魏・穆亮誌

○賵襚之禮

東魏・馮令華誌

○朝依典禮

東魏・間叱地連誌

北齊・元賢誌

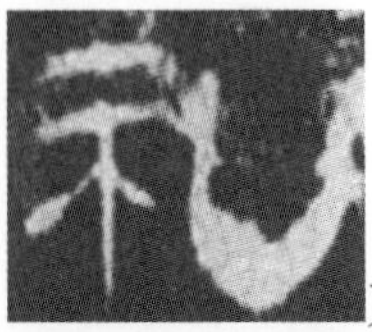
東漢・衛尉卿衡方碑

東漢・司馬芳殘碑額

○字文礼

北魏・韓顯宗誌

北魏・元誘妻馮氏誌

北魏・元鑒誌

北魏・元冏誌

北魏・邸元明碑

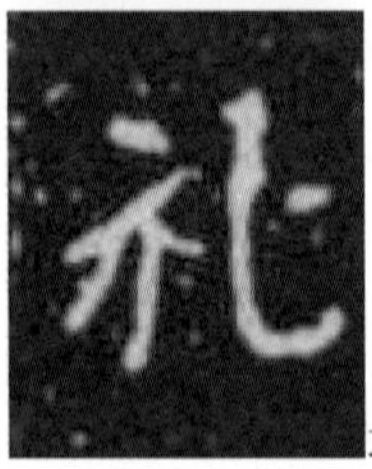
北魏・元颺誌

北魏・元彥誌

北魏・王蕃誌

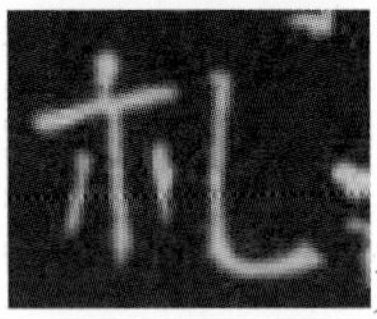
東魏・李挺誌

○礼樂繫其廢興

東魏・劉幼妃誌

○言循礼度

【禧】

《說文》：禧，禮吉也。从示喜聲。

廿世紀璽印三-SY

○王禧

漢印文字徵

○魯禧印信

東漢・成陽靈臺碑

○萬國禧寧

【禛】

《説文》：禛，以眞受福也。从示眞聲。

【祿】

《説文》：祿，福也。从示彔聲。

漢銘・右承宮鼎

漢銘・承安宮鼎二

漢銘・陽邑銅燭行錠

睡・為吏 6

○溉（既）辥（乂）祿立（位）

嶽・猩敞案 52

○上造祿

里・第八層 761

○同□祿廿

馬壹 133_38 下/115 下

○承祿富者

馬壹 46_69 下

○禒（祿）不足食也

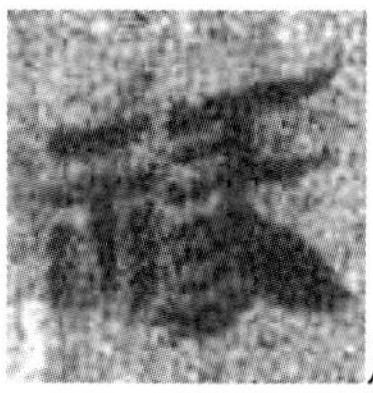
馬壹 41_31 上

○賞禒（祿）甚厚

馬壹 44_49 下

○君无賞禒（祿）

張・奏讞書 10

○賣祿所自當

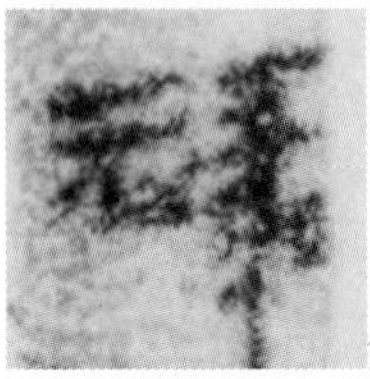
銀壹 255

〇黄帝戰蜀（涿）禄（鹿）

北貳・老子 10

〇禄（琭）=如玉

金關 T08:061

〇禄福王章

武・甲《少牢》33

〇女受禄于天

東牌樓 044

〇求悉禄吉

北壹・倉頡篇 1

〇禄寬惠善

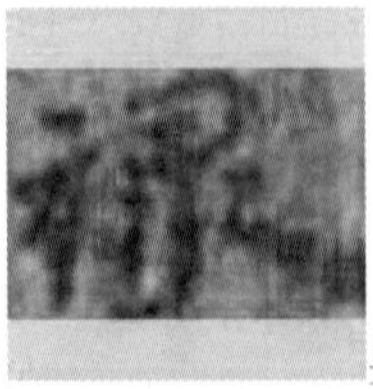
吳簡嘉禾・五・五四五

〇吏潘禄

廿世紀璽印二-SY

〇李禄

廿世紀璽印二-SP

〇安邑禄

廿世紀璽印三-SY

〇王禄

秦代印風

〇賈禄

秦代印風

〇任禄

秦代印風

〇楊禄

秦代印風

○杜祿

廿世紀璽印三-SP

○上祿

漢印文字徵

○楊印承祿

漢印文字徵

○尹祿之印

漢印文字徵

○史祿之印

漢印文字徵

○傅祿

漢印文字徵

○遂祿

漢代官印選

○散騎光祿勳章

漢印文字徵

柿葉齋兩漢印萃

漢代官印選

○光祿大夫印

漢代官印選

○右將軍光祿勳

漢代官印選

○光祿勳印

漢代官印選

○侍中光祿大夫

漢晉南北朝印風

○梁承祿印

漢晉南北朝印風

○尹祿之印

漢晉南北朝印風

○淳于祿

東漢・朝侯小子殘碑

東漢・西狹頌

○上祿石祥

東漢・西狹頌

東漢・夏承碑

○寵祿

東漢・曹全碑陽

東晉・劉媚子誌

北魏・元朗誌

○光祿大夫

北魏・王普賢誌

○光祿大夫

北魏・元濬嬪耿氏誌

北魏・元珍誌

○光祿勳

北魏・張盧誌

○光祿大夫

北魏・元倪誌

北魏・元斌誌

北魏・于纂誌蓋

東魏・崔令姿誌

東魏・崔令姿誌蓋

東魏・元鷙妃公孫甑生誌

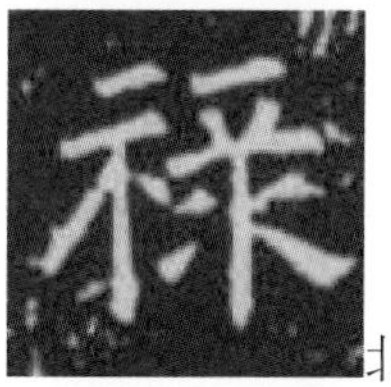
北齊・暴誕誌

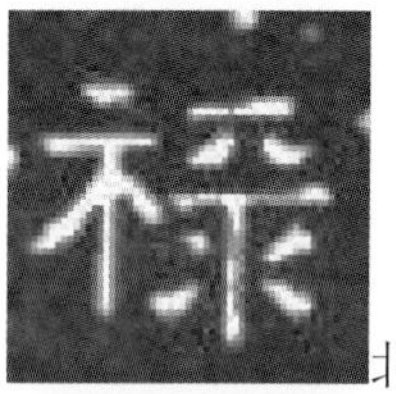
北齊・徐顯秀誌

北齊・赫連子悅誌

北齊・殷恭安等造像

○爵祿年登

北周・尉遲將男誌

○家門世祿

北周・寇胤哲誌

○不祿於家

【褫】

《説文》：褫，福也。从示虒聲。

北魏・李超誌

○飾轅褫（褫）帶

北魏・王瑆奴誌

○恐褫（褫）風規

北周・華岳廟碑

○榱棟崩褫（褫）

【禎】

《説文》：禎，祥也。从示貞聲。

東漢・北海相景君碑陽

○堅幹禎兮

北魏・元鑽遠誌

○長發載禎

北魏・馮季華誌

○異世同禎

東魏・王偃誌

○資南侶之禎祥

北齊・李難勝誌

○真光效禎

【祥】

《説文》：祥，福也。从示羊聲。一云善。

馬壹 96_37

○祥心使氣

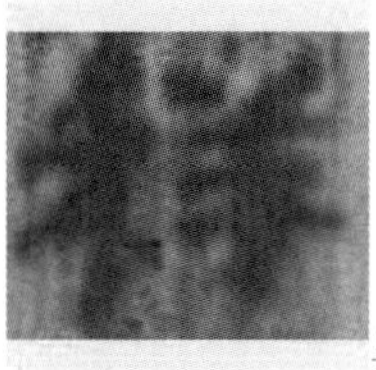
吳簡嘉禾・四・二七三

○郡吏靳祥

東漢・衛尉卿衡方碑

○祥除

東漢・西狹頌

東漢・成陽靈臺碑

○招祥塞咎

東漢・桐柏淮源廟碑

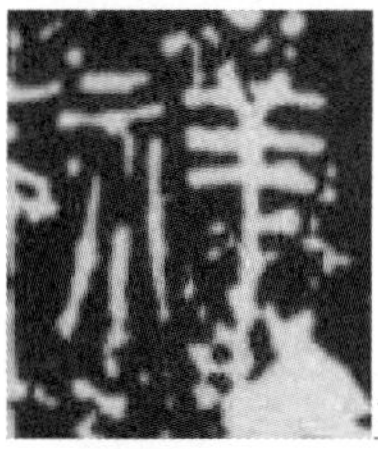
三國魏・三體石經尚書・篆文

○其祟出於不祥

三國魏・三體石經尚書・古文

○其祟出於不祥

三國魏・上尊號碑

北魏・長孫瑱誌

○宜其剋遘延祥

北魏・元嵩誌

○祥煥璠嶺

北魏・胡明相誌

○以俟大虹之祥

北魏・爾朱襲誌

○天地發祥

北魏・梁氏殘誌

○祥

北魏・元誘妻馮氏誌

東魏・元仲英誌

東魏・元季聰誌

北齊・馬天祥造像

○邑主馬天祥

【祉】

《説文》：祉，福也。从示止聲。

廿世紀璽印三-SY

漢印文字徵

東漢・北海相景君碑陽

東漢・肥致碑

東漢・夏承碑

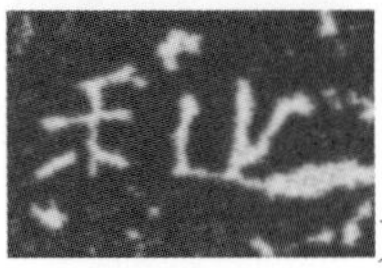
東漢・張遷碑陽

○既多受祉

東漢・成陽靈臺碑

北魏・王普賢誌

○寔戎家祉

北魏・李蕤誌

北魏・長孫瑱誌

○保兹永祉

北魏・王誦妻元妃誌

○天祇降祉

北魏・元恪嬪李氏誌

〇陰精降祉

北魏・公孫猗誌

〇壽丘降祉

北魏・元顯魏誌

〇峻極降而爲祉

北魏・穆亮誌

〇餘祉慜順

東魏・馮令華誌

北齊・狄湛誌

【福】

《説文》：福，祐也。从示畐聲。

春晚・秦公鎛

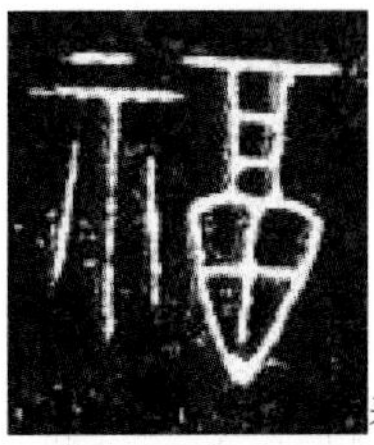
春早・秦公鎛

西晚・不其簋

漢銘・中宮鴈足鐙

漢銘・桂宮鴈足鐙

漢銘・建昭鴈足鐙一

漢銘・承安宮行鐙

漢銘・建初五年鐖

漢銘・壽成室鼎二

漢銘・壽成室鼎一

漢銘・右承宮鼎

漢銘・承安宮鼎二

漢銘・五鳳熨斗

睡・秦律十八種 66

〇福（幅）廣廣二尺五寸

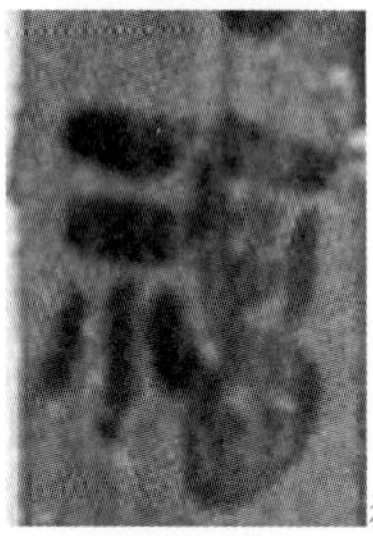
嶽・為吏 72

〇福之

里・第八層 2014

〇鄉守福當坐

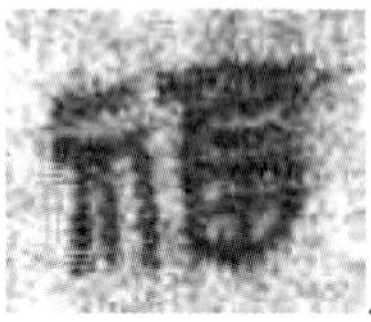
馬壹 6_26 下

〇福吉尙（上）

張・蓋盧 3

〇順之有福

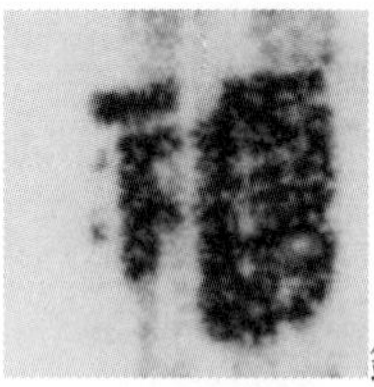
銀壹 565

〇福意逆乎

北貳・老子 58

敦煌簡 0541

〇隨福十

金關 T02:078

〇他候福爲致□

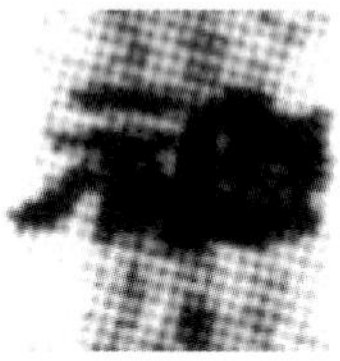
武・甲《少牢》47

〇祭之福

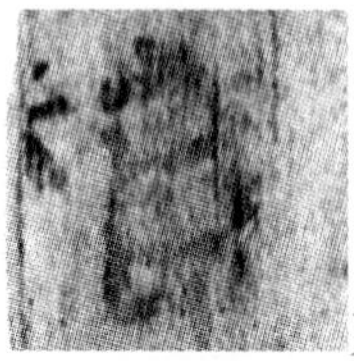
東牌樓 060 背

〇福履安寧

魏晉殘紙

〇福祚

魏晉殘紙

○萬福

廿世紀璽印三-SY

○呂福

歷代印匋封泥

○福

秦代印風

○尹福

廿世紀璽印三-SY

○王福之印

廿世紀璽印三-SY

○秦福之印

廿世紀璽印三-SY

○獲保福禄

漢印文字徵

○董福

漢印文字徵

○秦福

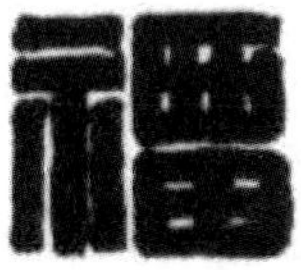
漢印文字徵

○李福之印

漢印文字徵

○吳福

漢印文字徵

○福之印

漢印文字徵

○丁福

柿葉齋兩漢印萃

○泠福之印

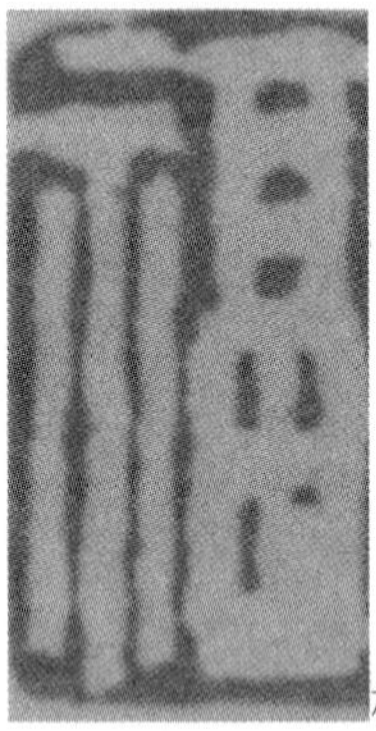
柿葉齋兩漢印萃

○臣福

柿葉齋兩漢印萃

○張福

柿葉齋兩漢印萃

○榮福

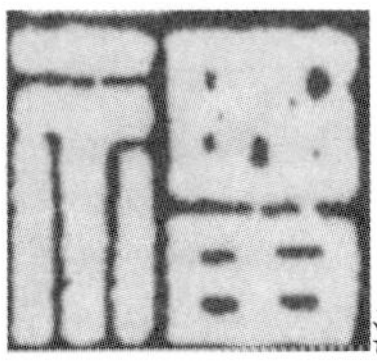
漢晉南北朝印風

○李福之印

漢晉南北朝印風

○郭福印

漢晉南北朝印風

○和福

漢晉南北朝印風

○王福之印

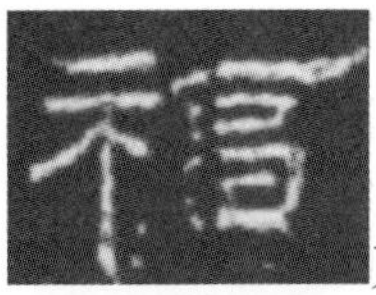
東漢・桐柏淮源廟碑

東漢・曹全碑陰

東漢・禮器碑側

○趙福字仁

東漢・開母廟石闕銘

○佐左福

東漢・營陵置社碑

東漢・成陽靈臺碑

東漢・曹全碑陽

○拜酒泉祿福長

東漢・曹全碑陽

○福祿攸同

東漢・熹平石經殘石五

東漢・西狹頌

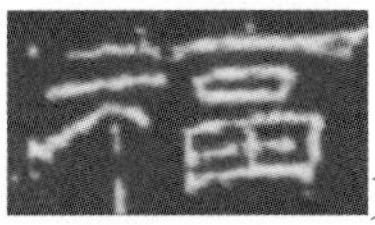
東漢・桐柏淮源廟碑

東漢・禮器碑

○天與厥福

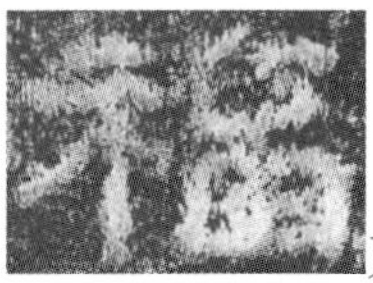
東漢・孔宏碑

○幾以獲福

東漢・成陽靈臺碑

西晉・徐義誌

○規立福祚

北魏・元廣誌

○福善空言

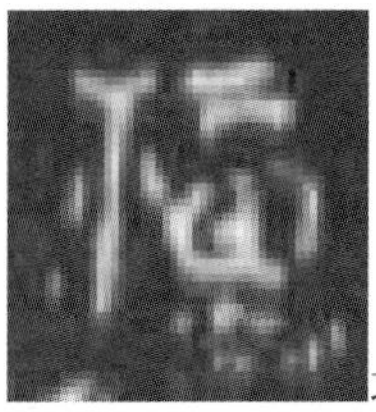
北魏・韋彧誌

○煩冤福（愊）抑

北魏·慈香慧政造像

○敢同斯福

北魏·趙阿歡造像

○一同此福

北魏·趙充華誌

○福慶無徵

北魏·常文遠造像

○蒙斯福徹

北魏·塔基石函銘刻

○咸同斯福

北魏·暉福寺碑額

北魏·靈山寺塔銘

○世榮資福

北齊·道常等造像

○普同斯福

北齊·崔棠夫妻造像

○普同斯福

北齊·王憐妻趙氏誌

○庶幾多福

北齊·謝思祖夫妻造像

○咸同斯福。

北齊·斛律氏誌

○福善禍淫

北齊·狄湛誌

○禍福之理

【祐】

《説文》：祐，助也。从示右聲。

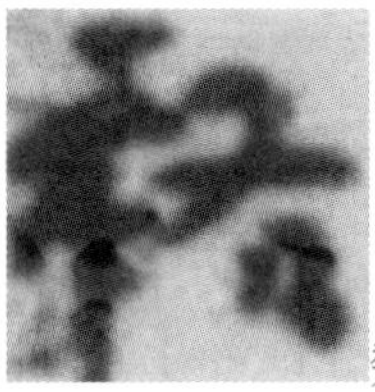
魏晉殘紙

○亦淂（得）吉祐

廿世紀璽印三-SY

○朱祐

漢印文字徵

東漢・北海相景君碑陰

○降垂嘉祐

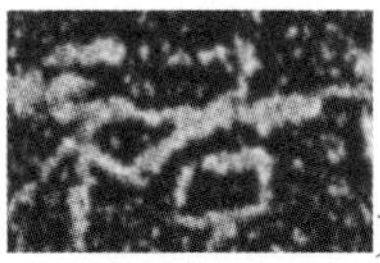
東漢・桓孨食堂畫像石題記

○不受天祐

東漢・祀三公山碑

○閻祐

三國魏・曹真殘碑

○李翼國祐

北魏・甯懋誌

○祐之遐方□外

北魏・楊胤季女誌

北魏・堯遵誌

○輔祐空設

北魏・元澄妃誌

北齊・崔芬誌

北周・時珍誌

○二月神祐朔九日

【祺】

《説文》：祺，吉也。从示其聲。

【禥】

《説文》：禥，籒文从基。

漢印文字徵

○陳祺

東漢・曹全碑陰

○縣三老商量伯祺

東漢・西狹頌

○字元祺

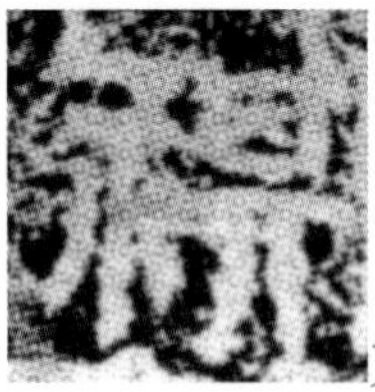
東漢・開母廟石闕銘

○釐我後以萬祺

北魏・劉玉誌

○出祺（旗）之挺

北魏・王□奴誌

○麾祺（旗）共密

【祇】

《說文》：祇，敬也。从示氏聲。

漢印文字徵

○檀祇白箋

東漢・史晨後碑

○拜手祇肅

東漢・孔宙碑陽

○左祇（氏）春秋

東漢・桐柏淮源廟碑

○祇慎慶祀

西晉・裴祇誌

○關中侯裴祇

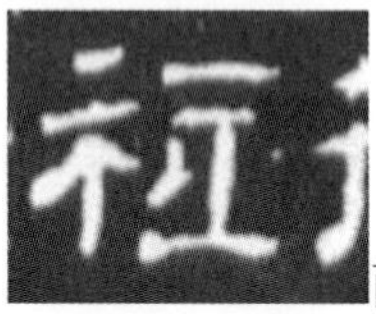
西晉・管洛誌

○祇奉姑舅

西晉・臨辟雍碑

○祇服

北魏・元懷誌

○祇告幽玄

北魏・張整誌

○嘉其祇篤

東魏・鄭氏誌

○因心祇敬

北周・安伽誌

○遠迩祇恩

【禔】

《説文》：禔，安福也。从示是聲。《易》曰："禔既平。"

【神】

《説文》：神，天神，引出萬物者也。从示、申。

漢銘・成山宮渠斗

漢銘・長安下領宮高鐙

漢銘・大吉田器

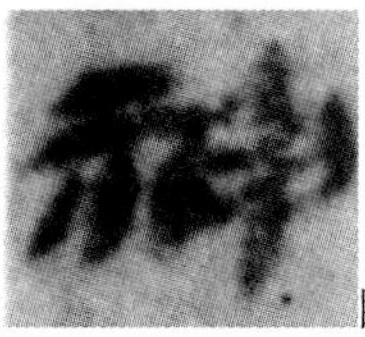
睡・日甲《詰》48

○是神狗偽

馬壹 97_47

馬壹 13_1 上\94 上

銀貳 1025

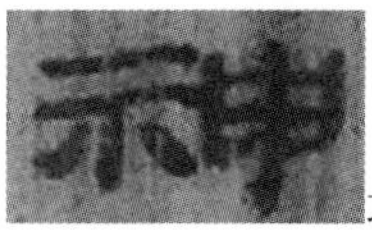
北貳・老子 63

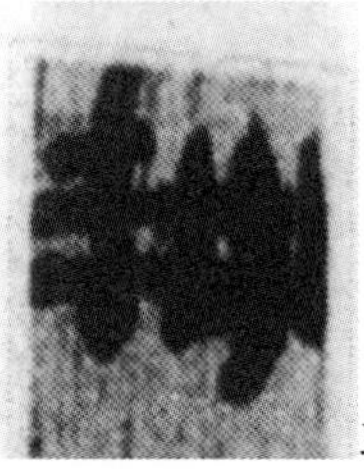
敦煌簡 1791

○神爵四年

金關 T23:480

○神爵二年

東牌樓 015 背

○□念留神

廿世紀璽印三-GP

○西神

廿世紀璽印四-GY

廿世紀璽印三-SY

漢印文字徵

漢印文字徵

漢印文字徵

漢晉南北朝印風

○李神

秦駰玉版

秦駰玉版

詛楚文・沈湫

○大神巫咸

秦公大墓石磬

○大神巫咸

東漢・乙瑛碑

東漢・公乘田魴畫像石墓題記

東漢·幽州書佐秦君神道刻字

○君之神道

東漢·祀三公山碑

東漢·少室石闕銘

○興治神道

東漢·開母廟石闕銘

○於茲馮神

東漢·楊震碑

東漢·朝侯小子殘碑

東漢·白石神君碑額

○白石神君碑

東漢·肥致碑

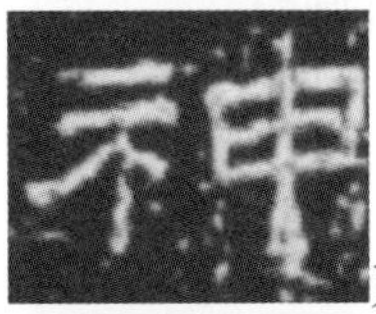
東漢·桐柏淮源廟碑

東漢·桐柏淮源廟碑

三國吳·買冢城磚

○神鳳元年

三國魏·謝君神道碑

○神道

西晉·王君神道闕

○神道

北魏·楊機妻梁氏誌

○梁之神銘

北魏・淨悟浮圖記

○神瑞元年

北魏・張正子父母鎮石

北魏・劉文朗造像

○妻何神姬

北魏・常襲妻崔氏誌

○神龜三年

北魏・元寧誌

北魏・寇治誌

北魏・于纂誌

○神情爽發

北魏・源延伯誌

○神其未遂

北魏・梁氏殘誌

北齊・張道貴誌

○或下降神符

北齊・劉悅誌

○神荼司事

北齊・高淯誌

○思極神理

北齊・劉悅誌

○高祖神武皇帝

北周・寇嶠妻誌

○夫人神柩

北周・神通之力摩崖

○神通之力

北周・馬龜誌

○馬神龜者

【祇】

《說文》：祇，地祇，提出萬物者也。从示氏聲。

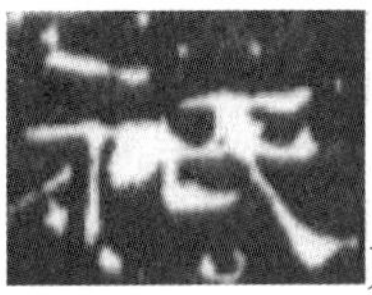
東漢・北海太守爲盧氏婦刻石

○神祇可鑒

東漢・桐柏淮源廟碑

東漢・楊震碑

○以神祇降祚

西晉・成晃碑

○靈祇

北魏・元顥誌

北魏・鮮于仲兒誌

○地厚無祇

北魏・元寧誌

○祇悟神祇

北魏・王誦妻元妃誌

○天祇降祉

東魏・李顯族造像

○祇陀豈曰非譬

北齊・盧脩娥誌

北齊・道明誌

北周・安伽誌

○杳杳神祇

【祕（秘）】

《説文》：祕，神也。从示必聲。

廿世紀璽印三-GP

○秘書臧府印

漢代官印選

漢印文字徵

漢晉南北朝印風

東漢・賈仲武妻馬姜墓記

○賜祕器

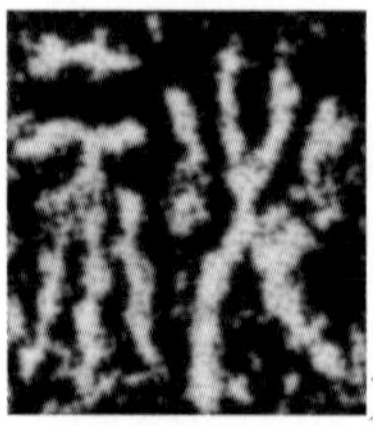
東漢・少室石闕銘

○陽冀祕俊

東漢・成陽靈臺碑

北魏・元緒誌

北魏・元定誌

○月祕秋明

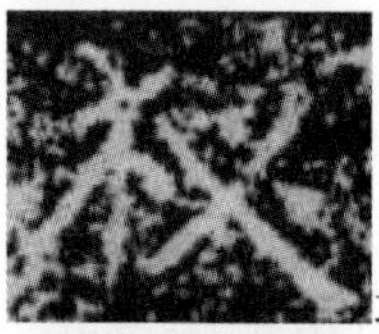
北魏・論經書詩

北魏・楊無醜誌

北魏・王僧男誌

○賜東園祕器

北魏・王遺女誌

○東園祕器

北魏・盧令媛誌

○祕書監

北魏・盧令媛誌

〇祕書監

北魏・元熙誌

〇拜祕書郎中

北周・崔宣靖誌

〇去來秘省

北周・崔宣靖誌

〇秘書郎中

【齋】

《説文》：，戒，潔也。从示，齊省聲。

【𩐁】

《説文》：，籀文齋从𩐁省。𩐁音禱。

漢銘・永和二年鐖

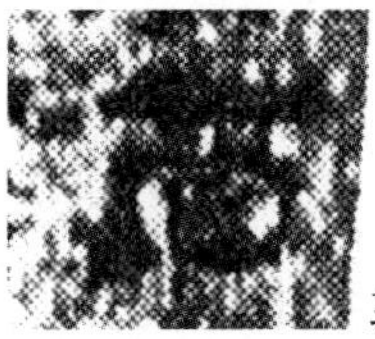敦煌簡 2057

〇□小齋一

金關 T27:022

〇襄國齋里

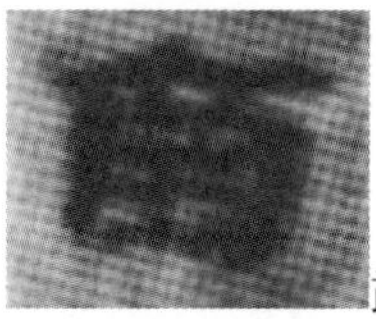武・儀禮甲《服傳》2

〇各齋（齊）其心

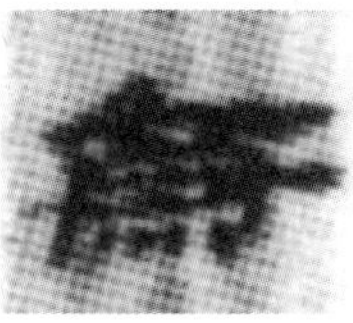武・甲《有司》65

〇振祭齋（嚌）之

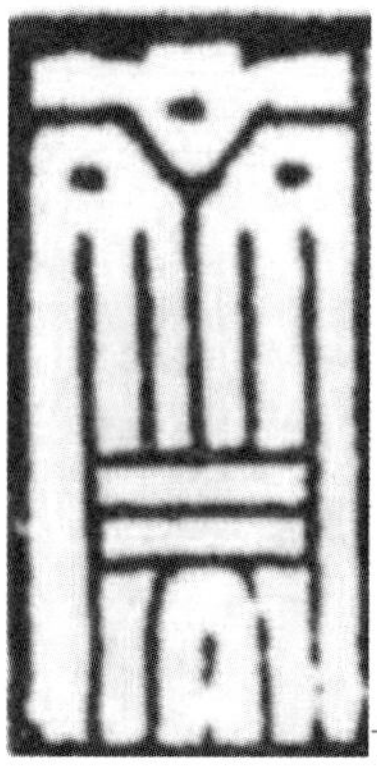廿世紀璽印三-SY

〇臣齋

漢印文字徵

〇朱齋私印

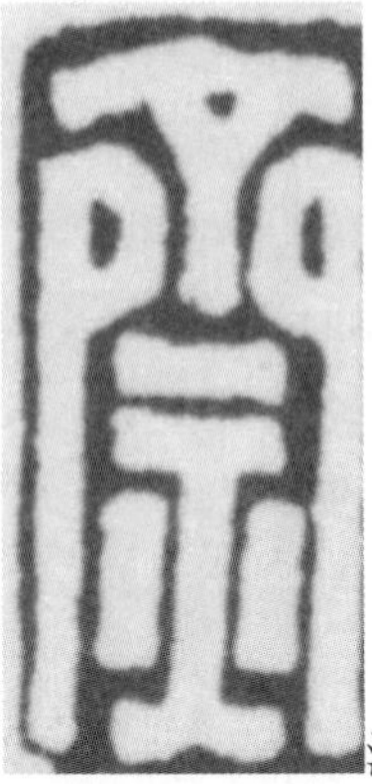
漢晉南北朝印風

○張齋

漢晉南北朝印風

○陳嬰齋印

詛楚文・沈湫

○袗以齋盟

東漢・肥致碑

東漢・太室石闕銘

○齋誠奉祀

東漢・建寧殘碑

東漢・桐柏淮源廟碑

○𥜽（齋）絜沈祭

漢朝・食齋祠園畫像石題記

○食齋祠園

北魏・元詳造像

北魏・元恪嬪李氏誌

北齊・石佛寺迦葉經碑

○就僕齋食者

北齊・石佛寺迦葉經碑

○若受齋食

【禋】

《説文》：禋，潔祀也。一曰精意以享爲禋。从示垔聲。

【𡪃】

《説文》：𡪃，籀文从宀。

北壹・倉頡篇 69

○禋稰姪娣

東漢・白石神君碑

東漢・白石神君碑

東漢・西岳華山廟碑陽

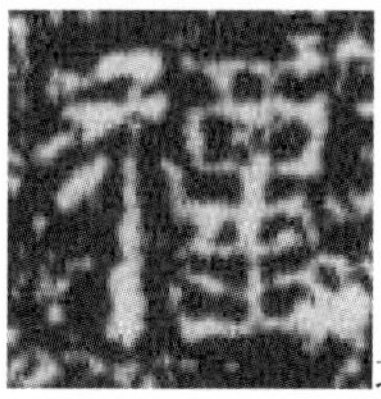
北齊・天柱山銘

○禋禱群經

【祭】

《說文》：，祭祀也。从示，以手持肉。

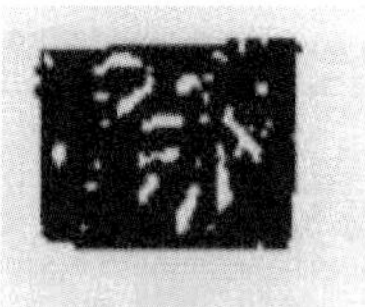
漢銘・建初五年鐖

睡・日甲《除》10

嶽・為吏 32

○徐審祭（察）之

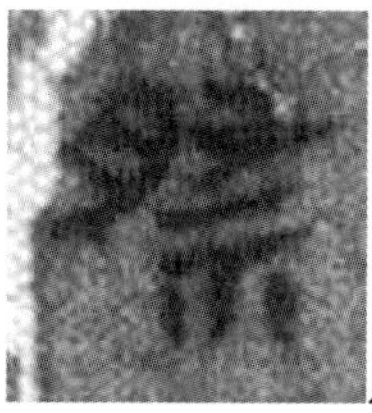
馬壹 39_18 下

○祭祀

馬壹 6_26 下

○牛以祭

張・秩律 457

○祭（蔡）陽

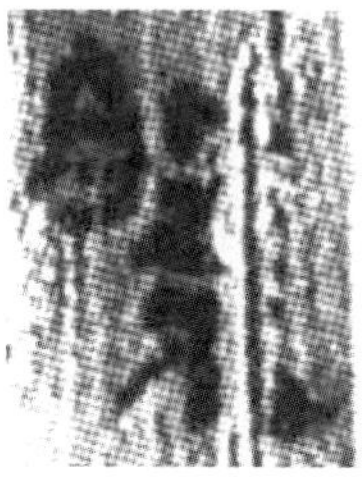
銀貳 1616

○主之祭（際）

北貳・老子 45

○祭祀不絕

敦煌簡 1734

○亥祭

金關 T30:032

○禽寇祭

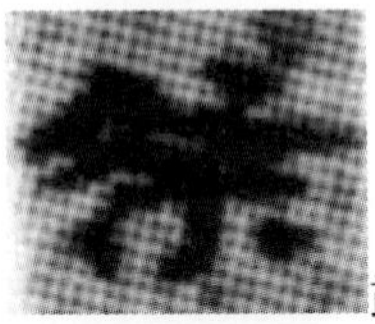
武・儀禮甲《士相見之禮》13

○則君祭先飯

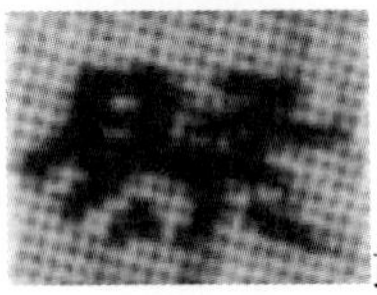
武・甲《特牲》17

○祭尸左執爵

歷代印匋封泥

○睦賣祭

廿世紀璽印二-GP

○□祭

秦代印風

○敦祭奠印

廿世紀璽印三-GY

○少年祭尊

漢晉南北朝印風

○外里祭尊

漢晉南北朝印風

○孝弟祭尊之印

漢晉南北朝印風

○安民里祭尊印

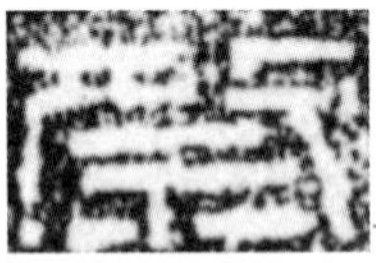
廿世紀璽印三-SY

○張祭尊

漢晉南北朝印風

○祭尊

漢晉南北朝印風

○宜士祭尊

漢晉南北朝印風

○少年祭尊

漢晉南北朝印風

○衛舍祭尊

漢晉南北朝印風

○宗單祭尊

漢晉南北朝印風

○東昌祭尊

漢晉南北朝印風

○萬歲單祭尊印

漢晉南北朝印風

○霸西祭尊

漢晉南北朝印風

○酒單祭尊

柿葉齋兩漢印萃

○上官祭尊

漢印文字徵

○祭睢

漢代官印選

○講學祭酒

漢印文字徵

○孝子單祭尊

漢印文字徵

○步昌祭酒

漢印文字徵

○祭它私印

漢印文字徵

○祭敬

漢晉南北朝印風

○祭睢

東漢・景君碑

東漢・白石神君碑

東漢・西岳華山廟碑陽

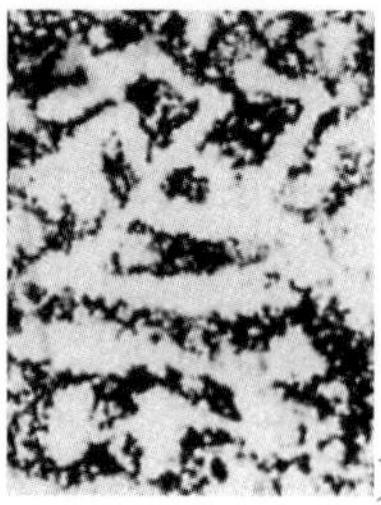
東漢・買田約束石券

○父老僤祭尊于季

東漢・成陽靈臺碑

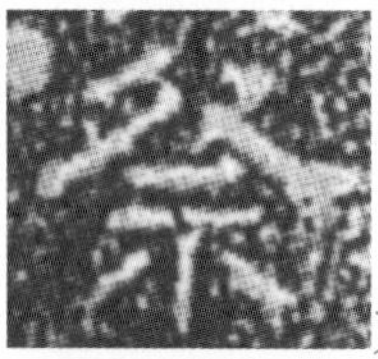
東漢・白石神君碑

東漢・西岳華山廟碑陽

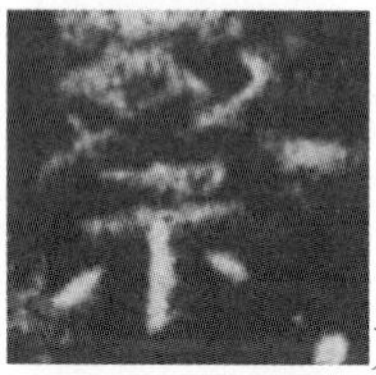
東漢・封龍山頌

東漢・桐柏淮源廟碑

東漢・桐柏淮源廟碑

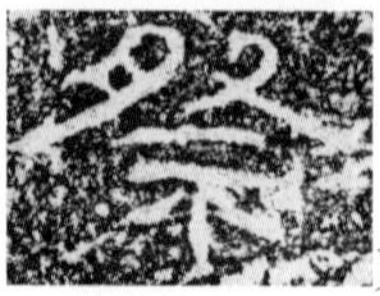
東漢・延光四年殘碑

○祠祭永

東漢・西岳神符鎮墓石

○□□祭

西晉・左棻誌

北魏・張正子父母鎮石

北魏・薛孝通敘家世券

○祭酒

北魏・宋靈妃誌

○祭以太牢

北魏・元鑽遠誌

北魏・元顥誌

北魏・王翊誌

○國子祭酒

北魏・唐耀誌

○祭酒

北魏・元纂誌

北魏・郭定興誌

○葬祭之儀

北魏・盧令媛誌

東魏・叔孫固誌

北齊・王憐妻趙氏誌

○朔望奠祭

北齊・逢哲誌

○還爲祭酒

北周・崔宣默誌蓋

○開府祭酒

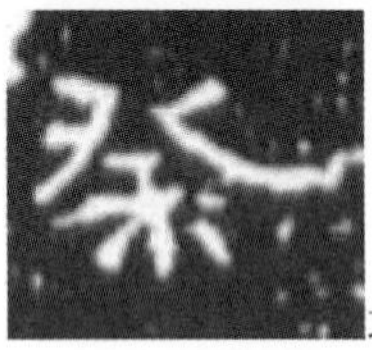
北周・崔宣默誌

○東閣祭酒

【祀】

《説文》：，祭無已也。从示巳聲。

【禩】

《説文》：，祀或从異。

春早・秦公鎛

春晚・秦公鎛

春早・秦公鎛

睡・日甲《除》6

馬壹 10_62 下

張・秩律 462

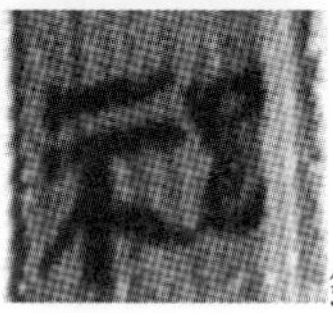
銀貳 2071

○棄祀

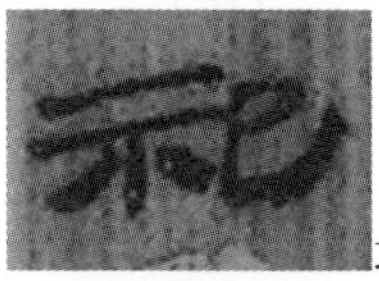
北貳・老子 45

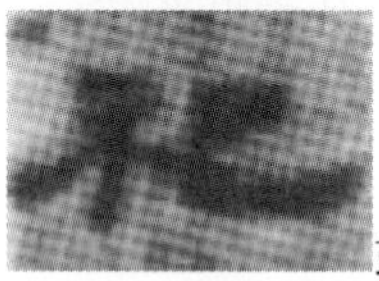
武・儀禮甲《服傳》24

○使之祀焉

東牌樓 035 背

○自空祀將命

歷代印匋封泥

廿世紀璽印三-GY

○楚祠祀印

漢印文字徵

歷代印匋封泥

漢印文字徵

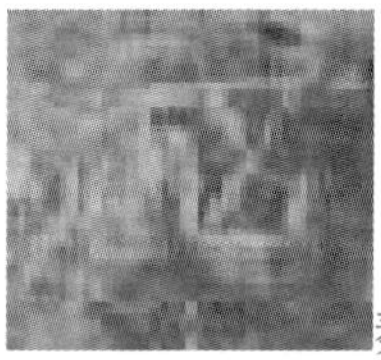
秦駰玉版

○五祀先祖

東漢・桐柏淮源廟碑

東漢・乙瑛碑

東漢・祀三公山碑

○吏民禱祀

東漢・開母廟石闕銘

○祀聖母

東漢・營陵置社碑

東漢・桐柏淮源廟碑

東漢・桐柏淮源廟碑

東漢・封龍山頌

東漢・西岳華山廟碑陽

東漢・白石神君碑

東漢・營陵置社碑

東漢・史晨前碑

三國魏・孔羨碑

北魏・張正子父母鎮石

北魏・席盛誌

北魏・元洛神誌

北齊・暢洛生造像

○皇帝祀隆

北齊・劉悅誌

○在戎與祀

北齊・斛律氏誌

○度越前祀

北魏・淨悟浮圖記

○萬祀永記

北魏・康健誌

○祀世重光

【祡】

《説文》：祡，燒祡燓燎以祭天神。从示此聲。《虞書》曰：“至于岱宗，祡。”

【禞】

《説文》：禞，古文祡从隋省。

【禷】

《説文》：禷，以事類祭天神。从示類聲。

【祪】

《説文》：祪，祔、祪，祖也。从示危聲。

【祔】

《説文》：祔，後死者合食於先祖。从示付聲。

西晉・石定誌

北魏・王誦誌

北魏・薛伯徽誌

○祔葬于洛陽西陵

東魏・劉幼妃誌

北齊・斛律氏誌

北周・寇嶠妻誌

【祖】

《説文》：祖，始廟也。从示且聲。

漢銘・新嘉量一

漢銘・陽朔四年鍾

漢銘・新嘉量二

漢銘・新衡杆

漢銘・新衡杆

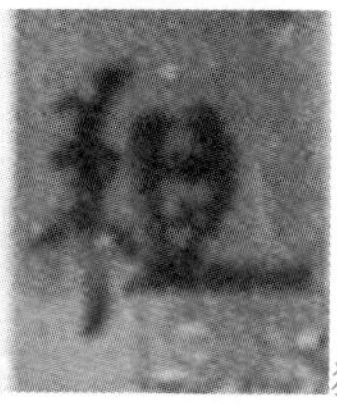
嶽・數 11

○祖八石

張・引書 1

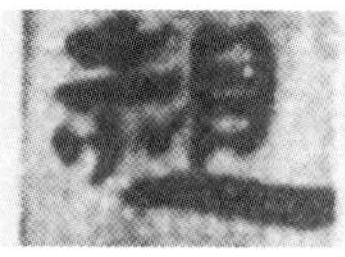
敦煌簡 2425

○郭彭祖

金關 T09:233

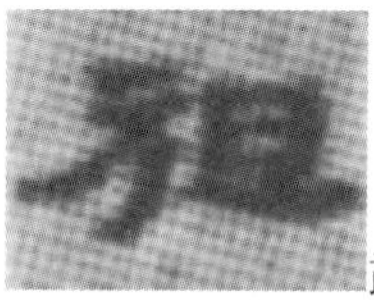
武・儀禮甲《服傳》20

○則知尊祖矣

武・儀禮甲《服傳》25

武・甲《少牢》2

魏晉殘紙

○如是彥祖

廿世紀璽印三-SY

廿世紀璽印三-SY

○劉祖私印

漢印文字徵

○胡印彭祖

秦駰玉版

○五祀先祖

東漢・張遷碑陽

東漢・成陽靈臺碑

東漢・司馬芳殘碑額

○太祖

東漢・曹全碑陽

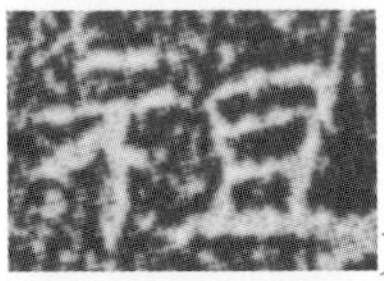
東漢・趙寬碑

東漢・夏承碑

東漢・許阿瞿畫像石題記

東漢・衛尉卿衡方碑

○字興祖

東漢・禮器碑側

東漢・曹全碑陽

東漢・三老諱字忌日刻石

東漢・石門闕銘

○祖考倈西

三國魏・三體石經尚書・篆文

○祖甲

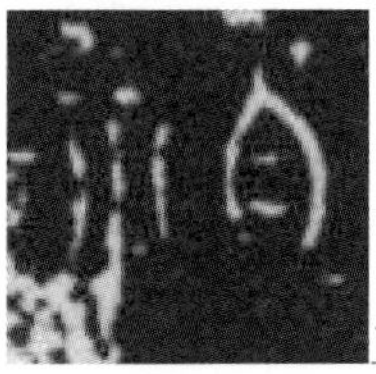
三國魏・三體石經尚書・古文

○祖甲

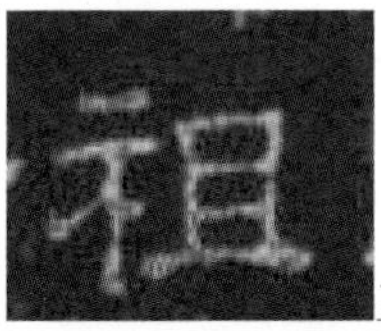
三國魏・上尊號碑

北魏・甯懋誌

○高祖

北魏・長孫盛誌

北魏・元恔誌

○祖諱暉

北魏・楊範誌

○曾祖父

北魏・蘇屯誌

北魏・元煥誌

○曾祖

北魏・元子直誌

○亡祖

北魏・席盛誌

○高祖

北魏・司馬顯姿誌

北魏・王紹誌

○祖奐

北魏・楊濟誌

東魏・廣陽元湛誌

東魏・祖氏誌蓋

○祖氏墓誌

東魏・王僧誌

北齊・竇泰誌

北齊・梁迦耶誌

○曾祖

南朝齊・劉岱誌

【鬃】

《説文》：鬃，門内祭，先祖所以徬徨。从示彭聲。《詩》曰："祝祭于鬃。"

【祊】

《説文》：祊，鬃或从方。

【祰】

《説文》：祰，告祭也。从示从告聲。

【祏】

《説文》：祏，宗廟主也。《周禮》有郊、宗、石室。一曰大夫以石爲主。从示从石，石亦聲。

北魏・李林誌

○皇帝開祏(拓)四方

北魏・元肅誌

○宗祏無主

北魏・元馗誌

○敞祏(祐)聲於周

北魏・侯掌誌

○壽丘祏(祐)緒

北魏・元弼誌

○君祏緒岐陰

【𥙊】

《説文》：𥙊，以豚祠司命。从示比

聲。漢律曰：“祠袛司命。”

【祠】

《說文》：祠，春祭曰祠。品物少，多文詞也。从示司聲。仲春之月，祠不用犧牲，用圭璧及皮幣。

睡·法律答問 161

關·病方 347

里·第八層 847

馬壹 90_259

馬貳 9_17 下

張·秩律 462

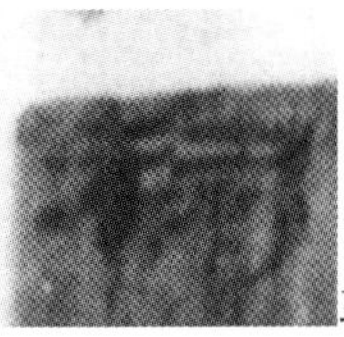
敦煌簡 0499

○祠律

武·日忌木簡甲 1

○以祠家邦

歷代印匋封泥

漢晉南北朝印風

廿世紀璽印三-GY

廿世紀璽印三-GP

漢印文字徵

漢印文字徵

歷代印匋封泥

歷代印匋封泥

漢晉南北朝印風

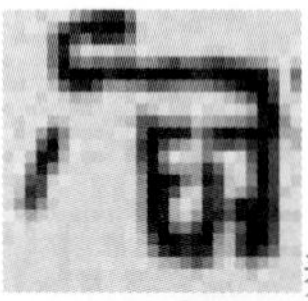
秦駰玉版

詛楚文・巫咸
○求蔑卹祠之圭玉

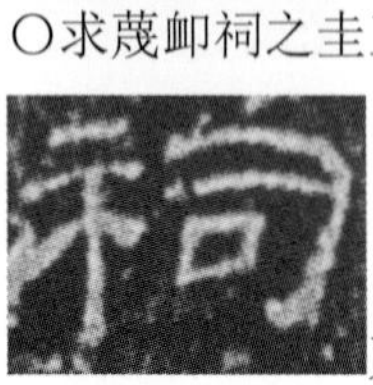
東漢・乙瑛碑

東漢・成陽靈臺碑

東漢・延光四年殘碑
○祠祭永

東漢・乙瑛碑

東漢・乙瑛碑

東漢・景君碑

東漢・成陽靈臺碑

東漢・成陽靈臺碑

東漢・成陽靈臺碑

東漢・孔宙碑陽

北魏・李榘蘭誌

北魏・元誘誌

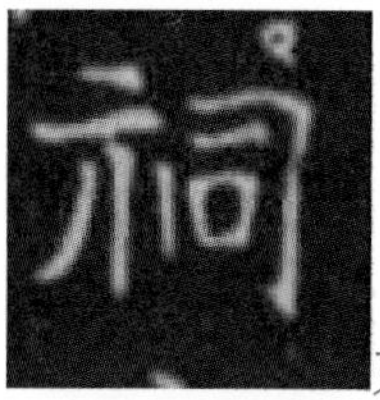
東魏・李挺誌

北齊・盧脩娥誌蓋

○齊祠部尚書

【礿】

《説文》：礿，夏祭也。从示勺聲。

東漢・西岳華山廟碑陽

○礿祭之福

北魏・李榘蘭誌

○蒸礿祠嘗

西魏・鄧子詢誌

○禘礿之始

【禘】

《説文》：禘，諦祭也。从示帝聲。《周禮》曰：“五歲一禘。”

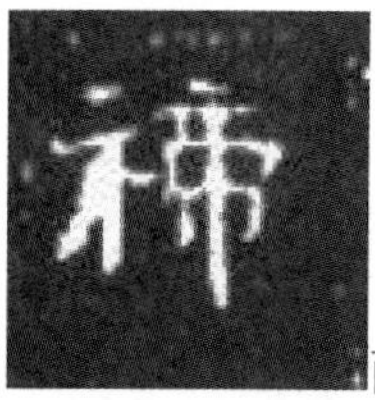
西魏・鄧子詢誌

【祫】

《説文》：祫，大合祭先祖親疏遠近也。从示、合。《周禮》曰：“三歲一祫。”

【祼】

《説文》：祼，灌祭也。从示果聲。

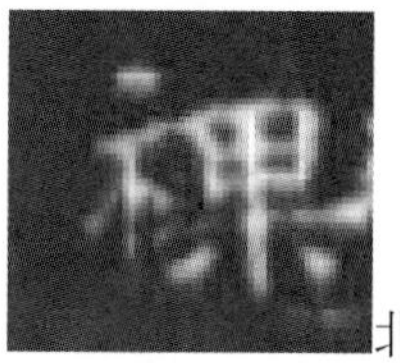
北齊・宋靈媛誌

○祇奉贊祼

【𥜶】

《説文》：𥜶，數祭也。从示毳聲。讀若舂麥爲𥜶之𥜶。

【祝】

《説文》：祝，祭主贊詞者。从示从人口。一曰从兑省。《易》曰：“兑爲口爲巫。”

關・病方 338

○投米祝曰

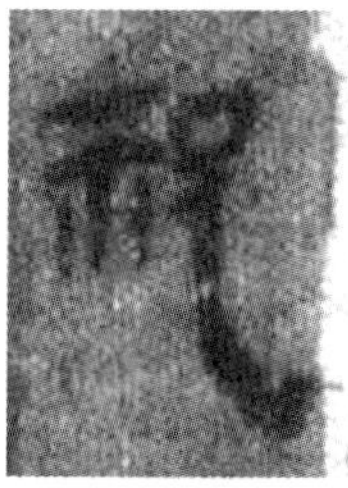
馬壹 39_7 下

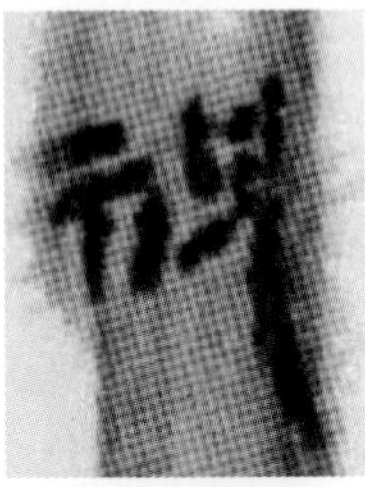
張・史律 479

銀壹 563

金關 T09:041

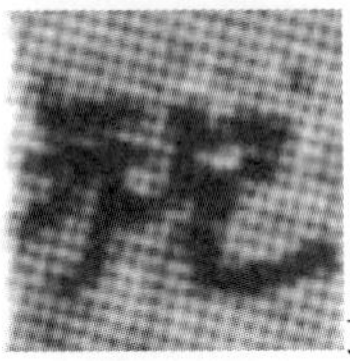
武・甲本《特牲》8

北壹・倉頡篇 46

歷代印匋封泥

○祝印

廿世紀璽印三-GP

○祝印

秦代印風

廿世紀璽印三-GY

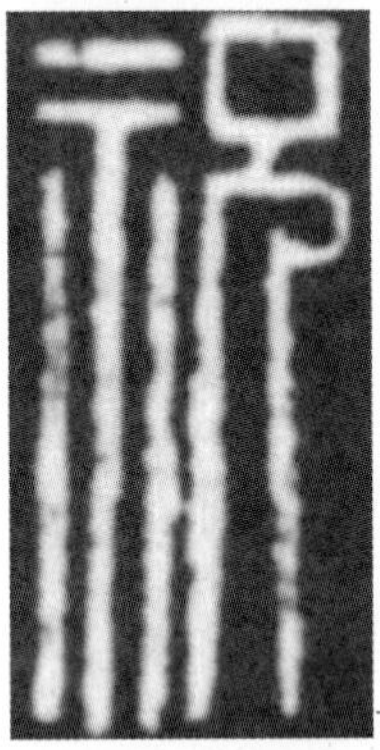
廿世紀璽印三-SY

柿葉齋兩漢印萃

漢印文字徵

漢晉南北朝印風

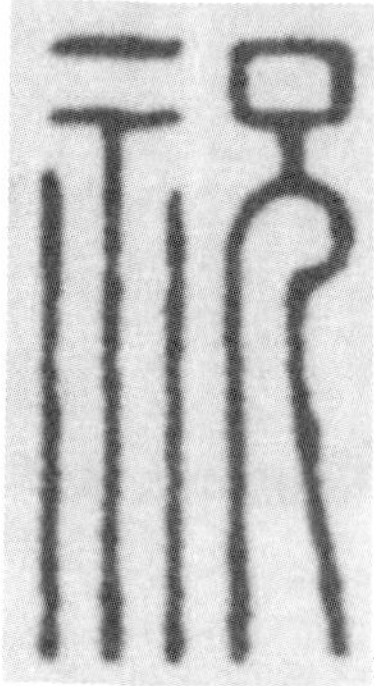
漢晉南北朝印風

石鼓・吳人

詛楚文・沈湫

東漢・乙瑛碑

北魏・萬福榮造像

東魏・郗蓋族誌

〇祝阿縣

北齊・張道貴誌

【𥜶】

《説文》：𥜶，祝𥜶也。从示留聲。

【祓】

《説文》：祓，除惡祭也。从示犮聲。

【祈】

《説文》：祈，求福也。从示斤聲。

漢晉南北朝印風

〇祈(祁)連將軍章

漢印文字徵

○祈連將軍章

漢代官印選

○祈（祁）連將軍

漢晉南北朝印風

○祈印信

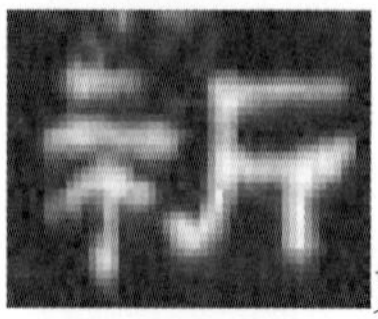
東漢・營陵置社碑

○春祈秋報

東漢・成陽靈臺碑

東漢・白石神君碑

東漢・西岳華山廟碑陽

東漢・桐柏淮源廟碑

北魏・陳天寶造像

○莫知憑祈

北魏・封魔奴誌

○遍祈河岳

北周・華岳廟碑

【禱】

《説文》：，告事求福也。从示壽聲。

【禂】

《説文》：，禱或省。

【䛆】

《説文》：，籀文禱。

睡・日甲《啻》101

○禱祠

銀貳 1747

○禱祠

東漢・譙敏碑

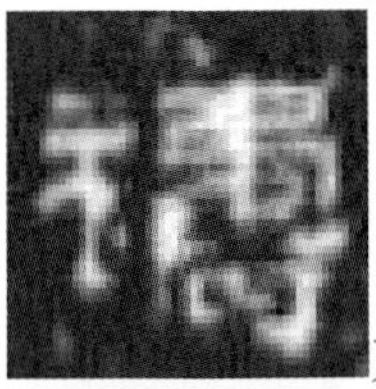
東漢・營陵置社碑

東漢・楊著碑額

東漢・西岳華山廟碑陽

東漢・西岳華山廟碑陽

北魏・封魔奴誌

北齊・韓裔誌

【禜】

《説文》：禜，設緜蕝爲營，以禳風雨、雪霜、水旱、癘疫於日月星辰山川也。从示，榮省聲。一曰禜、衞，使灾不生。《禮記》曰："雩，禜。祭水旱。"

【禳】

《説文》：禳，磔禳祀，除癘殃也。古者燧人禜子所造。从示襄聲。

東漢・西岳華山廟碑陽

北魏・元璨誌

【禬】

《説文》：禬，會福祭也。从示从會，會亦聲。《周禮》曰："禬之祝號。"

【禪】

《説文》：禪，祭天也。从示單聲。

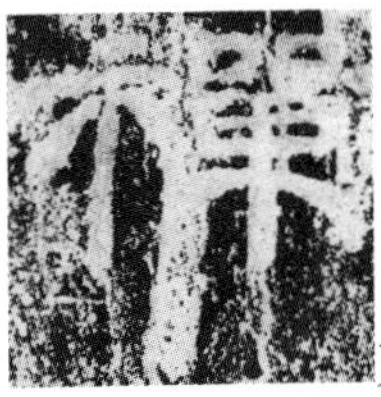
東漢・楊叔恭殘碑側

三國魏・受禪表

○受禪表

北魏・慈慶誌

北魏・堯遵誌

北魏・嵩顯寺碑額

東魏・凝禪寺浮啚碑

○凝禪寺

北齊・法懃塔銘

北齊・劉碑造像

○俄俄禪定

【禦】

《説文》：禦，祀也。从示御聲。

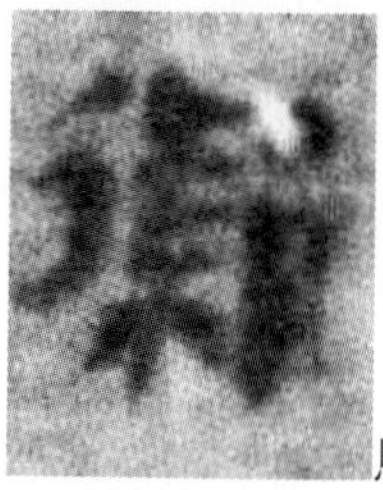
馬壹 106_89\258

○强禦者

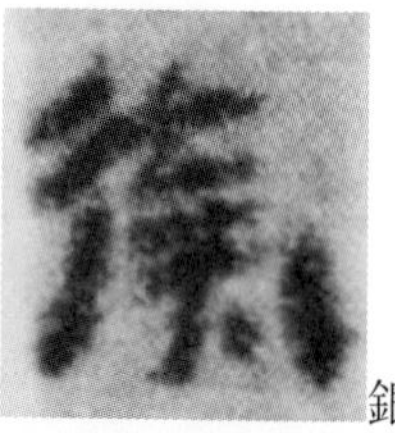
銀壹 127

○諸侯之請（情）遝則禦

東漢・李固殘碑

北魏・元繼誌

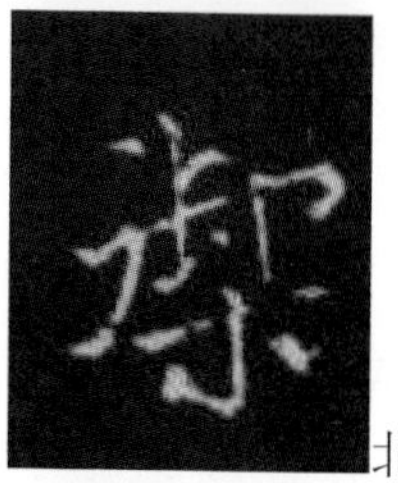
北魏・嚴震誌

○塞城以禦侮

北魏・元珍誌

北魏・楊舒誌

○任屬防禦

北魏・元朗誌

○未或能禦

北魏・元朗誌

○禦夷狄

北魏・元悌誌

北魏・元恭誌

○外毗疆禦

北魏・侯剛誌

○世號禦侮

西魏・辛萇誌

○縱容禁禦

北齊・吳遷誌

○更參威禦

北齊・婁叡誌

○我爲禦侮

北齊・雲榮誌

○君禦之以武

【祮】

《説文》：祮，祀也。从示昏聲。

【禖】

《説文》：禖，祭也。从示某聲。

睡・日甲《馬禖》156

○丙馬禖合神

【禑】

《説文》：禑，祭具也。从示胥聲。

【祳】

《説文》：祳，社肉，盛以蜃，故謂之祳。天子所以親遺同姓。从示辰聲。《春秋傳》曰："石尚來歸祳。"

【祴】

《説文》：祴，宗廟奏祴樂。从示戒聲。

【禡】

《説文》：禡，師行所止，恐有慢其神，下而祀之曰禡。从示馬聲。《周禮》曰："禡於所征之地。"

【禂】

《説文》：禂，禱牲馬祭也。从示周聲。《詩》曰："既禡既禂。"

【騆】

《説文》：騆，或从馬，壽省聲。

北齊・鏤石班經記

○大德禂禪師

【社】

《説文》：社，地主也。从示、土。《春秋傳》曰："共工之子句龍爲社神。"《周禮》："二十五家爲社，各樹其土所宜之木。"

【袿】

《説文》：袿，古文社。

馬壹 92_300

張・蓋盧 4

○其社稷（稷）

銀貳 1780

北貳・老子 115

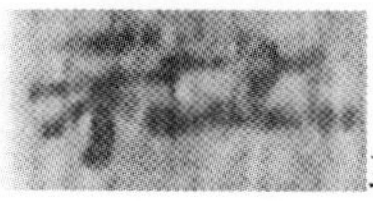
敦煌簡 0217

○社曰衆人盡坐爲

金關 T06:048

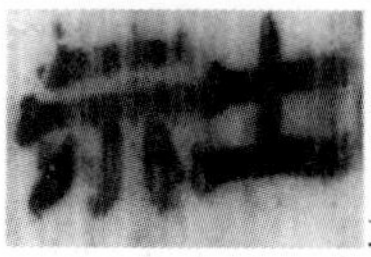
北壹・倉頡篇 52

○祟在社場

吳簡嘉禾・五・二四二

○伍社丘男子

吳簡嘉禾・五・二四五

○伍社丘男子

廿世紀璽印三-GP

○長社丞印

漢印文字徵

漢晉南北朝印風

○長社令印

詛楚文·巫咸

東漢·營陵置社碑

東漢·營陵置社碑

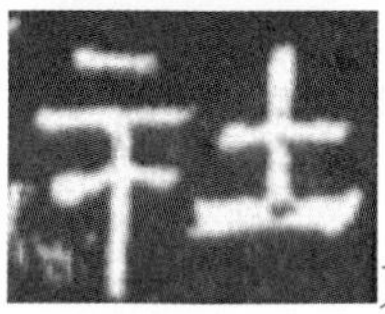
東漢·營陵置社碑

○社之碑。

東漢·張遷碑陽

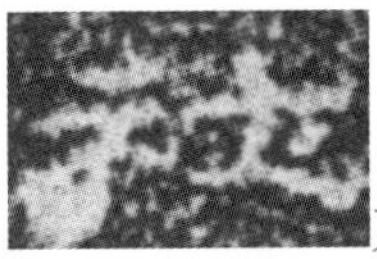
東漢·史晨前碑

○夫封土爲社

東漢·禮器碑

○長社王

東晉·李纂武氏誌

○長社縣

北魏·穆紹誌

○青社瓛玉

北魏·李蕤誌

東魏·元均及妻杜氏誌

【禓】

《説文》：禓，道上祭。从示昜聲。

【祲】

《説文》：祲，精氣感祥。从示，侵省聲。《春秋傳》曰：“見赤黑之祲。”

北魏·元歆誌

○而望舒示祲

北魏・元珽誌

○祲氛横加

南朝宋・明曇憘誌

○值巨猾滔祲

【禍】

《説文》：禍，害也，神不福也。从示咼聲。

嶽・為吏 62

○毋傳禍與畐（福）

馬壹 87_186

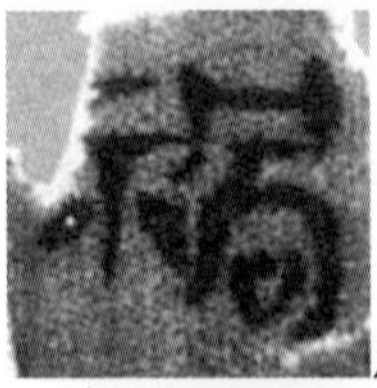
馬壹 78_95

銀貳 1016

○能見禍福

北貳・老子 25

○可欲禍莫大

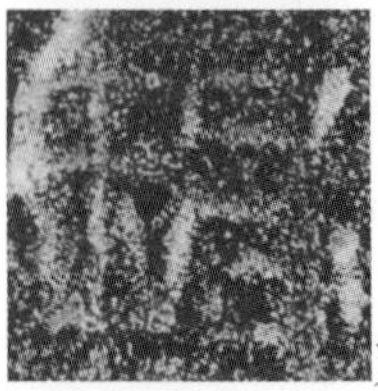
東漢・四神刻石

○患禍欲來

東漢・析里橋郙閣頌

○酷烈爲禍

北魏・元誨誌

北魏・元冏誌

○痛哉禍及

北魏・吐谷渾璣誌

○禍殲良器

北魏・尉氏誌

北魏·楊乾誌

北魏·元愔誌

北齊·斛律氏誌

北齊·狄湛誌

○悟知禍福之理

北齊·徐顯秀誌

【祟】

《說文》：祟，神禍也。从示从出。

【𥜶】

《說文》：𥜶，籒文祟从𩆜省.

嶽·占夢書 40

○君爲祟

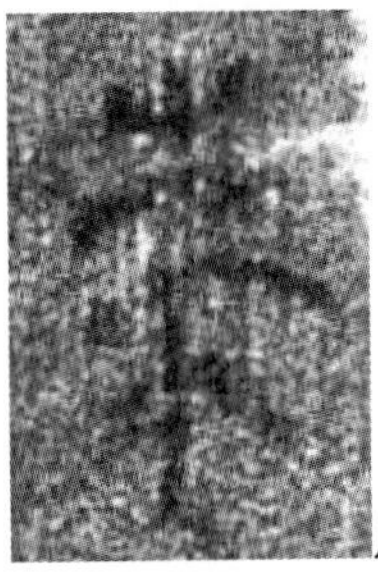
馬貳 29_24

○至厲爲祟

北壹·倉頡篇 52

○祟在社場

【祆】

《說文》：祆，地反物爲祆也。从示芺聲。

【祘】

《說文》：祘，明視以筭之。从二示。《逸周書》曰："士分民之祘。均分以祘之也。"读若筭。

【禁】

《說文》：禁，吉凶之忌也。从示林聲。

漢銘·元始鈁

漢銘·永始三年乘輿鼎

漢銘・竟寧鴈足鐙

漢銘・禁中鐙

睡・秦律十八種 5

里・第八層 13

○當爲禁錢□

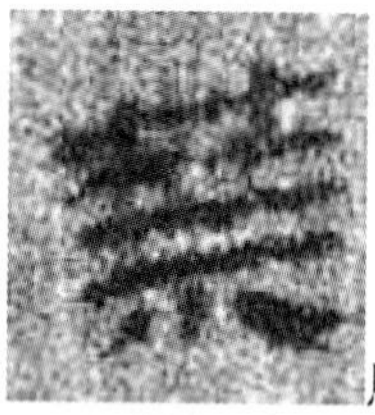
馬壹 9_49 上

○禁（咸）林（臨）吉无不利

張・田律 254

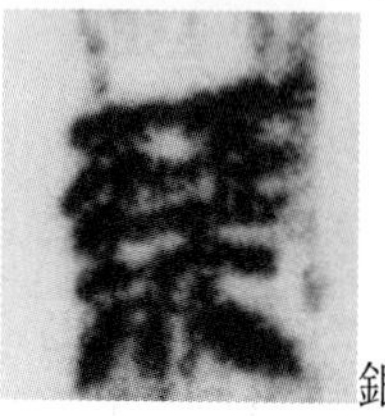
銀壹 574

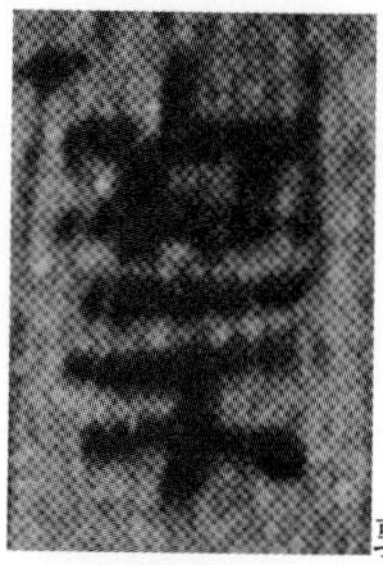
敦煌簡 1845

○禁毋出兵

金關 T03:055

○里王禁自言

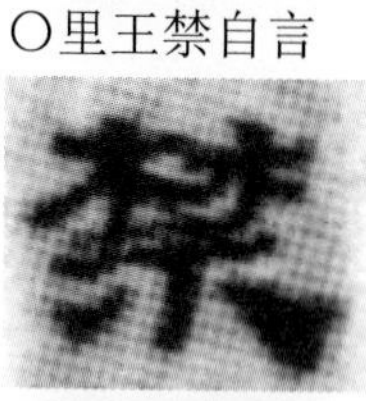
武・甲《特牲》47

東牌樓 048 正

○禁制抱情

歷代印匋封泥

廿世紀璽印三-GP

廿世紀璽印三-GP

歷代印匋封泥

廿世紀璽印三-GP

廿世紀璽印三-SY

漢晉南北朝印風

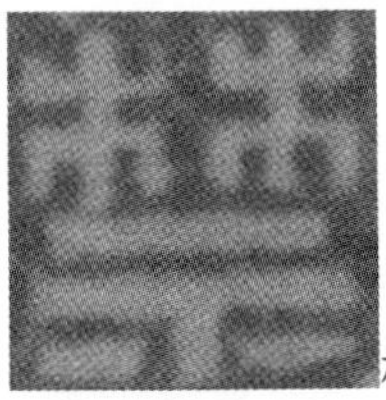
柿葉齋兩漢印萃

柿葉齋兩漢印萃

漢印文字徵

漢印文字徵

○段禁

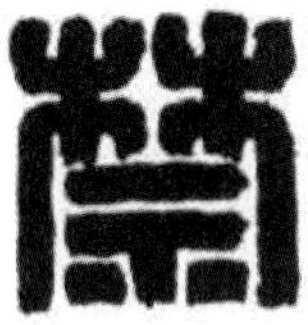
漢印文字徵

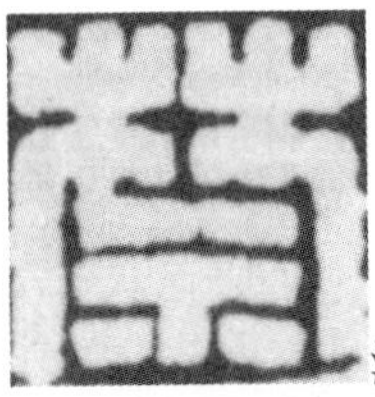
漢晉南北朝印風

東漢・曹全碑陽

東漢・禮器碑

東漢・鮮於璜碑陽

○聲教禁化

東漢・趙寬碑

北魏・鄯乾誌

○早參禁宇

北魏・元珍誌

北魏・邢偉誌

北魏・元賄誌

北魏・元孟輝誌

北魏・王遺女誌

北魏・慈慶誌

北魏・于景誌

○世典禁旅

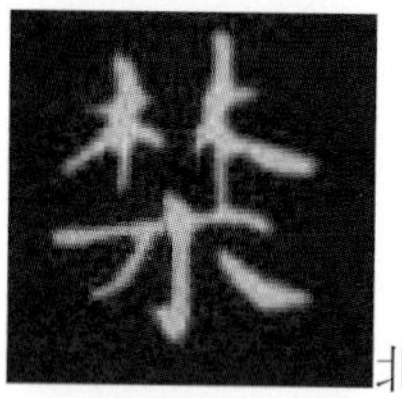
北魏・乞伏寶誌

○調居禁內

北魏・元楨誌

東魏・司馬昇誌

○令行如禁止

【禫】

《說文》：禫，除服祭也。从示覃聲。

【禰】

《說文》：禰，親廟也。从示爾聲。一本云古文禮也。

西晉・徐義誌

○其祖禰九族

北魏・爾朱紹誌

○惟祖惟禰

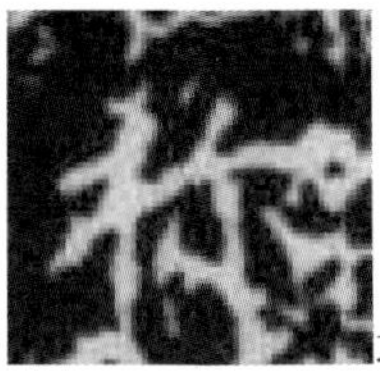
北魏・高慶碑

○君藉祖禰之量

【祧】

《說文》：祧，遷廟也。从示兆聲。

北魏・元煥誌

○庭建龜祧

北齊・韓裔誌

○二祧弘胤

【祅】

《說文》：祅，胡神也。从示天聲。

【祚】

《說文》：祚，福也。从示乍聲。

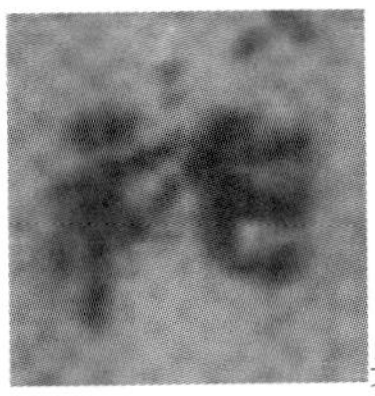
吳簡嘉禾・九二八七

○祚戶下婢思

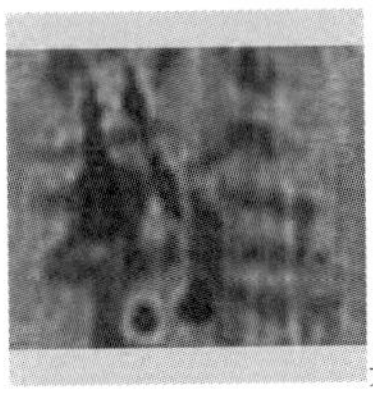
吳簡嘉禾・四・四二三

○廖祚佃田

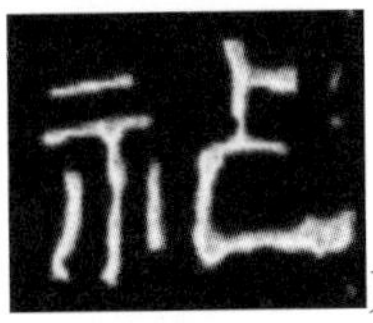
東漢・楊震碑

○天鍾嘉祚

東漢・鮮於璜碑陽

○當遂功祚

東漢・夏承碑

東漢・張遷碑陽

○共享天祚

東漢・成陽靈臺碑

○爲漢來祚

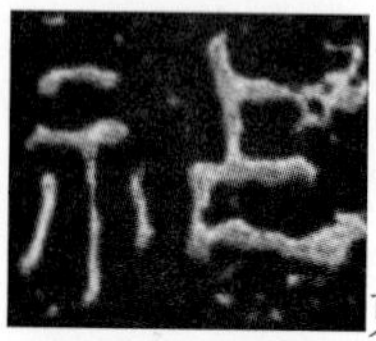
東漢・楊震碑

○以神祇降祚

西晉・徐義誌

○規立福祚

北魏・王誦妻元氏誌

北魏・吴光誌

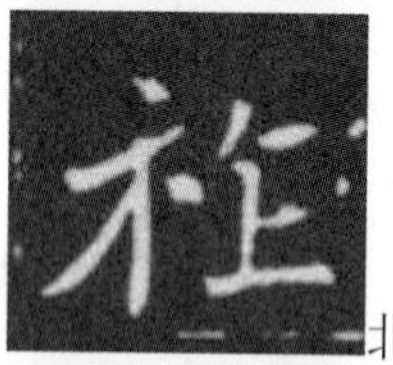
北魏・奚真誌

北魏・胡明相誌

北魏・靈山寺塔銘

北齊・雋敬碑

○唯皇肇祚

北齊・馬天祥造像

〖材〗

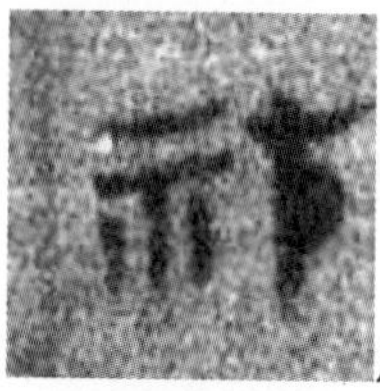
馬壹 129_75 下

○調合福（禍）材（災）

〖袜〗

睡・日甲《詰》27

○大袜（魅）恆入人室

〖祛〗

北魏・元延明誌

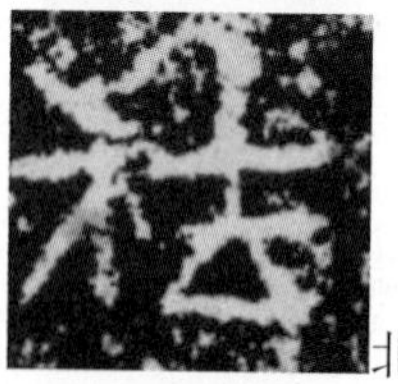
北魏・孫永安造像

○夫塵俗易祛

北齊・房周陁誌

〖袂〗

東漢・從事馮君碑

○而遘凶袂

〖袙〗

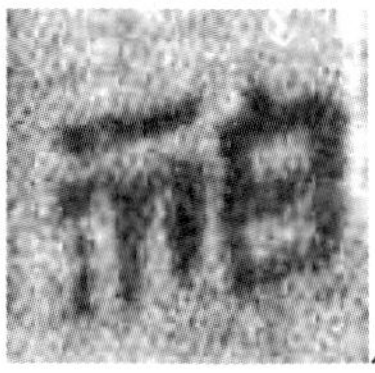
馬壹 147_50/224 下

○營袙（魄）抱一

北貳・老子 172

○我袙（泊）旖（兮）

〖衼〗

漢印文字徵

○馬史衼

〖桊〗

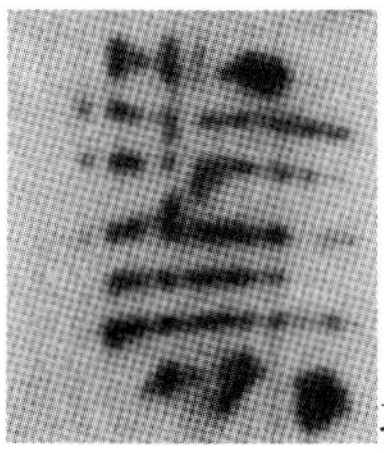
孔・死 352

○其桊（患）天土

孔・有疾 351

○蚤（竈）神及水桊（患）

〖祾〗

漢銘・大司農權

〖禎〗

北周・劉敬愛造像

○禎(願)脩功德

〖禝〗

馬壹 11_69 上

○禝（稷）之羅（離）不鼓击而歌

〖祡〗

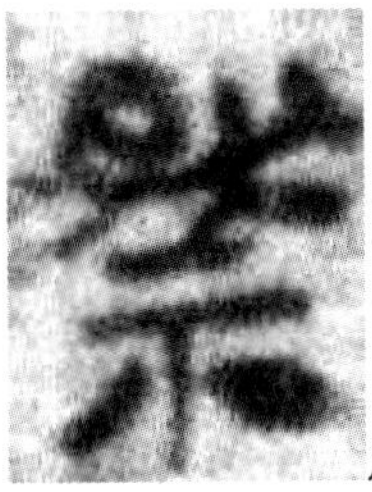
馬壹 96_28

○亭之祡之

〖禀〗

里・第八層 763

○禀人援出禀大

東漢・岐子根畫像石墓題記

北魏・元延明誌

○禀（凜）秋時戒

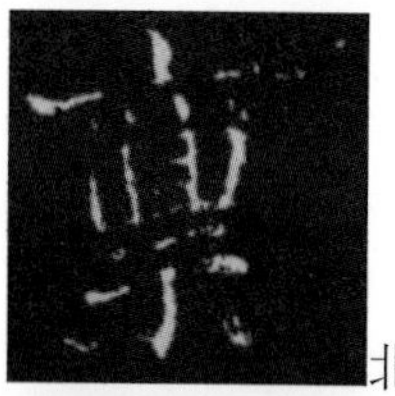
北魏・鄭君妻誌

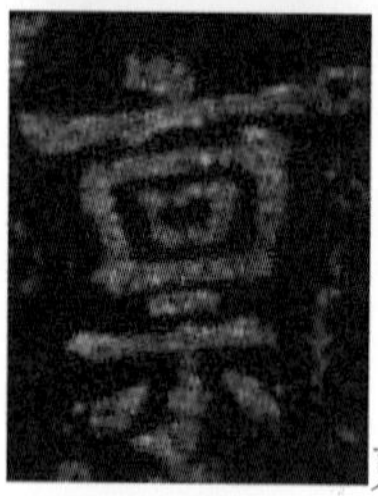
東魏・南宗和尚塔銘

〖禜〗

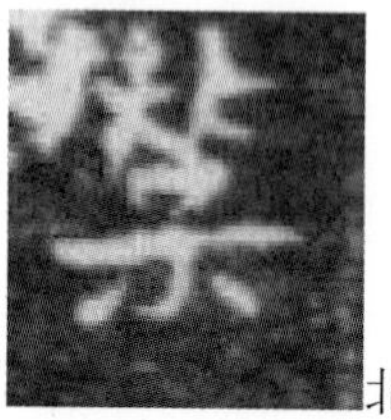
北魏・寧想誌

○妻禜（滎）陽鄭兒女

〖禴〗

漢印文字徵

○頓禴印信

三部

【三】

《說文》：三，天地人之道也。从三數。凡三之屬皆从三。

【弎】

《說文》：弎，古文三从弋。

戰晚・廿三年少府戈

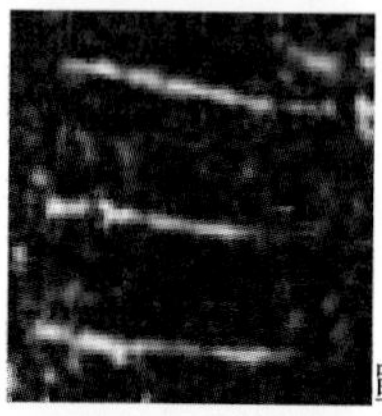
戰晚・卅六年私官鼎

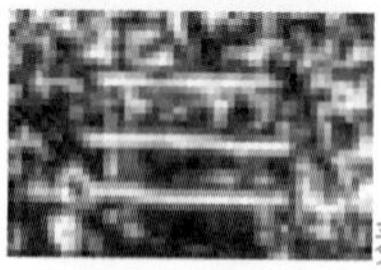
秦代・麗山園鐘

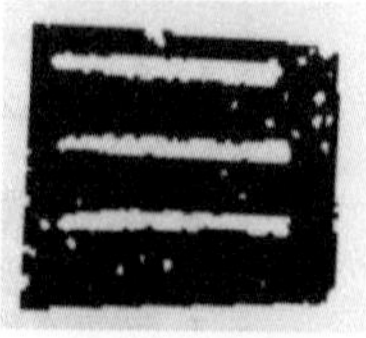
漢銘・第七平陽鼎

漢銘・攀氏鋗

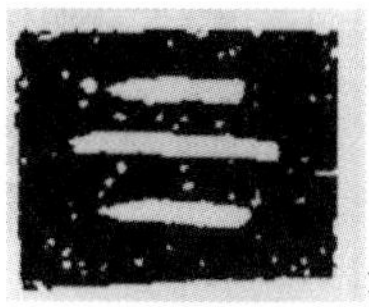
漢銘・驕⿱埶畏博局

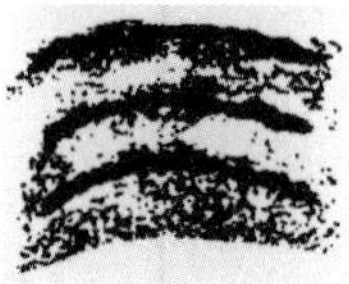
漢銘・永元十三年洗

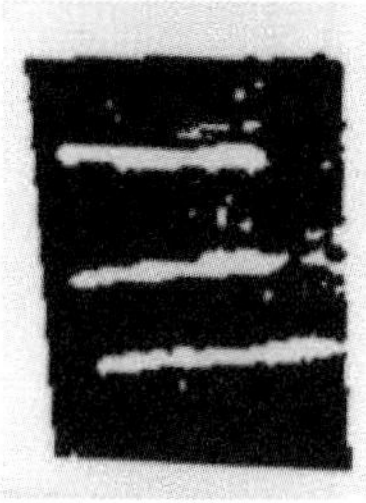
漢銘・雲陽鼎

漢銘・酈偏鼎

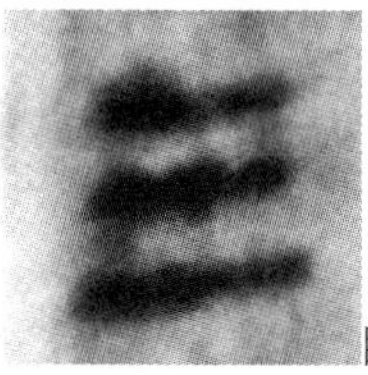
睡・編年記 13

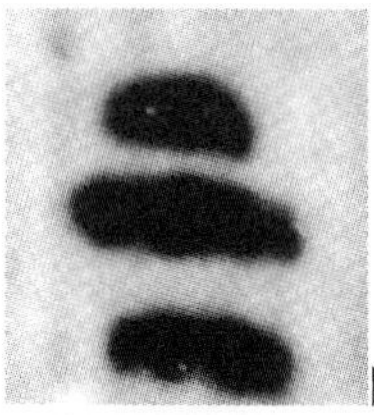
睡・編年記 30

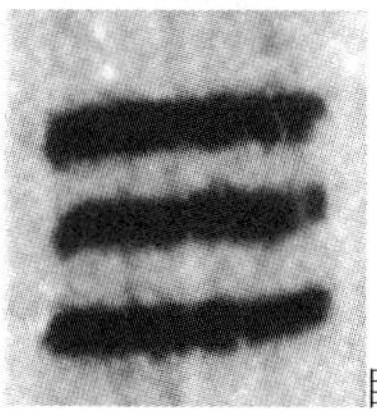
睡・秦律十八種 78

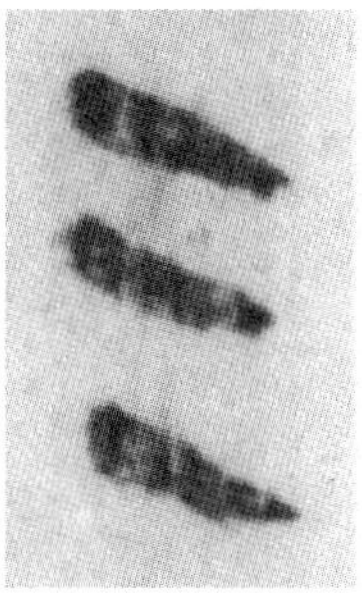
睡・日甲 100

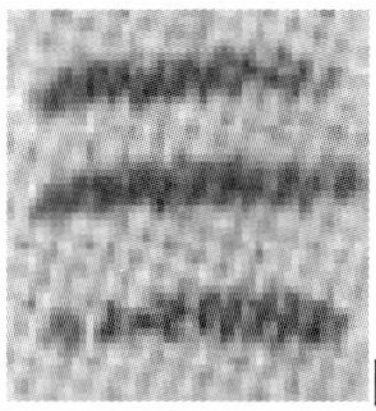
關・日書 263

嶽・為吏 50

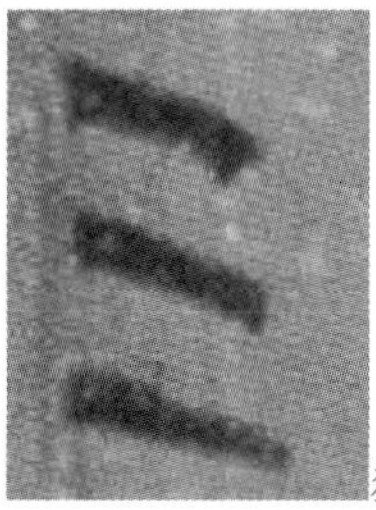
嶽・數 205

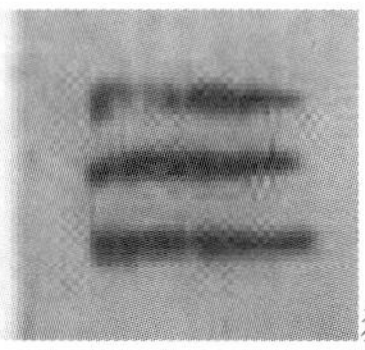
嶽・魏盜案 167

里・第五層 22

里·第六層 12

里·第八層 1823

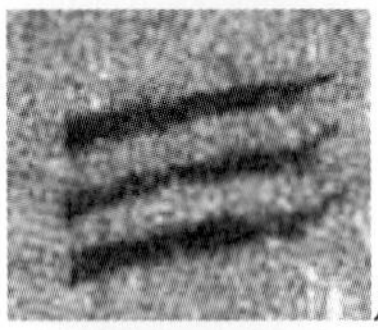
馬壹 9_49 上

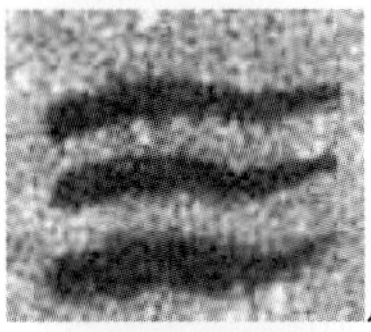
馬壹 9_50 上

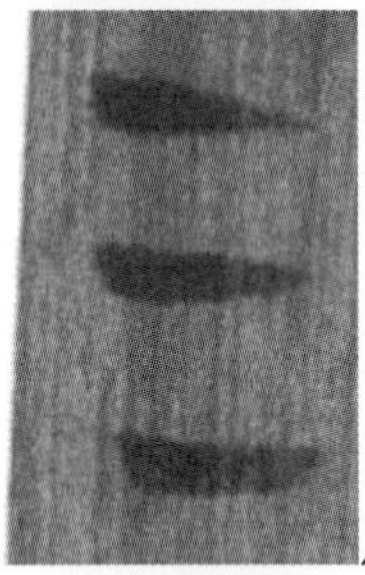
馬貳 286_318/337

張·賜律 289

張·算數書 153

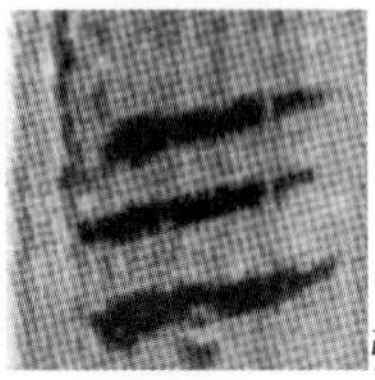
張·引書 84

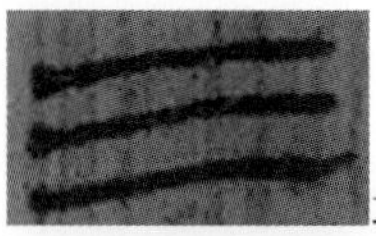
北貳·老子 16

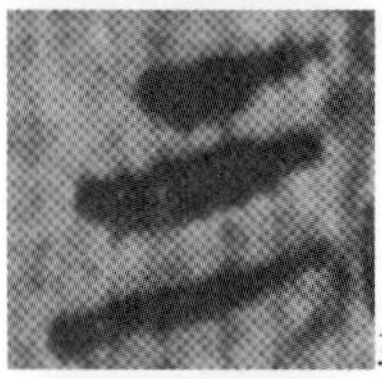
敦煌簡 1464A

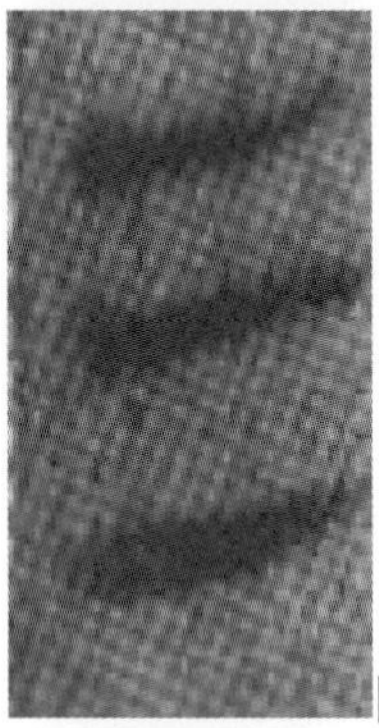
關沮·蕭·遣冊 34

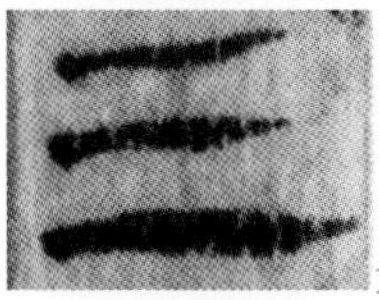
金關 T31:140

武·儀禮甲《服傳》24

武·甲《特牲》43

武·甲《有司》14

武·甲《燕禮》53

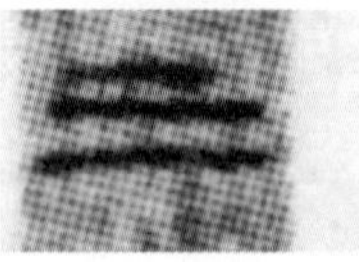
武·甲《泰射》58

武・王杖 1

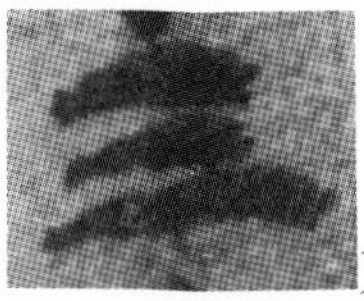
東牌樓 100 正

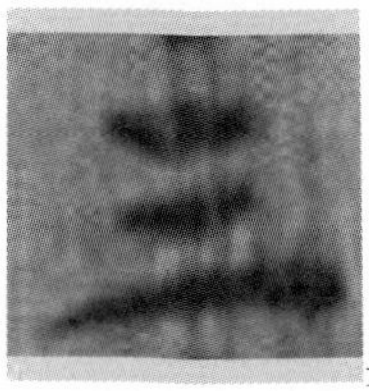
吳簡嘉禾・四・一六五

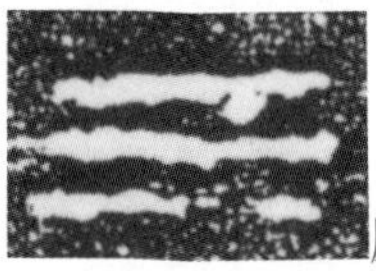
歷代印匋封泥

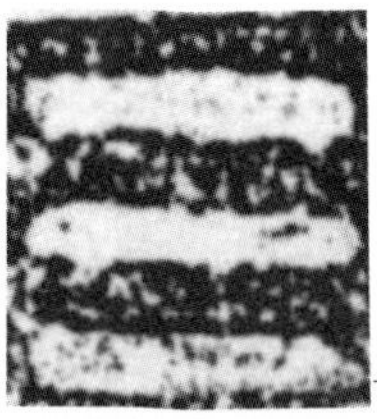
廿世紀璽印三-GY

漢晉南北朝印風

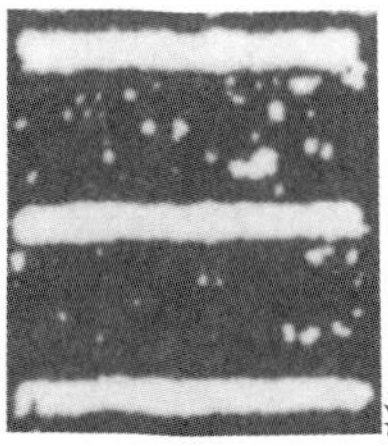
漢晉南北朝印風

廿世紀璽印三-GP

歷代印匋封泥

○永三年

漢印文字徵

廿世紀璽印四-SP

○弎小奴

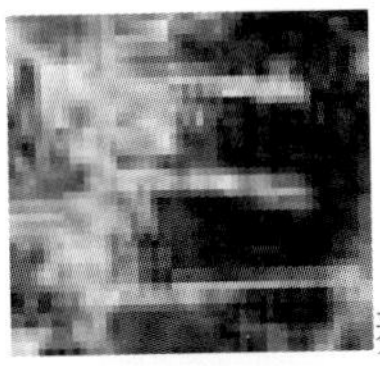
秦駰玉版

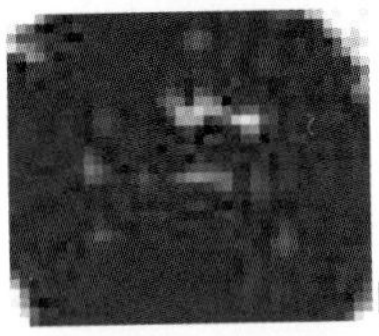
明瓊

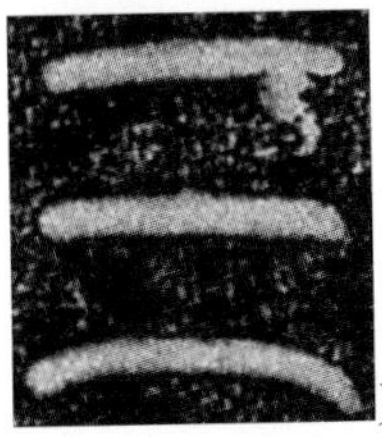
東漢・司徒袁安碑

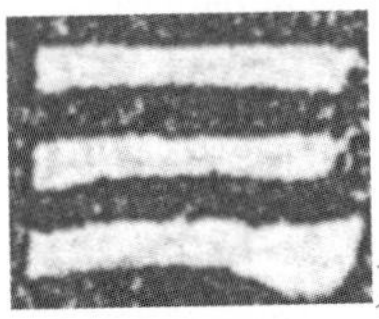
東漢・從事馮君碑

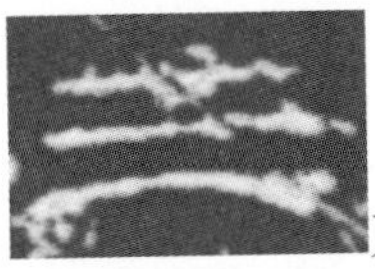
東漢・西岳華山廟碑陽

東漢・校官碑

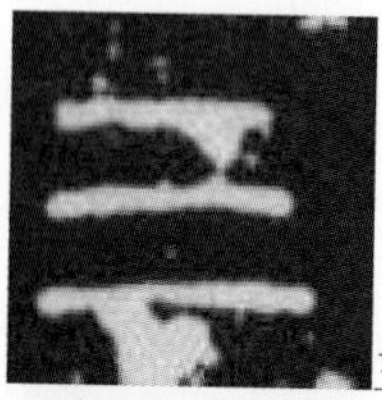
三國魏・三體石經春秋・篆文

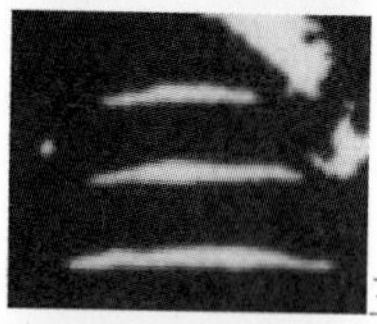
三國魏・三體石經春秋・古文

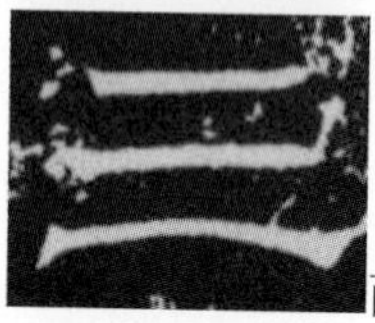
西晉・臨辟雍碑額

○三臨辟雍

西晉・石定誌

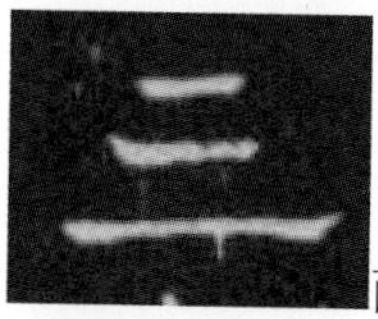
西晉・石尠誌

東魏・凝禪寺浮啚碑

○三級浮圖

〖叁〗

歷代印匋封泥

○陳齎叁（三）立

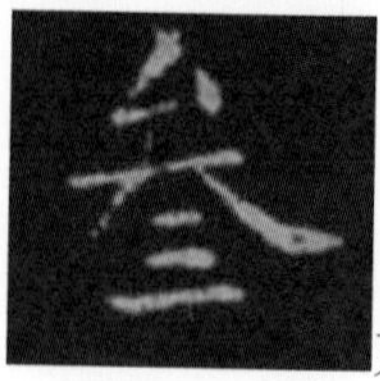
東魏・李祈年誌

○鎮北府叁（參）軍

王部

【王】

《說文》：王，天下所歸往也。董仲舒曰："古之造文者，三畫而連其中謂之王。三者，天、地、人也，而參通之者王也。"孔子曰："一貫三爲王。"凡王之屬皆从王。

【𤣩】

《說文》：𤣩，古文王。

戰晚・新郪虎符

春早・秦公鎛

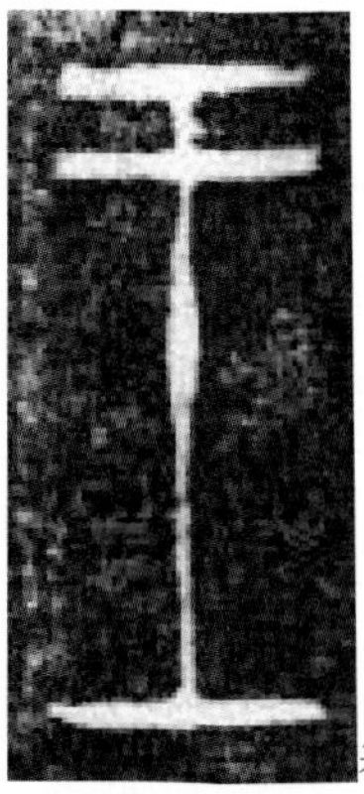
春晚・秦王鐘

漢銘・成山宮渠斗

漢銘・熹平鍾

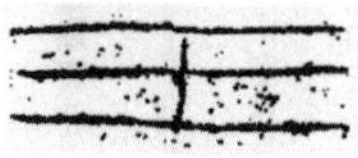
漢銘・富貴昌宜侯王洗五

睡・編年記45

〇王十二月甲

睡・法律答問203

〇問王之謂毆

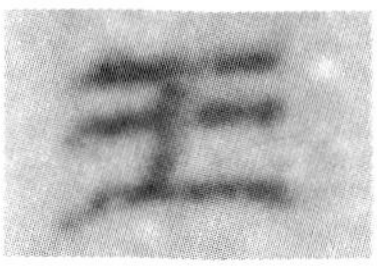
睡・日甲《入官良日》166

〇以見王公

嶽・芮盜案67

〇王室置市

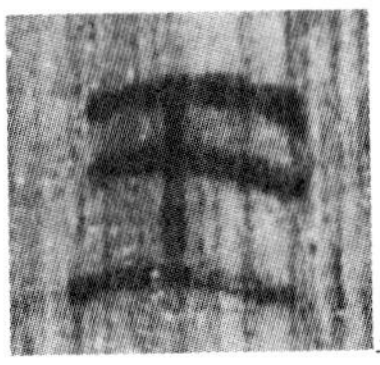
里・第八層1232

〇獄史王柏

馬壹89_215

〇破秦王

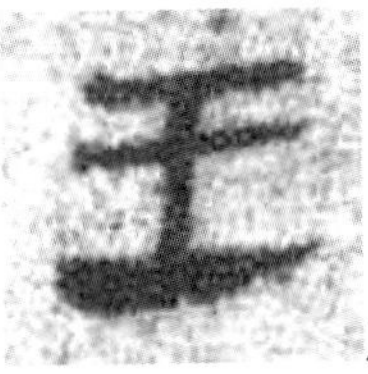
馬壹4_5下

〇或從王事

馬貳211_94

〇秦昭王

張・具律85

〇吕宣王

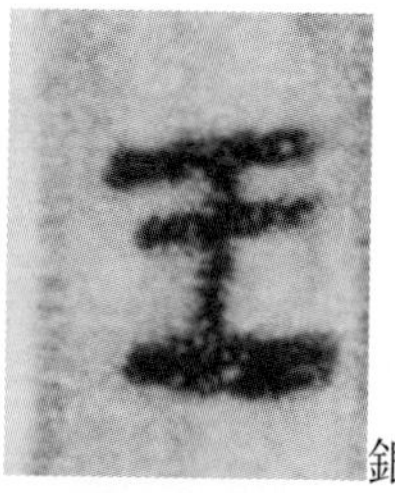
銀壹 259

〇威王

銀貳 1515

〇至武王

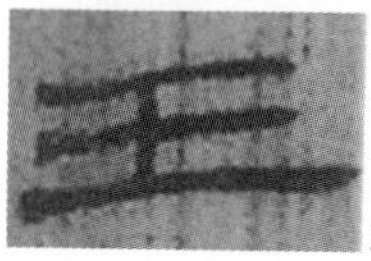
北貳・老子 9

〇侯王

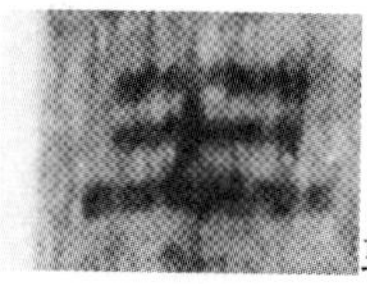
敦煌簡 0348

〇大男王欽

金關 T03:055

〇宜里王禁自言

武・王杖 6

東牌樓 113

〇王趙萬九年

魏晉殘紙

〇未知王消息

廿世紀璽印二-SY

廿世紀璽印二-GP

〇王豆

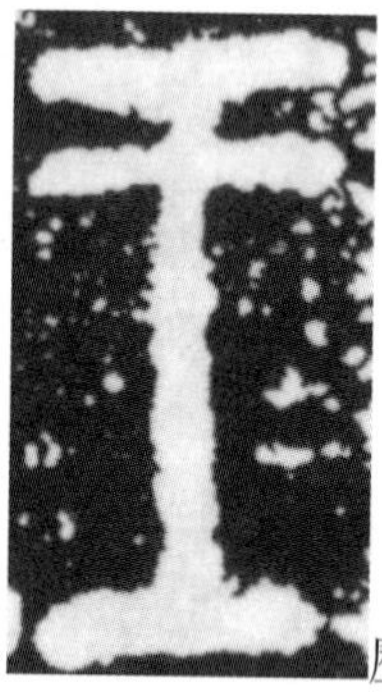
歷代印匋封泥

〇王豆

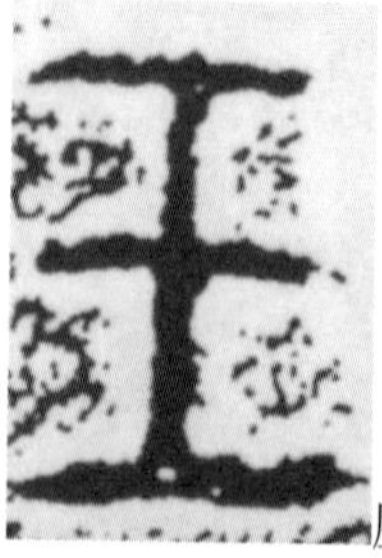
歷代印匋封泥

〇王沽

歷代印匋封泥

○王孫

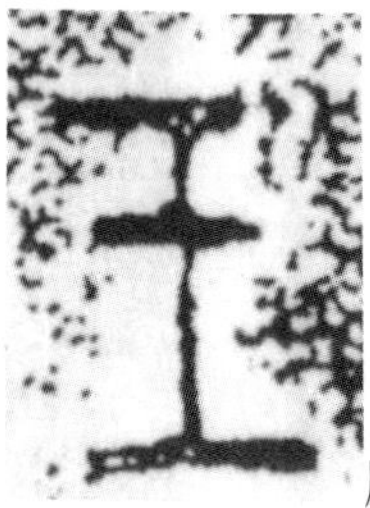
歷代印匋封泥

○王釜

秦代印風

秦代印風

秦代印風

○王慶

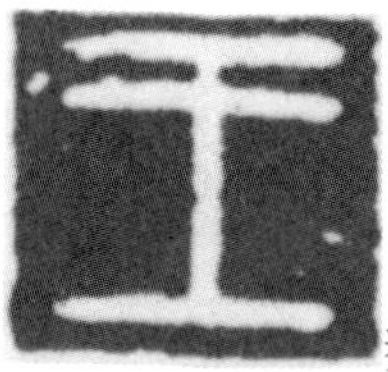
秦代印風

秦代印風

秦代印風

○王棄

秦代印風

○王兵戎器

秦代印風

○王敢

秦代印風

○王競

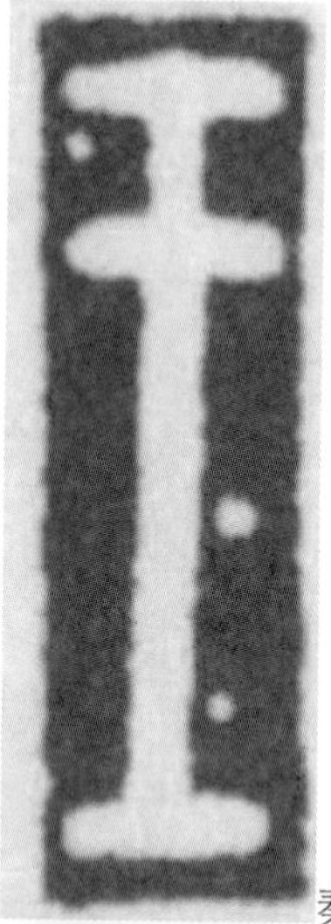
秦代印風

秦代印風

○王宇

廿世紀璽印三-SY

○王欽私印

廿世紀璽印三-SY

○王寬私印

廿世紀璽印三-SY

○王光

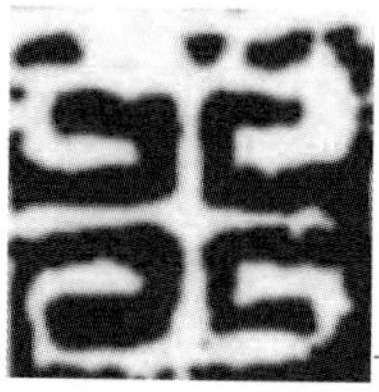
廿世紀璽印三-SY

○王承私印

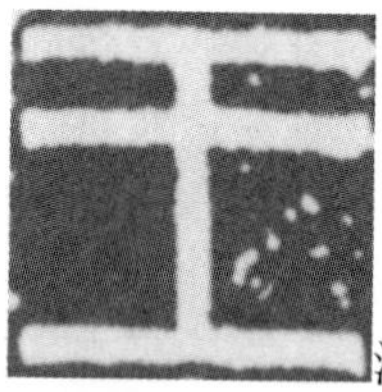
漢晉南北朝印風

○淮陽王璽

廿世紀璽印三-GY

○朔寧王太后璽

漢晉南北朝印風

○朔甯王太后璽

漢晉南北朝印風

○廣陵王璽

漢晉南北朝印風

○漢委奴國王

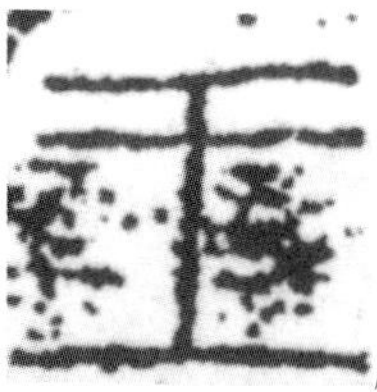
歷代印匋封泥

○菑川王璽

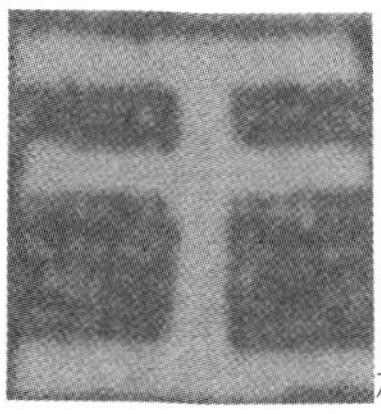
柿葉齋兩漢印萃

○王未央印

漢印文字徵

○王□印信

柿葉齋兩漢印萃

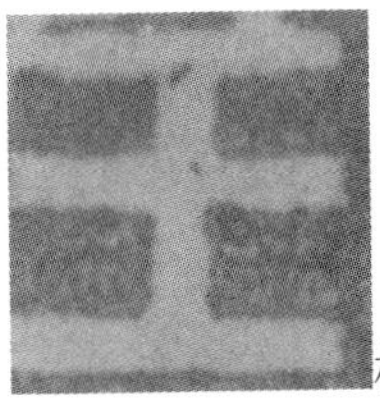
柿葉齋兩漢印萃

○遼東王璽

漢印文字徵

○王獲私印

漢印文字徵

○王悍

漢印文字徵

○寒壽王

漢印文字徵

○王武

漢印文字徵

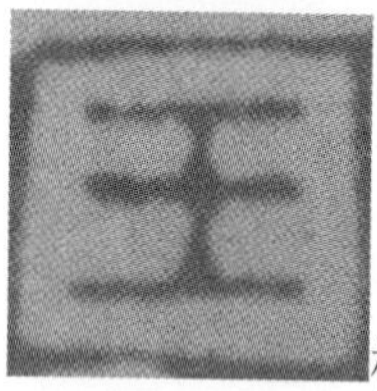
柿葉齋兩漢印萃

○王孫

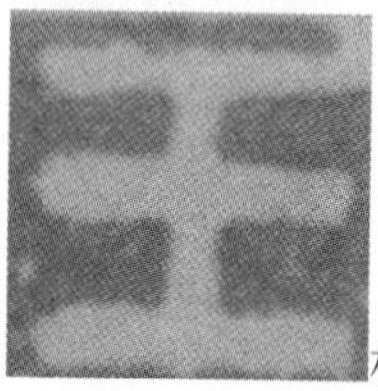
柿葉齋兩漢印萃

○王耐之印

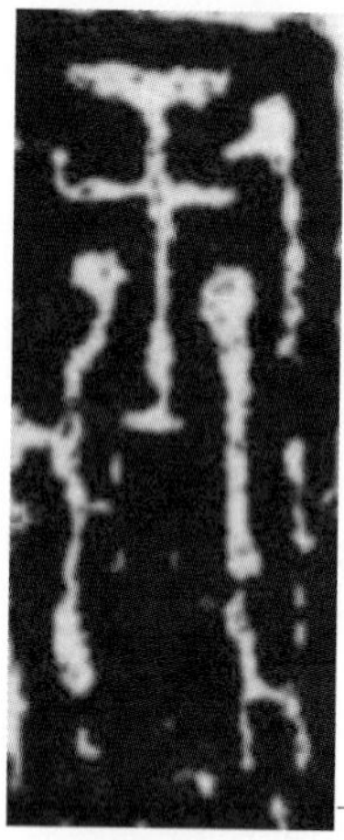
廿世紀璽印四-SY

○王羲之

漢晉南北朝印風

○晉歸義胡王

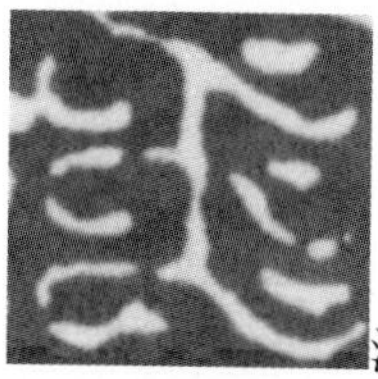
漢晉南北朝印風

○王農之印

漢晉南北朝印風

○王譚

漢晉南北朝印風

○王並之印

漢晉南北朝印風

○王望之印

漢晉南北朝印風

○王道人

漢晉南北朝印風

○王始

漢晉南北朝印風

○王宣私印

漢晉南北朝印風

○王鐃之印

漢晉南北朝印風

○王安私印

漢晉南北朝印風

○王崇私印

漢晉南北朝印風

○王逡信印

漢晉南北朝印風

○王氏信印

漢晉南北朝印風

○王瑑私印

漢晉南北朝印風

○王武

漢晉南北朝印風

○四角胡王

詛楚文・沈湫

石鼓・而師

秦駰玉版

懷后磬

東漢・譙敏碑
○肅將王命

東漢・夏承碑
○策薰著于王室

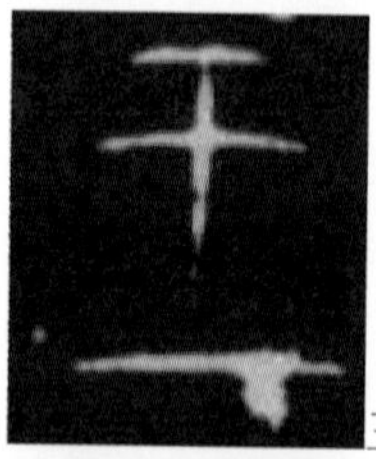
三國魏・三體石經春秋・古文

三國魏・三體石經春秋・篆文
○王狩于河

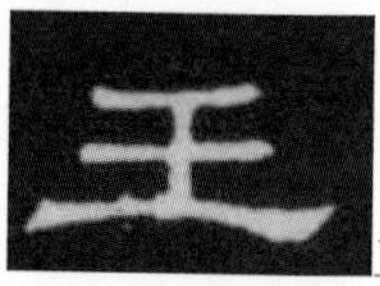
三國魏・三體石經春秋・隸書
○元年春王正月

北魏・司馬金龍墓表
○康王

北魏・范國仁造像
○范六王

北齊・庫狄迴洛誌蓋
○順陽王

【閏】

《説文》：閏，餘分之月，五歲再閏，告朔之禮，天子居宗廟，閏月居門中。从王在門中。《周禮》曰："閏月，王居門中，終月也。"

漢銘・光和斛二

漢銘・南武陽大司農平斗

漢銘・永元七年鐖

漢銘・大司農權

睡・為吏 22

馬壹 42_19 下

敦煌簡 1900

○閏月丁未

金關 T30:048

北壹・倉頡篇 12

○鈐□閏悝

吳簡嘉禾・四・五八九

○五年閏月

吳簡嘉禾・四・二九八

○五年閏月

吳簡嘉禾・四・五八〇

○五年閏月

漢印文字徵

東漢・洛陽刑徒磚

○元初六年閏

東漢・張遷碑陰

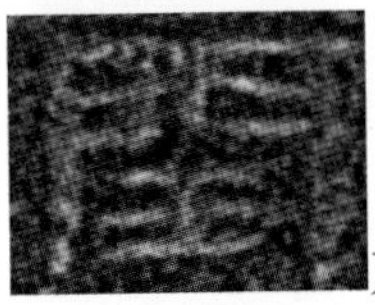
東漢・公乘田魴畫像石墓題記

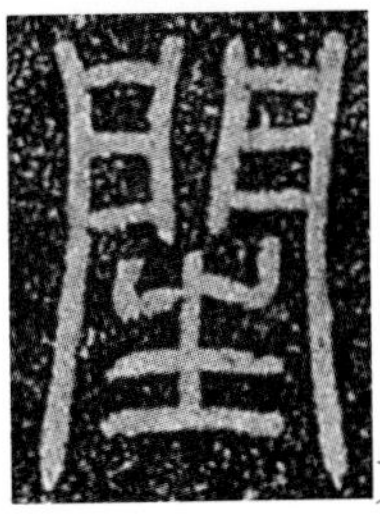
東漢・司徒袁安碑

○閏月庚午葬

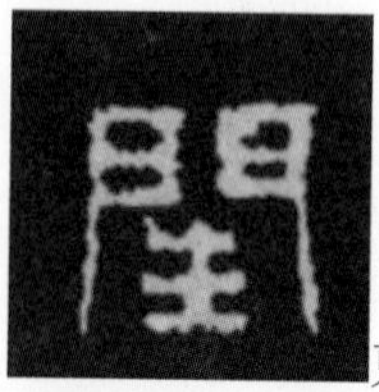
東晉・王建之誌
○泰和六年閏月

北魏・穆亮誌

【皇】

《説文》：皇，大也。从自。自，始也。始皇者，三皇，大君也。自，讀若鼻，今俗以始生子爲鼻子。

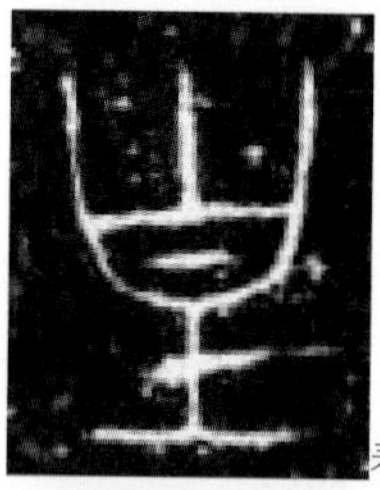
春早・秦公鎛

春晚・秦公簋

秦代・大騩銅權

秦代・始皇十六斤銅權三

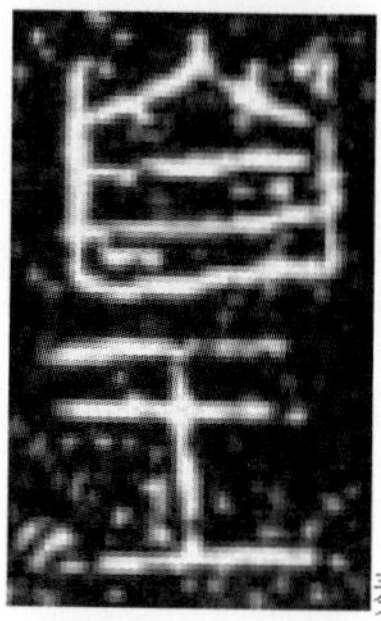
秦代・始皇十六斤銅權一

秦代・始皇詔銅權三

秦代・始皇詔銅橢量五

秦代・陽陵虎符

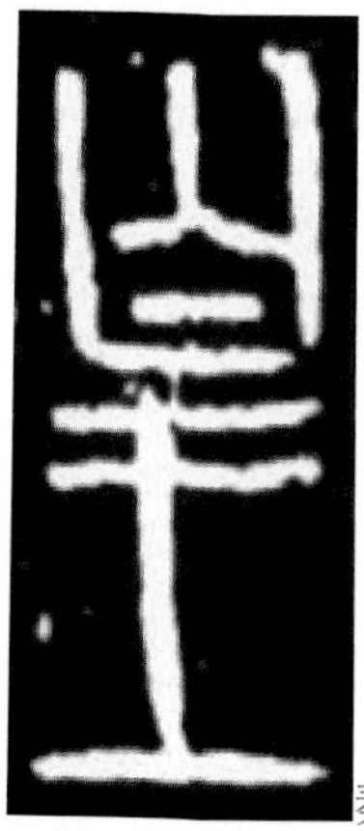
秦代・始皇詔銅橢量四

漢銘・新常樂衛士飯幘

里・第八層 406

馬壹 36_34 上

張・賊律 9

銀貳 1698

銀貳 2121

○日上皇故論義

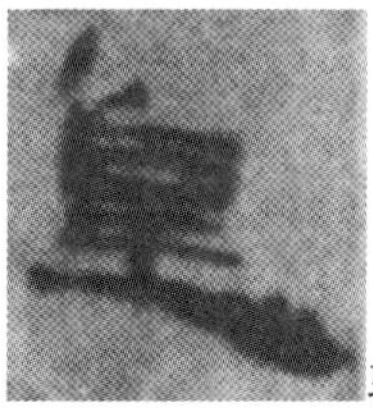
敦煌簡 1448

○制詔皇大子

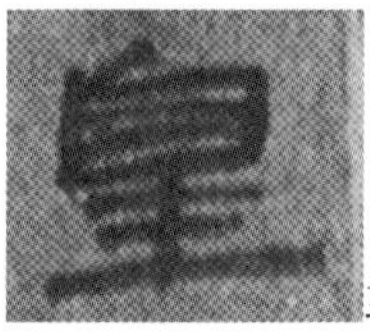
敦煌簡 1448

○制詔皇大子

金關 T09:239

○皇少卿

金關 T05:069

○陌里皇

武・甲《特牲》2

○適其皇祖

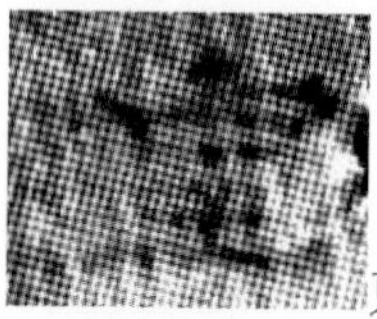
東牌樓 005

廿世紀璽印二-SP

〇安邑皇

歷代印匋封泥

〇皇

廿世紀璽印三-GP

廿世紀璽印三-SY

〇皇廣明

漢晉南北朝印風

漢印文字徵

〇皇喜

歷代印匋封泥

漢印文字徵

〇皇遂

漢印文字徵

〇皇建

漢印文字徵

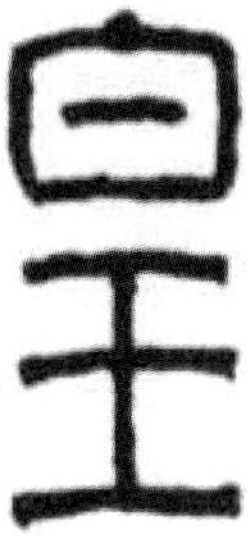
漢印文字徵

漢印文字徵

漢印文字徵

○皇尊

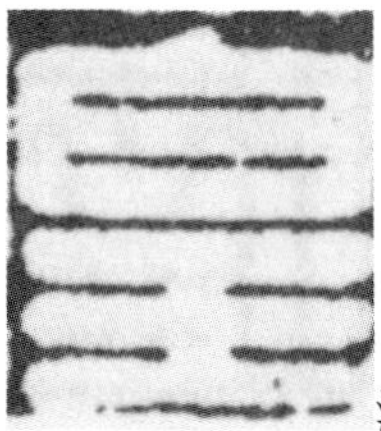
漢晉南北朝印風

詛楚文・巫咸

○皇天上帝

秦公大墓石磬

泰山刻石

瑯琊刻石

東漢・司徒袁安碑

○孝和皇帝

東漢・趙寬碑

東漢・禮器碑

○皇極之日

東漢・鮮於璜碑陰

東漢・西岳華山廟碑陽

東漢・史晨前碑

東漢・景君碑

○皇靈稟氣

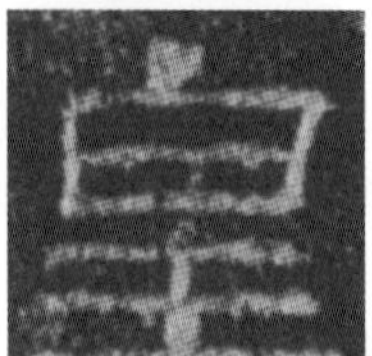
東漢・肥致碑

東漢・皇女殘碑

東漢・繆紆誌

○時皇漢之世

東漢・成陽靈臺碑

東漢・景君碑

東漢・元嘉元年畫像石墓題記一

○中行白虎後鳳皇

三國魏・三體石經尚書・隸書

○于皇天在大甲

三國魏・曹真殘碑

三國魏・三體石經尚書・古文

○皇天

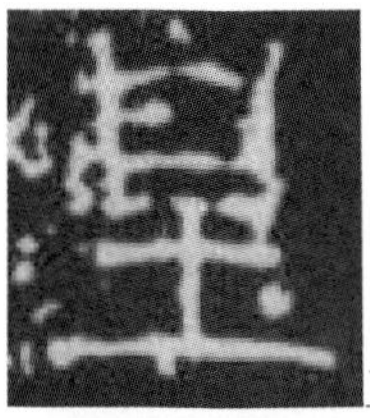
三國魏・三體石經尚書・篆文
○于皇天在大甲

西晉・郭槐柩記

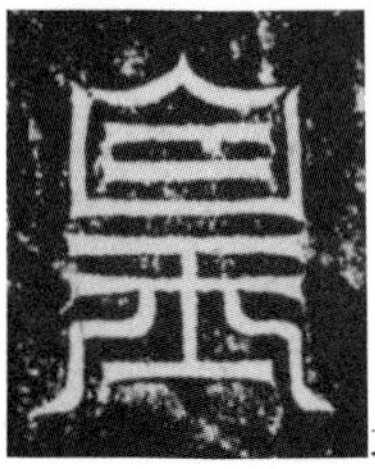
北魏・弔比干文
○皇帝吊殷比干文

北魏・于仙姬誌蓋

北魏・趙光誌

北魏・元斑誌
○景穆皇帝

北魏・寇治誌
○載興皇惠

東魏・王方略造塔
○仰爲皇帝陛下

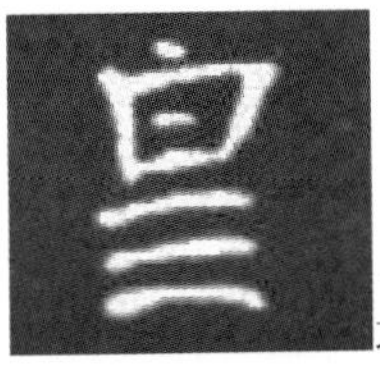
北齊・張道貴誌
○以大齊皇建二年

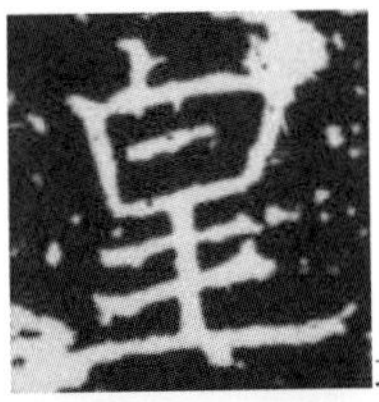
北齊・董桃樹造像

北齊・孫靜造像

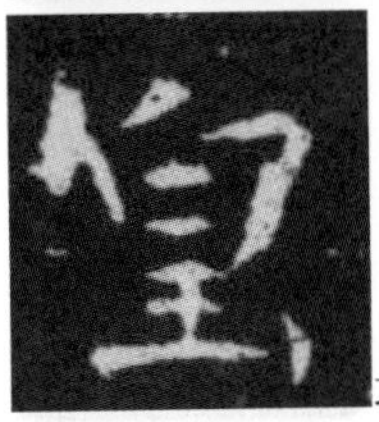
北齊・邑義七十人造像
○大齊皇建二年

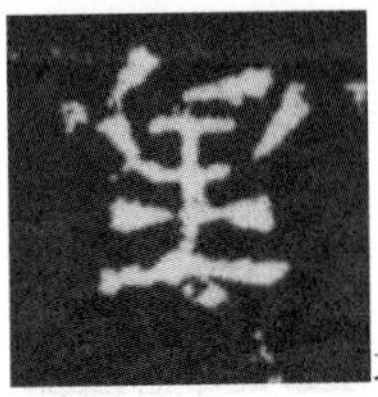
北齊・牛景悅造石浮圖記
○上爲皇帝陛下

北齊・王鴨臉造像
○上爲皇帝陛下

北周・王通誌
○皇天無親

北周・華岳廟碑
○皇猷允塞

玉部

【玉】

《説文》：王，石之美。有五德：潤澤以溫，仁之方也；䚡理自外，可以知中，義之方也；其聲舒揚，尃以遠聞，智之方也；不橈而折，勇之方也；鋭廉而不技，絜之方也。象三玉之連。丨，其貫也。凡玉之屬皆从玉。

【𤣪】

《説文》：𤣪，古文玉。

漢銘・聖主佐宮中行樂錢

睡・法律答問 203
○以玉問王之謂毆

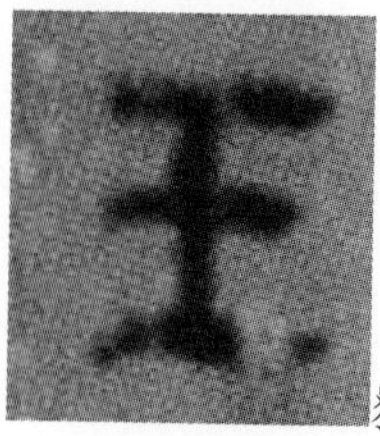
嶽・數 197
○有玉方八寸

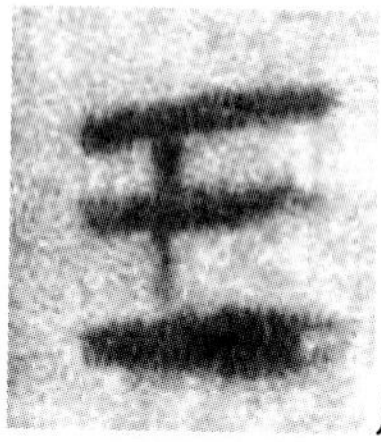
馬壹 98_75
○被裼而褱（懷）玉

馬壹 89_231
○昆山之玉

馬貳 216_10/21
○踵以玉泉

馬貳 32_21 上
○箴在玉中

張・脈書 53
○玉體利矣

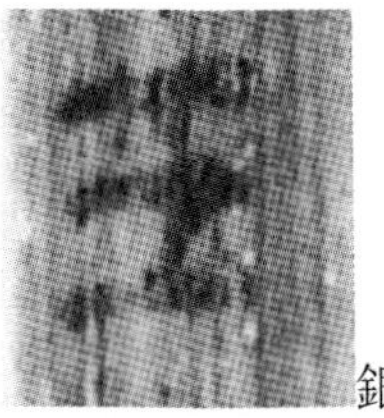
銀貳 2113

○宋玉

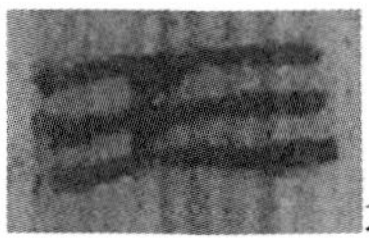
北貳・老子 94

○人被褐而懷玉

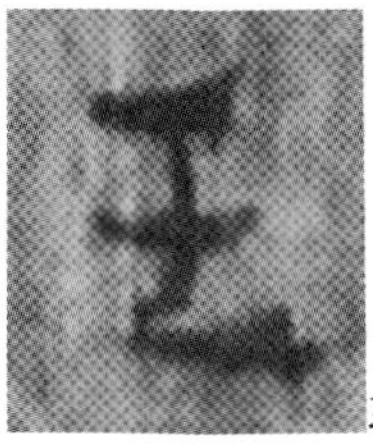
敦煌簡 1254

○玉門都尉

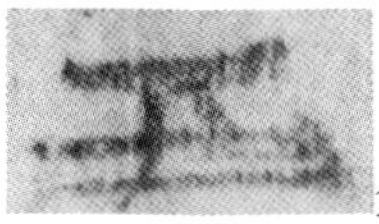
金關 T27:061

○敦煌玉門

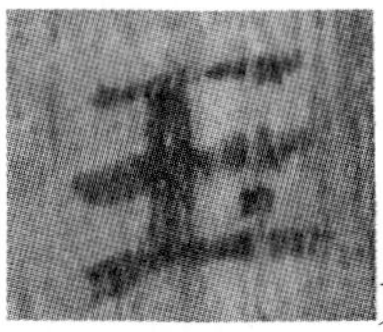
東牌樓 117 背

○肥陽玉角所將

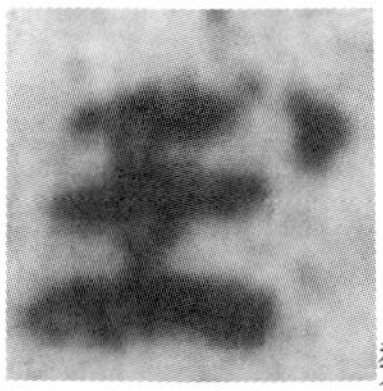
魏晉殘紙

○玉門關

秦代印風

○田玉

廿世紀璽印三-SY

○徐不玉印

漢印文字徵

○趙玉

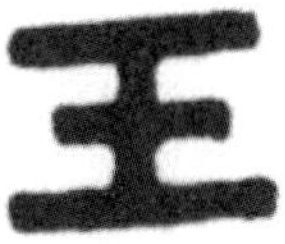
漢印文字徵

○唐玉之印

漢晉南北朝印風

○楊玉

漢晉南北朝印風

○飤玉英

漢印文字徵

○玉怡

詛楚文・沈湫

○吉玉

秦駰玉版

○玉疋既

東漢・譙敏碑

○韜光韞玉

東漢・白石神君碑

○犧牲玉帛

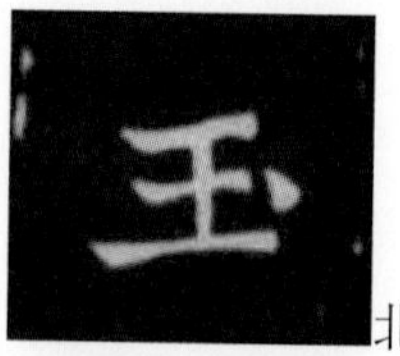
北魏・王悅及妻郭氏誌

北魏・寇臻誌

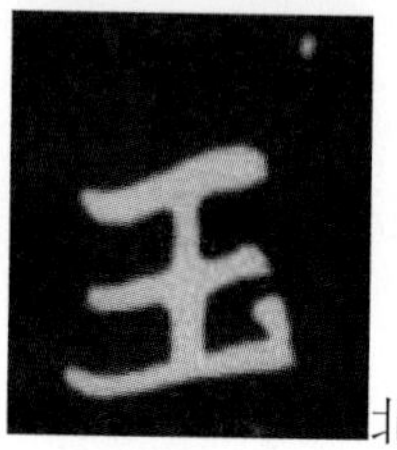
北魏・元楨誌

【璙】

《說文》：璙，玉也。从玉尞聲。

【瓘】

《說文》：瓘，玉也。从玉雚聲。《春秋傳》曰：“瓘斚。”

漢印文字徵

○鮑瓘

漢印文字徵

○臣瓘

西晉・華芳誌

東魏・張瓘誌

○君諱瓘

【璥】

《説文》：璥，玉也。从玉敬聲。

【琠】

《説文》：琠，玉也。从玉典聲。

【瓔】

《説文》：瓔，玉也。从玉夒聲。讀若柔。

【璗】

《説文》：璗，玉也。从玉毄聲。讀若鬲。

【璠】

《説文》：璠，璵璠。魯之寶玉。从玉番聲。孔子曰："美哉璵璠。遠而望之，奐若也；近而視之，瑟若也。一則理勝，二則孚勝。"

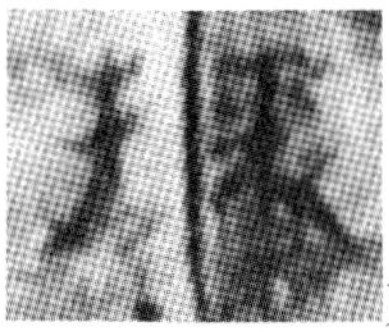
東牌樓 006

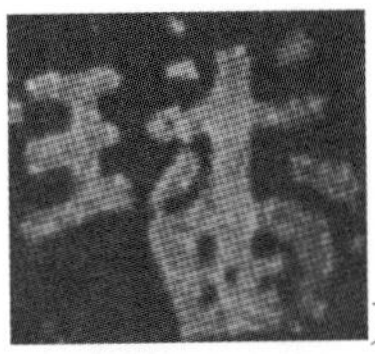
東漢・楊統碑陽

○器其璵璠之質

北魏・元謐誌

北魏・元嵩誌

【璵】

《説文》：璵，璵璠也。从玉與聲。

東漢・楊統碑陽

○器其璵璠之質

東晉・謝球誌

○兄璵

北魏・元煥誌

【瑾】

《説文》：瑾，瑾瑜，美玉也。从玉堇聲。

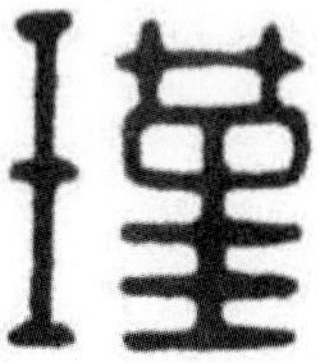
漢印文字徵
○張瑾印信

廿世紀璽印四-SY
○張瑾印信

東漢・西狹頌
○李瑾

東漢・西狹頌
○李瑾

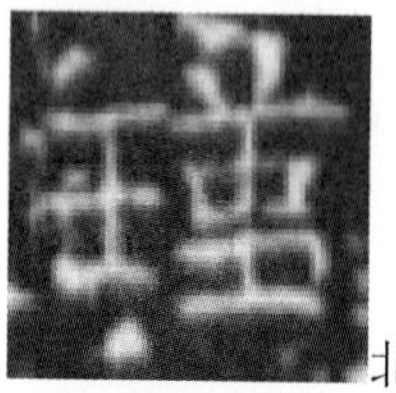
北齊・雲榮誌
○更同瑜瑾

北周・匹婁歡誌
○握瑜懷瑾

【瑜】

《說文》：瑜，瑾瑜，美玉也。从玉俞聲。

漢印文字徵
○萬瑜印信

東漢・司馬芳殘碑額
○瑜司馬

北魏・元瞻誌

【玒】

《說文》：玒，玉也。从玉工聲。

漢印文字徵
○玒竝之印

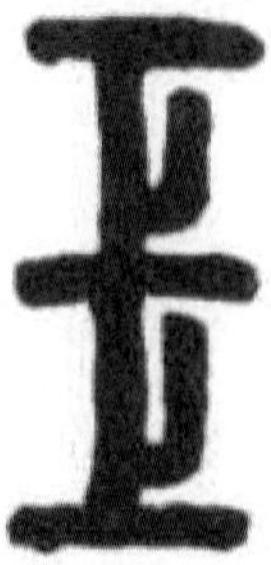
漢印文字徵
○玒吳

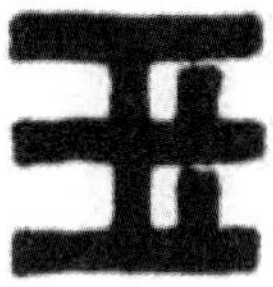
漢印文字徵

○玒登之印

漢印文字徵

○玒房之印

漢印文字徵

○玒段

【瑬】

《説文》：瑬，瑬瓄，玉也。从玉來聲。

漢印文字徵

○謝瑬印信

【瓊】

《説文》：瓊，赤玉也。从玉夐聲。

【琁】

《説文》：琁，瓊或从旋省。

【璚】

《説文》：璚，瓊或从矞。

【瓗】

《説文》：瓗，瓊或从巂。

睡・法律答問 202

○可（何）謂瓊

漢印文字徵

○劉瓊

東漢・孟孝琚碑

○改名爲瓊

北魏・元彦誌

○邈矣瓊姿

北魏・元嵩誌
○霜沴瓊波

北魏・元顯俊誌
○瓊峰萬里

北魏・王普賢誌
○緝藻瓊式

北魏・元珍誌
○瓊柯重

北魏・元謐誌
○瓊枝寶茂

北魏・元彝誌
○瓊光發自岷峰

北魏・張玄誌
○瓊玉

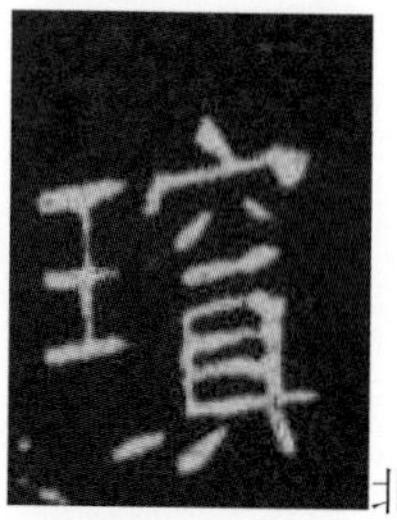
北魏・元颺妻王氏誌
○四德連瓊

北齊・高湝誌
○當持瓊酒

北魏・元暐誌
○煥此琁璋

北魏・王普賢誌
○琁根寶蕚

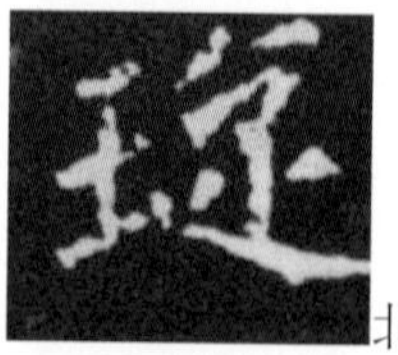
北魏・趙謐誌
○聲貞琁響

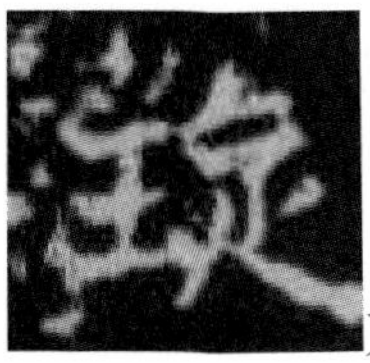
東魏・修孔子廟碑

○字仲琁

【珦】

《説文》：珦，玉也。从玉向聲。

【瑓】

《説文》：瑓，玉也。从玉剌聲。

【琁】

《説文》：琁，醫無閭珣玗琪，《周書》所謂夷玉也。从玉旬聲。一曰器，讀若宣。

【璐】

《説文》：璐，玉也。从玉路聲。

【瓚】

《説文》：瓚，三玉二石也。从玉贊聲。《禮》："天子用全，純玉也；上公用駹，四玉一石；侯用瓚；伯用埒，玉石半相埒也。"

漢印文字徵

○作瓚印信

北魏・石育及妻戴氏誌

○曾祖瓚

【瑛】

《説文》：瑛，玉光也。从玉英聲。

廿世紀璽印四-SY

○華瑛白牋

廿世紀璽印四-SY

○臣瑛

東漢・乙瑛碑

北魏・王普賢誌

北魏・□伯超誌

【璑】

《説文》：璑，三采玉也。从玉無聲。

【珛】

《説文》：珛，朽玉也。从玉有聲。讀若畜牧之畜。

吴簡嘉禾・五・三五九

○庫吏潘珛

吴簡嘉禾・五・三六四

○付庫吏潘珛

【璿】

《説文》：璿，美玉也。从玉睿聲。《春秋傳》曰："璿弁玉纓。"

【璿】

《説文》：璿，古文璿。

【叡】

《説文》：叡，籒文璿。

西晉・荀岳誌

○謁者戴璿

【球】

《説文》：球，玉聲也。从玉求聲。

【璆】

《説文》：璆，球或从翏。

東漢・成陽靈臺碑

東漢・校官碑

○門下史時球。

東晉・王德光誌

○謝球妻王德光，以義熙十二年六

東晉・謝球誌

○球妻

北魏・唐耀誌

北魏・元彦誌

東漢・西岳華山廟碑陽

西魏・趙超宗妻誌

○潤岳懷璆

【琳】

《說文》：琳，美玉也。从玉林聲。

北朝・趙阿令造像

○申子琳。

北魏・元譚誌

北魏・元斑誌

【璧】

《說文》：璧，瑞玉圜也。从玉辟聲。

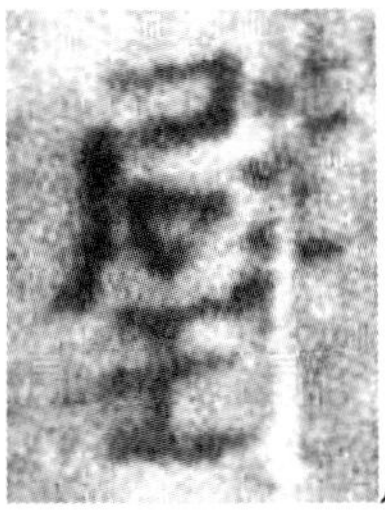
馬壹 97_52

○共之璧以先四馬不

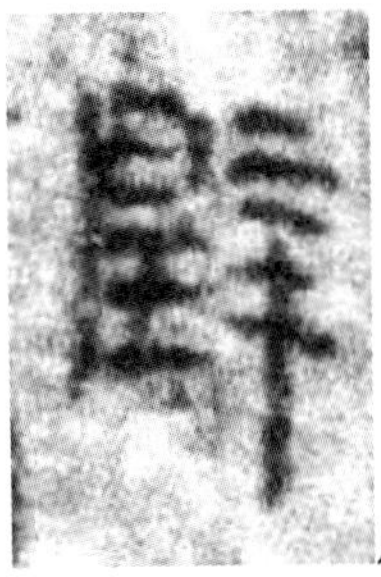
馬壹 91_275

○符胠璧姦（間）趙

馬壹 16_10 下\103 下

○王（玉）璧（鼏）大吉

馬貳 291_370/279

○璧生（青）一笥

張・遣策 17

○回璧四具

北貳・老子 69

漢印文字徵

○璧

詛楚文・沈湫

○瑄璧

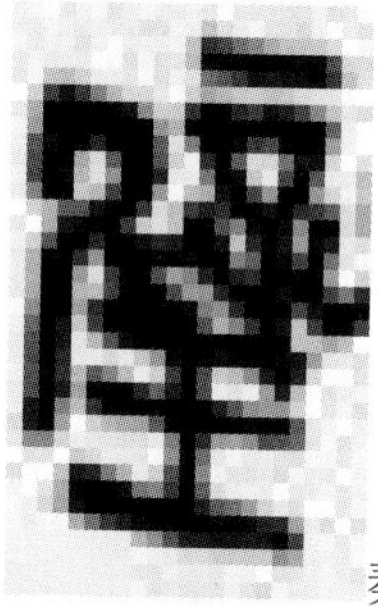
秦駰玉版

東漢・景君碑

○皇靈炳璧

東漢・武氏石室祥瑞圖題字

○璧流離

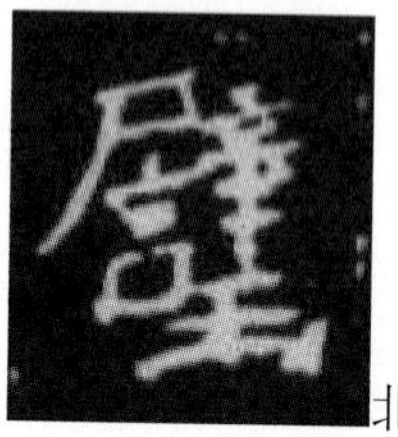
北魏・元襲誌

北魏・韓顯宗誌

北魏・元新成妃李氏誌

北魏・元固誌

北齊・雲榮誌

北齊・張海翼誌

【瑗】

《說文》：瑗，大孔璧。人君上除陛以相引。从玉爰聲。《爾雅》曰：“好倍肉謂之瑗，肉倍好謂之璧。”

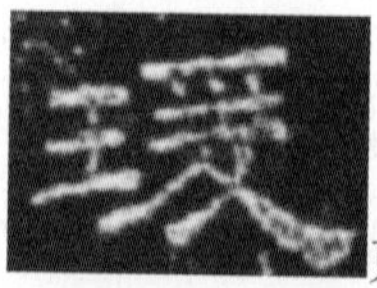
東漢・桐柏淮源廟碑

東漢・倉頡廟碑側

○長沙瑗字

東漢・陽嘉殘碑陰

○馬瑗百。

北魏・元瑗誌

【環】

《説文》：環，璧也。肉好若一謂之環。从玉睘聲。

睡・法律答問 102

睡・為吏 23

睡・日甲《盜者》77

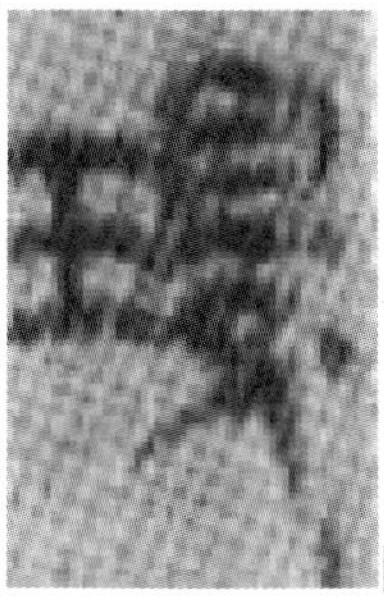
關・日書 262

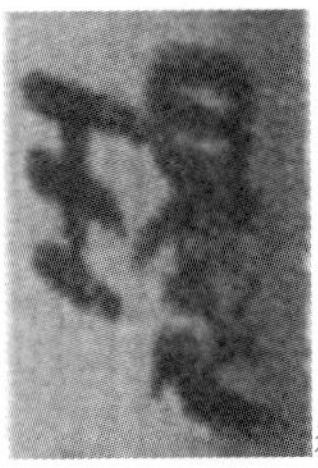
嶽・質日 3535

嶽・芮盜賣公列地案 86

里・第八層 60

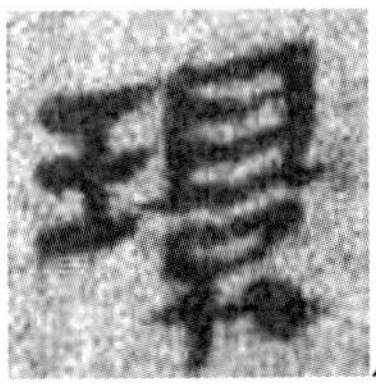
馬壹 132_33 上/110 上

馬壹 46_63 下

馬貳 32_7 上

張・史律 482

張・奏讞書 54

張・蓋廬 40

張・脈書 58

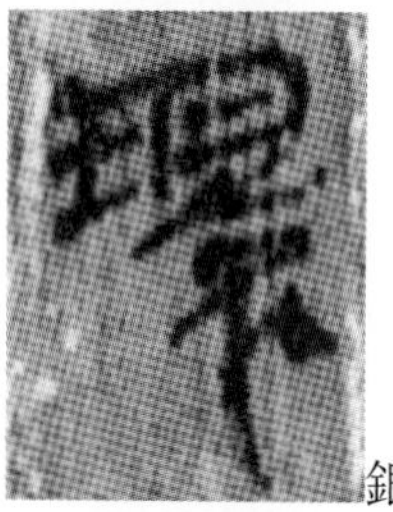
銀貳 1837

金關 T24:774

○曲河環定

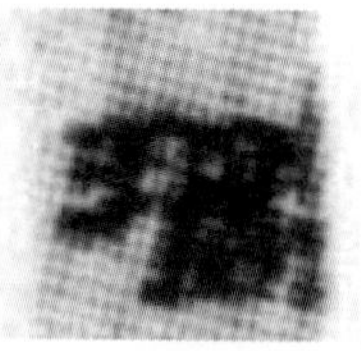
武・甲《特牲》34

○環（還）東面主人

漢印文字徵

○環武

漢印文字徵

○環臣私印

北魏・赫連悅誌

北魏・王誦誌

○優遊環堵

北魏・盧令媛誌

北魏・元嵩誌

○彪環鏡映

東魏・元季聰誌

東魏・王令媛誌

【璜】

《説文》：璜，半璧也。从玉黄聲。

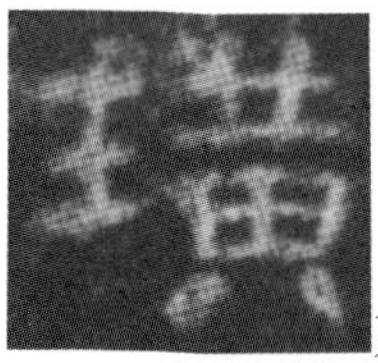
東漢・曹全碑陰

○故市掾程璜孔休

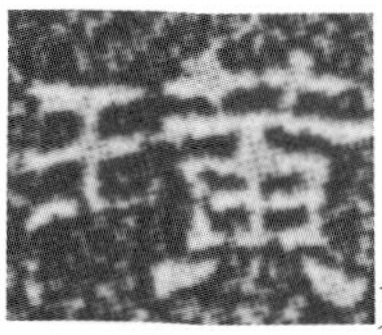
東漢・趙寬碑

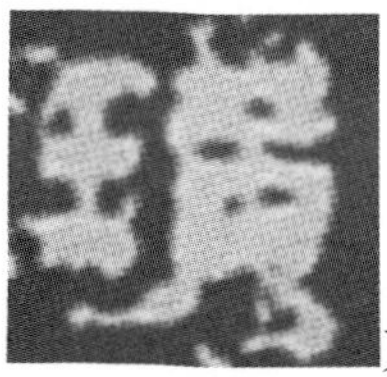
東漢・鮮於璜碑陽

○君諱璜

東漢・孔宙碑陰

○濟南梁鄒徐璜

【琮】

《説文》：琮，瑞玉。大八寸，似車釭。从玉宗聲。

廿世紀璽印三-SY

○馬琮

東漢・史晨後碑

東漢・孫琮畫像石墓題記

北齊・感孝頌

【琥】

《説文》：琥，發兵瑞玉，爲虎文。从玉从虎，虎亦聲。《春秋傳》曰："賜子家雙琥。"

【瓏】

《説文》：瓏，禱旱玉。龍文。从玉从龍，龍亦聲。

北齊・崔昂誌

○玲瓏夙著

【琬】

《説文》：琬，圭有琬者。从玉宛聲。

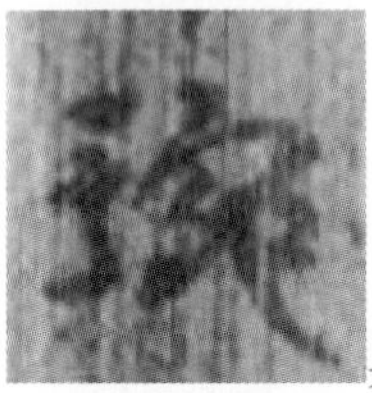
吴簡嘉禾・一三七零
○備畢琬霸

北魏・元項誌

北魏・元煥誌

北齊・雲榮誌

北周・王德衡誌

【璋】

《説文》：璋，剡上爲圭，半圭爲璋。从玉章聲。《禮》：六幣：圭以馬，璋以皮，璧以帛，琮以錦，琥以繡，璜以黼。

漢印文字徵
○孫璋

漢印文字徵
○李璋印信

東漢・熹平殘石

東漢・孔宙碑陰
○弟子魯國戴璋

北魏・鞠彦雲誌

北魏・元譿誌

【琰】

《説文》：琰，璧上起美色也。从玉炎聲。

北魏・元乂誌

北周・李府君妻祖氏誌

【玠】

《説文》：玠，大圭也。从玉介聲。《周書》曰："稱奉介圭。"

北魏·元徽誌

北齊·赫連子悦誌

【瑒】

《説文》：瑒，圭。尺二寸，有瓚，以祠宗廟者也。从玉昜聲。

【瓛】

《説文》：瓛，桓圭。公所執。从玉獻聲。

北齊·高湝誌

○執瓛服衮

【珽】

《説文》：珽，大圭。長三尺，抒上，終葵首。从玉廷聲。

漢印文字徵

○屠珽私印

北魏·穆玉容誌蓋

○元珽

北魏·元珽誌蓋

○元珽

【瑁】

《説文》：瑁，諸侯執圭朝天子，天子執玉以冒之，似犂冠。《周禮》曰："天子執瑁四寸。"从玉、冒，冒亦聲。

【玥】

《説文》：玥，古文省。

【璬】

《説文》：璬，玉佩。从玉敫聲。

【珩】

《説文》：珩，佩上玉也。所以節行止也。从玉行聲。

北魏·元謐誌

北魏・元詮誌

東魏・元鷙妃公孫甑生誌

○白珩或毀

【玦】

《説文》：玦，玉佩也。从玉夬聲。

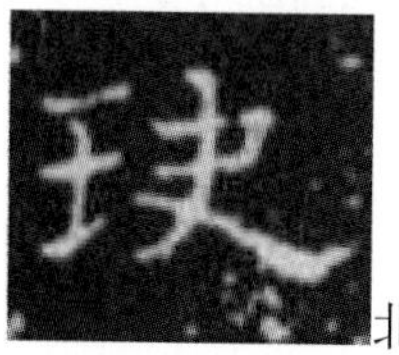
北齊・劉悅誌

【瑞】

《説文》：瑞，以玉爲信也。从玉、耑。

漢印文字徵

○蔡瑞

東漢・成陽靈臺碑

東漢・西狹頌

北魏・劇市誌

○瑞體合玉

北魏・淨悟浮圖記

○神瑞元年

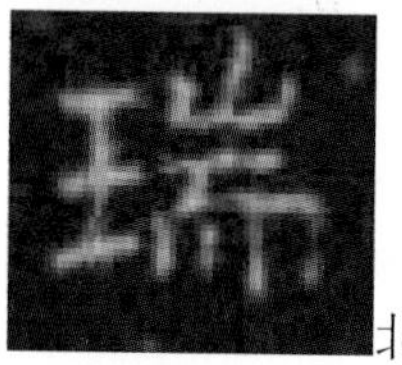
北齊・司馬遵業誌

【珥】

《説文》：珥，瑱也。从玉、耳，耳亦聲。

睡・法律答問 80

敦煌簡 0681

○簪杈各二珥

金關 T23:539

○□王珥

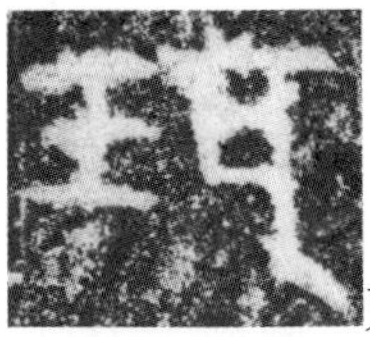
東漢・七言摩崖題記

〇璣珥

北魏・元誨誌

北魏・元祐誌

北齊・斛律氏誌

北齊・崔芬誌

【瑱】

《説文》：瑱，以玉充耳也。从玉眞聲。《詩》曰：“玉之瑱兮。”

【𦖋】

《説文》：𦖋，瑱或从耳。

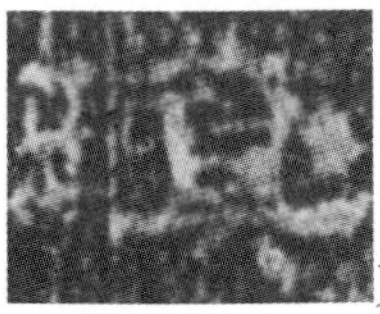
東漢・孔宙碑陰

〇陶鄉瑱

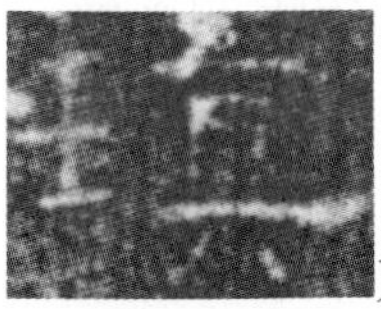
東漢・禮器碑陰

〇宋瑱元世

北魏・長孫瑱誌

〇君諱瑱

北齊・婁黑女誌

〇義深解瑱

【琫】

《説文》：琫，佩刀上飾。天子以玉，諸侯以金。从玉奉聲。

漢印文字徵

〇謝琫印信

東漢・曹全碑陽

〇父琫

【珌】

《説文》：珌，佩刀下飾。天子以玉。从玉必聲。

【璏】

《説文》：璏，劍鼻玉也。从玉彘聲。

【瑵】

《說文》：瑵，車蓋玉瑵。从玉蚤聲。

【瑑】

《說文》：瑑，圭璧上起兆瑑也。从玉，篆省聲。《周禮》曰：“瑑圭璧。”

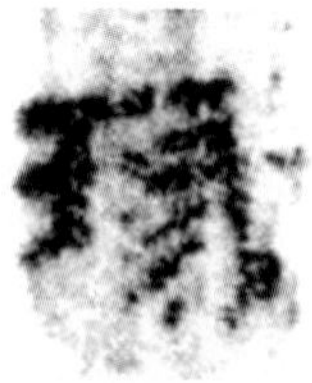
銀壹 563

○山川入瑑（祿）

北魏・元敷誌

○瑑（琢）玄石

北魏・元顯俊誌

【珇】

《說文》：珇，琮玉之瑑。从玉且聲。

【璂】

《說文》：璂，弁飾，往往冒玉也。从玉綦聲。

【⿰王基】

《說文》：⿰王基，璂或从基。

【璪】

《說文》：璪，玉飾。如水藻之文。从玉喿聲。《虞書》曰：“璪火黺米。”

【瑬】

《說文》：瑬，垂玉也。冕飾。从玉流聲。

【璹】

《說文》：璹，玉器也。从玉𠷎聲。讀若淑。

【瓃】

《說文》：瓃，玉器也。从玉畾聲。

【瑳】

《說文》：瑳，玉色鮮白。从玉差聲。

西魏・鄧子詢誌

○雲宮彫瑳

北齊・司馬遵業誌

○瑳象不已

【玼】

《說文》：玼，玉色鮮也。从玉此聲。《詩》曰：“新臺有玼。”

【璱】

《說文》：璱，玉英華相帶如瑟弦。从玉瑟聲。《詩》曰：“瑟彼玉瓚。”

【瓅】

《説文》：瑮，玉英華羅列秩秩。从玉㮚聲。《逸論語》曰："玉粲之璱兮。其瑮猛也。"

漢印文字徵

〇諭瑮私印

【瑩】

《説文》：瑩，玉色。从玉，熒省聲。一曰石之次玉者。《逸論語》曰："如玉之瑩。"

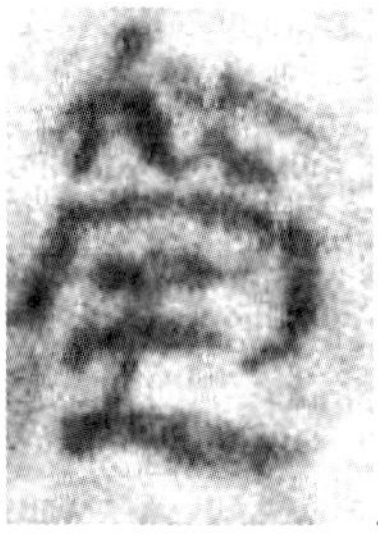
馬壹 114_21\424

東漢・司馬芳殘碑額

〇瑩十二

東漢・楊著碑額

東漢・從事馮君碑

北魏・元順誌

北齊・鏤石班經記

北齊・高百年誌

【璊】

《説文》：璊，玉䅘色也。从玉㒼聲。禾之赤苗謂之虋，言璊，玉色如之。

【玧】

《説文》：玧，璊或从允。

【瑕】

《説文》：瑕，玉小赤也。从玉叚聲。

里・第八層 894

〇疵瑕不智

馬壹 149_67/241 下

○無瑕適（讁）善

馬貳 33_20 下

○玉中又（有）瑕

張・津關令 498

○疵瑕見外者

銀貳 1659

○瑕（蝦）蟆

北貳・老子 192

○無瑕適（讁）

漢印文字徵

○瑕裛

漢印文字徵

○瑕豊之印

漢印文字徵

○瑕丘邑令

東漢・北海相景君碑陰

○魂靈瑕顯

東漢・孔宙碑陰

○山陽瑕丘丁瑤

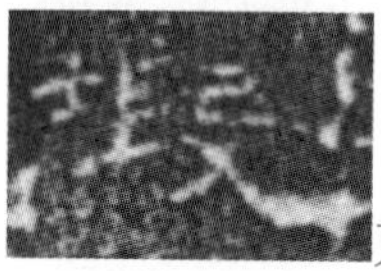
東漢・禮器碑側

○山陽瑕丘九百

三國魏・三體石經春秋・隸書

○子瑕衛侯

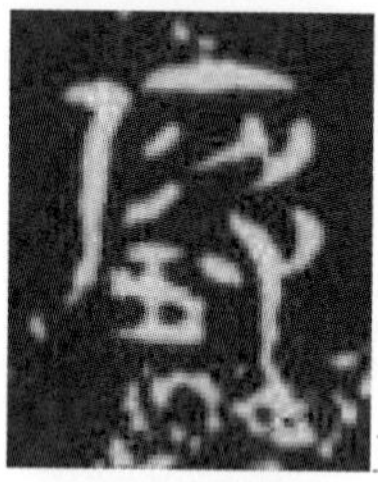
三國魏・三體石經春秋・古文

○子瑕衛侯

三國魏・三體石經春秋・篆文

○子瑕

北魏・元舉誌

〇瑕朗才根

北周・時珍誌

〇瑕殘弁璞

【琢】

《説文》：琢，治玉也。从玉豖聲。

北魏・元文誌

〇方當琱琢其章

北魏・元略誌

〇故樹鎸琢之文

【琱】

《説文》：琱，治玉也。一曰石似玉。从玉周聲。

【理】

《説文》：理，治玉也。从玉里聲。

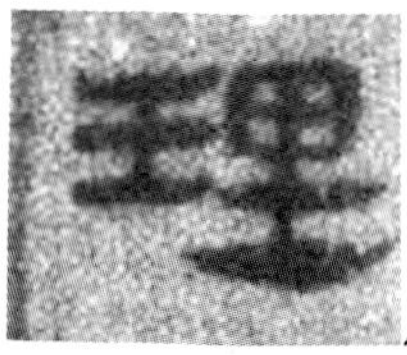
馬壹 129_76 下

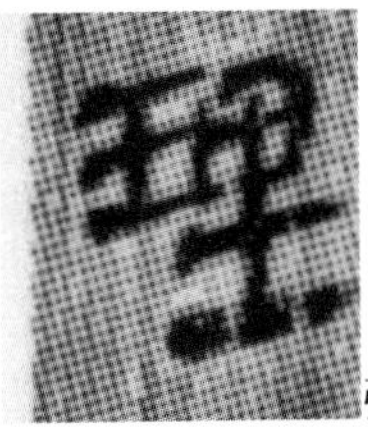
張・引書 99

銀壹 337

銀貳 1087

敦煌簡 1448

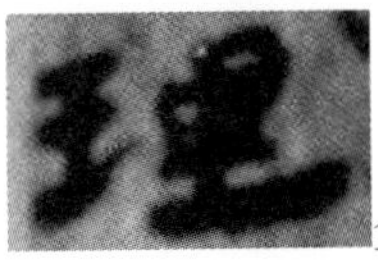
金關 T23:878

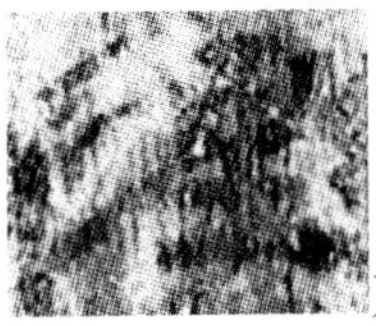
東牌樓 034 正

〇義理

漢晉南北朝印風

〇揚州理軍一印

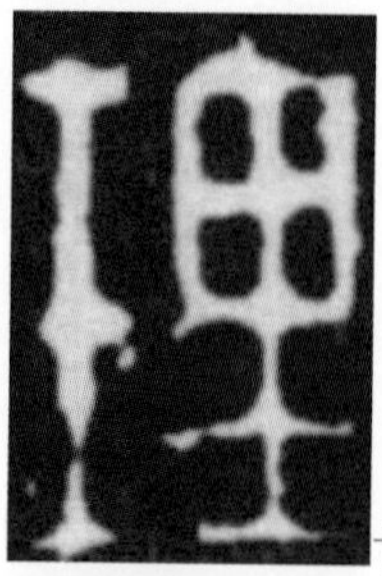
廿世紀璽印三-GY

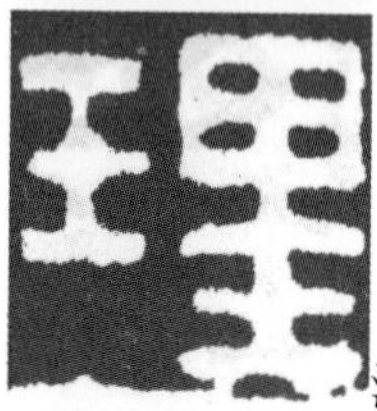
漢代官印選

○大理印章

漢印文字徵

○牟理

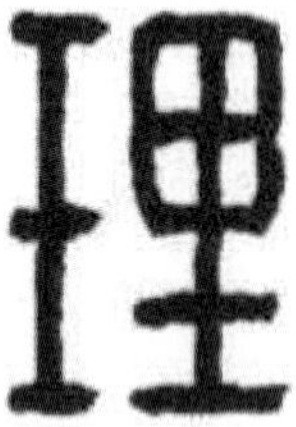
漢印文字徵

漢晉南北朝印風

○鮑理私印

泰山刻石

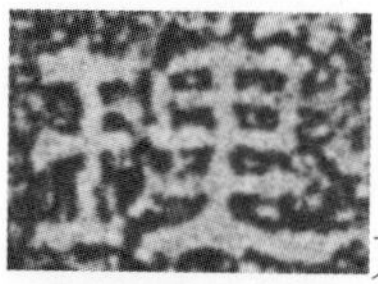
東漢・熹平石經殘石四

東漢・夏承碑

東漢・北海相景君碑陰

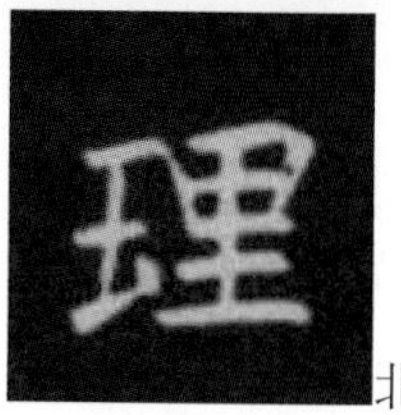
北魏・元弼誌

【珍】

《説文》：珍，寶也。从玉㐱聲。

漢銘・永元七年鐖

漢銘・永元六年鐖

敦煌簡 2126

○長刑珍附馬行

漢印文字徵

○杜珍印信

漢印文字徵

○涼珍

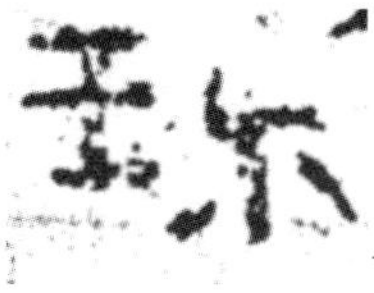
廿世紀璽印四-SP

○劉珍

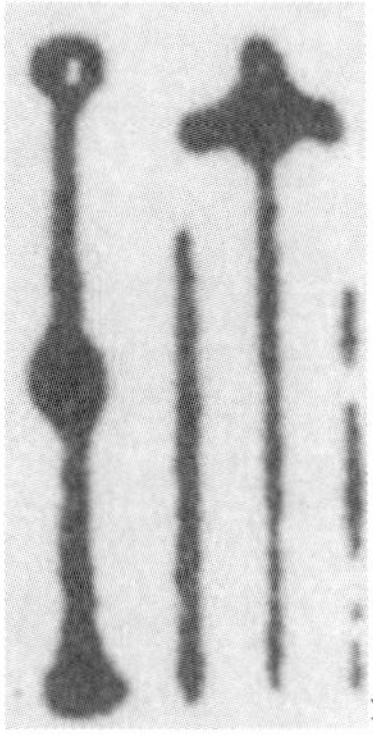
漢晉南北朝印風

○涼珍

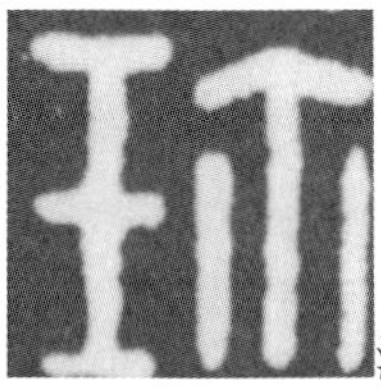
漢晉南北朝印風

○刀珍印信

東漢・禮器碑陰

○朱熊伯珍

北魏・穆玉容誌蓋

○元珽字珍平

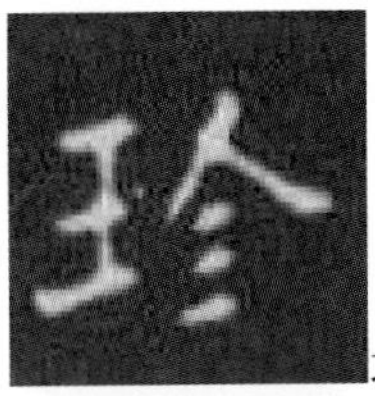
北魏・元昭誌

北魏・解伯都等造像

○高洛珍

東魏・元悰誌

北周・僧和造像

○幽捨己珍

【玩】

《説文》：玩，弄也。从玉元聲。

【貦】

《説文》：貦，玩或从貝。

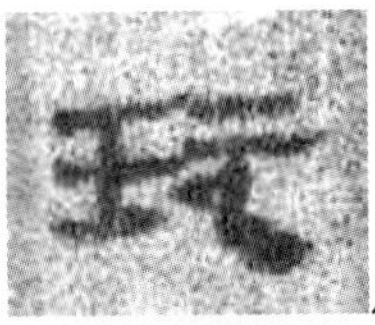
馬壹 124_46 上

東魏・李顯族造像

東魏・鄭氏誌

○服玩箴篇

【玲】

《説文》：玲，玉聲。从玉令聲。

北齊・崔昂誌

○玲瓏夙著

【瑲】

《説文》：瑲，玉聲也。从玉倉聲。《詩》曰：“鞗革有瑲。”

【玎】

《説文》：玎，玉聲也。从玉丁聲。齊太公子伋謚曰玎公。

【琤】

《説文》：琤，玉聲也。从玉爭聲。

【瑣】

《説文》：瑣，玉聲也。从玉貨聲。

嶽・癸瑣案 19

里・第八層 904

○城旦瑣

馬壹 114_12\415

○之材瑣焉

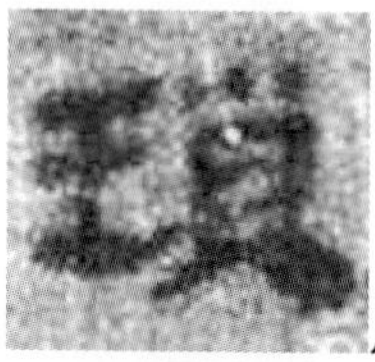
馬壹 11_73 上

○六旅瑣=

北壹・倉頡篇 61

○尉駁瑣漆

秦代印風

漢印文字徵

北魏・元鑽遠誌

○來儀青瑣

北魏・楊暐誌

○青瑣高華

北魏・元項誌

北魏・元誘誌

〇朝拜青瑣

北魏・元子直誌

〇來事青瑣

【瑝】

《説文》：瑝，玉聲也。从玉皇聲。

【瑀】

《説文》：瑀，石之似玉者。从玉禹聲。

北魏・張盧誌

【玤】

《説文》：玤，石之次玉者。以爲系璧。从玉丰聲。讀若《詩》曰“瓜瓞菶菶”。一曰若盒蚌。

【玪】

《説文》：玪，玪塾，石之次玉者。从玉今聲。

【塾】

《説文》：塾，玪塾也。从玉勒聲。

【琚】

《説文》：琚，瓊琚。从玉居聲。《詩》曰：“報之以瓊琚。”

東漢・孟孝琚碑

東漢・孟孝琚碑

〇字孝琚

東魏・元延明妃馮氏誌

【璓】

《説文》：璓，石之次玉者。从玉莠聲。《詩》曰：“充耳璓瑩。”

【玖】

《説文》：玖，石之次玉黑色者。从玉久聲。《詩》曰：“貽我佩玖。”讀若芑。或曰若人句脊之句。

【珁】

《説文》：珁，石之似玉者。从玉𦣞聲。讀若貽。

【琅】

《説文》：琅，石之似玉者。从玉良聲。

【玴】

《説文》：玴，石之似玉者。从玉曳聲。

【璅】

《説文》：璅，石之似玉者。从玉巢聲。

【璡】

《説文》：璡，石之似玉者。从玉進聲。讀若津。

【瑨】

《説文》：瑨，石之似玉者。从玉晉聲。

【璁】

《説文》：璁，石之似玉者。从玉悤聲。讀若蔥。

北魏・元引誌

○字馬璁

北齊・崔頠誌

○衮紱璁珩

【⿰王號】

《説文》：⿰王號，石之似玉者。从玉號聲。讀若鎬。

【⿰王⿱聿韋】

《説文》：⿰王⿱聿韋，石之似玉者。从玉⿱聿韋聲。讀若曷。

【⿱臤玉】

《説文》：⿱臤玉，石之似玉者。从玉臤聲。

【⿰王燮】

《説文》：⿰王燮，石之次玉者。从玉燮聲。

【玽】

《説文》：玽，石之次玉者。从玉句聲。讀若苟。

【琂】

《説文》：琂，石之似玉者。从玉言聲。

【璶】

《説文》：璶，石之似玉者。从玉盡聲。

【琟】

《説文》：琟，石之似玉者。从玉隹聲。讀若維。

【瑦】

《説文》：瑦，石之似玉者。从玉烏

聲。

【瑂】

《説文》：瑂，石之似玉者。从玉眉聲。讀若眉。

【璒】

《説文》：璒，石之似玉者。从玉登聲。

【玜】

《説文》：玜，石之似玉者。从玉厶聲。讀與私同。

【玗】

《説文》：玗，石之似玉者。从玉于聲。

【玟】

《説文》：玟，玉屬。从玉叟聲。讀若沒。

【瑎】

《説文》：瑎，黑石似玉者。从玉皆聲。讀若諧。

【碧】

《説文》：碧，石之青美者。从玉、石，白聲。

廿世紀璽印三-SY

○張碧之印

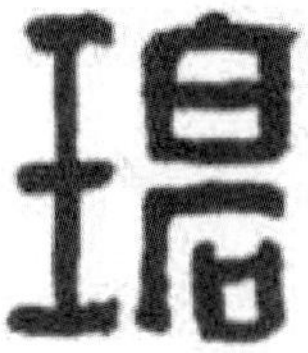
漢印文字徵

○程碧印

漢印文字徵

○王碧私印

柿葉齋兩漢印萃

○陳碧

北魏・秦洪誌

北魏・秦洪誌

北齊・斛律氏誌

北齊・魯思明造像

【琨】

《説文》：琨，石之美者。从玉昆聲。《虞書》曰："楊州貢瑤琨。"

【瑻】

《説文》：瑻，琨或从貫。

漢印文字徵

○郭琨

漢印文字徵

○□琨印信

北魏・辛穆誌

北魏・元斑誌

北魏・檀賓誌

北魏・穆亮誌

東魏・張瓘誌

【珉（瑉）】

《説文》：珉，石之美者。从玉民聲。

漢印文字徵

○作瑉私印

北魏・陸紹誌

○玉山彫瑉

北齊・感孝頌

北齊・韓山剛造像

【瑤（瑶）】

《說文》：瑤，玉之美者。从玉䍃聲。《詩》曰：“報之以瓊瑤。”

漢印文字徵

○任瑶

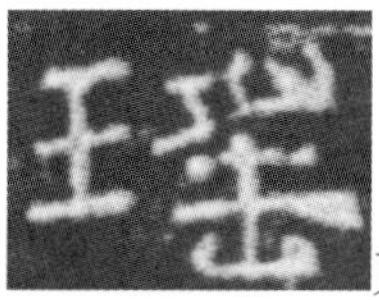
東漢・西岳華山廟碑陽

○亦相瑶光

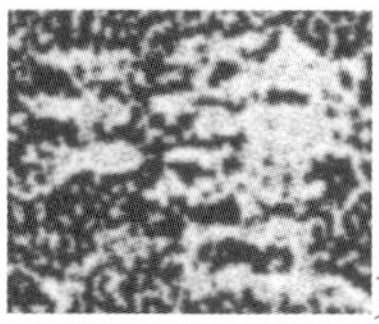
東漢・郎中鄭固碑

○琦瑶延

北魏・元頊誌

北魏・元纂誌

○析瑶枝於扶桑

北魏・元尚之誌

○如瑶若桂

北魏・元懷誌

○刊美瑶牒

北魏・元廣誌

○播瑶響于典章

北魏・趙充華誌

○敬刊玄瑶

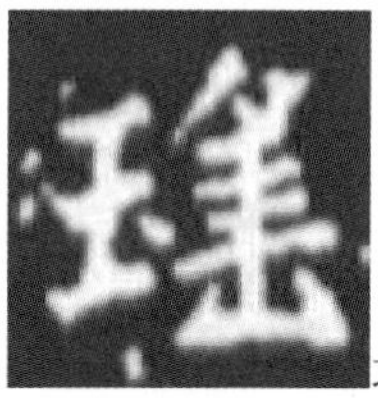
北魏・李慶容誌

○誕載瑶璣

北魏・元楨誌

○敬勒玄瑶

【珠】

《說文》：珠，蚌之陰精。从玉朱聲。《春秋國語》曰：“珠以禦火灾”是也。

睡・為吏 36

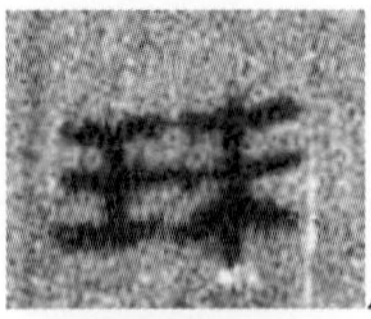馬壹 124_46 上

〇黄金珠玉

馬貳 247_294

〇珠璣

張・脈書 51

〇汗出如珠榑而不流

金關 T09:132

吳簡嘉禾・五・九八〇

〇番珠佃田

漢印文字徵

〇王珠言事

東漢・七言摩崖題記

〇明月之珠玉

東漢・倉頡廟碑側

北魏・元瞻誌

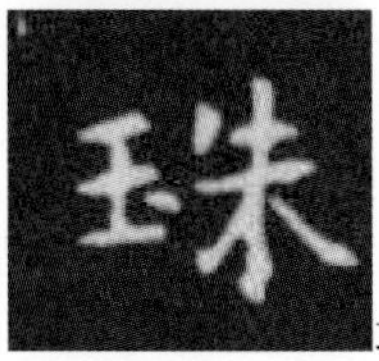北魏・元仙誌

【玓】

《説文》：，玓瓅，明珠色。从玉勺聲。

【瓅】

《説文》：，玓瓅。从玉樂聲。

【玭】

《説文》：，珠也。从玉比聲。宋弘云："淮水中出玭珠。"玭，珠之有聲。

【蠙】

《説文》：，《夏書》玭从虫、賓。

【玏】

《説文》：，蜃屬。从玉劦聲。《禮》："佩刀，士玏琫而珧珌。"

【珧】

《説文》：，蜃甲也。所以飾物也。

从玉兆聲。《禮》云："佩刀，天子玉琫而珧珌。"

西晉·臨辟雍碑

〇關內侯珧

【玟】

《說文》：，火齊，玟瑰也。一曰石之美者。从玉文聲。

【瑰】

《說文》：，玟瑰。从玉鬼聲。一曰圜好。

北齊·高淯誌

〇瑰姿奇表

【璣】

《說文》：，珠不圜也。从玉幾聲。

馬貳 247_294

漢印文字徵

〇王璣私印

漢印文字徵

〇杜璣

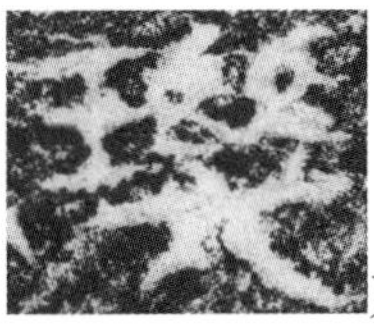
東漢·七言摩崖題記

〇璣珥

北魏·寇猛誌

〇侍璣鳳閣

北齊·張起誌

【琅】

《說文》：，琅玕，似珠者。从玉良聲。

漢銘·永元十三年堂狼洗

漢銘·上林量

里・第八層 657

〇辛丑琅邪

廿世紀璽印三-GP

〇琅邪左鹽

漢晉南北朝印風

漢晉南北朝印風

廿世紀璽印三-GP

〇瑯琊邑丞

歷代印匋封泥

漢印文字徵

漢印文字徵

漢印文字徵

歷代印匋封泥

〇琅邪邑丞

漢代官印選

〇琅邪太守章

廿世紀璽印四-GY

〇琅邪典書令印

東漢・陽嘉殘碑陰

新莽・高彥墓磚

東晉・王閩之誌

北魏・王誦妻元氏誌

【玕】

《説文》：玕，琅玕也。从玉干聲。《禹貢》："雝州球琳琅玕。"

【𤥚】

《説文》：𤥚，古文玕。

東魏・元玕誌

【珊】

《説文》：珊，珊瑚，色赤，生於海，或生於山。从玉，删省聲。

【瑚】

《説文》：瑚，珊瑚也。从玉胡聲。

北魏・王誦誌

北魏・堯遵誌

【珋】

《説文》：珋，石之有光，璧珋也。出西胡中。从玉丣聲。

【琀】

《説文》：琀，送死口中玉也。从玉从含，含亦聲。

【𤪌】

《説文》：𤪌，遺玉也。从玉歍聲。

【璗】

《説文》：璗，金之美者。與玉同色。从玉湯聲。《禮》："佩刀，諸侯璗琫而璆珌。"

【𤫊】

《説文》：𤫊，𤫊巫。以玉事神。从玉霝聲。

【靈】

《説文》：靈，𤫊或从巫。

漢銘・靈丘騎馬印

馬貳 211_97

○靈路（露）

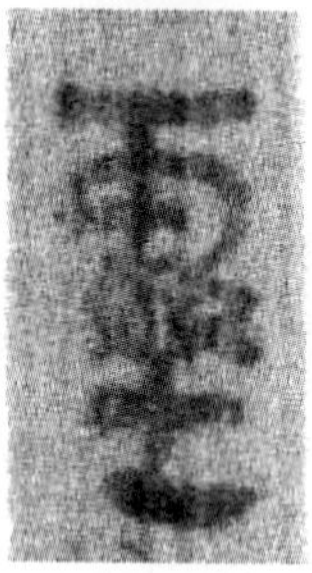
馬貳 205_29

○靈尊以爲經

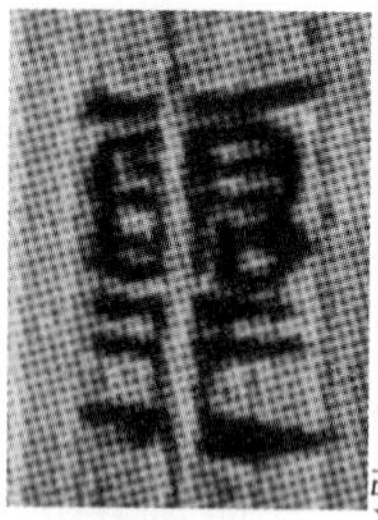
張・秩律 463

○靈州

北貳・老子 7

○神毋已靈

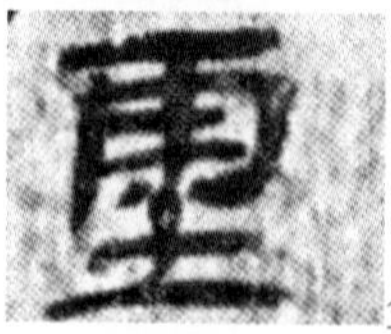
金關 T06:150

○繁陽靈里公乘

漢晉南北朝印風

○靈州丞印

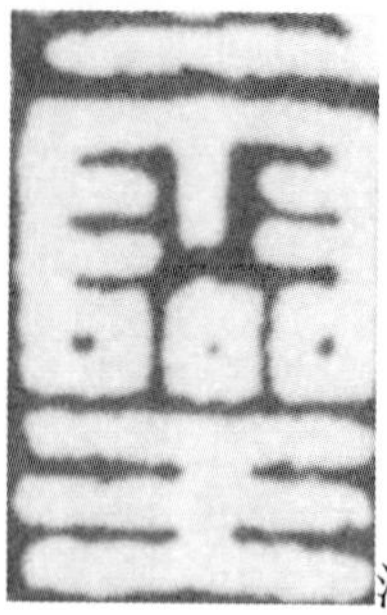
漢晉南北朝印風

○靈武尹丞印

漢印文字徵

○靈定有

漢印文字徵

○靈則印

漢印文字徵

○靈川丞印

歷代印匋封泥

○靈都鄉

歷代印匋封泥

○靈壽丞印

廿世紀璽印四-GY

○靈水率信佰長

詛楚文・沈湫

○幾靈德

東漢・武氏左石室畫像題字

○靈輒乘盾

東漢・肥致碑

○常思想神靈

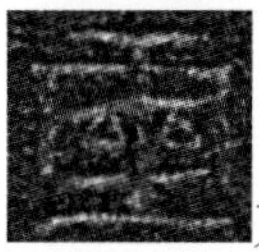
東漢・公乘田魴畫像石墓題記

○恐精靈而迷惑兮

東漢・祀三公山碑

○其靈尤神

東漢・石門頌

○惟巛（坤）靈定位

東漢・禮器碑

○霜月之靈

北周・華岳廟碑

○巨靈疏壑

北周・王通誌

○仙嶽含靈

東漢・桐柏淮源廟碑

東漢・開母廟石闕銘

○靈支挺生。

東漢・桐柏淮源廟碑

東漢・成陽靈臺碑

東漢・北海相景君碑陰

○魂靈瑕顯

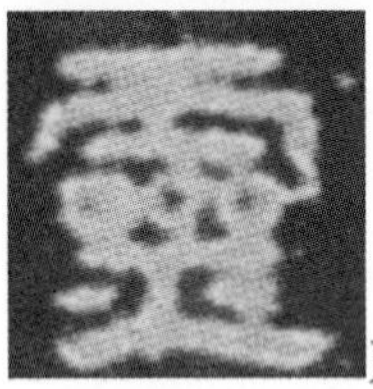
東漢・鮮於璜碑陽

○闡君靈兮示後萌

東漢・夏承碑

東漢・景君碑

○皇靈炳璧

東漢・成陽靈臺碑

東漢・封龍山頌

東漢・景君碑

○魂靈既載

北魏・元弘嬪侯氏誌

○靈儀內外

北魏・元肅誌

○公納慶上靈

北魏・寇霄誌

○歸靈紫寶

北魏・寇憑誌

○君資慶於靈緒

北魏・馮會誌

○河岳吐靈

北魏・元顯俊誌

○雲門靈鳳之美

北魏・張正子父母鎮石

北魏・靈山寺塔銘

北魏・嵩高靈廟碑額

○中岳嵩高靈廟之碑

北魏・元濬嬪耿氏誌

○嬪稟坤靈之秀氣

東魏・杜文雅造像

○靈容澄湛

北齊・牛景悅造石浮圖記

○零（靈）鳥羽儀

北齊・天柱山銘

○揣究庸靈

【珈】

《説文》：珈，婦人首飾。从玉加聲。《詩》曰：“副笄六珈。”

【璩】

《説文》：璩，環屬。从玉豦聲。見《山海經》。

【琖】

《説文》：琖，玉爵也。夏曰琖，殷曰斝，周曰爵。从玉戔聲。或从皿。

【琛】

《説文》：琛，寶也。从玉，深省聲。

北魏・于纂誌

東魏・王令媛誌

○祖琛

【瑺】

《説文》：瑺，華飾也。从玉當聲。

北魏・元乂誌

北魏・元珍誌

【琲】

《説文》：琲，珠五百枚也。从玉非聲。

北魏・王普賢誌

【珂】

《説文》：珂，玉也。从玉可聲。

北齊・無量義經二

【玘】

《説文》：玘，玉也。从玉己聲。

【珝】

《説文》：珝，玉也。从玉羽聲。

【璀】

《説文》：璀，璀璨，玉光也。从玉崔聲。

北魏・元顯俊誌

北齊・崔芬誌

【璨】

《説文》：璨，玉光也。从玉粲聲。

北魏・元璨誌

○君諱璨

北魏・元顯俊誌

○金聲璀璨

北齊・牛景悅造石浮圖記

○錦章之璨

【琡】

《説文》：琡，玉也。从玉叔聲。

【瑄】

《說文》：瑄，璧六寸也。从玉宣聲。

【珙】

《說文》：珙，玉也。从玉共聲。

漢印文字徵

○李珙之印

〖玏〗

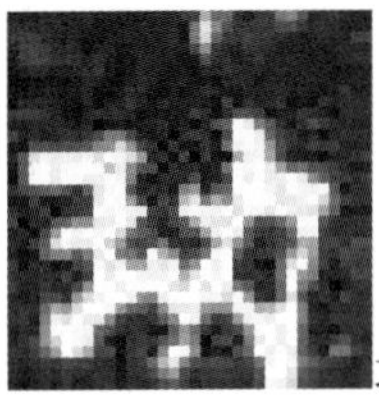
北齊・高叡修定國寺碑

○鄿磨珹玏

〖玫〗

漢印文字徵

○玫倫之印

北魏・于仙姬誌

〖⿰王方〗

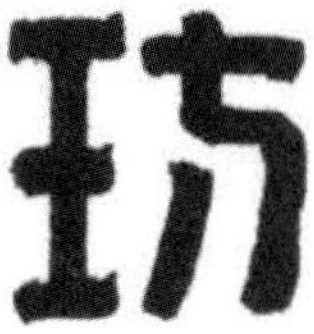
漢印文字徵

○魏⿰王方印信

〖珹〗

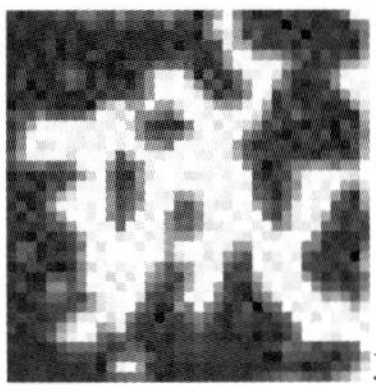
北齊・高叡修定國寺碑

○鄿磨珹玏

〖玷〗

北魏・王悅及妻郭氏誌

北魏・元純陀誌

北魏・尹祥誌

○逕汚勿玷其潔

〖珀〗

東魏・道奣造像

○造珀(白)玉象

〖珮〗

漢印文字徵
○車珮印信

東漢・張遷碑陽

北魏・元誨誌

北魏・元瞻誌

北魏・鮮于仲兒誌

北齊・高百年誌

〖珞〗

東魏・道寶碑記
○珞珞若七星之紀天

北齊・崔幼妃誌

〖玹〗

漢印文字徵
○高玹印信

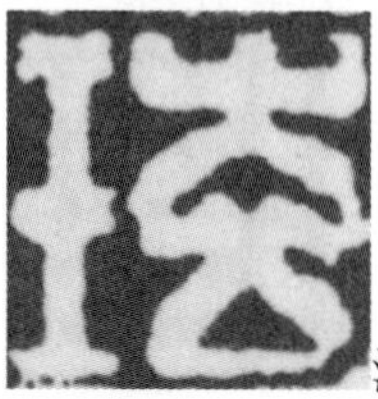
漢晉南北朝印風
○高玹印信

〖琉〗

南朝宋・謝琉誌
○謝琉

東晉・謝温誌
○伯諱琉

〖珆〗

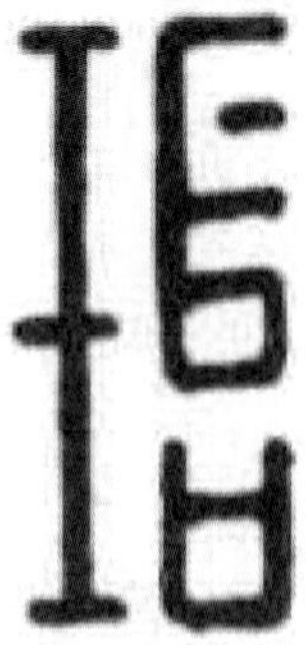
漢印文字徵
○趙珆

〖琊〗

新莽・高彥墓磚

○瑯琊郡左尉高君，

北魏・司馬金龍墓表

○琅琊康王司馬金

北魏・司馬金龍墓表

○琅琊

北魏・司馬金龍墓表

○司空瑯琊康王墓表。

北齊・劉悅誌

○食琅琊郡幹

〖琀〗

漢印文字徵

○琀登之印

〖珸〗

東魏・張瓘誌

○等琨珸之良劍

〖珵〗

北魏・崔鴻誌

○不能珵也

〖琇〗

北魏・元固誌

北魏・長孫忻誌

〖珶〗

晉・洛神十三行

○抗瓊珶以和予兮

〖琦〗

漢印文字徵

〇琦□印信

漢印文字徵

〇琦鎊左尉

東漢・鮮於璜碑陰

北周・張僧妙法師碑

〖琕〗

北魏・辛祥誌

〇馬仙琕復陷楚城

〖珊〗

秦公大墓石磬

〖瑯〗

北魏・元譚妻司馬氏誌

北魏・司馬顯姿誌

北魏・檀賓誌

北魏・司馬金龍墓表

北魏・司馬金龍墓表

〇司空瑯琊康王

〖瑑〗

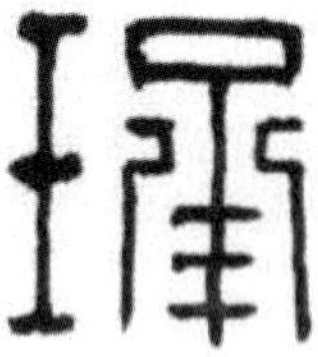
漢印文字徵

〇堪瑑印信

〖璹〗

東晉・潘氏衣物券

〇故璹鉡釵

〖瑓〗

北魏・元廣誌

○已流徽於國瑓（牒）

〖瑎〗

北魏・元文誌

○瑎琢文章

〖瑖〗

東魏・王偃誌

○如彼隨瑖

〖瑙〗

北齊・高淯誌

○玉鞍瑙勒

〖瑍〗

漢印文字徵

○李瑍印信

北魏・元昉誌

○瑍乎有文

東魏・張瓘誌

○字瑍之

〖瑏〗

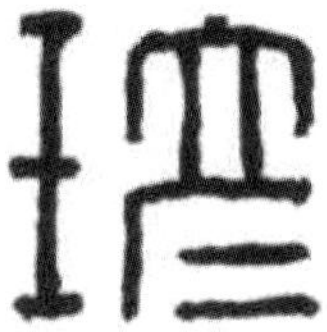
漢印文字徵

○蒯瑏印信

〖瑋〗

漢印文字徵

○袁瑋私印

新莽・高彦墓磚

○瑋彦

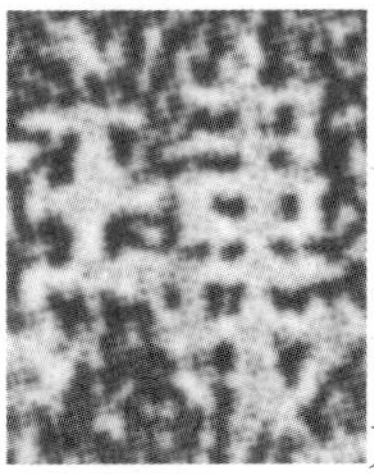
東漢・三公山碑

○樊瑋

東漢・鮮於璜碑陰

西晉・荀岳誌

北齊・張思伯造浮圖記

〖璞〗

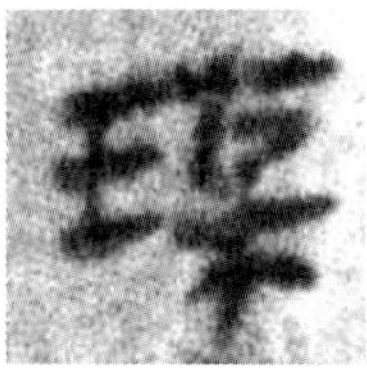
馬壹 97_53

○善人之璞（寶）也

〖璉〗

漢印文字徵

○繁璉

東漢・曹全碑陰

○璉

北魏・王翊誌

○瑚璉

北魏・堯遵誌

○瑚璉

〖瑠〗

北齊・等慈寺殘塔銘

○瑠璃

〖瑿〗

北魏・元煥誌

○華萼瑿璘

〖琮〗

東漢・禮器碑側

○丁琮叔

〖瑑〗

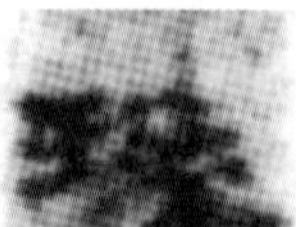
武・甲《泰射》25

○洗瑑（象）

〖瑱〗

漢印文字徵

○田瑱

〖⿰王將〗

北魏・元煥誌

○華萼瓔⿰王將

〖璞〗

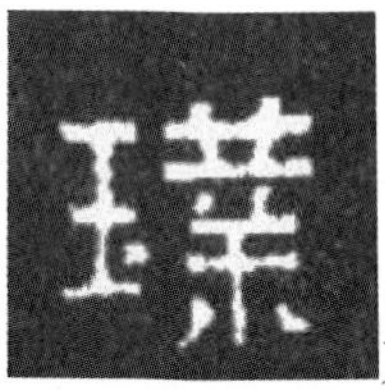
東晉・劉媚子誌

○東昌男璞之長女

北魏・元悛誌

〖璦〗

北魏・寇演誌

○玉折璦彫

〖璝〗

東漢・馮緄碑

○太原太守劉璝

〖瓌〗

漢印文字徵

○召瓌印信

漢印文字徵

○壺瓌印信

北魏・元寶月誌

○逸氣瓌殊

北魏・元頊誌

○風貌瓌奇

北魏・元宥誌

○稟質瓌奇

北魏・李超誌

○倜儻瓌奇

東魏・元悰誌

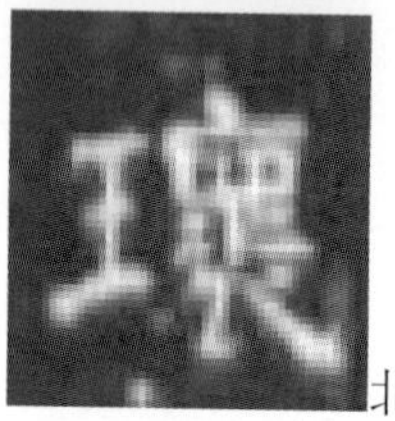
北周・叱羅協誌

〖璒〗

北魏・元廞誌

○配美瓊璒（瑩）

〖瓔〗

北魏・元眖誌

〖瓏〗

東魏・榮遷造像

○像跡四八之瓏

〖瓚〗

北齊・張潔誌

○瓚娠瓚峪

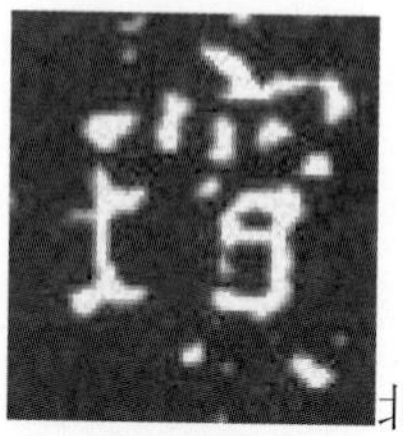
北齊・張潔誌

○瓚娠瓚峪

北齊・元賢誌

○第五子子瓚

珏部

【珏】

《説文》：珏，二玉相合爲一珏。凡珏之屬皆从珏。

【瑴】

《説文》：瑴，珏或从殼。

【班】

《説文》：班，分瑞玉。从珏从刀。

漢銘・新嘉量二

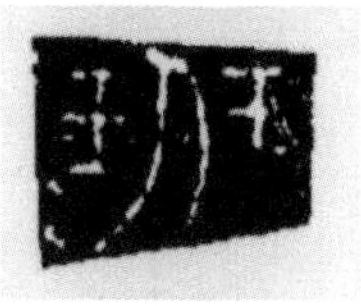
漢銘・新衡杆

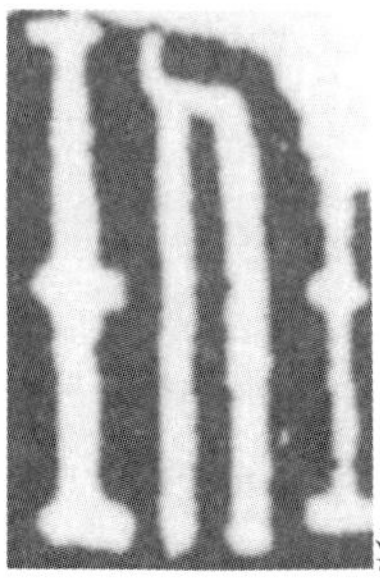
漢晉南北朝印風

○班氏空丞印

漢印文字徵

○班氏空丞印

東漢・楊著碑陽

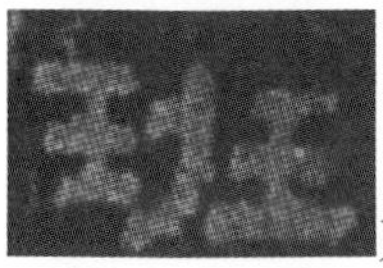
東漢・楊統碑陽

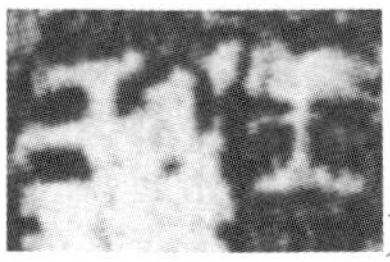
東漢・孔宙碑陰

○下邳朱班

北魏・緱靜誌

○如素玉之班荊岫

北魏・王基誌

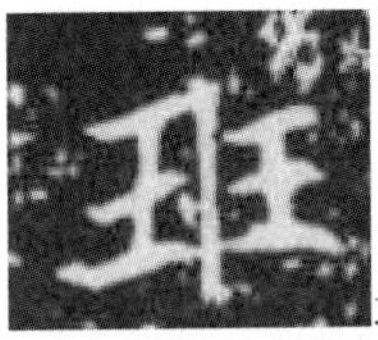
北魏・司馬顯姿誌

北齊・盧脩娥誌

【𤦡】

《説文》：𤦡，車笭閒皮篋。古者使奉玉以藏之。从車、珏。讀與服同。

〖斑〗

吳簡嘉禾・四・一四五

○黃斑佃田

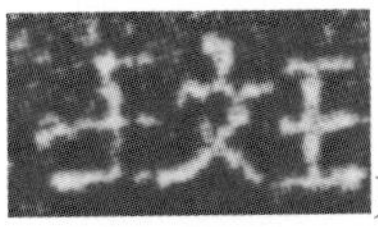
東漢・趙寬碑

東漢・析里橋郙閣頌

東漢・相張壽殘碑

西晉・臨辟雍碑

北魏・王誦誌

○斑（班）條擁節

北魏・楊無醜誌

○遵斑氏之祕誡

北齊・崔宣華誌

○繼斑（班）昭之文雅

北齊・高顯國妃敬氏誌

○斑（班）氏大家之号

〖㸚〗

廿世紀璽印三-SY

○孟㸚之印

气部

【气】

《説文》：气，雲气也。象形。凡气之屬皆从气。

睡・法律答問 115

嶽・得之案 187

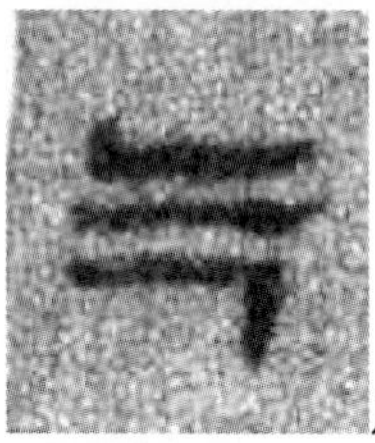
馬壹 130_22 上\99 上

馬壹 11_77 上

張・具律 115

金關 T09:235

○气鞫戍魏郡

北壹・倉頡篇 32

○气匄貫捈

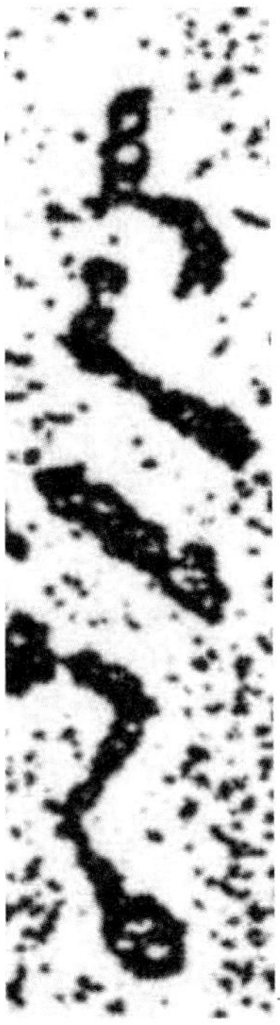
廿世紀璽印三-SP

○气結

東漢・樊敏碑

北魏・皮演誌

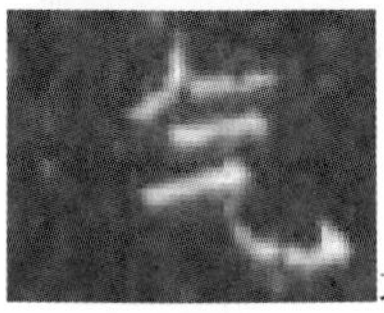
北魏・楊穎誌

【氛】

《說文》：氛，祥气也。从气分聲。

【雰】

《說文》：雰，氛或从雨。

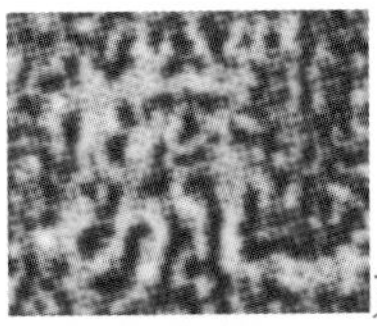
東漢・三公山碑

○除民氛厲

北魏・元悌誌

北魏・元珽誌

北魏・元詮誌

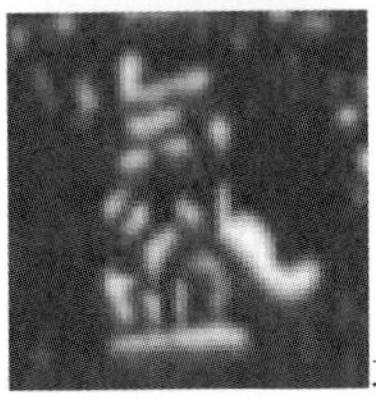
北齊・李雲誌

○桂葉氛氳

北魏・元恭誌

○雰藹三楚。

北周・華岳廟碑

○而餘雰尚梗

〖氤〗

北魏・王悅及妻郭氏誌

○氤氳餘烈

北齊・斛律氏誌

北齊・梁子彥誌

○氤氳緗素者也

〖氳〗

北魏・王悅及妻郭氏誌

北齊・姜纂造像

○香氣氛氳

〖𣱶〗

馬壹 5_29 上

○井=𣱶至

士部

【士】

《説文》：士，事也。數始於一，終於十。从一从十。孔子曰：“推十合一爲士。”凡士之屬皆从士。

戰中・杜虎符

○興士被甲

春早・秦公鐘

○俊士

春晚・秦公鎛

○俊士

戰晚・新郪虎符

○興士被甲

漢銘・新常樂衛士飯幘

漢銘・聖主佐宮中行樂錢

睡・秦律十八種 155

○爲公士謁歸

睡・封診式 47

○丘主士五（伍）

睡・為吏 18

○賤士而貴貨

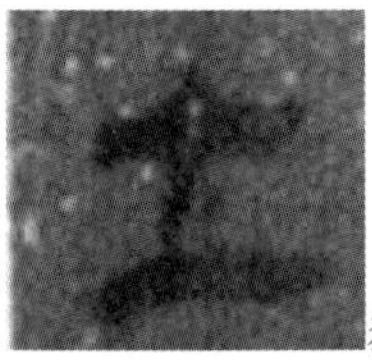
嶽・為吏 18

○卒士不肅

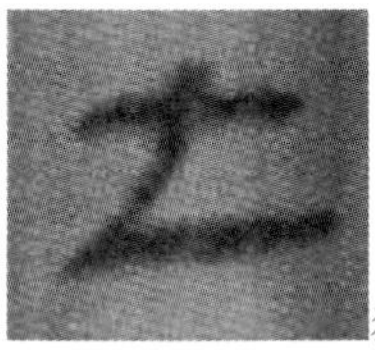
嶽・數 123

○公士大半斗

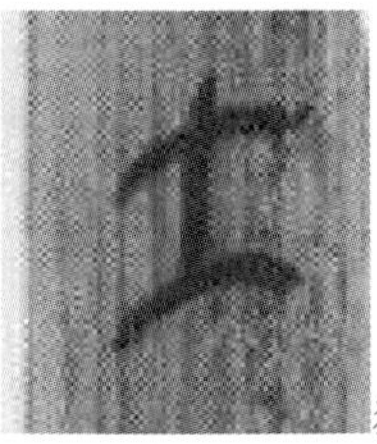
嶽・猩敞案 44

○造敞士五（伍）

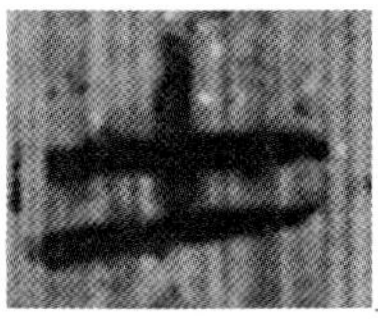
里・第五層 4

○止中士下事

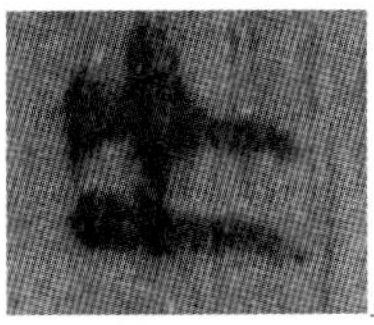
里・第八層 2127

○士五（伍）

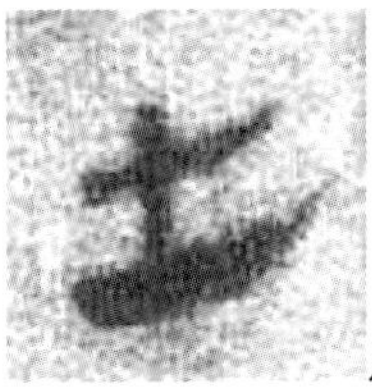
馬壹 46_62 下

○與士歙

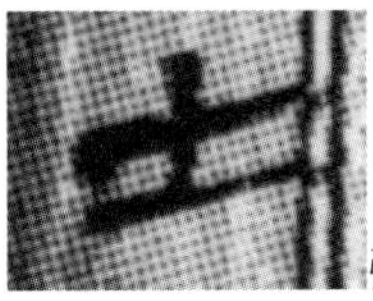
張・戸律 316

○公士一宅

銀壹 352

○巧士不能進

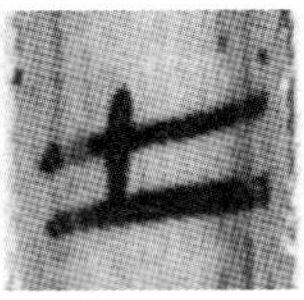
銀貳 1052

○欲士卒之輯

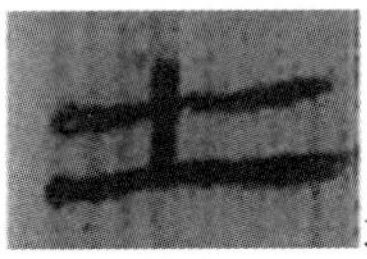
北貳・老子 159

○古之爲士者

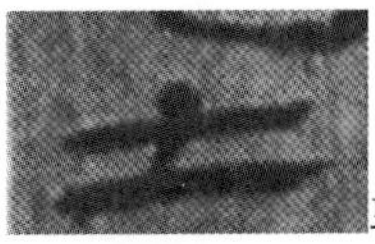
敦煌簡 0058

○同心士六十人

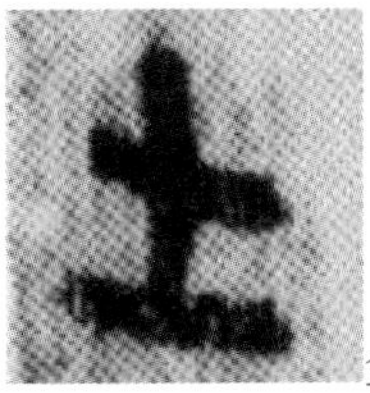
金關 T30:180

○官士吏王當

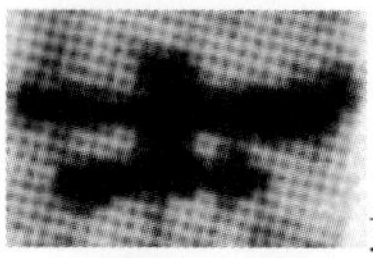
武・儀禮甲《士相見之禮》1

○士相見之禮

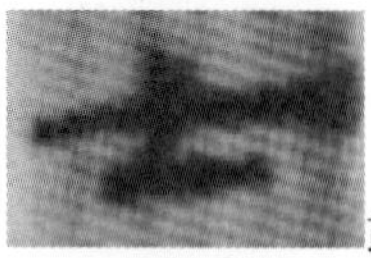
武・儀禮甲《服傳》29

○適孫爲士者

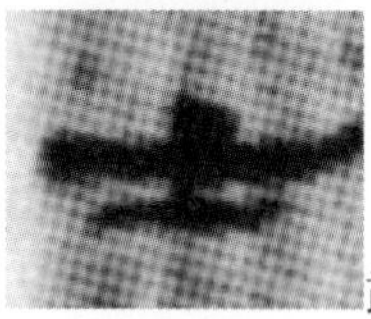
武・甲《有司》53

○拜司士

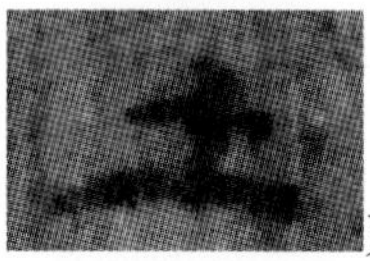
東牌樓 077 正

○士曹

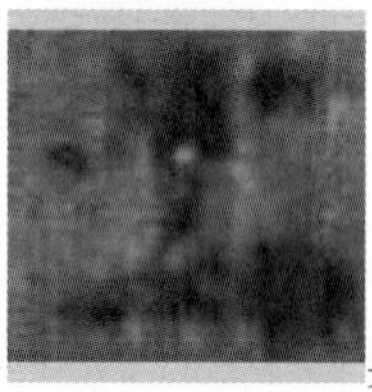
吳簡嘉禾・五・四四五

○男子郭士

秦代印風

○仁士

秦代印風

○宜士和衆

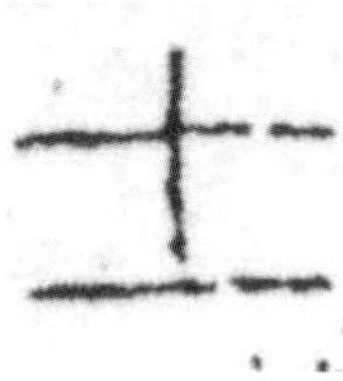
歷代印匋封泥

○狡士之印

秦代印風

○忠仁思士

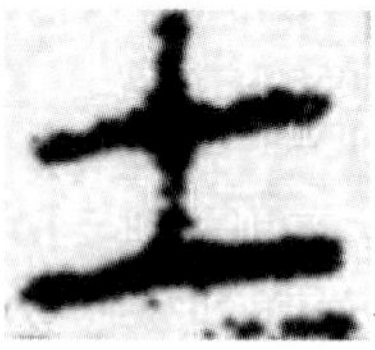
廿世紀璽印三-GP

○走士

秦代印風

○正行治士

秦代印風

○馮士

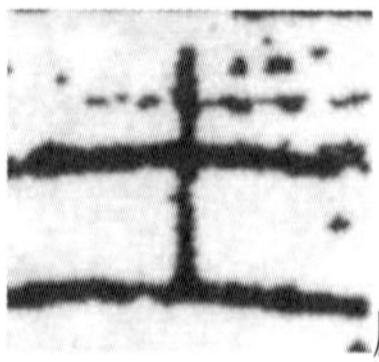
歷代印匋封泥

○衛士丞印

廿世紀璽印三-GP

○齊衛士印

歷代印匋封泥

○司馬右前士

漢晉南北朝印風

○納言右命士中

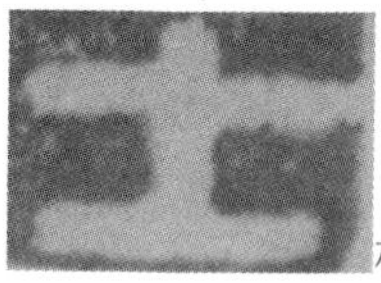
柿葉齋兩漢印萃

○宜士祭尊

漢印文字徵

○奮武中士印

漢印文字徵

○毛印博士

漢代官印選

○騎士

歷代印匋封泥

○齊衛士印

漢晉南北朝印風

○士應

漢晉南北朝印風

○陳請士

詛楚文・巫咸

○奮士盛師

東漢・譙敏碑

○識真之士

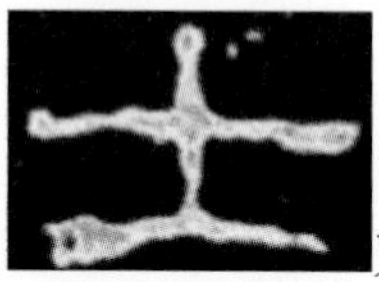
東漢・楊震碑

○群后卿士

東漢・陽嘉殘碑陰

○處士韋琅

東漢・鄭季宣碑

○處士人名

東漢・譙敏碑

○士女哀懷

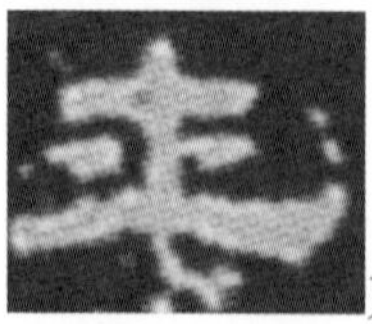
東漢・鮮於璜碑陽

○士罔宗兮微言喪

三國魏・曹真殘碑

○扶風士孫秋卿伯

西晉・成晃碑額

○晉故處士

北魏・張正子父母鎮石

○奉先考素士靈柩

北魏・檀賓誌

○開新訓而獎士

北魏・元朗誌

○處士萇生

北魏・元誨誌

○多士

北齊・雲榮誌

○壯士輕身之日

【壻】

《説文》：壻，夫也。从士胥聲。《詩》曰：“女也不爽，士貳其行。”士者，夫也。讀與細同。

【婿】

《說文》：，壻或从女。

【壯】

《說文》：，大也。从士爿聲。

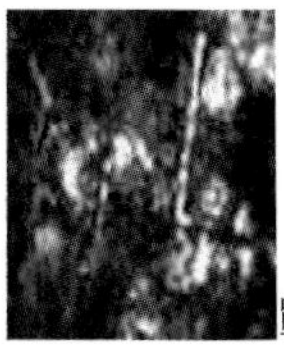
戰晚或秦代・元年上郡假守暨戈

○桼（漆）工壯丞

睡・秦律十八種 190

睡・日甲《盜者》71

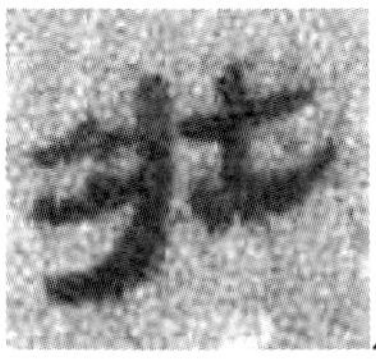
馬壹 7_33 上

馬壹 8_33 下

○壯于泰（大）車之緮（輹）

馬貳 119_206/205

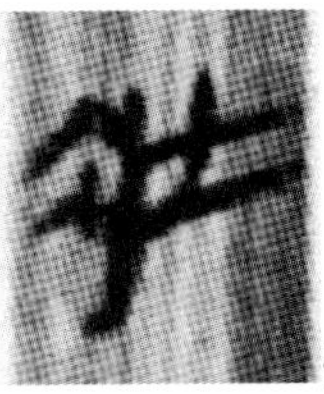
張・奏讞書 89

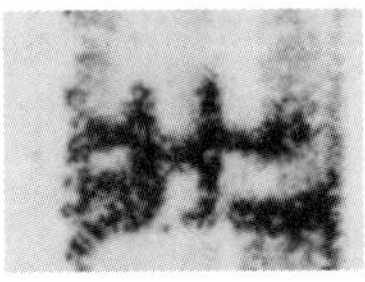
銀壹 614

○吾於壯（莊）公

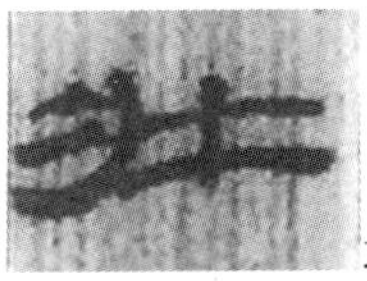
北貳・老子 50

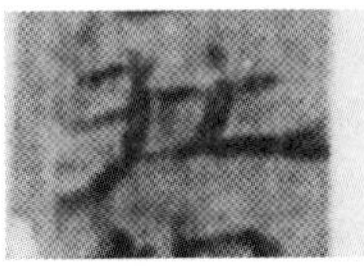
敦煌簡 0774

○多丁壯相侊

金關 T24:011

○侯君壯毋恙頃舍中

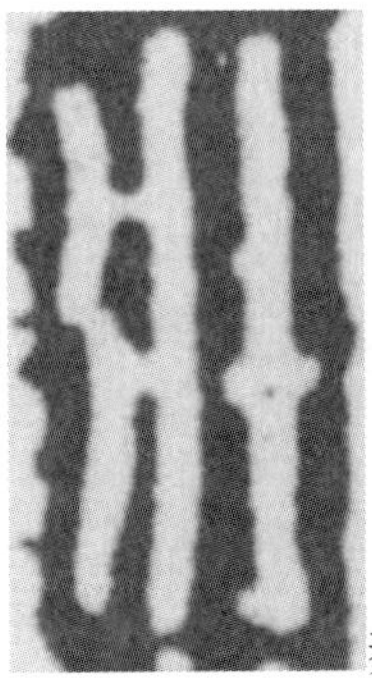
秦代印風

○趙壯

漢印文字徵

歷代印匋封泥

漢印文字徵

漢印文字徵

○壯忠私印

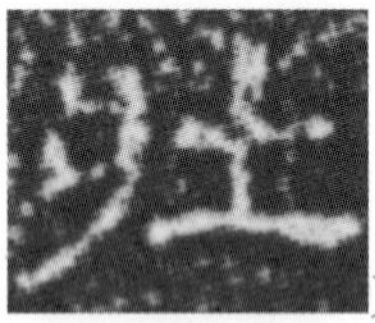
東漢・趙寬碑

○壯勇果毅

北魏・元液誌

○並以克壯忠烈

北魏・元顥誌

○壯情孤峙

北魏・元寶月誌

○加以雄姿壯

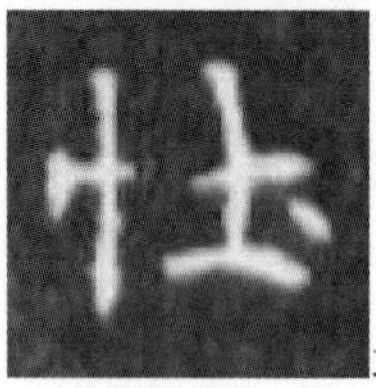
北齊・□忝□措誌

○壯挺千里之志

【壿】

《説文》：壿，舞也。从士尊聲。《詩》曰：“壿壿舞我。”

丨部

【丨】

《説文》：丨，上下通也。引而上行讀若囟，引而下行讀若退。凡丨之屬皆从丨。

【中】

《説文》：中，内也。从口。丨，上下通。

【𠁧】

《説文》：𠁧，古文中。

【𠁩】

《説文》：𠁩，籀文中。

戰晚・六年漢中守戈

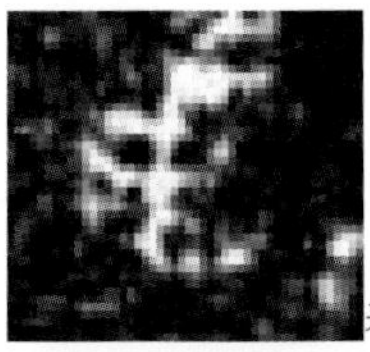
春早・秦子戈

戰早・中敔鼎

漢銘・中山內府銅鑊

漢銘・中曾鼎

睡・秦律十八種 17

睡・秦律雜抄 2

睡・封診式 74

睡・日甲《到室》135

睡・日甲《土忌》138

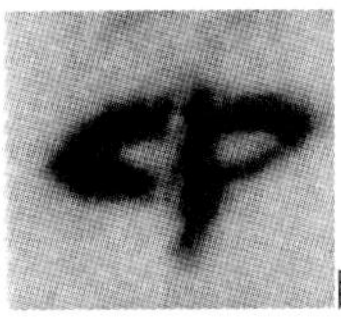
睡・日甲《毀弃》114

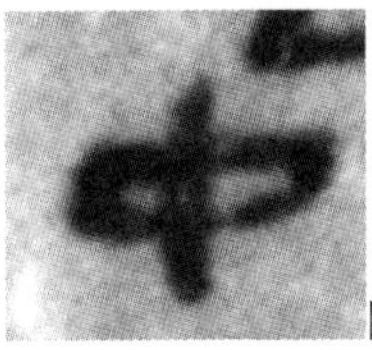
睡・日甲 5

睡・日甲《詰》58

睡・日乙 40

關・病方 372

嶽・為吏 1

嶽・占夢書 22

嶽・數 64

嶽・猩敞案 52

里・第五層 14

里・第八層 659

里・第八層背 152

馬壹 85_135

馬壹 8_41 下

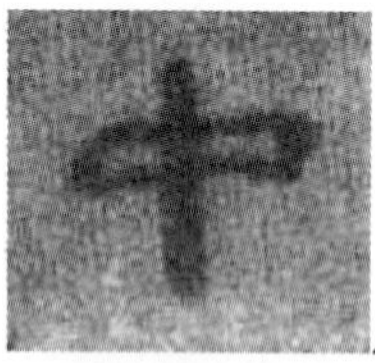
馬貳 141_17

張・秩律 449

張・奏讞書 200

張・算數書 126

張・脈書 29

張・引書 41

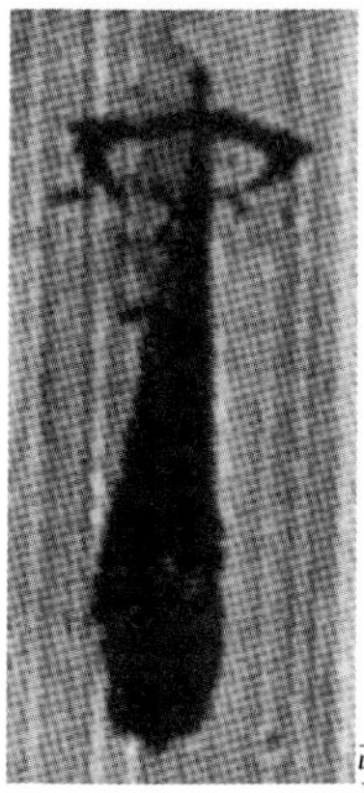
張・遣策 6

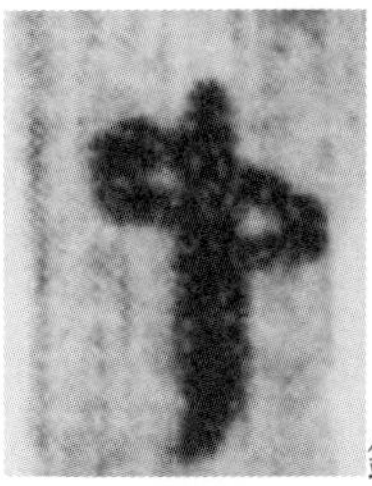
銀壹 875

銀貳 1825

孔・曆日 16

北貳・老子 177

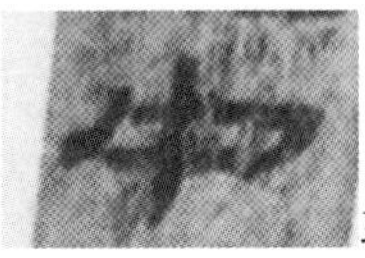
敦煌簡 0244B

金關 T22:038A

武・儀禮甲《服傳》57

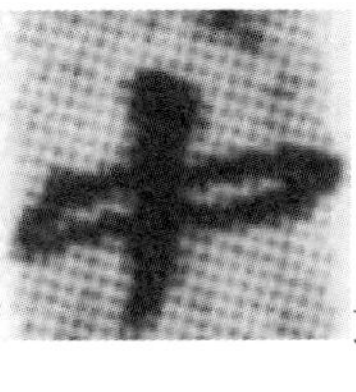
武・甲《特牲》12

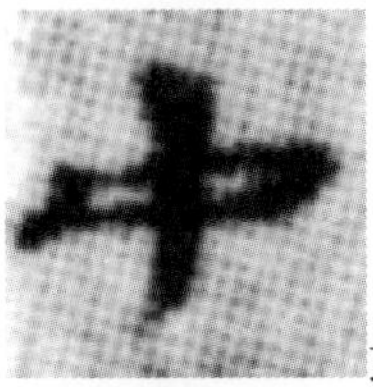
武・甲《少牢》26

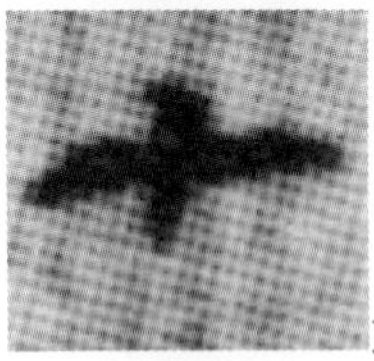
武・甲《有司》64

○于房中執棗

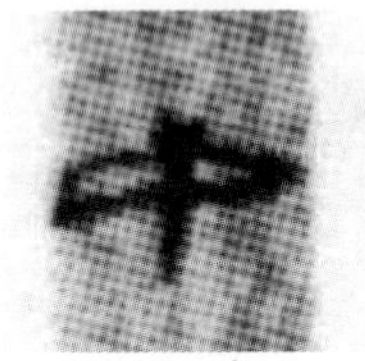
武・甲《泰射》61

東牌樓056背

○予公中未得出

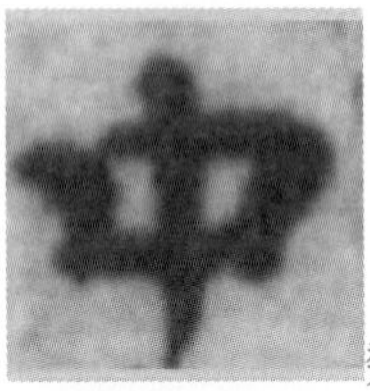
魏晉殘紙

秦代印風

秦代印風

秦代印風

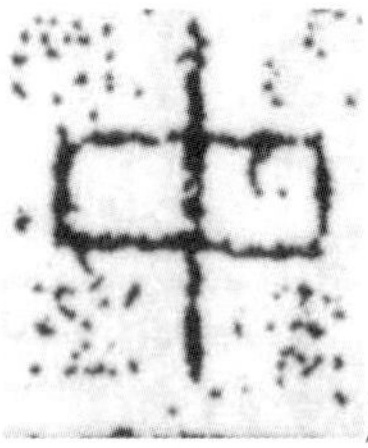
歷代印匋封泥

廿世紀璽印三-GY

○左中

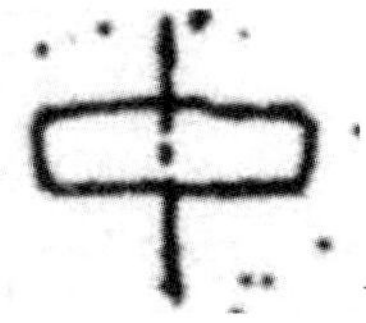
廿世紀璽印三-GP

歷代印匋封泥

歷代印匋封泥

秦代印風

歷代印匋封泥

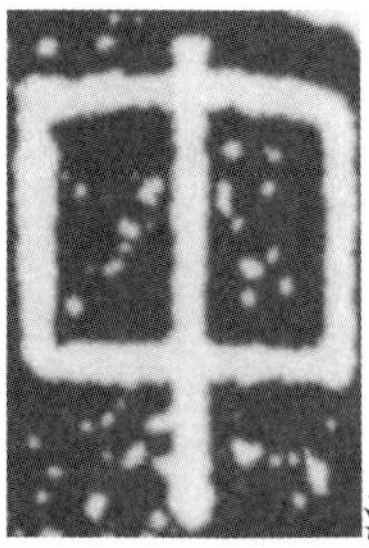
漢晉南北朝印風

廿世紀璽印三-GP

漢晉南北朝印風

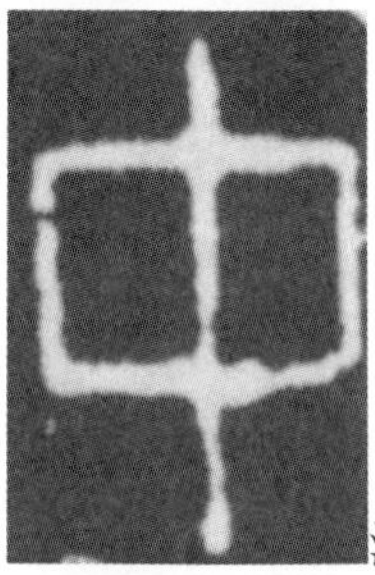
漢晉南北朝印風

漢晉南北朝印風

漢晉南北朝印風

漢晉南北朝印風

廿世紀璽印三-GY

漢代官印選

○禦史中執法印

漢代官印選

漢代官印選

漢代官印選

歷代印匋封泥

歷代印匋封泥

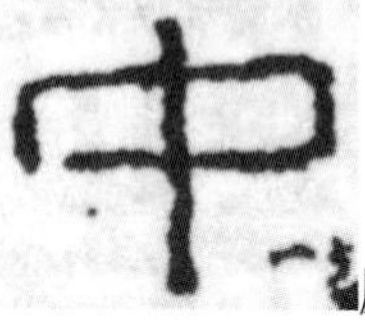
歷代印匋封泥

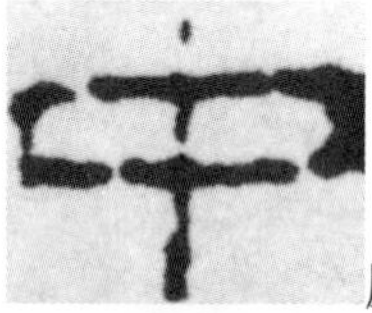
歷代印匋封泥

歷代印匋封泥

漢代官印選

漢代官印選

○中常侍印

漢代官印選

○匈奴中郎將印

漢印文字徵

漢印文字徵

○程中私印

漢印文字徵

○劉中

漢印文字徵

○許信中

漢印文字徵

○莊中子

漢印文字徵

○臣中

漢印文字徵

○關中侯印

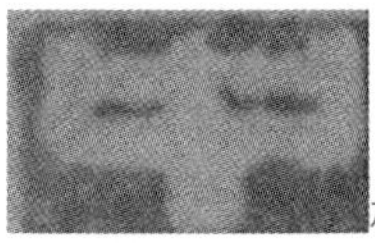

柿葉齋兩漢印萃

○戴中孺

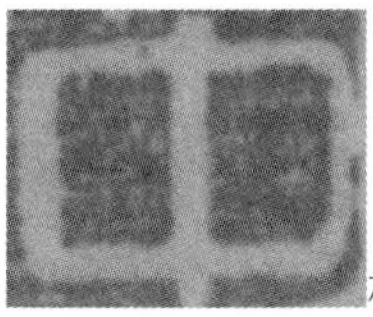

柿葉齋兩漢印萃

柿葉齋兩漢印萃

柿葉齋兩漢印萃

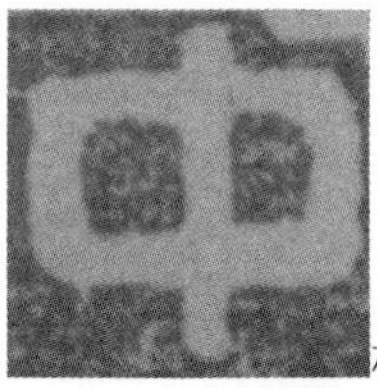

柿葉齋兩漢印萃

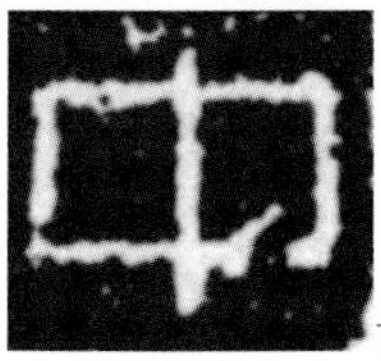

廿世紀璽印四-GY

○殿中司馬

漢晉南北朝印風

漢晉南北朝印風

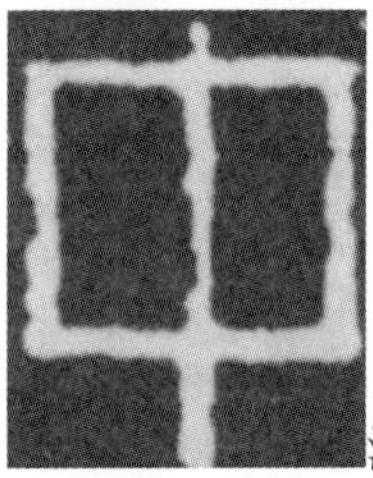

漢晉南北朝印風

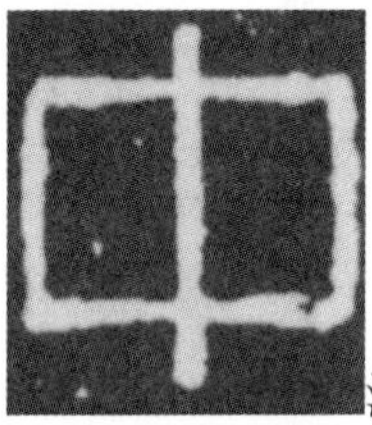

漢晉南北朝印風

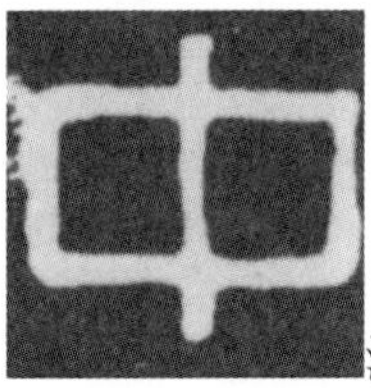

漢晉南北朝印風

漢晉南北朝印風

○中左偏將軍

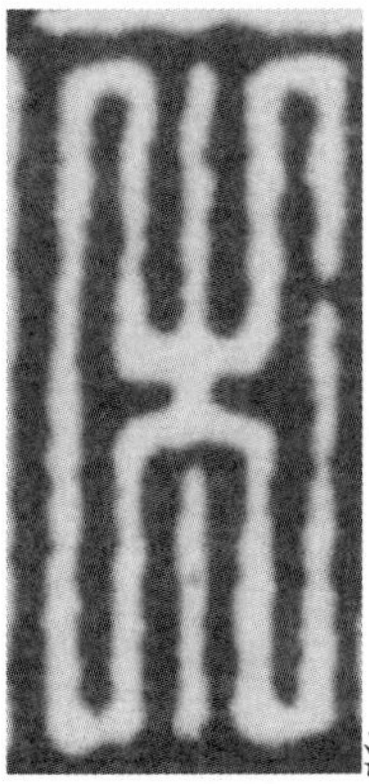

漢晉南北朝印風

○閔中

漢晉南北朝印風

漢晉南北朝印風

廿世紀璽印三-SY

○戚中公印

歷代印匋封泥

○中蒦

歷代印匋封泥

○中蒦

歷代印匋封泥

○鄕（鄉）中

秦代印風

○中信

歷代印匋封泥

○中廄丞印

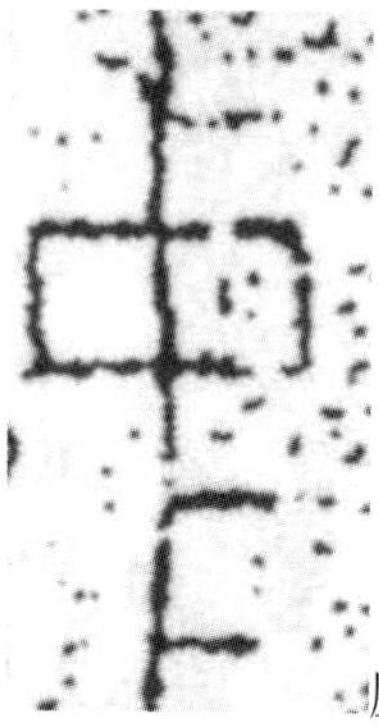
歷代印匋封泥

○中廄

秦代印風

○中壹

秦代印風

○中壹

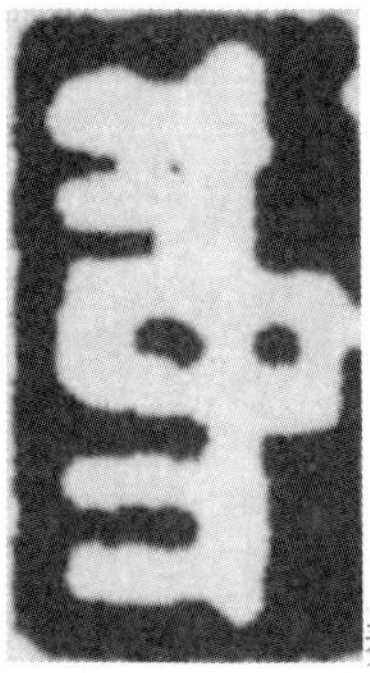
秦代印風

○中信

詛楚文・巫咸

○寘者冥室櫝棺之中

東漢・執金吾丞武榮碑

○君即吳郡府之中子

東漢・朝侯小子殘碑

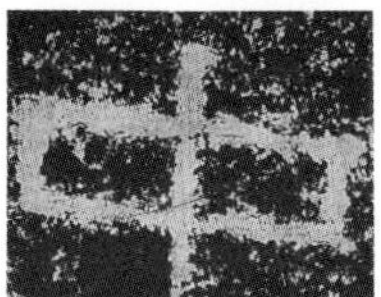
東漢・中平三年摩崖題字

東漢・譙敏碑

三國魏・三體石經尚書・隸書

北魏・元賄誌

○侍中使持節

北魏・檀賓誌

東魏・封延之誌

○侍中司徒尚書

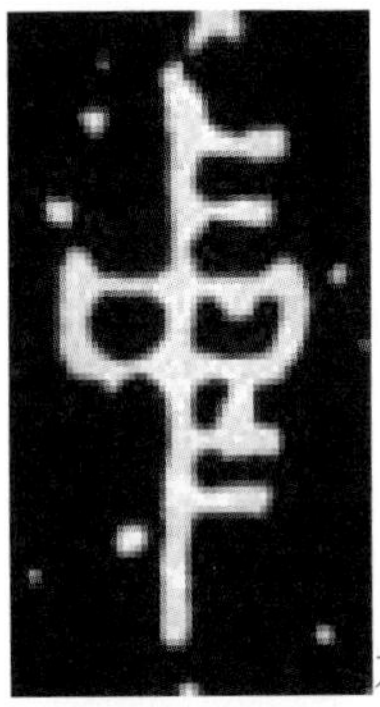
石鼓・吳人

○中囿孔□

東漢・景君碑

○中年徂歿

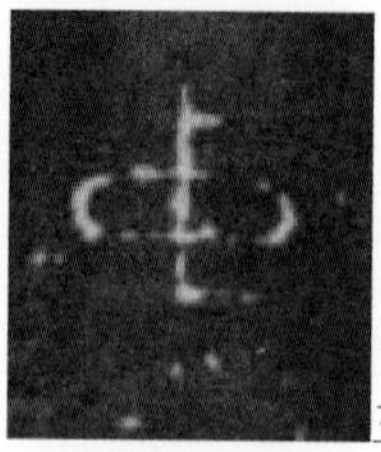
三國魏・三體石經尚書・古文

○中(仲)宗

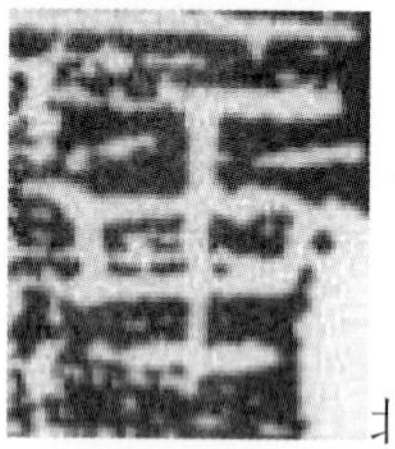
北齊・崔宣華誌

○齊故中堅將軍

【𠁿】

《説文》：𠁿，旌旗杠皃。从丨从㫃，㫃亦聲。

〖丱〗

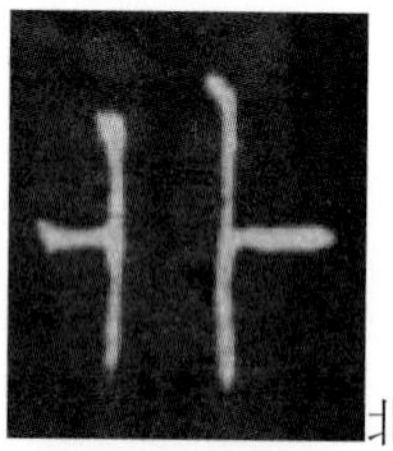
北魏・元暐誌

○鵠矯丱初

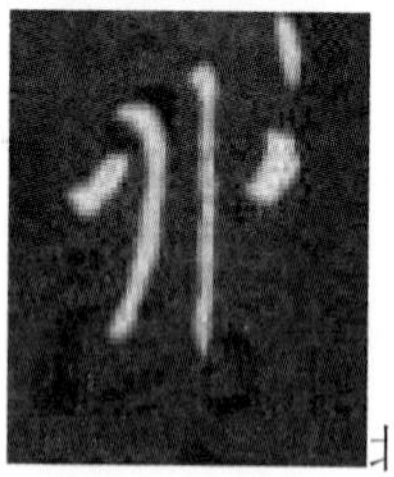
北魏・元靈曜誌

○童丱之中

屮部

【屮】

《説文》：屮，艸木初生也。象丨出形，有枝莖也。古文或以爲艸字。讀若徹。凡屮之屬皆从屮。尹彤説。

東漢・鮮於璜碑陽

○猷風之中

【屯】

《説文》：屯，難也。象艸木之初生。屯然而難。从屮貫一。一，地也。尾曲。《易》曰：“屯，剛柔始交而難生。”

西晚・不其簋

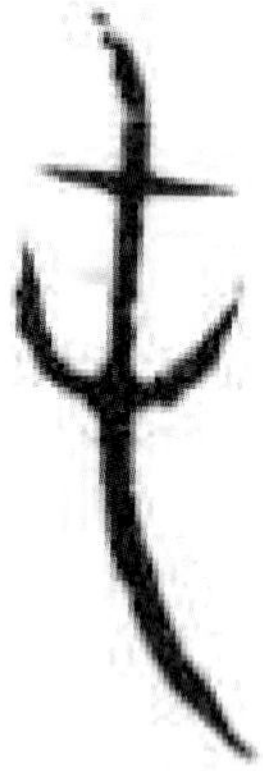
春晚・秦公鎛

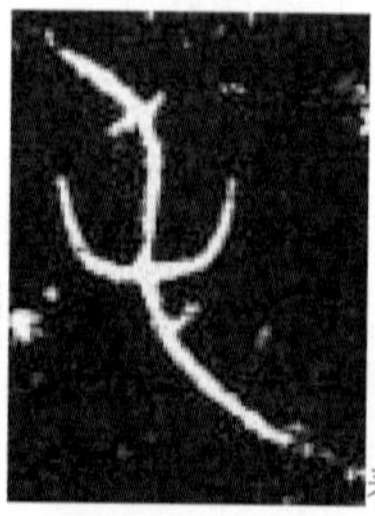
春早・秦公鎛

漢銘・屯官鐖一

漢銘・屯官鐖二

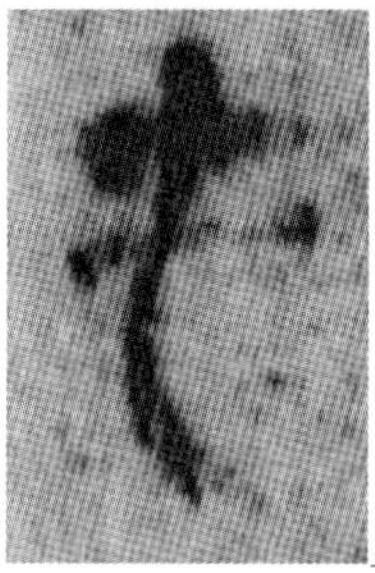
里・第八層 140

○屯戍

馬壹 42_19 下

○屯亓（其）膏

馬壹 5_28 上

○屯亓（其）膏

馬貳 260_24/15

○屯（錞）于鐃

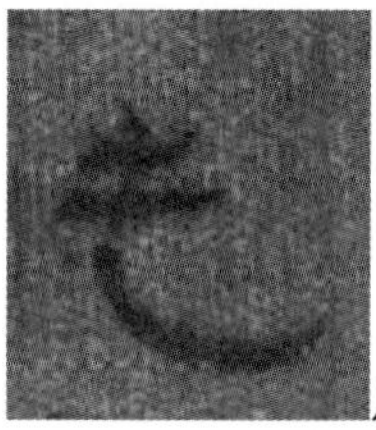
馬貳 134_10/65

○黑涅衣屯（純）

張・奏讞書 1

○都尉屯

銀貳 1636

○屯（純）陰屯（純）陽

北貳・老子 173

○屯（沌）＝虖

敦煌簡 2434

○屯田吏

金關 T04:071

○屯留案里

東牌樓 017 背

○故屯卬頭

秦代印風

歷代印匋封泥

○宮屯

廿世紀璽印三-GP

○屯留丞印

漢印文字徵

○屯田丞印

漢代官印選

漢代官印選

○左曹屯騎校尉

漢印文字徵

漢印文字徵

○屯留

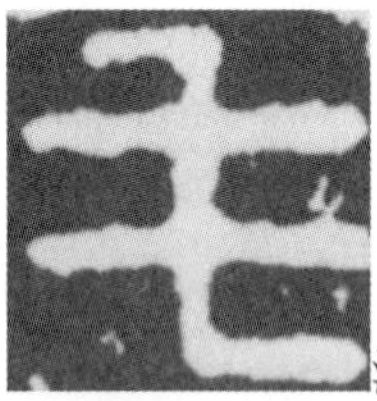
漢晉南北朝印風

○屯田丞印

漢晉南北朝印風

○屯田校尉

漢晉南北朝印風

○別屯司馬

秦公大墓石磬

東漢・東漢・魯峻碑陽

西晉・荀岳誌

○除屯騎

北魏・胡屯進誌

○胡屯進墓誌

北魏・穆彥誌

○于時否泰蹔屯

【每】

《說文》：，艸盛上出也。从中母聲。

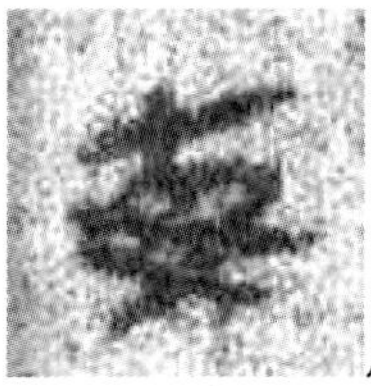
馬壹 38_3 上\27 上

馬貳 134_8/63

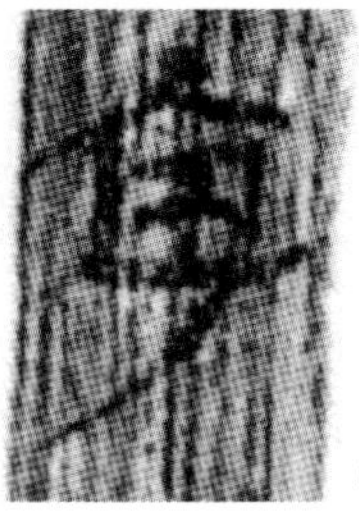
張・奏讞書 210

○隸妾每等

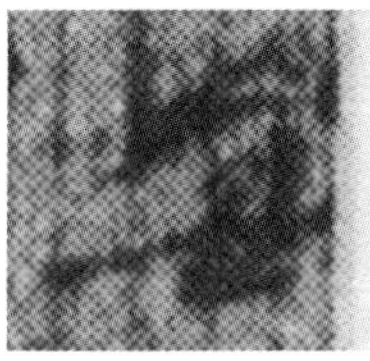
敦煌簡 2472

○遣每□□

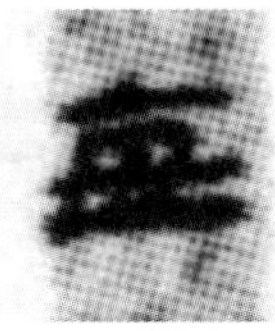
武・甲《泰射》59

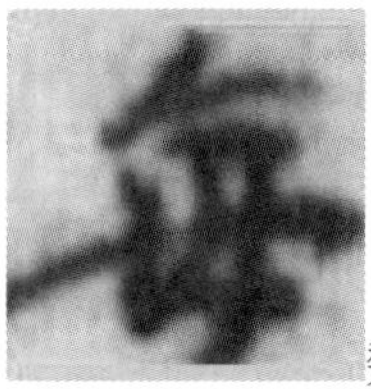
魏晉殘紙

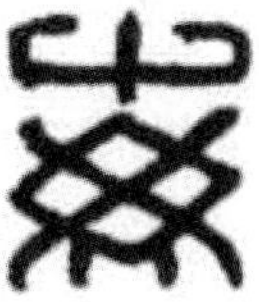
漢印文字徵

○每車賈

漢印文字徵

○每當時

漢印文字徵

○每當時印

東漢・尚博殘碑

東漢・朝侯小子殘碑

北魏・緱光姬誌

北魏・奚智誌

北魏・楊穎誌

北魏・給事君妻韓氏誌

北魏・元颺誌

北魏・慈慶誌

北魏・元彝誌

北魏・爾朱紹誌

北魏・李璧誌

北齊・張海翼誌

○每春花灼灼

北齊・高僧護誌

【毒】

《説文》：毒，厚也。害人之艸，往往而生。从屮从毒。

【蔔】

《説文》：𠞵，古文毒从刀 、䔲。

睡・秦律十八種 5

〇毒魚鼈置穽罔

睡・封診式 91

〇毒言爰書某里公士

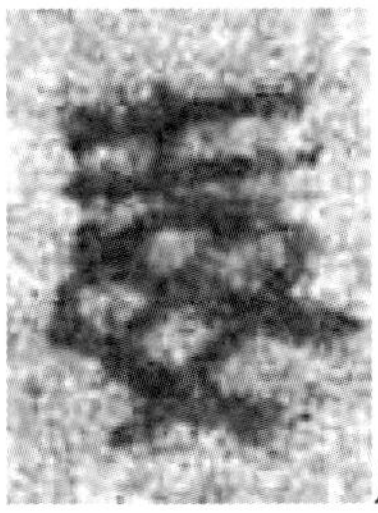
馬壹 11_79 上

〇愚（遇）毒少（小）闇（吝）

馬貳 279_234/33

〇象劍毒（瑇）冒（瑁）

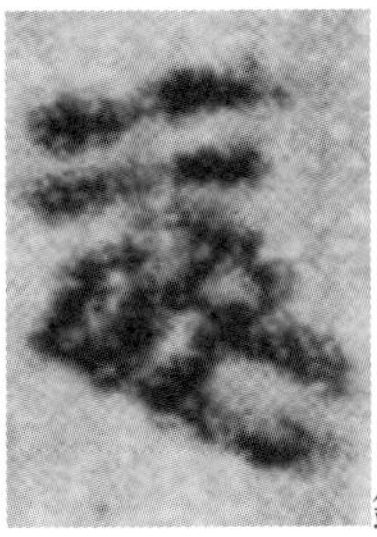
銀壹 374

〇不毒

武・日忌木簡丙 6

〇得之毒

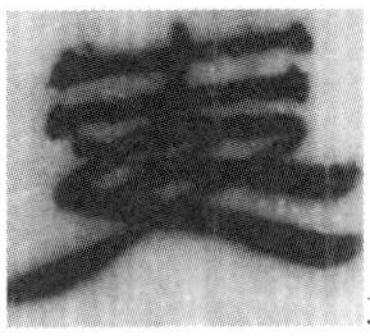
北壹・倉頡篇 3

〇毒藥醫工

漢印文字徵

〇毒宣私印

歷代印匋封泥

〇毒況私印

漢印文字徵
○毒況私印

漢印文字徵
○□少孺

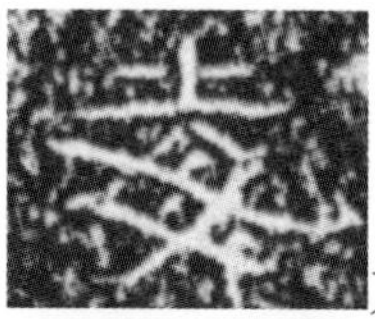
東漢・石門頌
○蛇（虵）蛭毒蝪（寸）

東漢・公乘田魴畫像石墓題記
○卒（卆）遭毒氣遇匈殃

北魏・李超誌
○疇毒難遣。

北魏・封魔奴誌
○伶傳辛毒

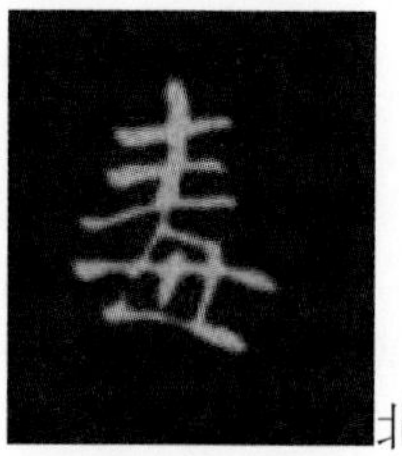
北魏・薛伯徽誌
○逢淫刑肆毒。

北齊・報德像碑
○亭毒狷一子。

【岁】

《説文》：，艸初生，其香分布。从中从分，分亦聲。

【芬】

《説文》：，岁或从艸。

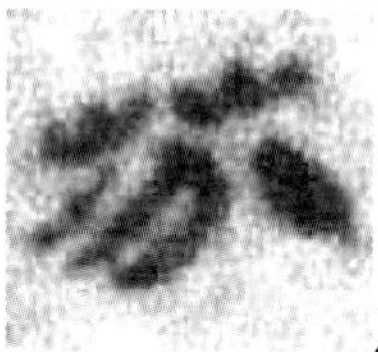
馬壹 146_47/221 上
○解亓（其）芬（紛）

漢印文字徵
○涫于芬印

東漢・張遷碑陽
○蘭生有芬

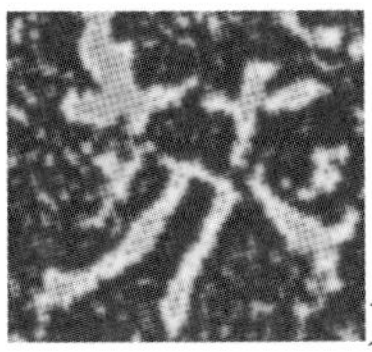
東漢・白石神君碑

○燔炙芬芬

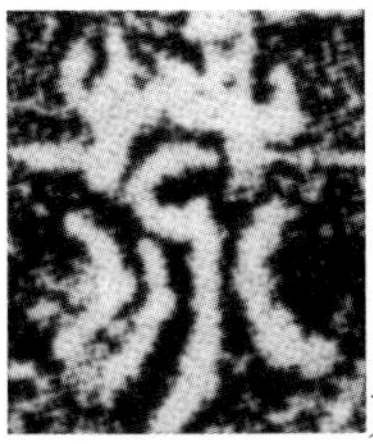
東漢・開母廟石闕銘

○芬茲楙於圃疇

北魏・元洛神誌

○娥芬流瑞

北魏・元濬嬪耿氏誌

○馨禮斯芬

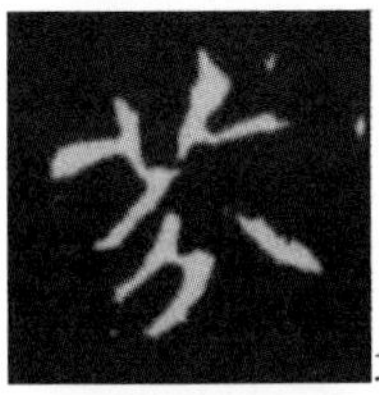
北魏・李元姜誌

○流芬轉馥

北魏・元弘嬪侯氏誌

○貞問逾芬

東魏・羊深妻崔元容誌

○芬藹

北齊・張潔誌

○芬馨

【宍】

《説文》：宍，菌宍，地蕈。叢生田中。从中六聲。

【[illegible]】

《説文》：[illegible]，籒文宍从三宍。

【熏】

《説文》：熏，火煙上出也。从中从黑。中黑，熏黑也。

漢銘・熏鑪

漢銘・內者未央尚臥熏鑪

漢銘・陽泉熏鑪

馬壹 4_10 下

○熏心

馬貳 293_387/313

○熏大一赤掾（緣）

馬貳 245_269

○期繡熏囊

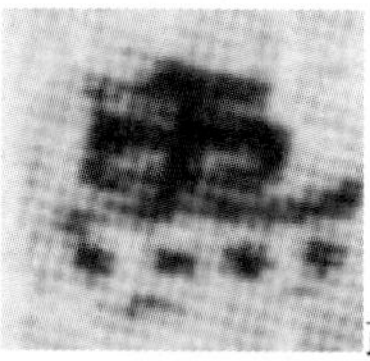
武·甲《特牲》48

○熏（纁）囊

北魏·元楨誌

〖㞢〗

居·EPT65.25A

○孔季英爲斗㞢

艸部

【艸】

《說文》：艸，百芔也。从二屮。凡艸之屬皆从艸。

敦煌簡 1092

○艸

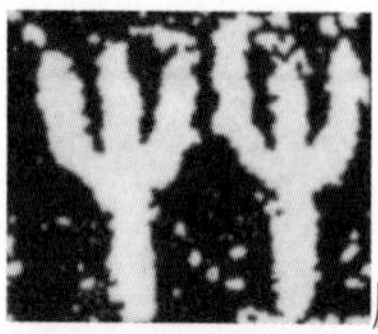
歷代印匋封泥

○關里艸

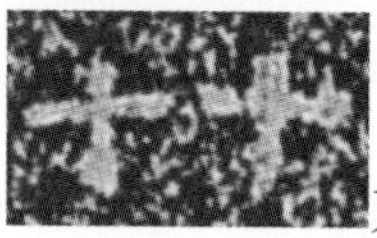
東漢·張景造土牛碑

○耒艸

北齊·唐邕刻經記

○艸匹文柔

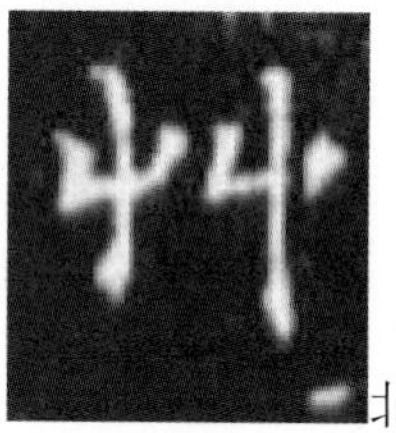
北周·尉遲將男誌

○艸根封雪

【莊】

《說文》：莊，上諱。

【𤖹】

《說文》：𤖹，古文莊。

漢銘·林光宮行鐙

睡・編年記 6

○莊王二年

里・第八層 1612

○令莊定敢言之

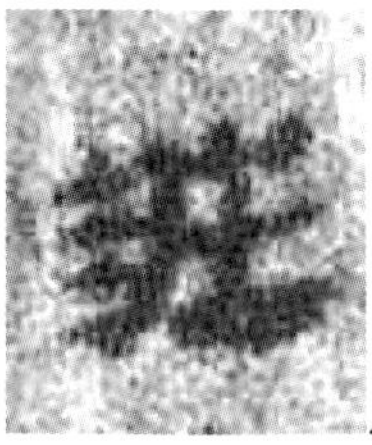
馬壹 41_18 上

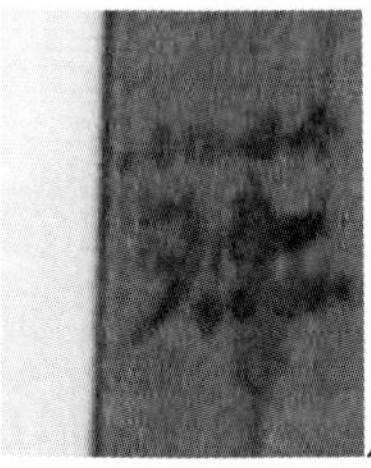
馬貳 216_2/13

○其莊（壯）不刃

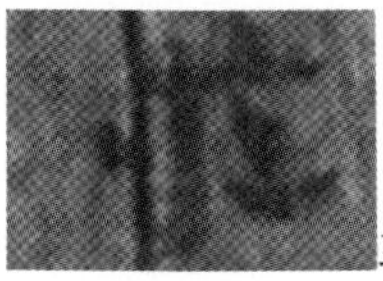
敦煌簡 0022A

○候莊卿

金關 T01:092

○山卒莊歐

北壹・倉頡篇 47

○吳邗許莊

秦代印風

秦代印風

秦代印風

○莊蓋

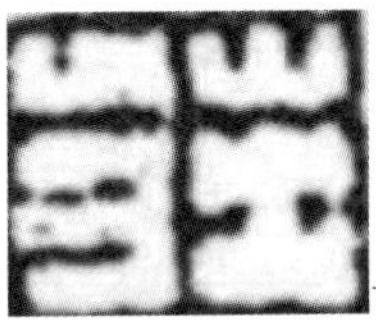
廿世紀璽印三-SY

○莊蓋信印

廿世紀璽印三-SY

廿世紀璽印三-SY

○莊霸之印

漢印文字徵

柿葉齋兩漢印萃

柿葉齋兩漢印萃

漢印文字徵

柿葉齋兩漢印萃

漢印文字徵

○莊安

漢印文字徵

○莊春君

漢印文字徵

漢印文字徵

漢印文字徵

漢晉南北朝印風

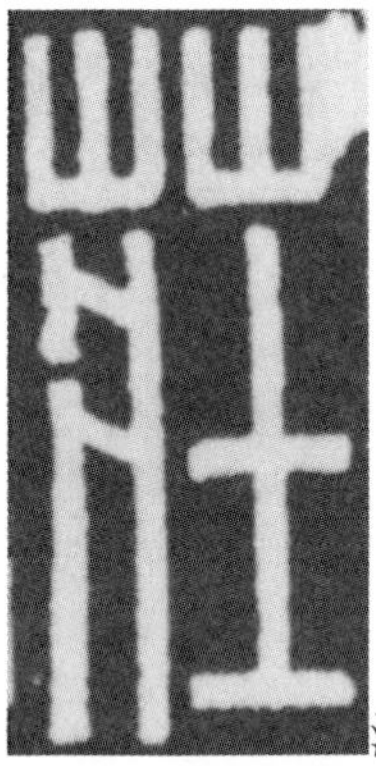
漢晉南北朝印風

漢晉南北朝印風

漢晉南北朝印風

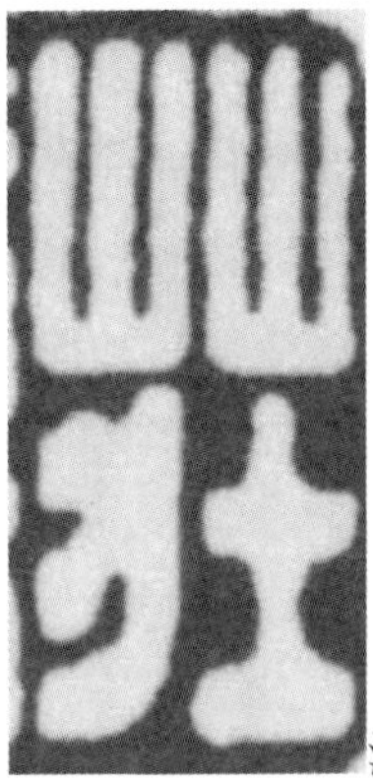
漢晉南北朝印風

○莊翁叔

漢晉南北朝印風

西晉・裴祗誌

○夫女惠莊

北魏・姚伯多碑

○營構莊（裝）飾

北魏・元顥誌

〇孝莊統曆

北魏・長孫子澤誌

〇莊王陵之孫

北魏・青州元湛誌

〇莊王

北魏・元煥誌

〇廣川莊王

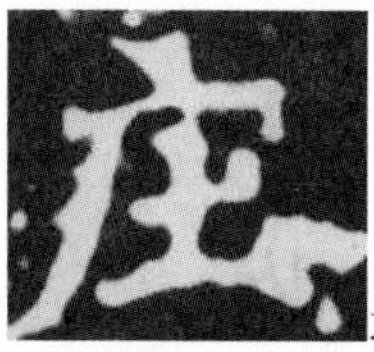
北魏・員標誌

〇楚莊王

東魏・元鷙妃公孫甑生誌

〇曰莊王

北齊・婁叡誌

〇並莊情秀發

【蓏】

《説文》：蓏，在木曰果，在地曰蓏。从艸从㼌。

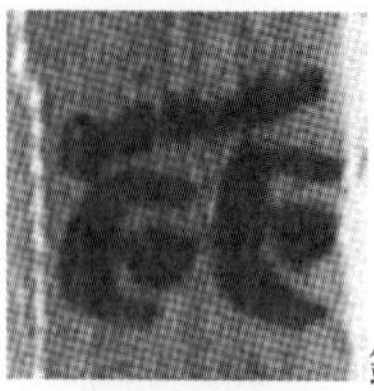
銀貳 1701

〇物果蓏不成

北壹・倉頡篇 25

〇蓏果蓏茄

【芝】

《説文》：芝，神艸也。从艸从之。

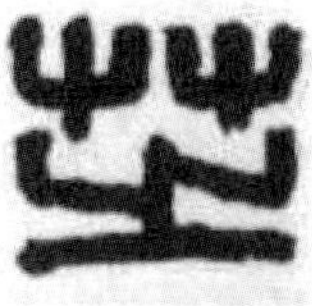
漢印文字徵

〇河間武垣劉芝字伯行

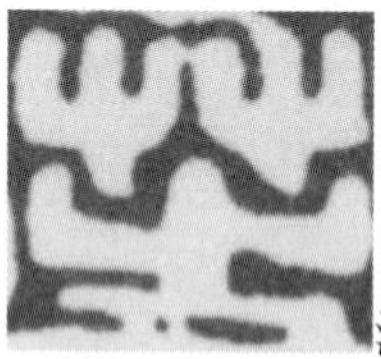
漢晉南北朝印風

〇河間武超劉芝字伯行

北魏・王誦誌

北魏・元愔誌

北魏・解伯都等造像

北齊・逢哲誌

【萐】

《説文》：萐，萐莆，瑞艸也。堯時生於庖廚，扇暑而涼。从艸疌聲。

【莆】

《説文》：莆，萐莆也。从艸甫聲。

【虋】

《説文》：虋，赤苗，嘉穀也。从艸釁聲。

【荅】

《説文》：荅，小尗也。从艸合聲。

睡・秦律十八種 38

○黍荅

嶽・數 101

○叔荅

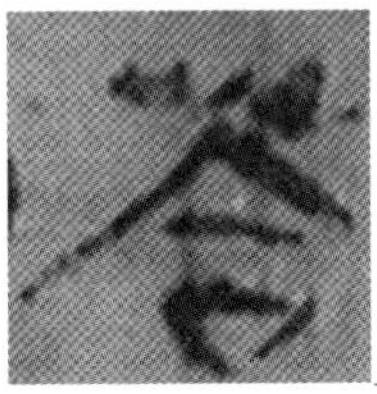
里・第五層 19

○叔荅葉有

馬貳 68_3/3

○大如荅即以赤荅一

張・算數書 90

○菽、荅、麻十五斗

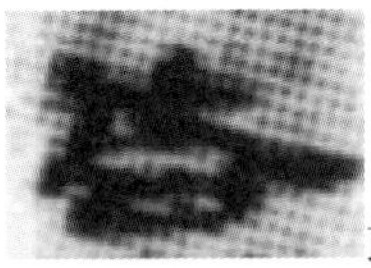
武・儀禮甲《士相見之禮》9

○稽首荅（答）壹拜

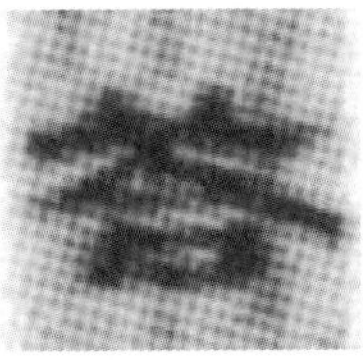
武・甲《有司》74

○拜賓荅（答）拜

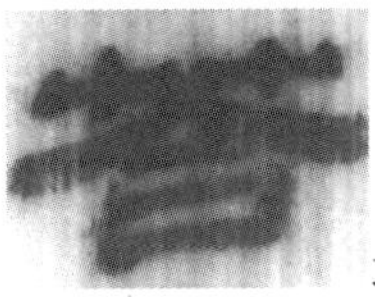
北壹・倉頡篇 15

○秏秿麻荅

魏晉殘紙

○秏稙麻荅

漢印文字徵

○荅拓

東漢・石門頌

○下荅（答）坤（巛）皇

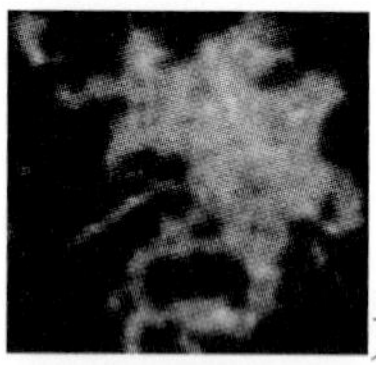
東漢・修通利水大道刻石

○下荅（答）坤（巛）皇

北魏・侯剛誌

○每荅（答）不許

【萁】

《説文》：萁，豆莖也。从艸其聲。

漢印文字徵

○萁印長壽

北魏・元純陀誌

○萁帚

北魏・王基誌

○封萁子於朝鮮

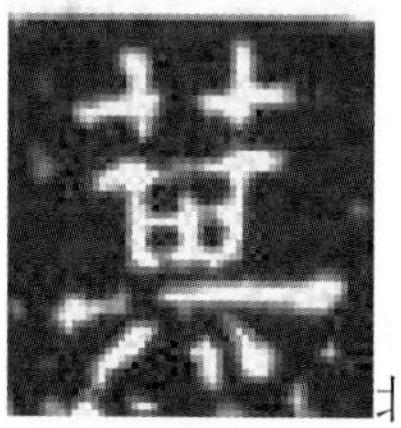
北齊・婁叡誌

○萁尾曜精

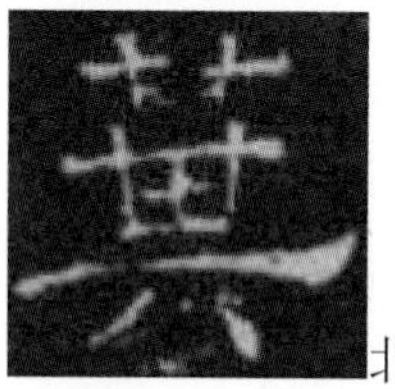
北齊・婁黑女誌

○密勿萁帚

【䕰（藿）】

《説文》：䕰，尗之少也。从艸靃聲。

北壹・倉頡篇 24

○䕰藜薊荼

漢印文字徵

○藿高

漢印文字徵

○藿武

漢印文字徵

○蘿道印

【莥】

《説文》：莥，鹿藿之實名也。从艸狃聲。

【蓈】

《説文》：蓈，禾粟之采，生而不成者，謂之董蓈。从艸郎聲。

【稂】

《説文》：稂，蓈或从禾。

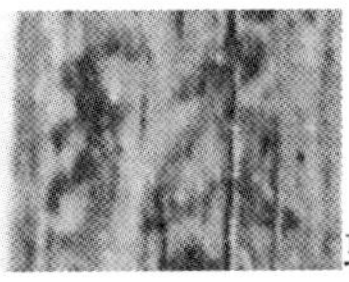
敦煌簡 0547

○入稂麥五斛一守丞

【莠】

《説文》：莠，禾粟下生莠。从艸秀聲。讀若酉。

睡・日甲《詰》63

○丘下之莠

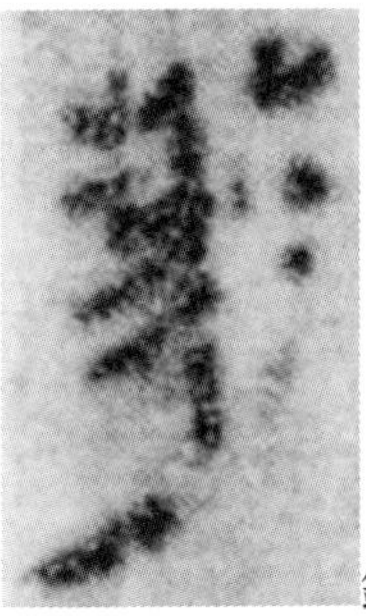
銀壹 415

銀貳 1766

○莠之時也

北壹・倉頡篇 64

○榮葉莠英

漢印文字徵

○公孫莠

漢印文字徵

○武莠

北魏・元略誌

北齊・司馬遵業誌

【萉】

《說文》：，枲實也。从艸肥聲。

【䕻】

《說文》：，萉或从麻、賁。

秦文字編 105

【芓】

《說文》：，麻母也。从艸子聲。一曰芓即枲也。

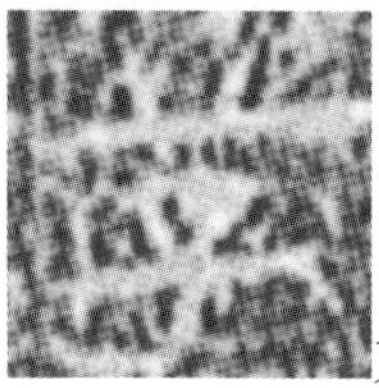
東漢・三公山碑

○或秐或芓

【𦳝】

《說文》：，芓也。从艸異聲。

【蘇】

《說文》：，桂荏也。从艸穌聲。

漢銘・蘇季兒鼎

里・第八層 1194

馬壹 84_99

敦煌簡 0544

金關 T30:266

金關 T01:164

北壹・倉頡篇 25

○茱臾蓼蘓

吳簡嘉禾・五・三二三

秦代印風

秦代印風

廿世紀璽印三-SY

廿世紀璽印三-SY

歷代印匋封泥

○蘇世

廿世紀璽印三-SY

廿世紀璽印三-SY

廿世紀璽印三-SY

廿世紀璽印三-SY

柿葉齋兩漢印萃

柿葉齋兩漢印萃

柿葉齋兩漢印萃

漢印文字徵

漢印文字徵

漢印文字徵

漢印文字徵

漢印文字徵

漢晉南北朝印風

漢晉南北朝印風

漢晉南北朝印風

漢晉南北朝印風

漢晉南北朝印風

漢晉南北朝印風

漢晉南北朝印風

○蘇意

漢晉南北朝印風

漢晉南北朝印風

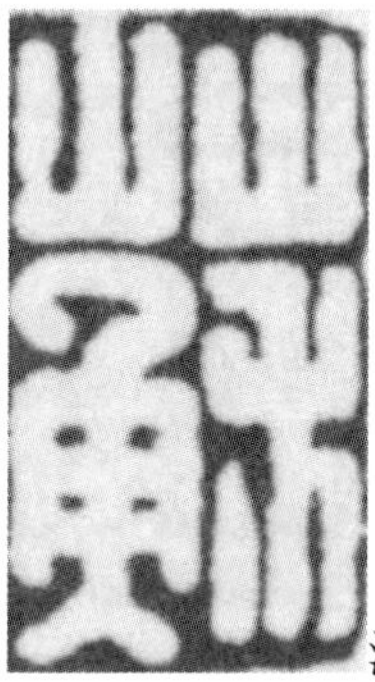
漢晉南北朝印風

漢晉南北朝印風

漢晉南北朝印風

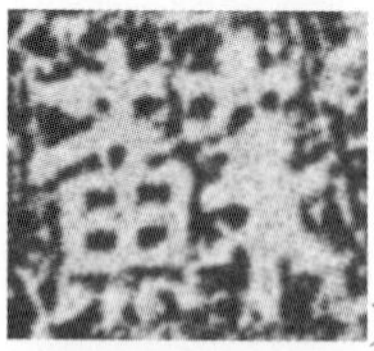
東漢・熹平石經殘石五

北魏・穆彥誌

北魏・元乂誌

北魏・鄭乾誌

東魏・司馬韶及妻侯氏誌

【荏】

《説文》：荏，桂荏，蘇。从艸任聲。

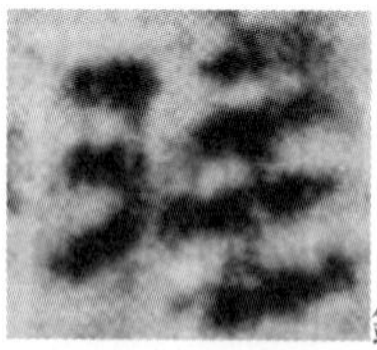
銀壹 234

○至於荏丘齊君聞之

北壹・倉頡篇 24

○薺芥萊荏

漢印文字徵

○荏閎之印

漢印文字徵

○荏諫之印

【䒗】

《説文》：䒗，菜也。从艸矢聲。

【䔇】

《説文》：䔇，菜之美者。雲夢之䔇。从艸豈聲。

【葵】

《説文》：葵，菜也。从艸癸聲。

漢銘・平都犁斛

里・第八層 207

〇食巴葵

馬貳 115_106/105

武・甲《特牲》48

〇滑夏葵

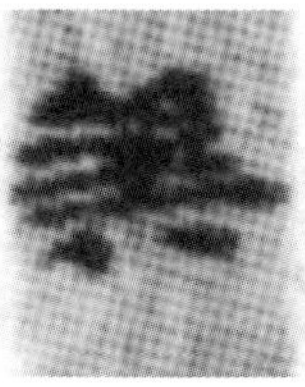
武・甲《少牢》19

〇袟執葵菹

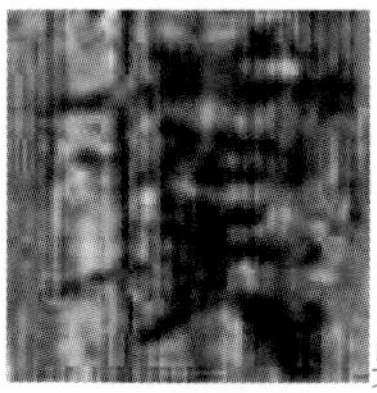
吳簡嘉禾・五・一〇九二

〇女衛葵佃田

漢印文字徵

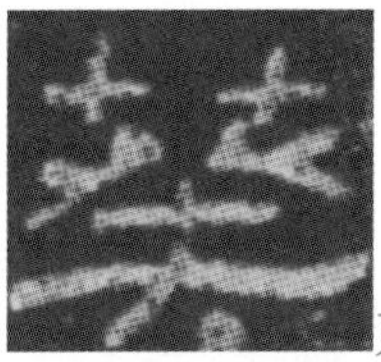
東漢・肥致碑

東漢・肥致碑

東漢・肥致碑

北魏・元維誌

東魏・徐府君妻李氏誌

〇隴西鎮將葵之女

北齊・司馬遵業誌

【薑】

《説文》：薑，禦溼之菜也。从艸彊聲。

馬貳 267_106/123

〇薑脂一資

馬貳 81_262/249

〇乾薑（薑）二果（顆）

【蓼】

《說文》：，辛菜，薔虞也。从艸翏聲。

秦文字編 106

北壹・倉頡篇 25

〇荣臾蓼蕪

廿世紀璽印三-SY

〇蓼萬

漢印文字徵

〇蓼湯之印

北魏・王僧男誌

〇伶丁荼蓼

東魏・趙氏妻姜氏誌

〇悲蓼莪之在兹

北齊・崔宣華誌

【蒩】

《說文》：，菜也。从艸祖聲。

【藘】

《說文》：，菜也。似蘇者。从艸豦聲。

【薇】

《說文》：，菜也。似藿。从艸微聲。

【薇】

《說文》：，籀文薇省。

北壹・倉頡篇 24

〇薇辥（薛）莪蔞

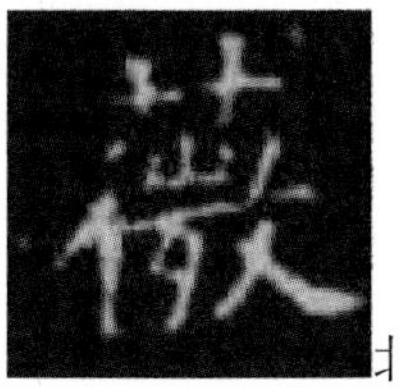
北魏·笱景誌

【蓶】

《說文》：蓶，菜也。从艸唯聲。

【菦】

《說文》：菦，菜，類蒿。从艸近聲。《周禮》有“菦菹”。

【蘸】

《說文》：蘸，菜也。从艸醮聲。

【莧】

《說文》：莧，莧菜也。从艸見聲。

馬壹 9_58 上

○九五莧陸缺

【芋】

《說文》：芋，大葉實根，駭人，故謂之芌也。从艸亏聲。

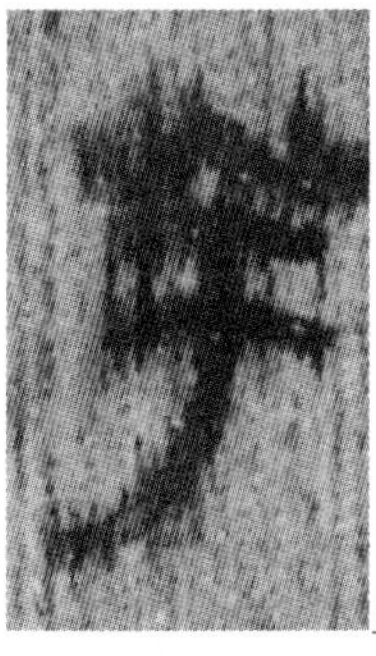
里·第八層 1664

馬貳 296_14

○枎芋（烏）笥

馬貳 262_54/74

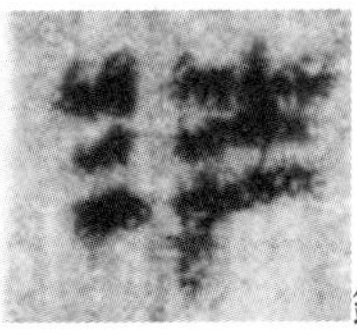
銀壹 131

漢印文字徵

○□芋私印

【莒】

《說文》：莒，齊謂芌爲莒。从艸呂聲。

漢銘·莒陽銅釜

漢印文字徵

○莒壽

漢印文字徵

○莒常之印

柿葉齋兩漢印萃

○莒常之印

東漢・子游殘碑

東漢・永平四年畫像石題記

○工莒少郎所爲

北齊・張潔誌

【蘧】

《説文》：蘧，蘧麥也。从艸遽聲。

漢印文字徵

○蘧志

【菊】

《説文》：菊，大菊，蘧麥。从艸匊聲。

北魏・元舉誌

○素琴泛菊

北魏・李媛華誌

北魏・元譚妻司馬氏誌

○如菊方馨

北魏・劉華仁誌

北齊・崔頠誌

北周・須蜜多誌

【葷】

《説文》：葷，臭菜也。从艸軍聲。

馬貳 69_28/28

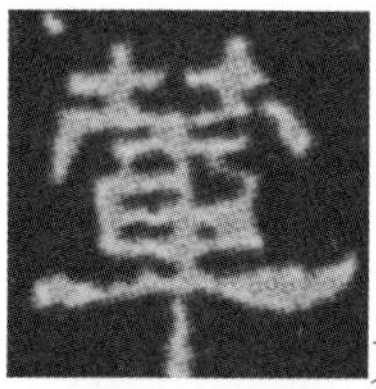
東漢・鮮於璜碑陽

晉・黄庭内景經

【蘘】

《説文》：蘘，蘘荷也。一名葍蒩。从艸襄聲。

秦文字編 106

漢印文字徵

〇樊蘘

【菁】

《説文》：菁，韭華也。从艸青聲。

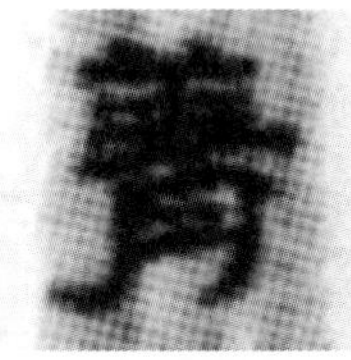
武・甲《泰射》46

北壹・倉頡篇 35

〇媌嬒菁華

漢印文字徵

〇妾倚菁

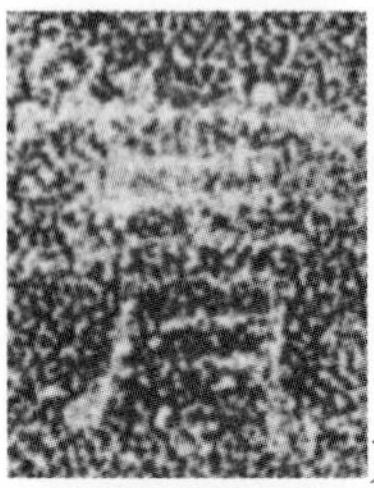
東漢・王舍人碑

○喪菁光

北齊・雲榮誌

【蘆】

《説文》：，蘆菔也。一曰薺根。从艸盧聲。

馬壹 4_12 下

○小人剝（剝）蘆（廬）

馬貳 88_408/398

○燔漏蘆冶之以杜

歷代印匋封泥

○楚郭□鄉蘆里

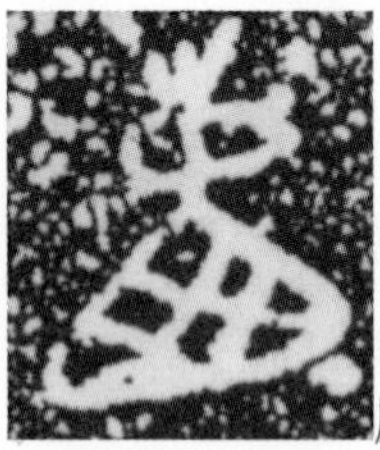
歷代印匋封泥

○楚郭□鄉蘆里

東漢・成陽靈臺碑

北魏・元朗誌

○標其門蘆

北齊・宋敬業造塔

○見蘆葦之空虛

【菔】

《説文》：，蘆菔。似蕪菁，實如小赤者。从艸服聲。

【苹】

《説文》：，蓱也。無根，浮水而生者。从艸平聲。

漢印文字徵

○苹安國

【茞】

《説文》：茞，艸也。从艸臣聲。

里・第八層 2101

○革茞

漢印文字徵

○茞夫人印

【薲】

《説文》：薲，大蓱也。从艸賓聲。

【藍】

《説文》：藍，染青艸也。从艸監聲。

漢銘・藍田鼎

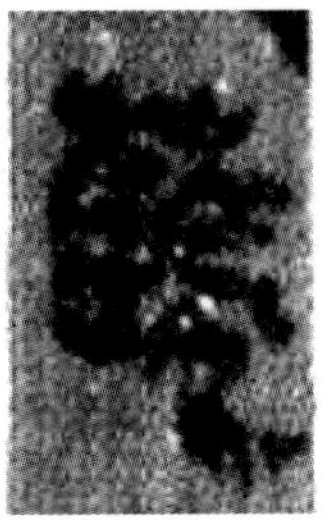
嶽・為吏 17

○治以藍（監）它

里・第八層 1557

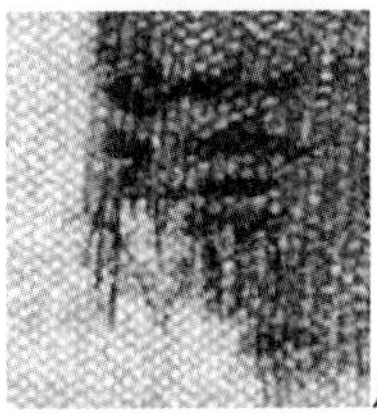
馬貳 71_78/78

張・秩律 448

○藍田

居・EPT52.46A

○蒲藍

廿世紀璽印二-GP

○藍田

廿世紀璽印三-SY

○趙藍

漢印文字徵

○藍奴

漢印文字徵

○藍田之印

漢印文字徵

○弁藍之印

漢印文字徵

○藍少孺

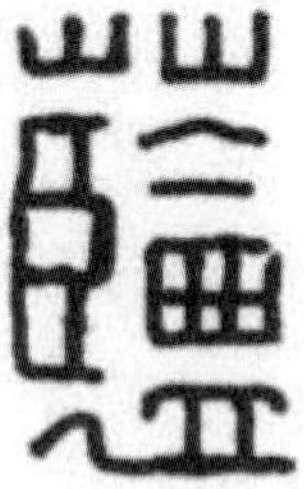
漢印文字徵

○韓藍

漢晉南北朝印風

○藍田令印

漢晉南北朝印風

○藍端

東漢・司馬芳殘碑額

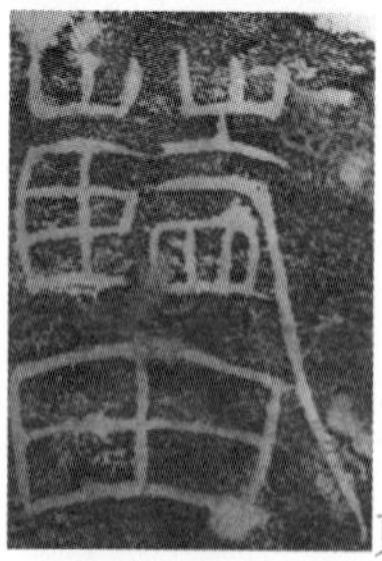
東漢・楊子輿崖墓題記

○藍田令

東魏・鄭氏誌

北齊·高湝誌

北周·祁令和造像

【藼】

《說文》：藼，令人忘憂艸也。从艸憲聲。《詩》曰："安得藼艸？"

【萱】

《說文》：萱，或从宣。

【蘐】

《說文》：蘐，或从煖。

北魏·李榘蘭誌

○如萱秀夏

北魏·王普賢誌

○女史飛萱

【营】

《說文》：营，营藭，香艸也。从艸宮聲。

【芎】

《說文》：芎，司馬相如說，营或从弓。

【藭】

《說文》：藭，营藭也。从艸窮聲。

【蘭】

《說文》：蘭，香艸也。从艸闌聲。

漢銘·新承水盤

漢銘·蘭宮行鐙

漢銘·于蘭家銅鉀

馬貳 32_1 上

○綱蘭筋既騖

敦煌簡 0664

○坐圖蘭

金關 T23:145

○蘭冠各一

武・王杖 6

○蘭臺石室

漢晉南北朝印風

廿世紀璽印三-GY

○蘭陵之印

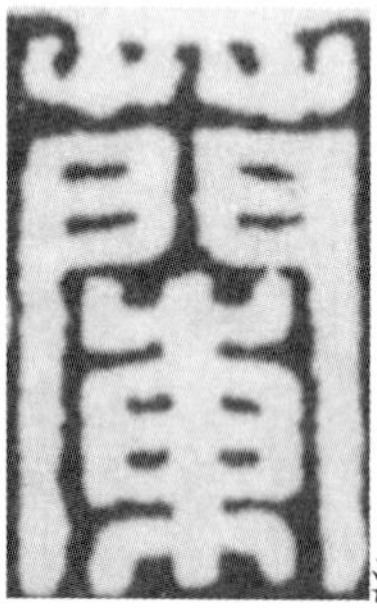
漢晉南北朝印風

歷代印匋封泥

○蘭陵左尉

漢印文字徵

漢印文字徵

漢印文字徵

○蘭干右尉

東漢・張遷碑陽

○蘭生有芬

東漢・趙寬碑

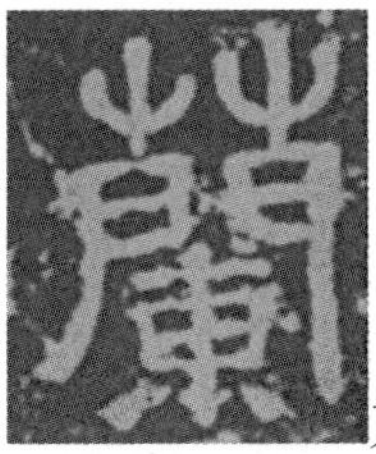
東漢・夏承碑

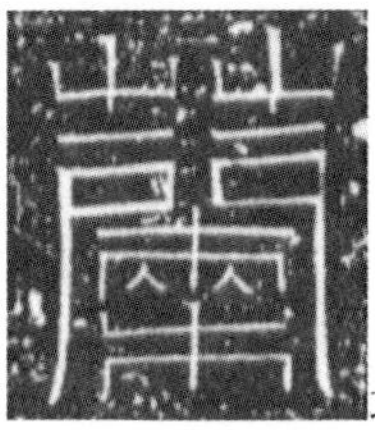
北魏・蘭將誌蓋

○蘭夫人墓誌銘

北魏・元乂誌

○唯蘭與菊

北魏・丘哲誌

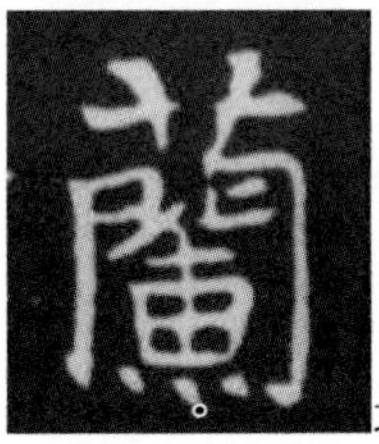
北魏・丘哲誌

○蘭竹之靡

北齊・暴誕誌

北齊・赫連子悅誌

【葌】

《説文》：，艸，出吳林山。从艸姦聲。

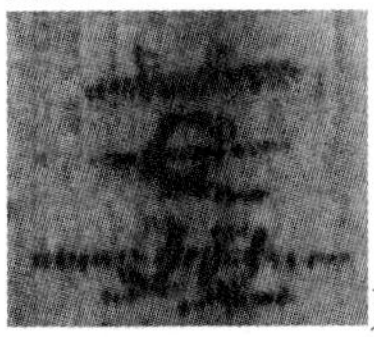
東牌樓 110

○葌席一束

【葰】

《説文》：，薑屬。可以香口。从艸俊聲。

北魏・李端誌

【芄】

《説文》：，芄蘭，莞也。从艸丸聲。《詩》曰："芄蘭之枝。"

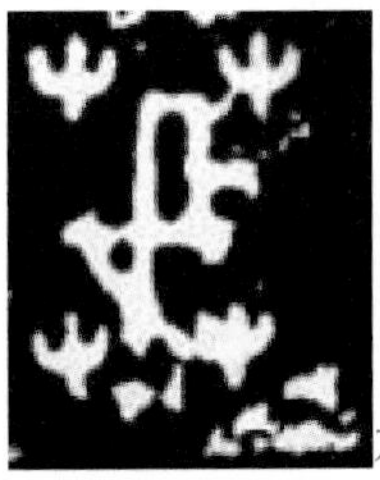
石鼓・馬薦

○⿱艹晉⿱艹晉芄芄

【虈】

《説文》：，楚謂之蘺，晉謂之虈，齊謂之茝。从艸嚻聲。

【蘺】

《説文》：，江蘺，蘼蕪。从艸離聲。

【茝】

《説文》：茝，虈也。从艸臣聲。

睡・為吏 11

○不有可茝（改）

睡・日甲《盜者》74

○名西茝亥旦

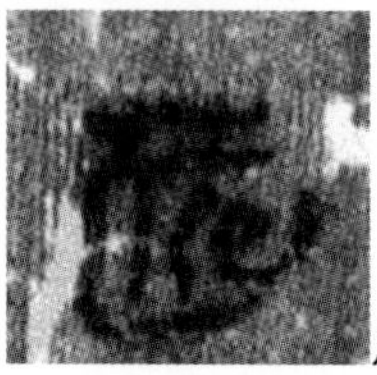
馬壹 76_54

○不茝（改）其（亓）德

馬壹 5_29 上

○茝（改）邑

馬貳 118_180/179

○煮瓦茝長

廿世紀璽印三-GP

○茝陽丞印

秦代印風

○茝陽少內

歷代印匋封泥

○茝

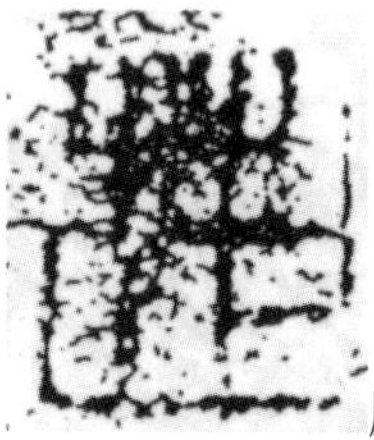
歷代印匋封泥

○茝

歷代印匋封泥

○茝

歷代印匋封泥

○茝陽癸

漢印文字徵

○茝少陽內

【蘪】

《説文》：，蘪蕪也。从艸麋聲。

【薰】

《説文》：，香艸也。从艸熏聲。

東漢・夏承碑

〇策薰（勳）著于王室

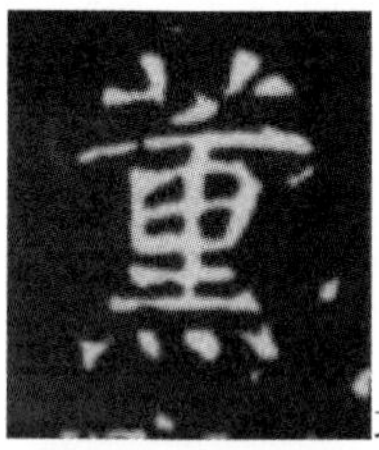
北魏・元宥誌

北魏・尉氏誌

北魏・王禎誌

北齊・無量義經二

〇道風德香薰一切

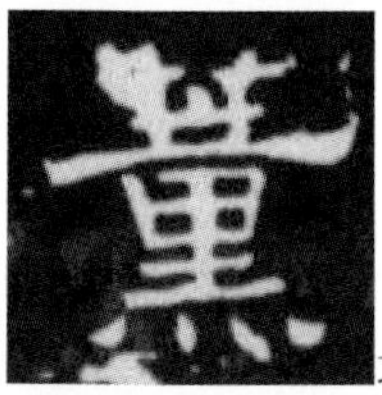
北齊・唐邕刻經記

〇願力薰脩

【薄】

《説文》：，水萹茿。从艸从水，毒聲。讀若督。

【萹】

《説文》：，萹茿也。从艸扁聲。

東漢・趙寬碑

〇非萹（篇）訓金石

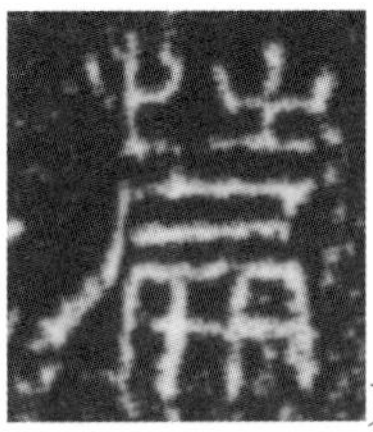
東漢・趙寬碑

〇由復研機萹（篇）籍

北魏・爾朱紹誌

〇齊十亂於周萹（篇）

北齊・元賢誌

〇光萹（篇）昭史

【茿】

《説文》：，萹茿也。从艸，筑省聲。

【蕅】

《說文》：，芞輿也。从艸楬聲。

【芞】

《說文》：，芞輿也。从艸气聲。

【苺】

《說文》：，馬苺也。从艸母聲。

【茖】

《說文》：，艸也。从艸各聲。

戰晚・上皋落戈

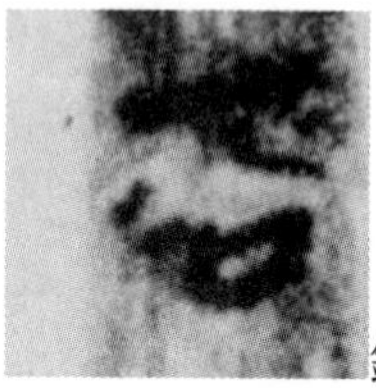
銀壹 598

○令脩（修）茖（路）

金關 T23:747

○曰茖至其夜食時

漢印文字徵

○陸茖

漢印文字徵

○張茖

【苷】

《說文》：，甘艸也。从艸从甘。

【芧】

《說文》：，艸也。从艸予聲。可以爲繩。

【藎】

《說文》：，艸也。从艸盡聲。

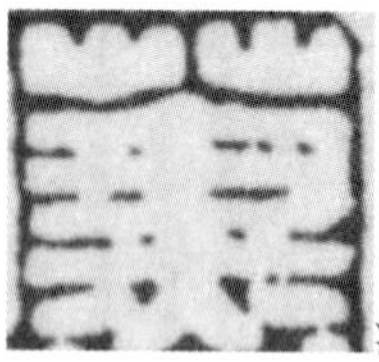
漢晉南北朝印風

○藎臣私印

【莍】

《說文》：，艸也。从艸述聲。

秦文字編 108

【荵】

《説文》：，荵冬艸。从艸忍聲。

【萇】

《説文》：，萇楚，跳弋。一名羊桃。从艸長聲。

吳簡嘉禾・五・二八一

○朱萇佃田

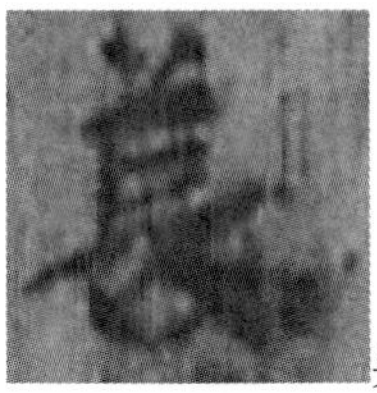

吳簡嘉禾・四・三七五

○涂萇佃田

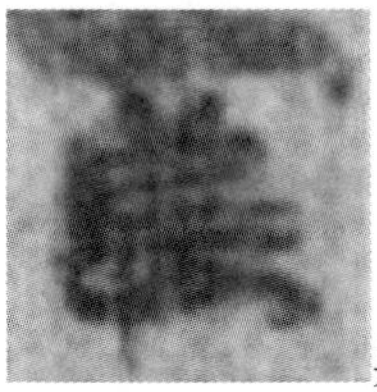

吳簡嘉禾・九三三六

○萇戶下奴

漢印文字徵

○萇佩私印

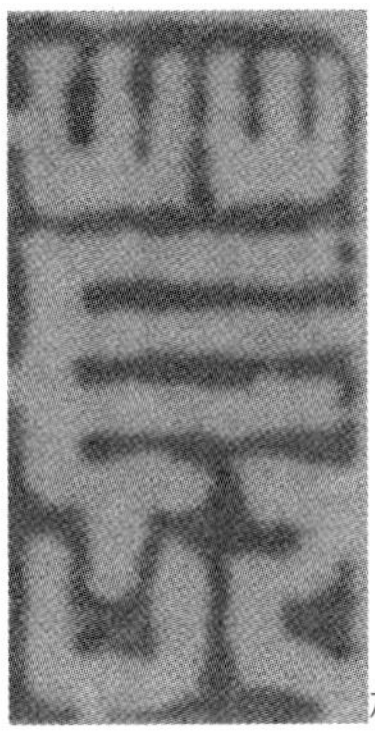

柿葉齋兩漢印萃

○萇戎印

漢印文字徵

○萇禹私印

漢印文字徵

○萇宣

漢印文字徵

○萇彪印信

漢印文字徵

○萇戎印

漢印文字徵

○萇地行印

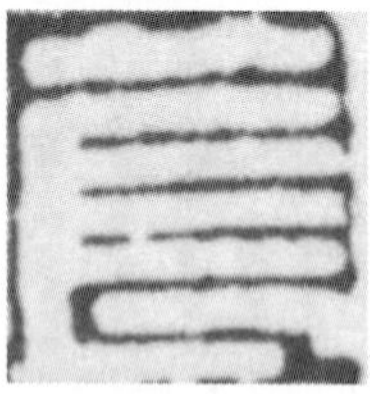
漢晉南北朝印風

○萇貞私印

東漢・肥致碑

○字萇華

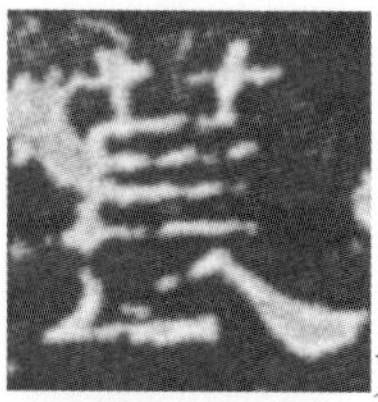
東漢・西岳華山廟碑陽

北魏・温泉頌

○河南元萇

北魏・馮會誌

○萇樂信都人

北魏・趙光誌

北魏・元仙誌

北齊・張海翼誌蓋

○萇安侯

【薊】

《説文》：，芙也。从艸魝聲。

北壹・倉頡篇 24

○雚蔾薊荼

廿世紀璽印三-GP

○薊丞

漢印文字徵

○鮮于薊印

漢印文字徵

○薊令之印

漢印文字徵

○薊丞

歷代印匋封泥

○薊丞之印

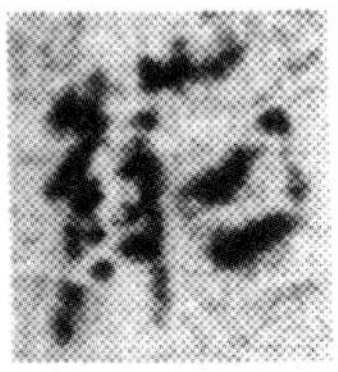
秦文字編 129

十六國前燕・李廆誌

○燕薊

北魏・趙廣者誌

○燕薊

北魏・王誦誌

○燕薊

北齊・雲榮誌

○燕薊

北齊・劉悅誌

○燕薊

【葟】

《説文》：葟，艸也。从艸里聲。讀若釐。

【藋】

《説文》：藋，釐艸也。一曰拜商藋。从艸翟聲。

東魏・李憲誌

○芝藋同盡

【芨】

《説文》：芨，堇艸也。从艸及聲。讀若急。

【葥】

《説文》：葥，山苺也。从艸歬聲。

【蔞】

《説文》：蔞，毒艸也。从艸婺聲。

【蕂】

《説文》：蕂，卷耳也。从艸務聲。

【蓡】

《説文》：，人蓡，藥艸，出上黨。从艸浸聲。

漢印文字徵
〇臣羝荑

漢晉南北朝印風
〇臣羝荑

【虊】

《説文》：，鳧葵也。从艸攣聲。

【䓞】

《説文》：，艸也。可以染留黃。从艸戾聲。

【荍】

《説文》：，蚍虾也。从艸收聲。

【𦾓】

《説文》：，蒿也。从艸毗聲。

【萭】

《説文》：，艸也。从艸禹聲。

【荑】

《説文》：，艸也。从艸夷聲。

嶽・猩敞案 52
〇亡居荑（夷）道

馬壹 11_68 上
〇楊生荑（稊）

【薛】

《説文》：，艸也。从艸辪聲。

漢銘・薛鑯

睡・為吏 34
〇亦毋薛（辟）

睡·為吏 6

○溉（既）辟（乂）祿立（位）

馬壹 85_126

○陵於薛公

馬壹 81_35

○交後薛公乾（韓）

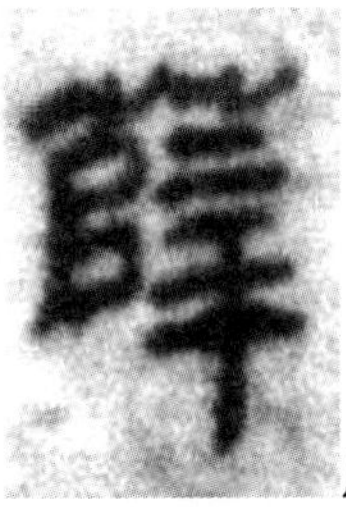
馬壹 82_57

○告薛公之使者

敦煌簡 1971

○薛用思起居平

金關 T09:020

○公乘薛弘年

北壹·倉頡篇 24

○薇薛莪蔓

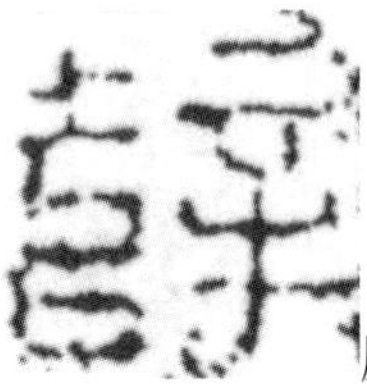
歷代印匋封泥

○薛丞之印

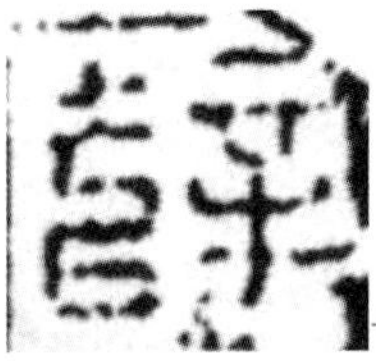
廿世紀璽印三-GP

○薛丞之印

秦代印風

○薛義

秦代印風

○薛專

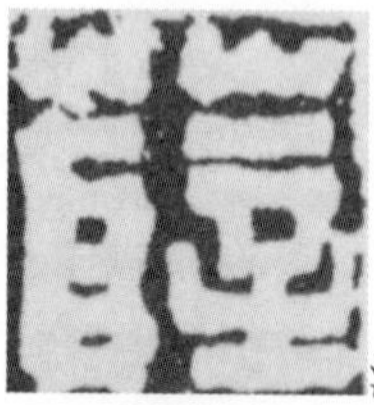
漢晉南北朝印風

○薛令之印

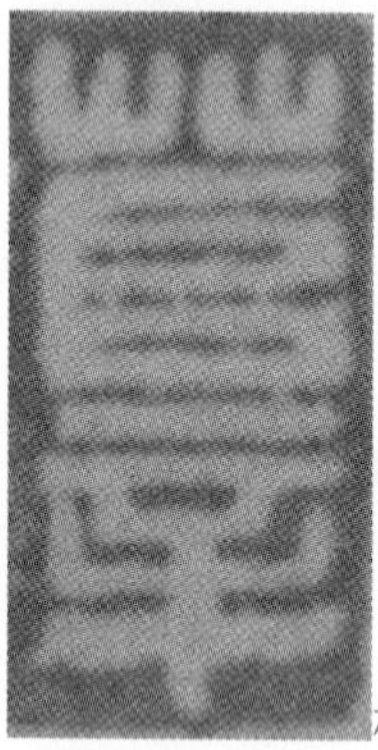
柿葉齋兩漢印萃

○薛青肩

柿葉齋兩漢印萃

○薛翁中

柿葉齋兩漢印萃

○薛宣

漢印文字徵

○薛死

漢印文字徵

○薛邸閣督

漢印文字徵

○薛崇之印

漢印文字徵

○薛譚

漢印文字徵

○薛王孫

漢晉南北朝印風

○薛遊

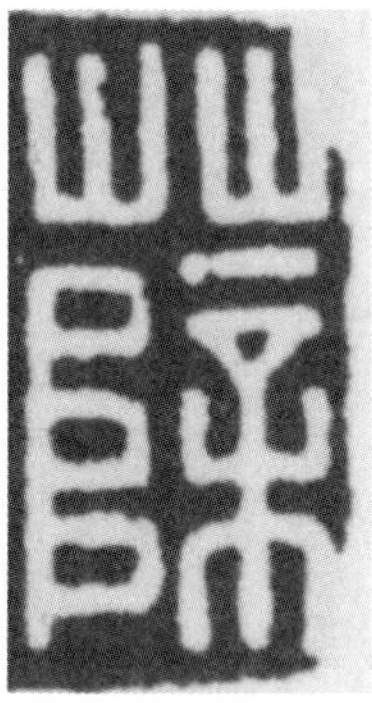
漢晉南北朝印風

○薛博

漢晉南北朝印風

○薛常印

漢晉南北朝印風

○薛回之印

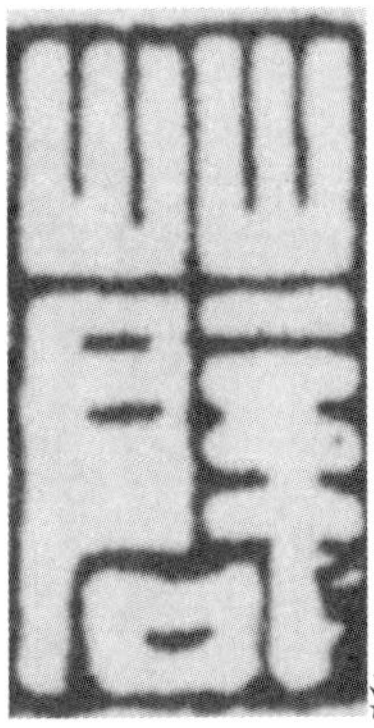
漢晉南北朝印風

○薛中公

東漢・少室石闕銘

○泉陵薛政

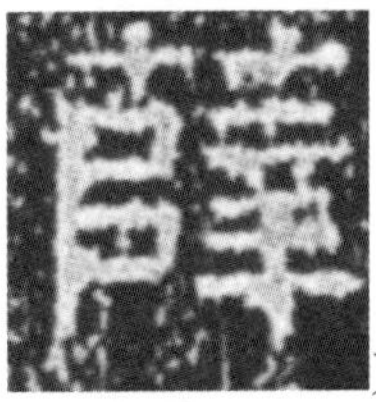
東漢・北海相景君碑陰

○故吏營陵薛逸

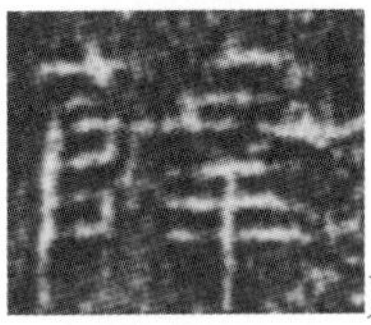
東漢・禮器碑陰

○史薛虞韶興公

東漢・任城王墓黄腸石

○薛顏別

北魏・解伯都等造像

○薛文達

北魏・薛伯徽誌

〇薛氏墓誌銘

北魏・薛慧命誌蓋

〇薛夫人墓誌

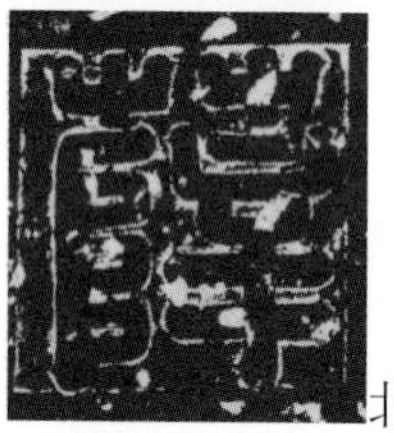
北齊・薛廣誌蓋

〇薛君銘

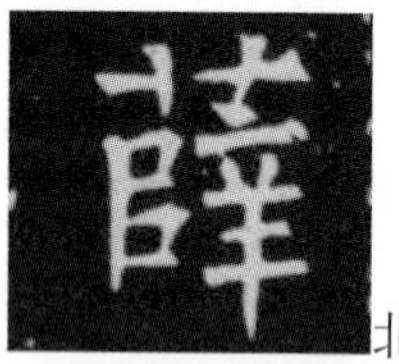
北周・寇嶠妻誌

北周・寇嶠妻誌

【苦】

《説文》：苦，大苦，苓也。从艸古聲。

漢銘・苦宮行燭定

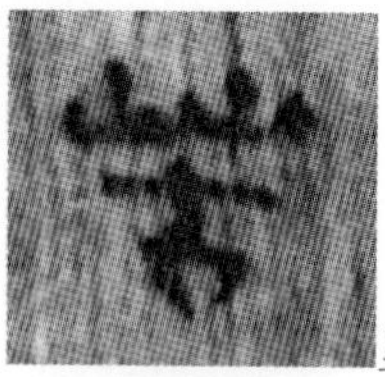
里・第八層 1796

馬壹 81_39

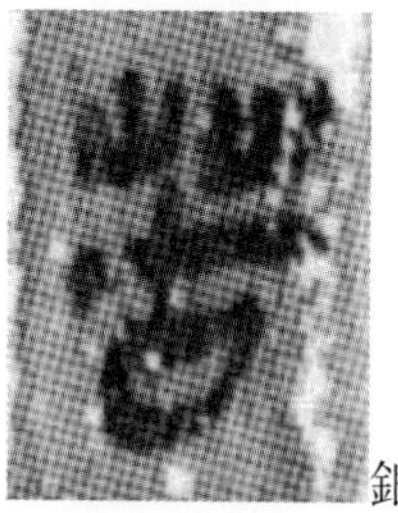
銀貳 1985

敦煌簡 1962B

金關 T24:015A

魏晉殘紙

〇辛苦瞻望

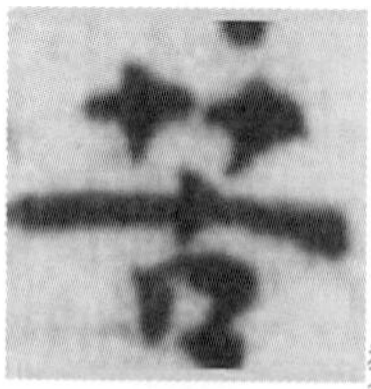
魏晉殘紙

秦代印風

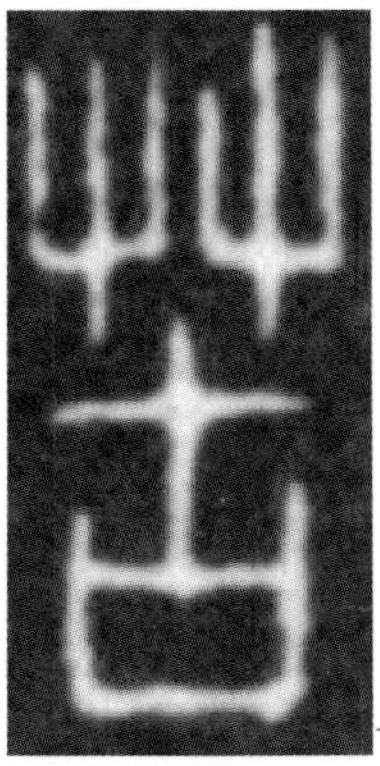
廿世紀璽印三-SY

廿世紀璽印三-SY

〇苦燕

漢印文字徵

漢晉南北朝印風

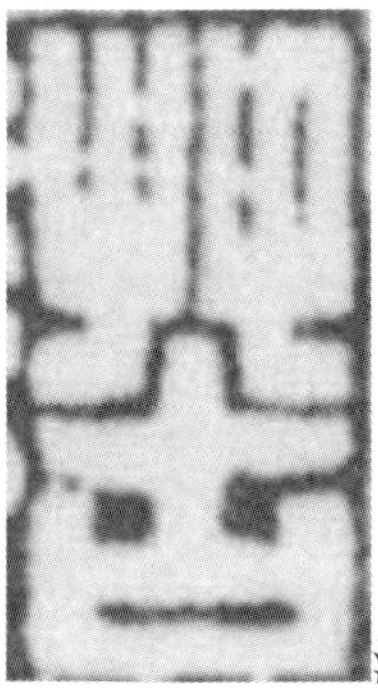
漢晉南北朝印風

〇苦燕

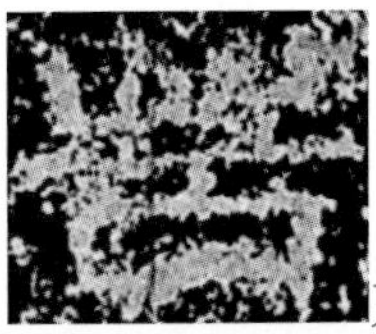
東漢・祀三公山碑

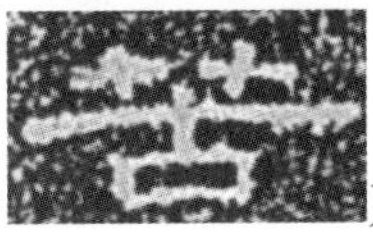
東漢・張景造土牛碑

〇吏正患苦

十六國北涼・沮渠安周造像

〇嬰纍劫之苦

北魏・王遺女誌

〇滋苦允中

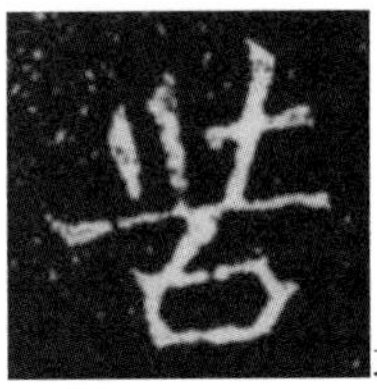
北魏・尉遲氏造像

〇若有苦纍

【菩】

《説文》：菩，艸也。从艸音聲。

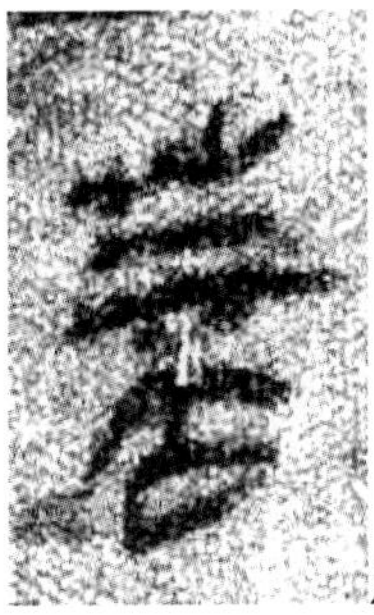
馬貳 114_85/85

〇□之菩半

北齊・無量義經二

北齊・淳于元皓造像

北齊・道俗邑人造像

○敬造菩薩大士

【蔐】

《説文》：，蒠苢。从艸啻聲。一曰蔐英。

【茅】

《説文》：，菅也。从艸矛聲。

睡・日甲《玄戈》55

睡・日甲《詰》57

睡・日甲《詰》56

馬壹 179_96 上

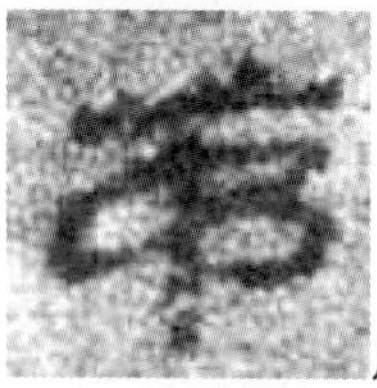
馬壹 11_68 上

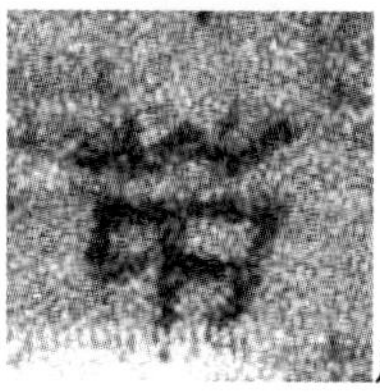
馬貳 120_221/216

○君何不蘘茅艾

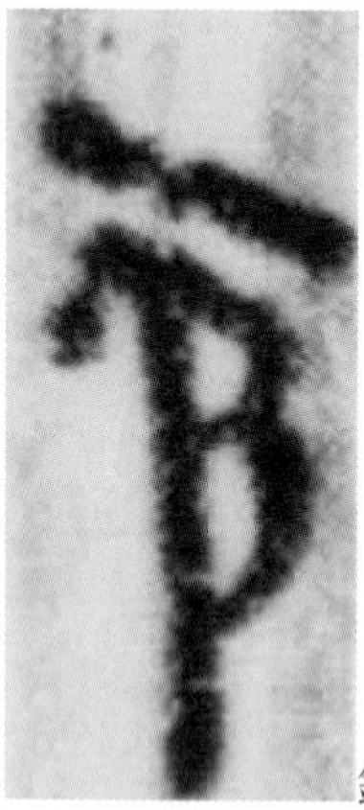
銀壹 687

○野草茅勝穀

金關 T26:191

○□茅延

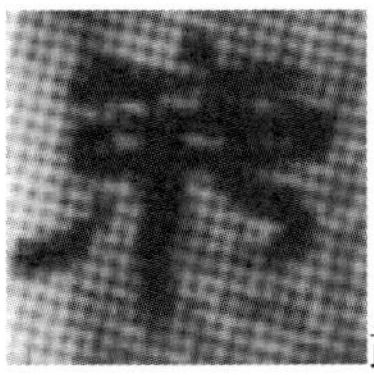
武・儀禮甲《士相見之禮》16

○草茅之臣

廿世紀璽印二-SY

○茅虖

秦代印風

○茅熙

秦代印風

○茅拾

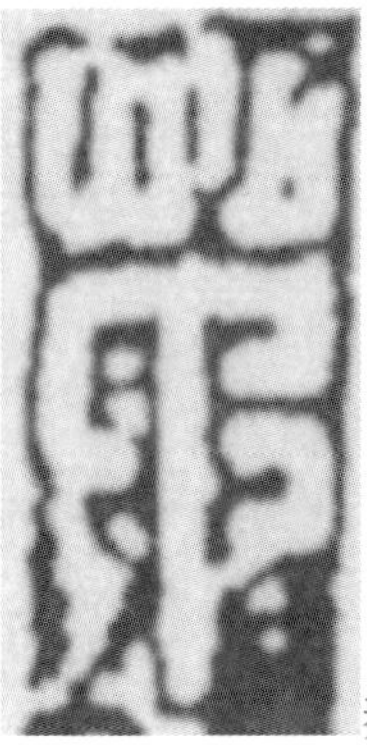
秦代印風

○茅豎

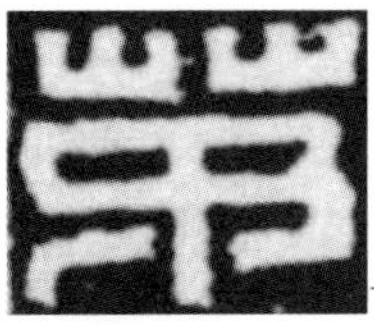
廿世紀璽印三-SY

○茅繇私印

漢晉南北朝印風

○茅鄉

漢印文字徵

○茅成

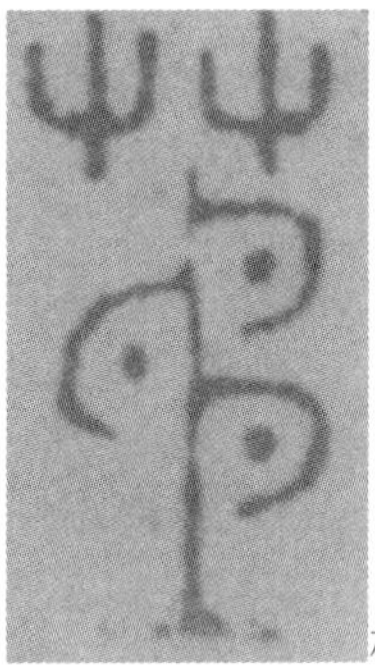
柿葉齋兩漢印萃

○茅千

漢印文字徵

○茅武

漢印文字徵

○茅印利國

漢印文字徵

○茅食私印

漢印文字徵

○茅光之印

漢印文字徵

○茅帶私印

漢印文字徵

○茅卿信印

漢印文字徵

○茅鄉

漢晉南北朝印風

○茅利國印

漢晉南北朝印風

○茅當時

東漢・曹全碑陽

○遭白茅谷水災

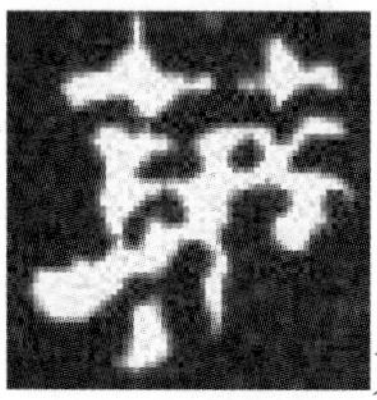
東漢・東漢・婁壽碑陰

○蓬戶茅宇

東漢・祀三公山碑

北魏・鄐乾誌

北魏・郭顯誌

北魏・陳天寶造像

北周・盧蘭誌

○雖隔邢茅

【菅】

《說文》：，茅也。从艸官聲。

漢銘・衛少主鍾

漢銘・衛少主鼎

里・第八層 2473

○菅矣

馬貳 82_271/258

○死以菅裹涂

武・儀禮甲《服傳》4

○三升菅屨（屨）

北壹・倉頡篇 64

○藋葦菅蔽

秦代印風

○菅里

漢晉南北朝印風

○菅里

廿世紀璽印三-GP

○菅侯相印

漢印文字徵

○菅萬

歷代印匋封泥

○菅侯相印

漢印文字徵

○菅矦相印

漢印文字徵

○菅荆私印

漢晉南北朝印風

○菅鳳

東漢・成陽靈臺碑

○成陽令博陵菅遵

東漢・趙寬碑

○音流菅（管）弦

晉・鄭舒妻劉氏殘誌

○史菅丘烈男欽之女

三國魏・范式碑

○超菅(管)鮑之遐蹤

西晉・管洛誌蓋

○菅(管)氏之墓碑。

【蘄】

《説文》：蘄，艸也。从艸纥聲。江夏有蘄春亭。

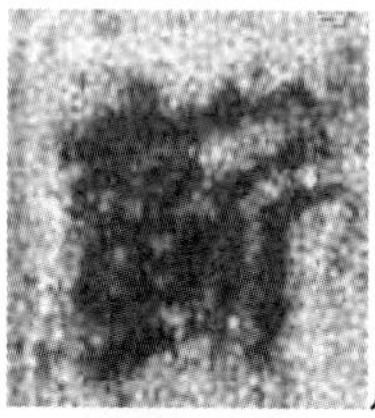
馬壹 45_67 上

○於北蘄南北七百里

廿世紀璽印三-GP

○蘄丞之印

漢印文字徵

〇蘄丞之印

歷代印匋封泥

〇蘄丞之印

【莞】

《說文》：，艸也。可以作席。从艸完聲。

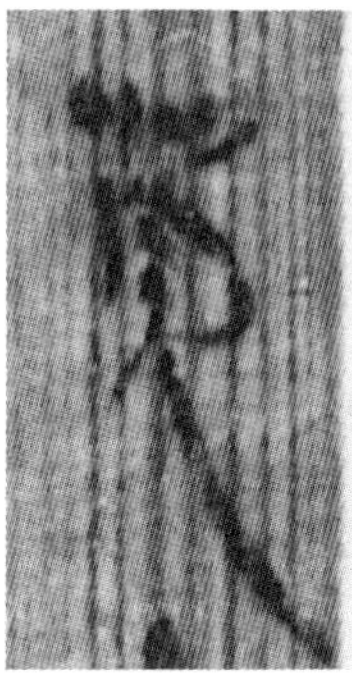
里·第八層 1686

〇出莞席十世五年八

馬貳 247_291

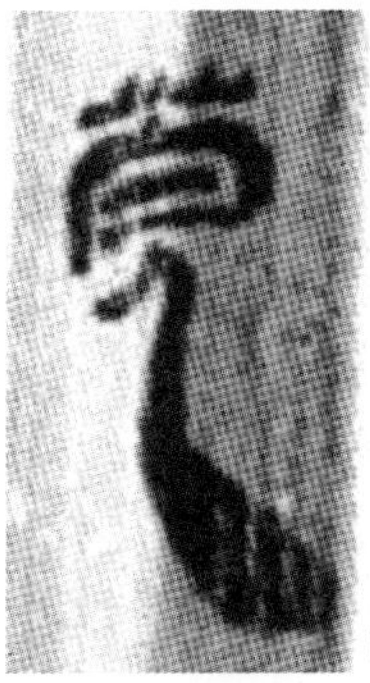
張·奏讞書 167

北壹·倉頡篇 64

〇莞蒲藺蔣

漢印文字徵

〇田莞

漢印文字徵

〇東莞左尉

漢晉南北朝印風

〇臣莞

漢晉南北朝印風

○田莞

北魏・秦洪誌蓋

○魏故東莞太守秦府君墓誌。

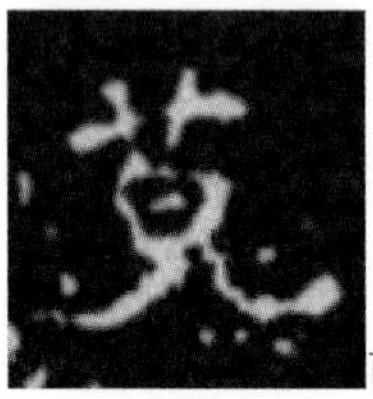
南朝宋・明曇憘誌

○東安東莞

【藺】

《説文》：藺，莞屬。从艸閵聲。

馬壹 212_35

○紛如藺非藺若雲而

北壹・倉頡篇 64

○莞蒲藺蔣

漢印文字徵

○藺親

秦文字編 109

北魏・趙廣者誌

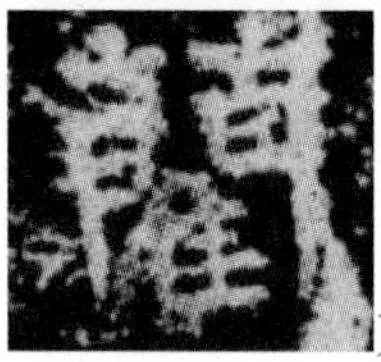
東魏・廉富等造像側

○唯那藺道□

【蒢】

《説文》：蒢，黄蒢，職也。从艸除聲。

【蒲】

《説文》：蒲，水艸也。可以作席。从艸浦聲。

漢銘・蒲反田官量

漢銘・迎光宮鼎蓋

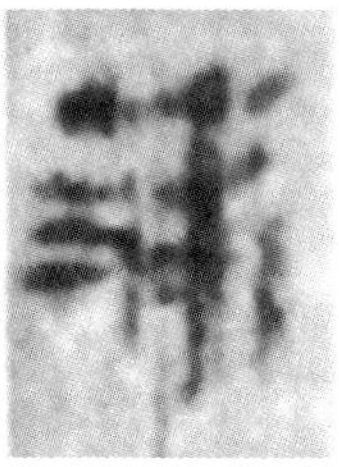
睡・秦律十八種 131

○者以蒲藺以枲

里・第八層 1134

○佐蒲

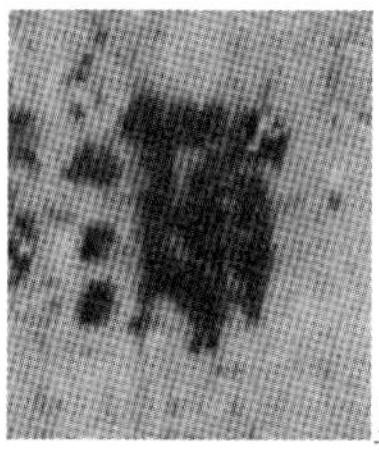
里・第八層背 2429

○人爲蒲席

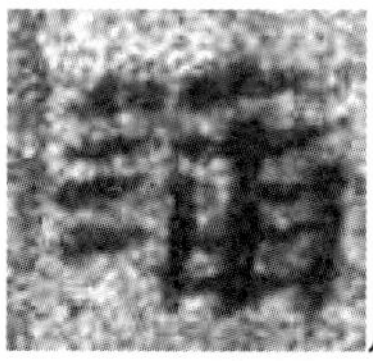
馬貳 32_6 上

張・秩律 448

○蒲反

敦煌簡 1975A

○罪死蒲書一封

金關 T01:163

北壹・倉頡篇 64

○莞蒲藺蔣

廿世紀璽印二-SP

廿世紀璽印三-GP

○蒲反丞印

歷代印匋封泥

○咸蒲里奇

歷代印匋封泥

○蒲反

漢印文字徵

漢印文字徵

漢印文字徵

○蒲類子羽

漢代官印選

柿葉齋兩漢印萃

漢晉南北朝印風

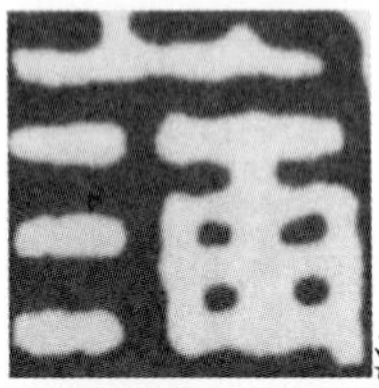
漢晉南北朝印風

三國魏・曹真殘碑

○隴西彭糾士蒲。

北魏・元璨誌

○蒲鞭更習。

北魏・元信誌

北魏・爾朱襲誌

北魏・盧令媛誌

北周・須蜜多誌

○地險蒲陶

【蒻】

《説文》：，蒲子。可以爲平席。从艸弱聲。

【蒢】

《説文》：，蒲蒻之類也。从艸深聲。

【蓷】

《説文》：，萑也。从艸推聲。《詩》曰：“中谷有蓷。”

【萑】

《説文》：萑，艸多皃。从艸隹聲。

【茥】

《説文》：茥，缺盆也。从艸圭聲。

漢印文字徵

○茥買

漢印文字徵

○茥中卿

【莙】

《説文》：莙，井藻也。从艸君聲。讀若威。

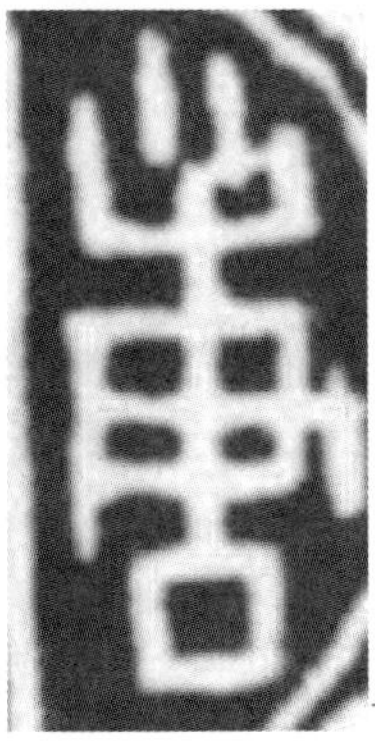

廿世紀璽印二-SY

○馮莙

【蒬】

《説文》：蒬，夫蘺也。从艸睆聲。

【蒿】

《説文》：蒿，夫蘺上也。从艸鬲聲。

【苢（苡）】

《説文》：苢，芣苢。一名馬舄。其實如李，令人宜子。从艸目聲。《周書》所說。

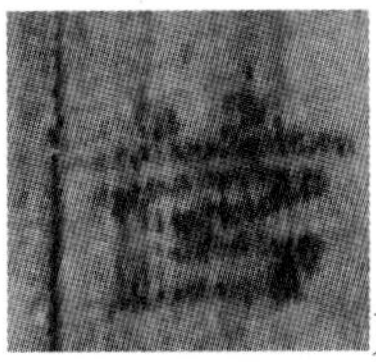

東牌樓 110

○一束苢

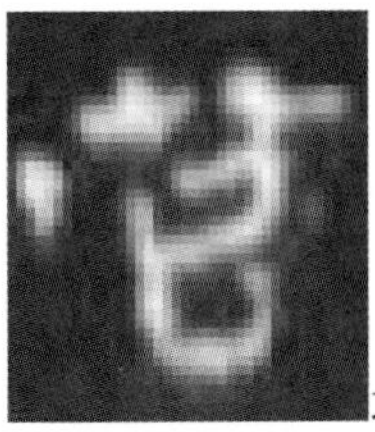

北齊・崔幼妃誌

○義若芣苢

【蕁】

《説文》：蕁，芄藩也。从艸尋聲。

【薚】

《説文》：薚，蕁或从爻。

【蔎】

《説文》：蔎，艸也。从艸㱿聲。

【藍】

《說文》：蓲，艸也。从艸區聲。

【⿱艹固】

《說文》：⿱艹固，艸也。从艸固聲。

【⿱艹榦】

《說文》：⿱艹榦，艸也。从艸榦聲。

【藷】

《說文》：藷，藷蔗也。从艸諸聲。

【蔗】

《說文》：蔗，藷蔗也。从艸庶聲。

【⿱艹毄】

《說文》：⿱艹毄，𦬻⿱艹毄，可以作縻綆。从艸毄聲。

【⿱艹賜】

《說文》：⿱艹賜，艸也。从艸賜聲。

【芇】

《說文》：芇，艸也。从艸中聲。

漢印文字徵

○芇閔之印

漢晉南北朝印風

○芇禹之印

【萯】

《說文》：萯，王萯也。从艸負聲。

漢銘・萯陽鼎

歷代印匋封泥

○萯□

【芺】

《說文》：芺，艸也。味苦，江南食以下气。从艸夭聲。

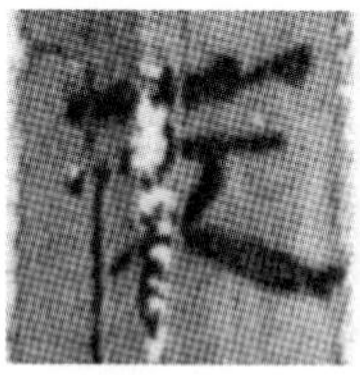
銀貳 1769

○殺蒼芺薺

【⿱艹弦】

《說文》：⿱艹弦，艸也。从艸弦聲。

【⿱艹圞】

《說文》：⿱艹圞，艸也。从艸圞聲。圞，籒文囿。

【莩】

《說文》：莩，艸也。从艸孚聲。

北齊・報德像碑

○葭莩之親

【⿱艹寅】

《說文》：⿱艹寅，兔苽也。从艸寅聲。

【荓】

《說文》：荓，馬帚也。从艸并聲。

【蕕】

《說文》：蕕，水邊艸也。从艸猶聲。

北魏・元誕業誌

○蘍蕕同行

北魏・元欽誌

○蘭蕙從薰蕕俱盡

【荌】

《說文》：荌，艸也。从艸安聲。

【藄】

《說文》：藄，綦月爾也。从艸綦聲。

【莃】

《說文》：莃，兔葵也。从艸，稀省聲。

【⿱艹夢】

《說文》：⿱艹夢，灌渝。从艸夢聲。讀若萌。

【蕧】

《說文》：蕧，盜庚也。从艸復聲。

【苓】

《說文》：苓，卷耳也。从艸令聲。

東漢・從事馮君碑

北齊・謝思祖夫妻造像

【⿱艹贛】

《說文》：⿱艹贛，艸也。从艸贛聲。一曰薏苢。

【藑】

《說文》：藑，茅，葍也。一名蕣。从艸夐聲。

【葍】

《説文》：𦮷，葍也。从艸富聲。

【葍】

《説文》：葍，𦮷也。从艸畐聲。

【蓨】

《説文》：蓨，苗也。从艸脩聲。

漢印文字徵

○蓨郭

【苗】

《説文》：苗，蓨也。从艸由聲。

【募】

《説文》：募，艸。枝枝相値，葉葉相當。从艸昜聲。

【薁】

《説文》：薁，嬰薁也。从艸奥聲。

秦文字編 110

東漢・成陽靈臺碑

○河洛祕薁

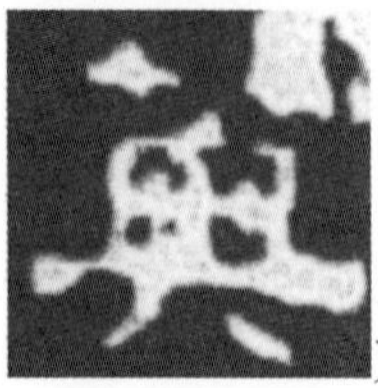
東漢・楊著碑陽

○窮七道之薁

【葴】

《説文》：葴，馬藍也。从艸咸聲。

馬壹 15_14 上\107 上

○葴（緘）之

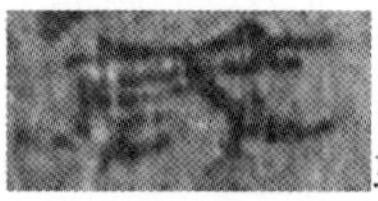
敦煌簡 0557

○出葴（箴）廿枚

東魏・叔孫固誌

○截車鞅以葴（箴）規

北齊・婁黑女誌

○求葴（箴）待傳之操

【蘮】

《說文》：蓾，艸也。可以束。从艸魯聲。

【蓾】

《說文》：蓾，蓾或从鹵。

里・第八層 1531

張・金布律 436

【蔽】

《說文》：蔽，艸也。从艸敝聲。

北壹・倉頡篇 64

〇藋葦菅蔽

【蔞】

《說文》：蔞，艸也。可以亨魚。从艸婁聲。

馬壹 93_323

〇故蔞（數）和爲

馬貳 241_226

〇付蔞（瓿甊）二

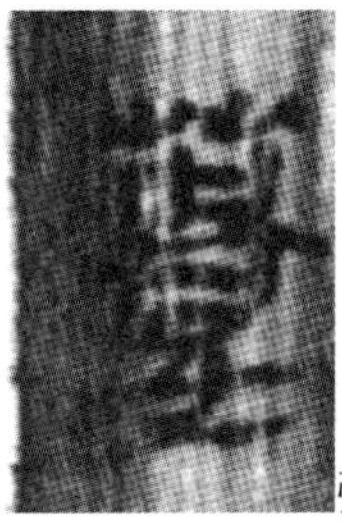
張・市律 259

〇荎蔞不用此律

北壹・倉頡篇 24

〇薇薛莪蔞

漢印文字徵

〇毋蔞印

漢印文字徵

〇蔞猛

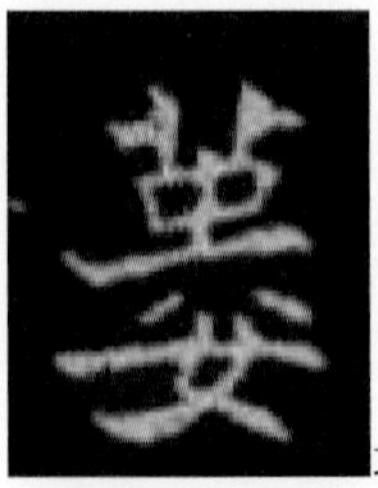
北魏・元廞誌

○翹蔞錯薪

北魏・元颺妻王氏誌

【蘁】

《説文》：，艸也。从艸畾聲。《詩》曰：“莫莫葛蘁。”一曰秬鬯也。

東漢・熹平石經殘石五

○葛蘁

【蒬】

《説文》：，棘蒬也。从艸冤聲。

【茈】

《説文》：，茈艸也。从艸此聲。

馬貳 118_163/162

張・遣策 12

敦煌簡 2012

金關 T26:184

漢印文字徵

○茈箕光印

北魏・杜文慶造像

○邑子王茈奴

【藾】

《説文》：，茈艸也。从艸顡聲。

【萴】

《説文》：，烏喙也。从艸則聲。

【蒐】

《説文》：，茅蒐，茹藘。人血所生，可以染絳。从艸从鬼。

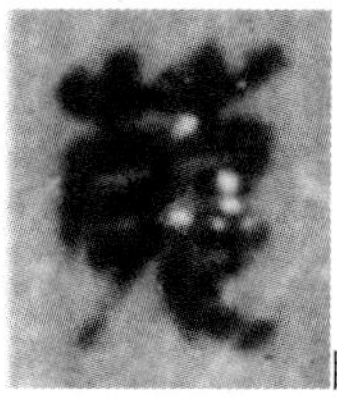
睡・秦律雜抄 7

○二甲蒐者耐縣毋

金關 T21:026

○卿子蒐來記教告之

【茜】

《説文》：茜，茅蒐也。从艸西聲。

【蒜】

《説文》：蒜，赤蒜也。从艸、隸。

【薛】

《説文》：薛，牡贊也。从艸辟聲。

馬貳 70_41/41

○犬與薛（孽）半斗

敦煌簡 0510

○薛定第四

漢印文字徵

○薛舜之印

漢印文字徵

○薛奉

北周・華岳廟碑

【苀】

《説文》：苀，杜榮也。从艸忘聲。

【苞】

《説文》：苞，艸也。南陽以爲麤履。从艸包聲。

睡・日甲《詰》56

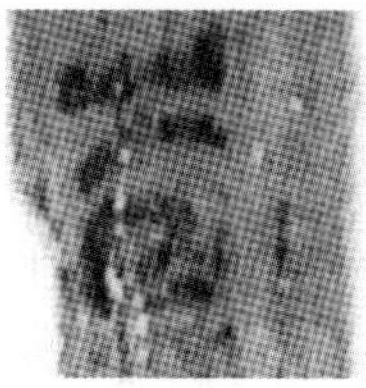
銀貳 1819

○以堅苞

北壹・倉頡篇 16

○橘蘇萋苞

秦代印風

○苞

漢印文字徵

○董苞言事

漢印文字徵

○劉苞印信

漢晉南北朝印風

○劉苞印信

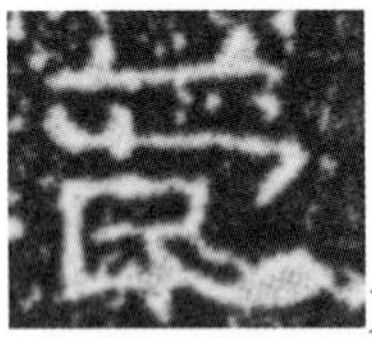
東漢・張遷碑陽

○南苞八蠻

北魏・趙廣者誌

北魏・元寶月誌

○寬容足以苞物。

北魏・趙謐誌

北周・李府君妻祖氏誌

【艾】

《說文》：，冰臺也。从艸乂聲。

里・第八層 1620

○藥燔末艾

馬貳 82_279/266

○揉艾二

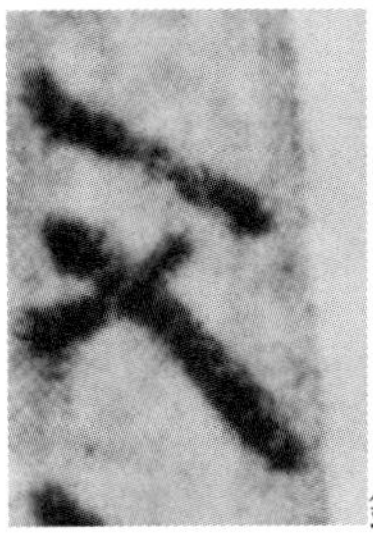
銀壹 840

〇田艾（刈）諸器

漢印文字徵

〇文艾

漢印文字徵

〇艾安得

東漢・馮緄碑

〇十二銀艾

東漢・曹全碑陽

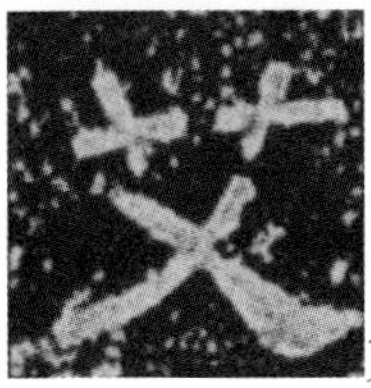
東漢・尹宙碑

東漢・鮮於璜碑陽

〇邊宇艾安

北魏・薛孝通敘家世券

〇繁興未艾

北魏・元愔誌

〇芝艾同滅

北魏・馮邕妻元氏誌

〇卒於艾澗之候庭

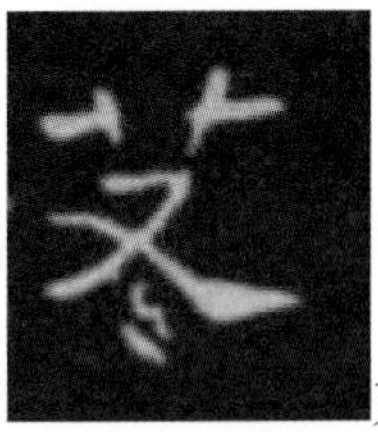
東魏・叔孫固誌

〇十腰銀艾

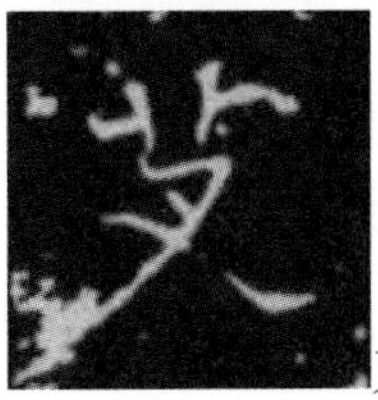
東魏・侯海誌

〇俊艾（乂）

【蔁】

《說文》：蔁，艸也。从艸章聲。

【芹】

《説文》：芹，楚葵也。从艸斤聲。

【蘄】

《説文》：蘄，豕首也。从艸甄聲。

【蔦】

《説文》：蔦，寄生也。从艸鳥聲。《詩》曰："蔦與女蘿。"

【樢】

《説文》：樢，蔦或从木。

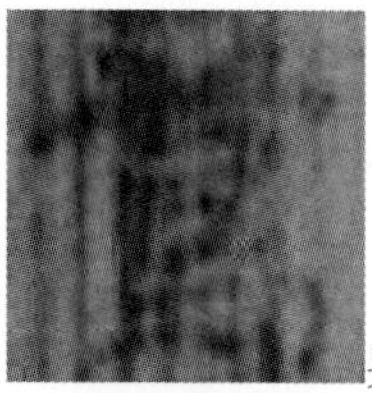
吳簡嘉禾・四・一八二

○番蔦佃田

東晉・高句麗好太王碑

○古舍蔦城

【芸】

《説文》：芸，艸也。似目宿。从艸云聲。《淮南子》説："芸艸可以死復生。"

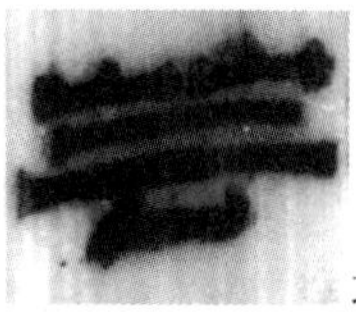
北壹・倉頡篇 28

○芸卵

北魏・弔比干文

【藪】

《説文》：藪，艸也。从艸㲉聲。

【葎】

《説文》：葎，艸也。从艸律聲。

【茦】

《説文》：茦，莿也。从艸朿聲。

【苦】

《説文》：苦，苦婁，果蓏也。从艸昏聲。

【葑】

《説文》：葑，須從也。从艸封聲。

【薺】

《説文》：薺，蒺棃也。从艸齊聲。《詩》曰："牆有薺。"

馬貳 69_25/25

○痛取薺孰（熟）乾

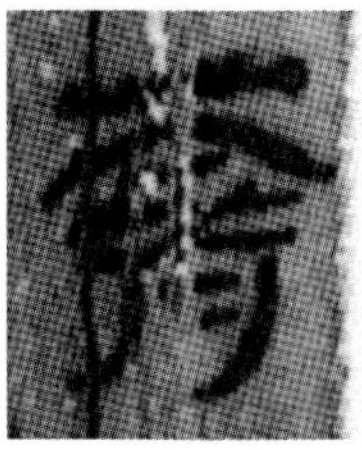
銀貳 1769

〇蒼芺薺

金關 T21:008

〇薺將畺

北壹・倉頡篇 24

〇薺芥萊荏

秦代印風

〇留薺

秦代印風

〇汪薺

【莿】

《説文》：，茦也。从艸刺聲。

【董】

《説文》：，鼎董也。从艸童聲。
杜林曰：藕根。

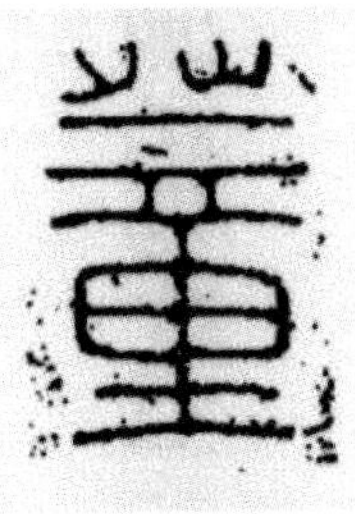
漢銘・董是洗二

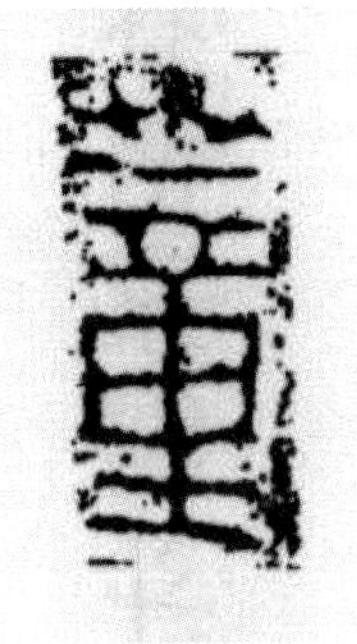
漢銘・董氏洗

漢銘・董氏造作洗

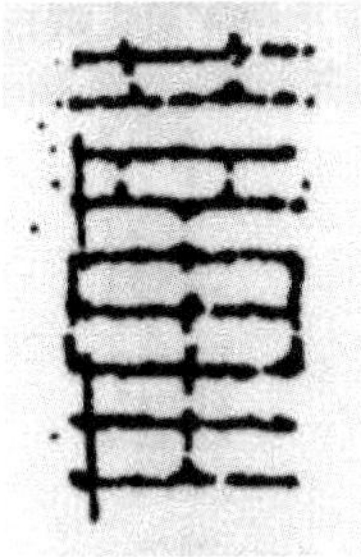
漢銘・蜀郡董氏洗

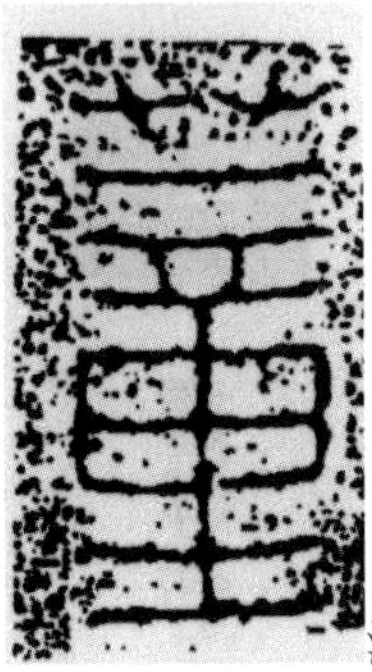
漢銘・董是洗一

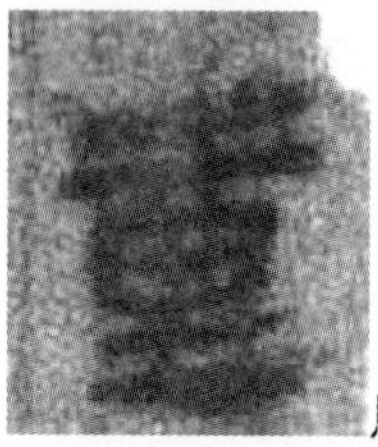
馬壹 42_25 下

○我求董=蒙（董蒙）

廿世紀璽印二-SY

秦代印風

秦代印風

○董文

秦代印風

○董□

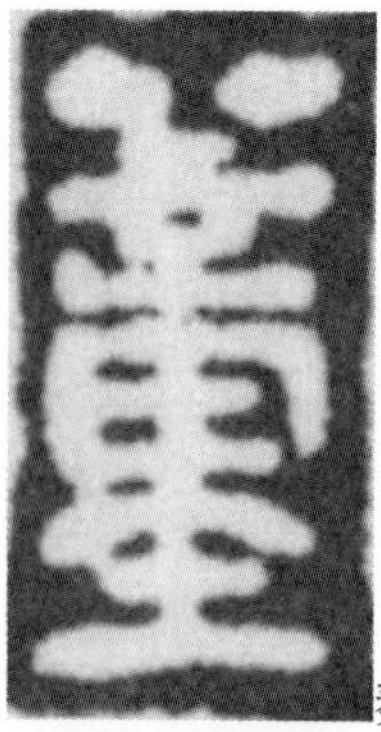
秦代印風

秦代印風

廿世紀璽印三-SY

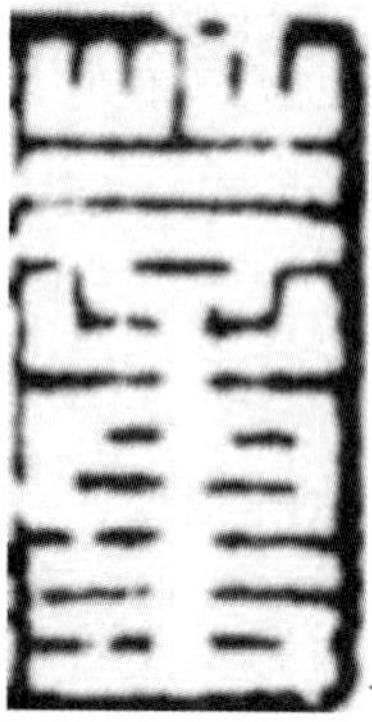
廿世紀璽印三-SY

廿世紀璽印三-SY

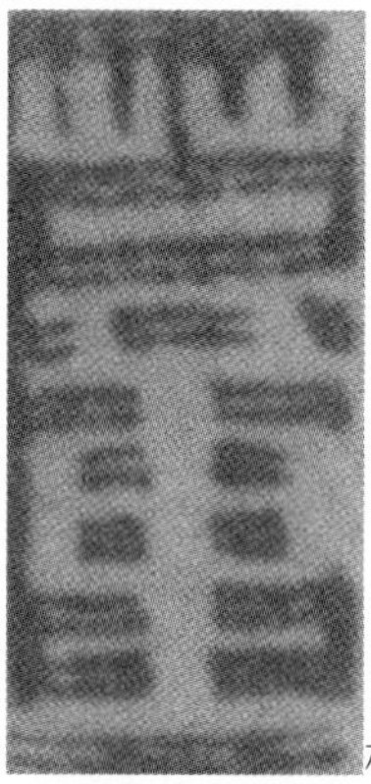
柿葉齋兩漢印萃

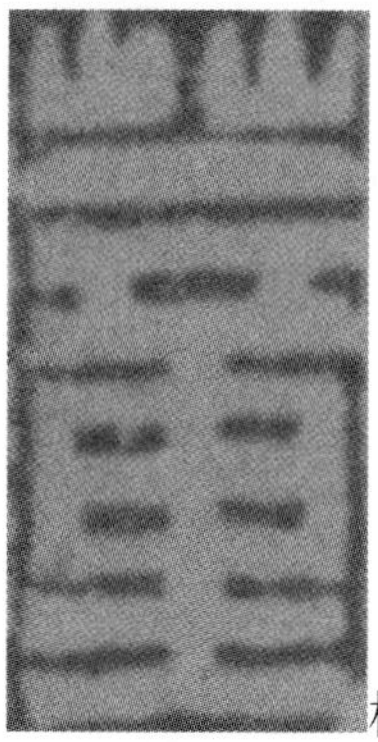
柿葉齋兩漢印萃

漢印文字徵

漢印文字徵

漢印文字徵

漢印文字徵

○董猛

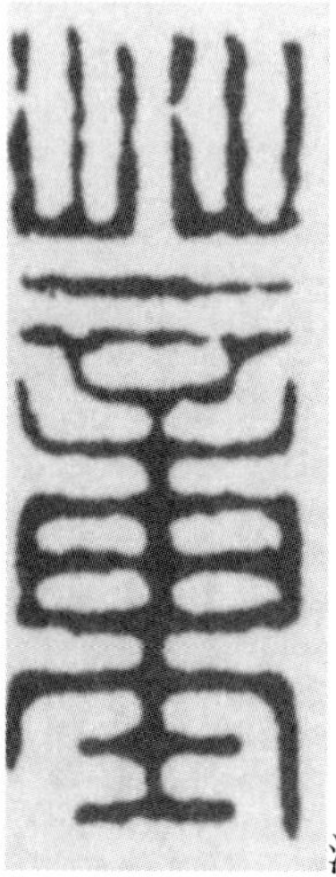
漢晉南北朝印風

漢晉南北朝印風

○董勝

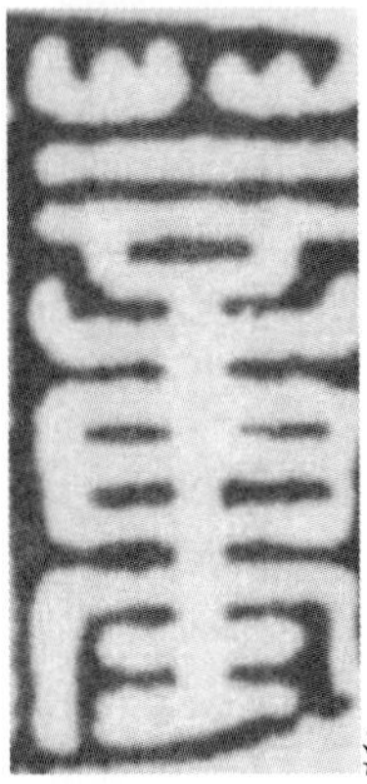
漢晉南北朝印風

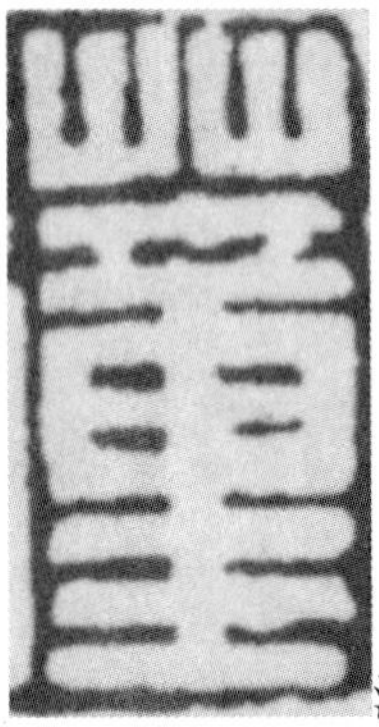
漢晉南北朝印風

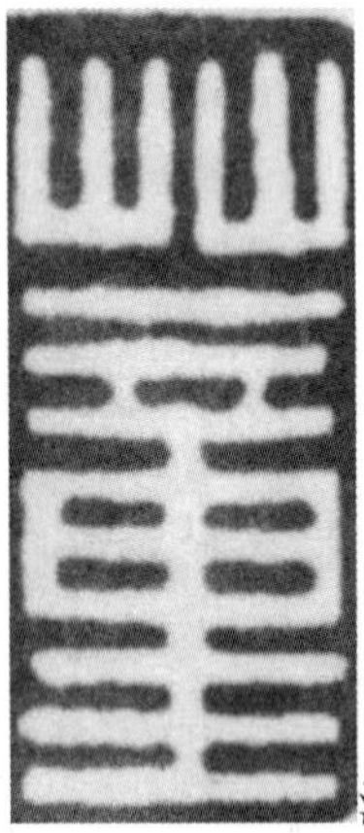
漢晉南北朝印風

漢晉南北朝印風

○董猛

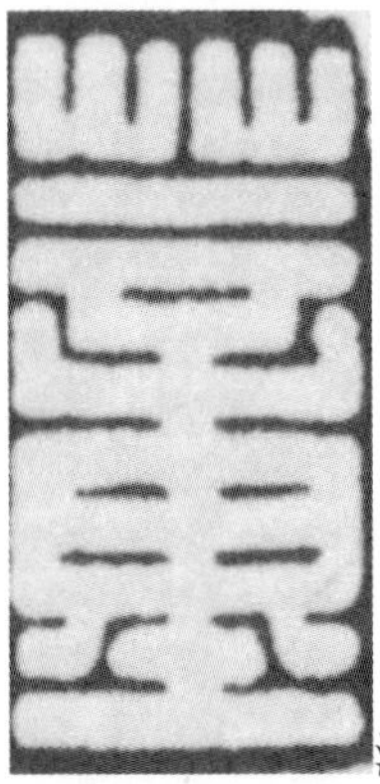
漢晉南北朝印風

東漢・曹全碑陰

北魏・元天穆誌

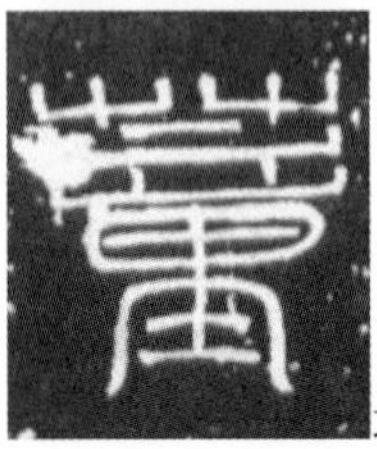
北周・董榮暉誌蓋

○董(董)氏之墓誌銘。

【蘩】

《説文》：蘻，狗毒也。从艸繫聲。

【⿱艹嫂】

《説文》：⿱艹嫂，艸也。从艸嫂聲。

【芐】

《説文》：芐，地黃也。从艸下聲。《禮記》“鈃毛：牛、藿；羊、芐；豕、薇。”是。

【薟】

《説文》：薟，白薟也。从艸僉聲。

【蘞】

《説文》：蘞，薟或从斂。

馬貳 82_284/271

〇治白薟（蘞）

【菳】

《説文》：菳，黃菳也。从艸金聲。

【芩】

《説文》：芩，艸也。从艸今聲。《詩》曰：“食野之芩。”

馬貳 83_304

〇黃芩

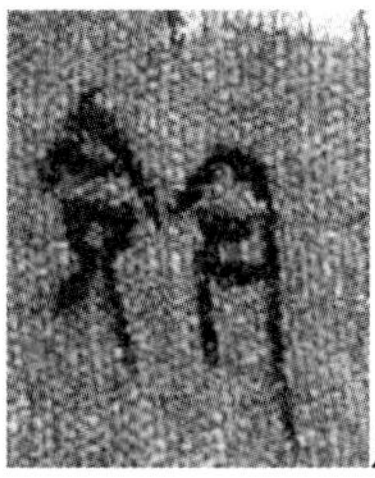
馬貳 68_17/17

〇黃芩

【藨】

《説文》：藨，鹿藿也。从艸麃聲。讀若剽。一曰蔽屬。

【虉】

《説文》：虉，綬也。从艸鶪聲。《詩》曰“邛有旨虉”是。

【蔆】

《説文》：蔆，芰也。从艸淩聲。楚謂之芰，秦謂之薢茩。

【⿱艹遴】

《説文》：⿱艹遴，司馬相如説：蔆从遴。

【芰】

《説文》：芰，蔆也。从艸支聲。

【茤】

《説文》：茤，杜林説芰从多。

馬貳 273_172/192

〇芰卷一笥

東牌樓 012

○租茤法賦

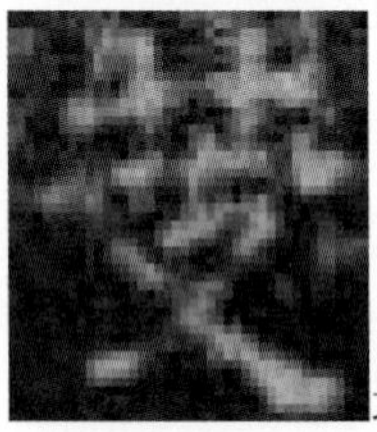
北魏・弔比干文

○被芰荷之輕衣兮，

【薢】

《說文》：薢，薢茩也。从艸解聲。

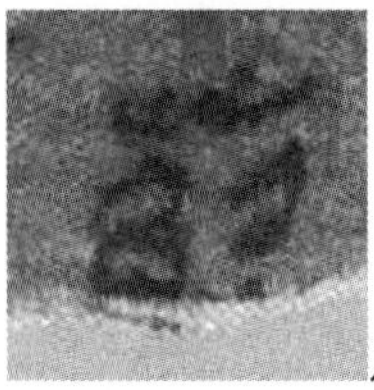
馬貳 117_149/149

【茩】

《說文》：茩，薢茩也。从艸后聲。

【芡】

《說文》：芡，雞頭也。从艸欠聲。

【蘜】

《說文》：蘜，日精也。以秋華。从艸，鞠省聲。居六切。

【蓻】

《說文》：蓻，蘜或省。

【蘥】

《說文》：蘥，爵麥也。从艸龠聲。

漢銘・雝庫鈁

漢銘・熏鑪

漢銘・家官鍾

張・賊律 52

○門之蘥（鑰）罰

【藗】

《說文》：藗，牡茅也。从艸遬聲。遬，籒文速。

【菘】

《說文》：菘，茅秀也。从艸私聲。

【蒹】

《說文》：蒹，雚之未秀者。从艸兼聲。

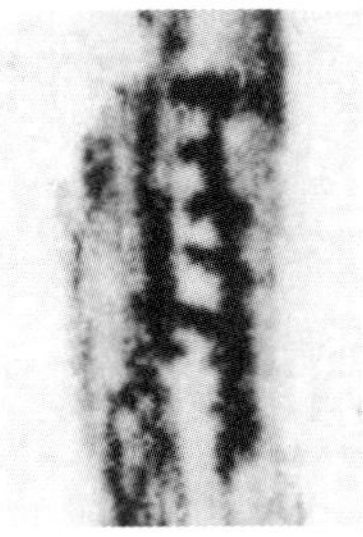
銀壹 954

○兼（鐮）纆得入焉

北壹・倉頡篇 24

○兼葭薇薛

【薍】

《說文》：薍，菿也。从艸亂聲。八月薍爲葦也。

【菿】

《說文》：菿，雚之初生。一曰薍。一曰騅。从艸剡聲。

【菼】

《說文》：菼，菿或从炎。

【薕】

《說文》：薕，兼也。从艸廉聲。

【薠】

《說文》：薠，青薠，似莎者。从艸煩聲。

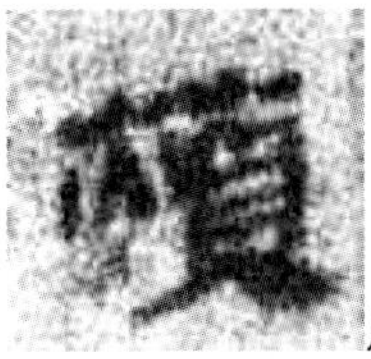
馬壹 8_41 下

○其薠（沛）日中

北魏・程法珠誌

【茚】

《說文》：茚，昌蒲也。从艸卬聲。益州云。

【䒷】

《說文》：䒷，茚䒷也。从艸邪聲。

【艻】

《說文》：艻，葦華也。从艸刀聲。

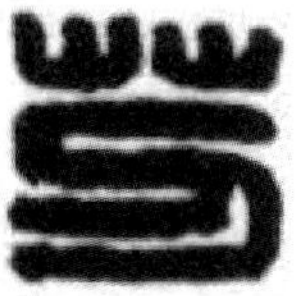
漢印文字徵

○艻任私印

【荔】

《說文》：荔，艻也。从艸𠛱聲。

銀貳 1926

○再則荔生

【菌】

《說文》：菌，菌藺也。从艸圅聲。

【藺】

《說文》：藺，菡藺。芙蓉華未發爲菡藺，已發爲芙蓉。从艸閻聲。

【蓮】

《說文》：蓮，芙蕖之實也。从艸連聲。

漢銘・蓮勺宮熏鑪

馬壹 142_3/177 上

金關 T21:379

○綘蓮勺嗇夫弘主

北壹・倉頡篇 25

○果蓏茄蓮

漢印文字徵

○蓮勺鹵鹹督印

漢晉南北朝印風

○蓮勺鹵督印

漢晉南北朝印風

○試守蓮勺令印

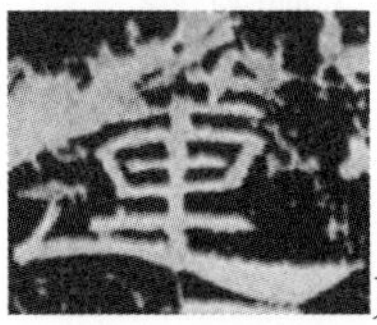
東漢・華岳廟殘碑陰

○蓮勺田巴叔鸞

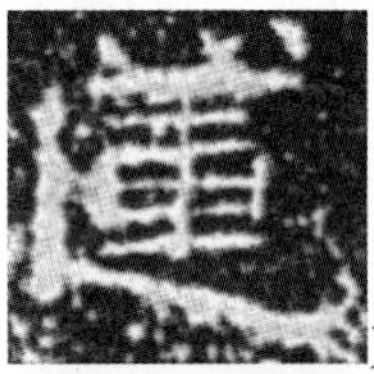
東漢・倉頡廟碑側

北魏・元純陀誌

東魏・王令媛誌

北齊・唐邕刻經記

【茄】

《說文》：，芙蕖莖。从艸加聲。

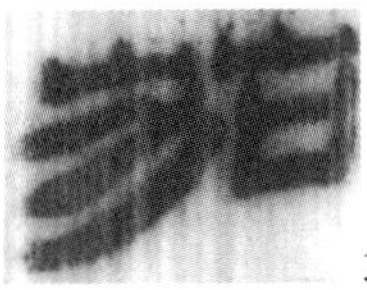
北壹・倉頡篇 25

○果蓏茄蓮

北魏・元詮誌

【荷】

《說文》：，芙蕖葉。从艸何聲。

馬壹 12_79 下

馬貳 234_154

張・奏讞書 81

漢印文字徵

○荷汀

北魏・元暐誌

北魏・慈慶誌

北魏・嚴震誌

【蔤】

《說文》：，芙蕖本。从艸密聲。

【蕅】

《說文》：，芙蕖根。从艸、水，禺聲。

【蘢】

《說文》：，天蘥也。从艸龍聲。

【蓍】

《説文》：蓍，蒿屬。生十歲，百莖。《易》以爲數。天子蓍九尺，諸侯七尺，大夫五尺，士三尺。从艸耆聲。

馬貳 82_284/271

〇黄蓍（耆）

廿世紀璽印三-GP

〇蓍丞之印

漢印文字徵

〇蓍丞之印

漢印文字徵

〇蓍丞之印

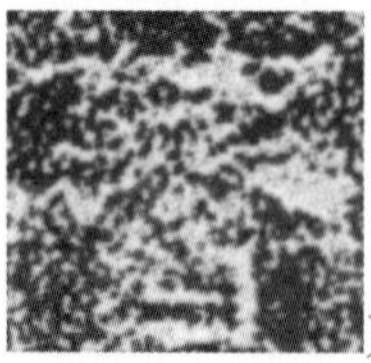
東漢・郎中鄭固碑

〇蓍君元子也

【菣】

《説文》：菣，香蒿也。从艸臤聲。

【藍】

《説文》：藍，菣或从堅。

【莪】

《説文》：莪，蘿莪，蒿屬。从艸我聲。

北壹・倉頡篇 24

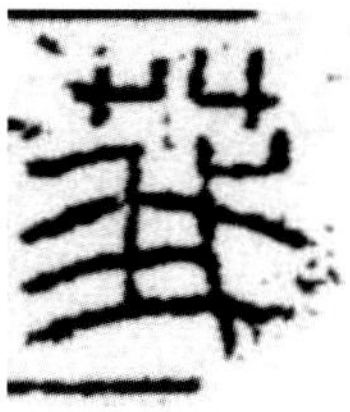
廿世紀璽印三-GP

〇青莪禁印

漢印文字徵

〇莪忠印

廿世紀璽印四-SY

〇莪躭私印

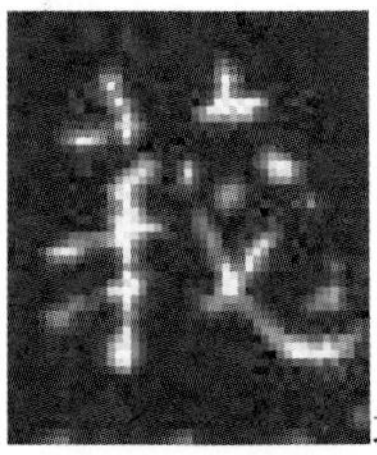
北齊・堯峻誌

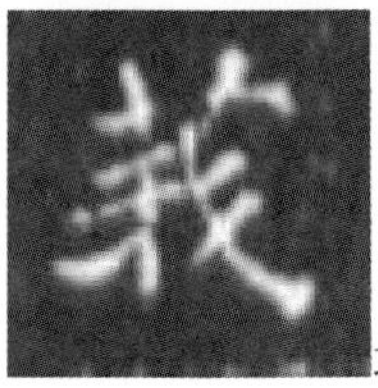
北周・康業誌

【蘿】

《説文》：蘿，莪也。从艸羅聲。

北魏・元濬嬪耿氏誌

○蘿落英

【菻】

《説文》：菻，蒿屬。从艸林聲。

【蔚】

《説文》：蔚，牡蒿也。从艸尉聲。

晉・司馬芳殘碑

○不以地蔚衿豪

北魏・公孫猗誌

北魏・于纂誌

北齊・常文貴誌

北齊・道明誌

【蕭】

《説文》：蕭，艾蒿也。从艸肅聲。

漢銘・西鄉鈁

馬壹 149_65/239 下

馬壹 130_11 上\88 上

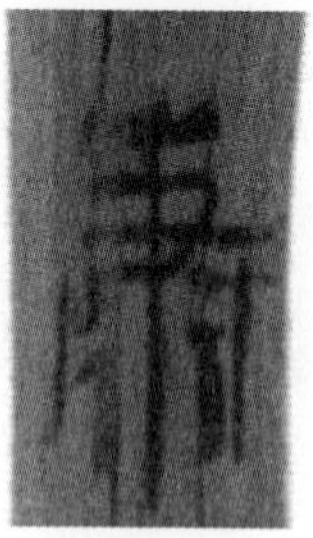
馬貳 210_86

〇鵠蕭（鷫）相（鷞）

金關 T03:053

〇鬼新蕭登

廿世紀璽印三-SY

〇蕭咸

廿世紀璽印三-GY

〇蕭之左尉

漢印文字徵

漢印文字徵

漢印文字徵

漢印文字徵

漢印文字徵

漢印文字徵

漢印文字徵

漢晉南北朝印風

漢晉南北朝印風

漢晉南北朝印風

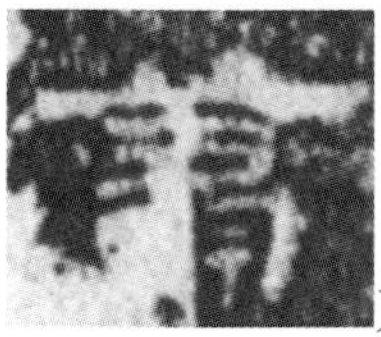
東漢・孔宙碑陰

○武陽蕭誨

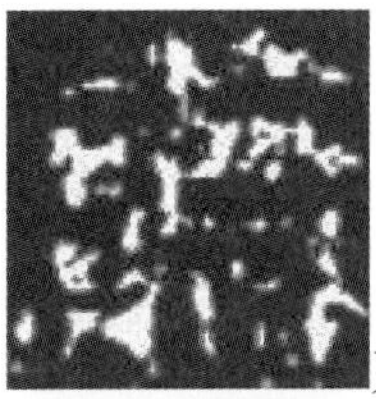
東漢・燕然山銘

北魏・元詳造像

○南伐蕭逆

北魏・元靈曜誌

北魏・緱光姬誌

北魏・元愔誌

【萩】

《説文》：，蕭也。从艸秋聲。

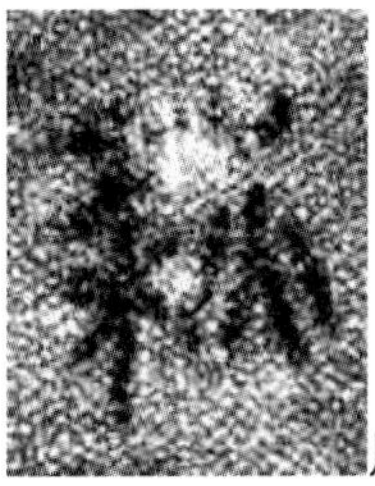
馬貳 114_88/88

○取萩莢二冶之

漢印文字徵

○趙萩

【芍】

《說文》：芍，鳬茈也。从艸勺聲。

馬壹 110_170\339

○好茭（窈）芍（窕）

馬貳 82_285/272

○芍藥其餘各一并

東漢・黄晨黄芍墓磚

○晨扶（伴）芍。

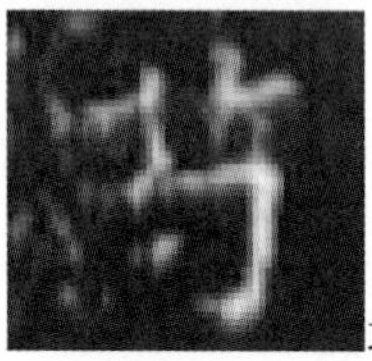
北齊・宋靈媛誌

○緣情芍藥

【葥】

《說文》：葥，王彗也。从艸湔聲。

【蔿】

《說文》：蔿，艸也。从艸爲聲。

漢印文字徵

○蔿翁叔

漢晉南北朝印風

○蔿綰

【艹尢】

《說文》：艹尢，艸也。从艸尢聲。

【蘜】

《說文》：蘜，治牆也。从艸鞠聲。

【蘠】

《說文》：蘠，蘠靡，虋冬也。从艸牆聲。

睡・為吏 15

○困屋蘠（墻）垣

睡・日甲《詰》30

○犬置蘠（牆）上

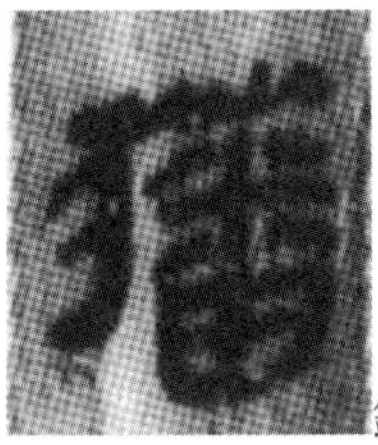
銀貳 1863

○可築垣蘠（墻）

北壹・倉頡篇 53

○街巷垣蘠（墻）

【芪】

《說文》：，芪母也。从艸氏聲。

北齊・雋敬碑

【菀】

《說文》：，茈菀，出漢中房陵。从艸宛聲。

漢印文字徵

○菀讓之印

漢晉南北朝印風

○菀讓之印

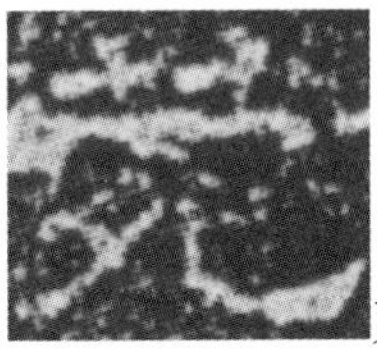
東漢・趙寬碑

北魏・元誨誌

北魏・元彥誌

北魏・元弼誌

北齊・高潤誌

北齊・王馬造像

北周・高妙儀誌

【莔】

《説文》：，貝母也。从艸，明省聲。

【苿】

《説文》：，山薊也。从艸术聲。

秦文字編 130

【蓂】

《説文》：，析蓂，大薺也。从艸冥聲。

里・第八層 1221

○治之析蓂實

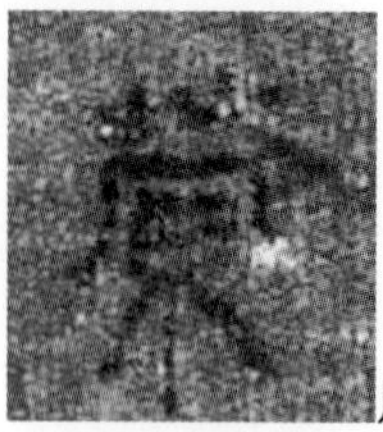
馬貳 77_166/153

○治莢蓂少半升

北齊・韓裔誌

○月虧蓂葉

【菋】

《説文》：，荎藸也。从艸味聲。

【荎】

《説文》：，荎藸，艸也。从艸至聲。

【藸】

《説文》：，荎藸也。从艸豬聲。

【葛】

《説文》：，絺綌艸也。从艸曷聲。

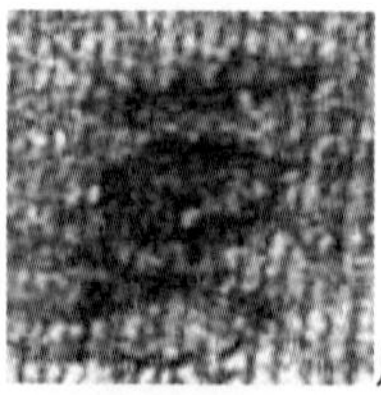
馬貳 80_227/214

○以葛爲矢

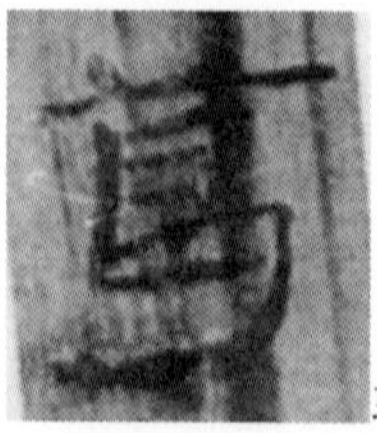
敦煌簡 1135

○卒持葛橐來須成急

金關 T24:843

○主葛蓬愛

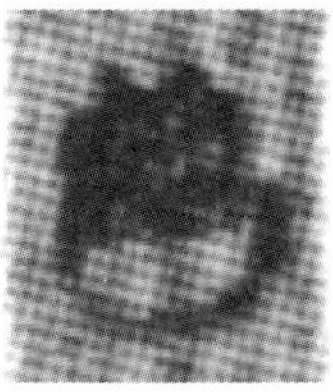
武・儀禮・甲本《服傳》40

○功衰葛九月者

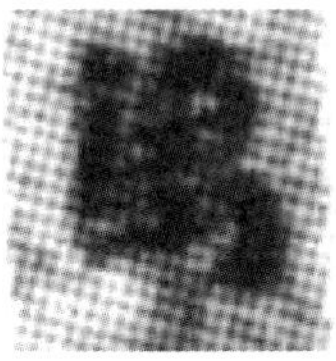
武・乙本《服傳》36

○葛麻衣

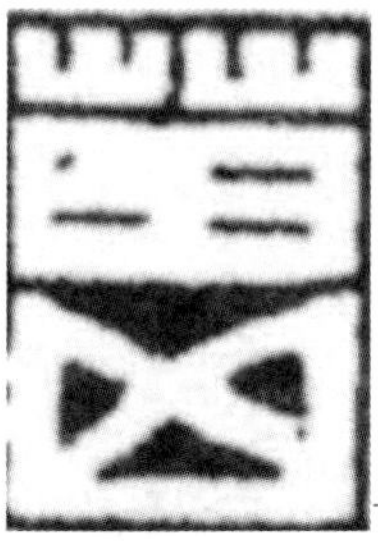
廿世紀璽印三-SY

○葛少君印

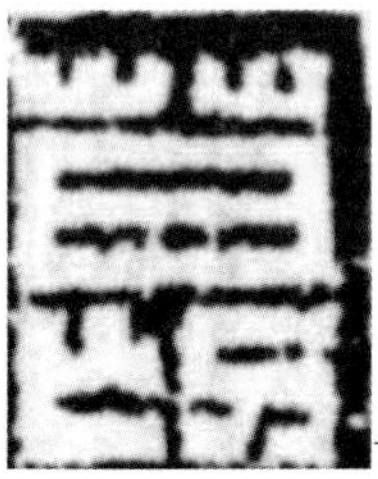
廿世紀璽印三-SY

○葛也人印

漢印文字徵

○葛

漢印文字徵

○葛私印

漢印文字徵

○諸葛小孫

漢印文字徵

○葛駿私印

漢印文字徵

○諸葛偃

漢晉南北朝印風

○諸葛小孫

東漢・熹平石經殘石五

○于葛藟

三國魏・三體石經春秋・隸書

三國魏・三體石經春秋・古文

○葛膚(臚)徠公

三國魏・三體石經春秋・篆文

○葛盧

西晉・石尠誌

西晉・臨辟雍碑

北魏・靈山寺塔銘

○諸葛洪

北魏・元顒平妻王氏誌

○綠葛之延谷

北魏・韓氏誌

北魏・元恪嬪李氏誌

【蔓】

《説文》：蔓，葛屬。从艸曼聲。

張・秩律 458

○蔓（曼）柏

北壹・倉頡篇 24

○莎荔莫蔓

漢印文字徵

○臣蔓請

漢印文字徵

○趙蔓

北魏・爾朱襲誌

○蔓蔓將及

北魏・爾朱襲誌

○蔓蔓將及。

北魏・李超誌

○蘞蔓西垂。

【䓘】

《説文》：䓘，葛屬。白華。从艸皐聲。

秦文字編 130

北壹・倉頡篇 24

○莎荔䓘蔓

【莕】

《説文》：莕，菨餘也。从艸杏聲。

【荇】

《説文》：荇，莕或从行，同。

漢印文字徵

○荇不意

北魏・高猛妻元瑛誌

○親事荇蘩

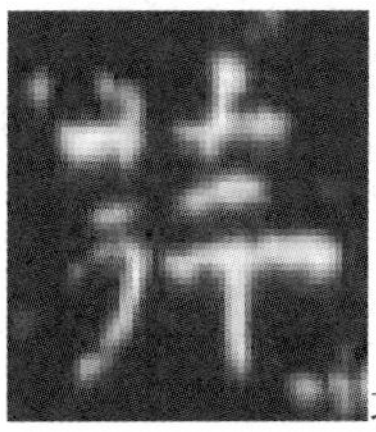
北齊・宋靈媛誌

○蘋藻荇菜之虔

【萎】

《説文》：萎，萎餘也。从艸委聲。

【虋】

《説文》：虋，艸也。从艸䍧聲。

【芫】

《説文》：芫，魚毒也。从艸元聲。

馬貳 89_423/413

○□齊芫華

【藞】

《説文》：藞，大苦也。从艸靁聲。

【藕】

《説文》：藕，藕芙也。从艸稊聲。

【芙】

《説文》：芙，藕芙也。从艸失聲。

【艼】

《説文》：艼，艼熒，朐也。从艸丁聲。

【蔣】

《説文》：蔣，苽蔣也。从艸將聲。

銀貳 1550

○陵敍蔣

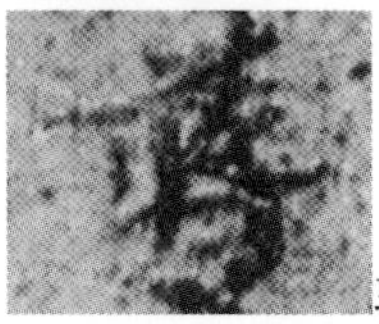
敦煌簡 2416A

○吏孫蔣養兒

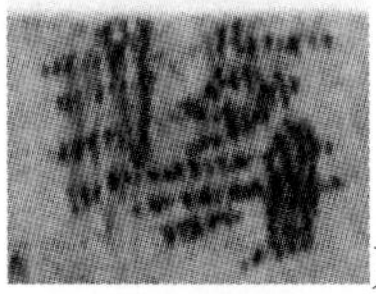
東牌樓 110

○蔣十五枚

北壹・倉頡篇 64

○莞蒲藺蔣

吳簡嘉禾・五・五一三

○男子謝蔣

吳簡嘉禾・四・四五六

○男子鄧蔣

漢印文字徵

○蔣印延年

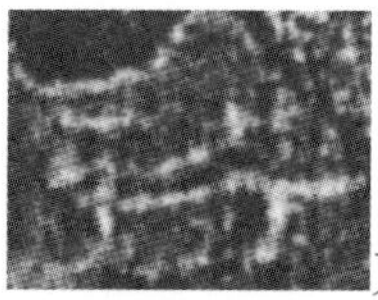
東漢・禮器碑陰

○文陽蔣元道二百

北魏・四耶耶骨棺蓋

○長男蔣公全

北魏・元壽安誌

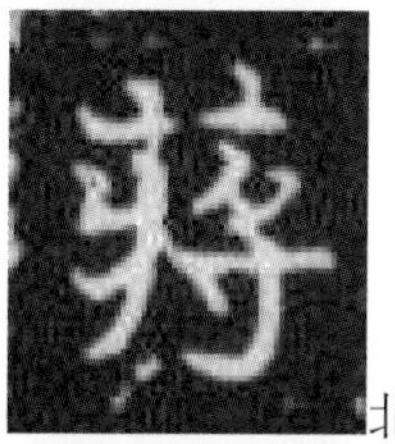
北魏・李媛華誌

北魏・元謐誌

○有凡有蔣。

【苽】

《説文》：，雕苽。一名蔣。从艸瓜聲。

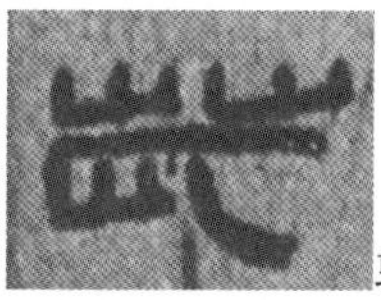
敦煌簡 1462

○韓苽

北齊・暴誕誌

○黄苽堆子

北齊・高顯國妃敬氏誌

○藹藹綿苽

【菁】

《説文》：，艸也。从艸育聲。

【蘢】

《説文》：，艸也。从艸罷聲。

【蘼】

《説文》：，艸也。从艸難聲。

【莨】

《説文》：，艸也。从艸良聲。

【葽】

《説文》：，艸也。从艸要聲。《詩》曰："四月秀葽。"劉向說：此味苦，苦葽也。

北壹・倉頡篇 16

○橘蘇葽苞

漢印文字徵

○葽醫

【薖】

《説文》：薖，艸也。从艸過聲。

【菌】

《説文》：菌，地蕈也。从艸囷聲。

里・第八層 459

○求菌叚（假）

馬貳 116_125/124

○菌桂

東魏・劉幼妃誌

東魏・元鷙妃公孫甑生誌

【蕈】

《説文》：蕈，桑萸。从艸覃聲。

馬貳 82_279/266

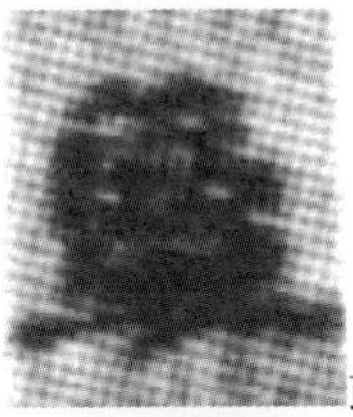
武・儀禮甲《服傳》4

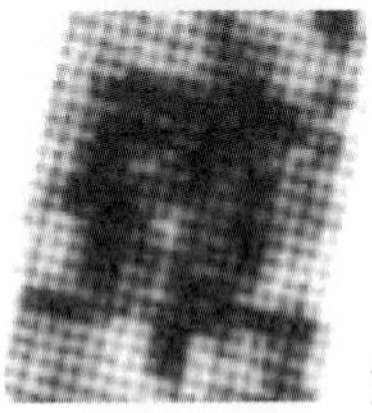
武・乙本《服傳》2

漢印文字徵

○蕈山

北魏・元純陀誌

北魏・元洛神誌

北魏・元恪嬪李氏誌

【萸】

《説文》：萸，木耳也。从艸耎聲。一曰萮茈。

【葚】

《説文》：葚，桑實也。从艸甚聲。

東漢・熹平石經殘石三

○葚于嗟

【蒟】

《説文》：蒟，果也。从艸竘聲。

【芘】

《説文》：芘，艸也。一曰芘茮木。从艸比聲。

東魏・趙紹誌

【蕣】

《説文》：蕣，木堇，朝華暮落者。从艸䑞聲。《詩》曰："顔如蕣華。"

東魏・劉幼妃誌

○生浮夕蕣

【萸】

《説文》：萸，茱萸也。从艸臾聲。

【茱】

《説文》：茱，茱萸，茮屬。从艸朱聲。

北壹・倉頡篇 25

○茱臾蓼

【茮】

《説文》：茮，茮莍。从艸尗聲。

【莍】

《説文》：莍，茮樧實裹如表者。从艸求聲。

【荊】

《説文》：荆，楚木也。从艸刑聲。

【荊】

《説文》：荆，古文荆。

漢銘・元壽二年鐙

漢銘・元始鈁

嶽・尸等案 33

○荆男子

里・第八層 135

○求故荆積

馬壹 178_73 下

○荊秦之陽也

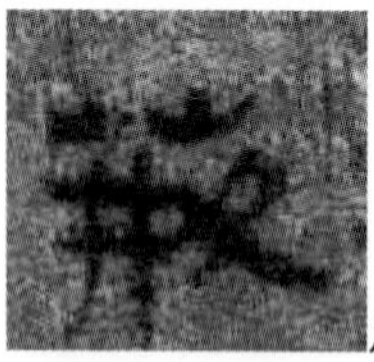
馬貳 134_14/69

○荊南

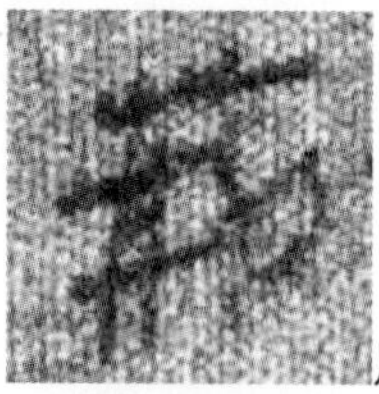
馬貳 81_264/251

○蒿者荊名曰萩

張・奏讞書 157

○所取荊新㙐（地）

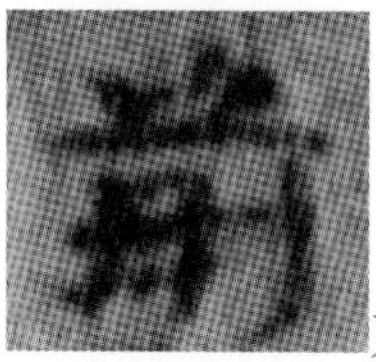
東牌樓 012

秦代印風

○徐荊

廿世紀璽印三-SY

○荊奉世印

漢印文字徵

○公孫荆印

漢印文字徵

○荆勝之印

漢印文字徵

○弁荆之印

漢印文字徵

○荆野

漢印文字徵

○齊荆之印

漢代官印選

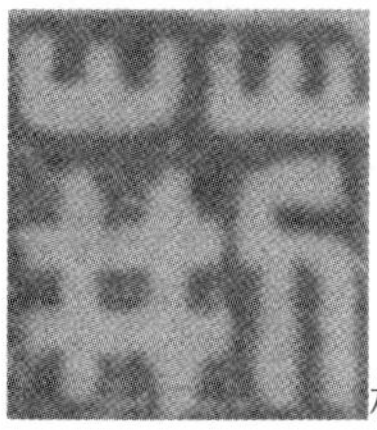
柿葉齋兩漢印萃

○荊利親印

漢晉南北朝印風

○孫荊

漢晉南北朝印風

○荊参印信

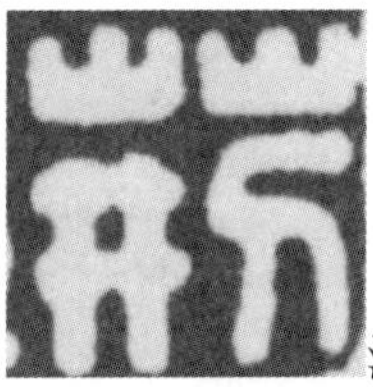
漢晉南北朝印風

東漢・馮緄碑

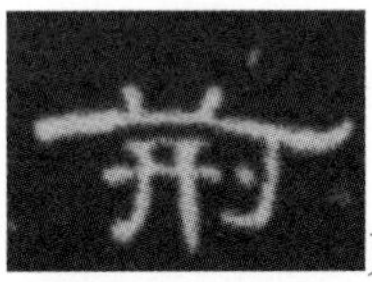
東漢・曹全碑陽

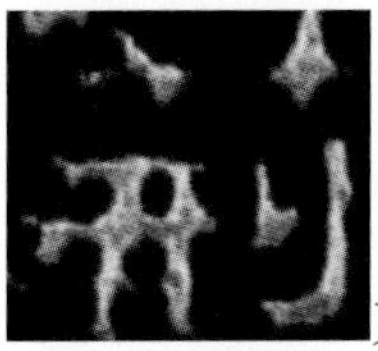
東漢・楊震碑

三國魏・王基斷碑

○遷荊州刺史

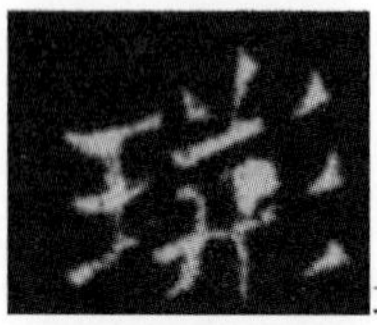
北魏・薛法紹造像

○荊條獨茂

北魏・元弼誌

○荊州廣陽王

北魏・李伯欽誌

○懷相荊秦

北魏・叔孫協及妻誌

○是燿豁干荊山

北魏・元靈曜誌

北魏・元璨誌

北魏・于纂誌

○三荊歡株

北魏・元煥誌蓋

○荊州刺史

東魏・李挺誌

○荊州刺史

東魏・李挺誌

○剖盈尺於荊巖

東魏・宗欣誌蓋

○荆州

【菭】

《説文》：，水衣。从艸治聲。

【芽】

《説文》：，萌芽也。从艸牙聲。

【萌】

《説文》：，艸芽也。从艸明聲。

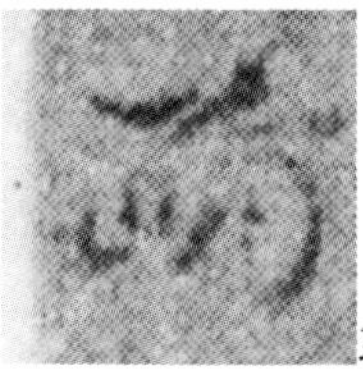
敦煌簡 1898

○周生萌

秦代印風

廿世紀璽印三-SY

廿世紀璽印三-SY

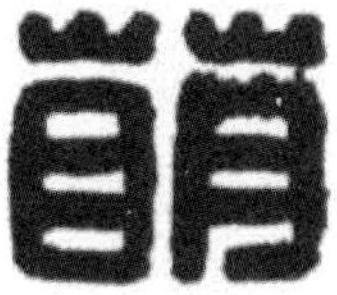
漢印文字徵

漢印文字徵

漢印文字徵

漢印文字徵

漢晉南北朝印風

東漢・成陽靈臺碑

東漢・楊震碑

北魏・笱景誌

北魏・王普賢誌

北齊・司馬遵業誌

北齊·賀拔昌誌

【茁】

《說文》：，艸初生出地皃。从艸出聲。《詩》曰："彼茁者葭。"

【莖】

《說文》：，枝柱也。从艸巠聲。

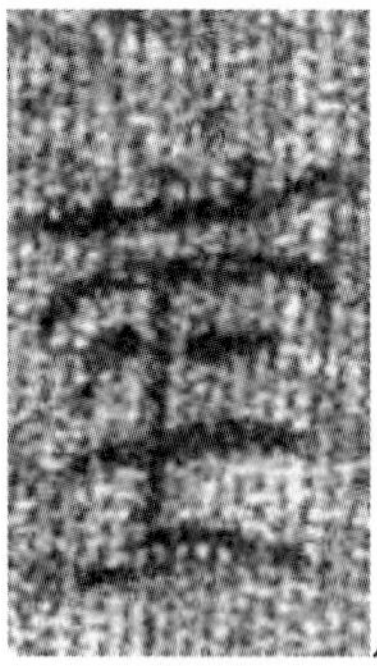
馬貳 73_109/109

〇日葵莖靡（磨）

北壹·倉頡篇 69

〇頗科樹莖

漢印文字徵

〇莖咸之印

北齊·賀拔昌誌

〇玉質金莖

【莛】

《說文》：，莖也。从艸廷聲。

馬貳 38_68 上

【葉】

《說文》：，艸木之葉也。从艸枼聲。

戰晚·二十一年相邦冉戈

戰晚·二十一年相邦冉戈

戰晚·丞相觸戈

睡·日甲《詰》64

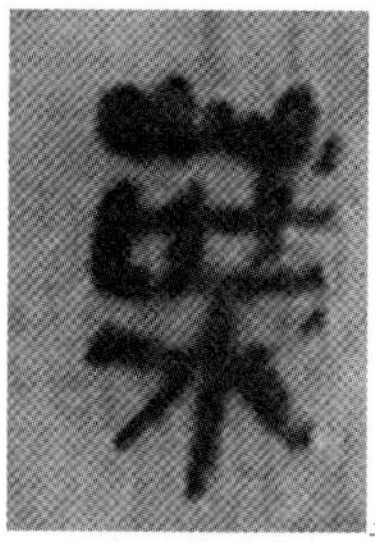
里・第五層 19

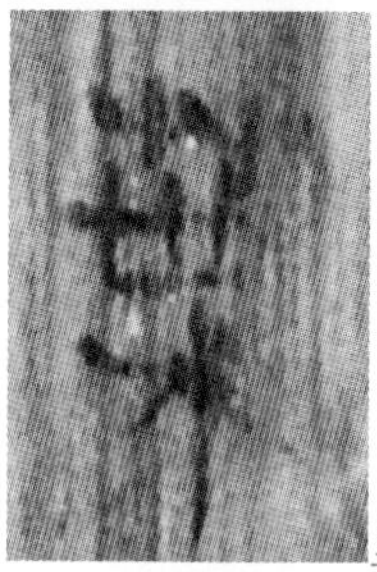
里・第八層 1907

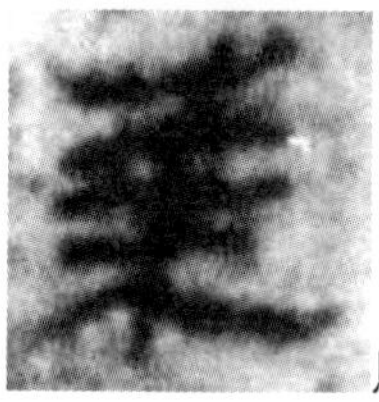
馬壹 86_158

○葉昆陽

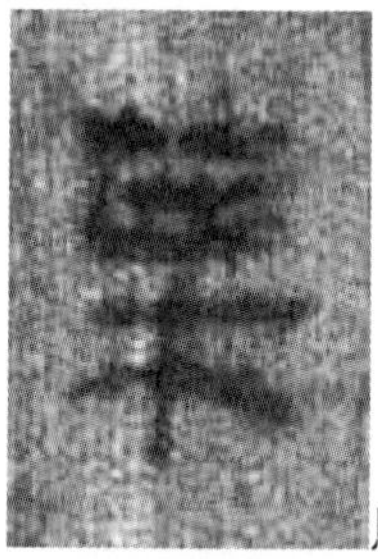
馬貳 134_23/78

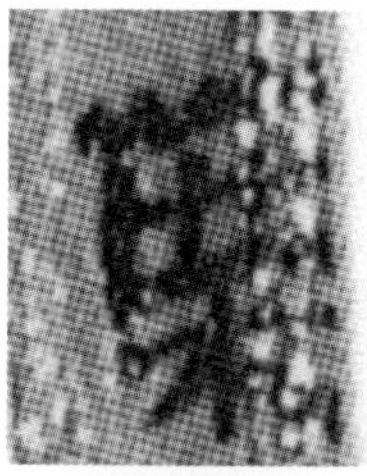
銀貳 1824

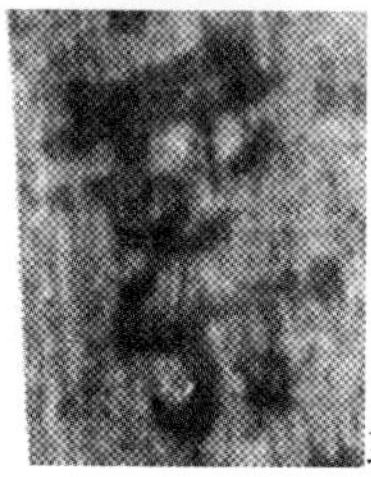
敦煌簡 0065

金關 T07:003

北壹・倉頡篇 64

○榮葉莠英

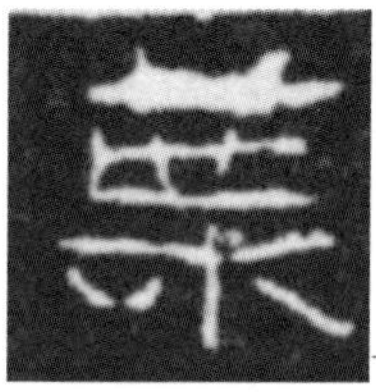
廿世紀璽印三-GY

○葉陽邑長

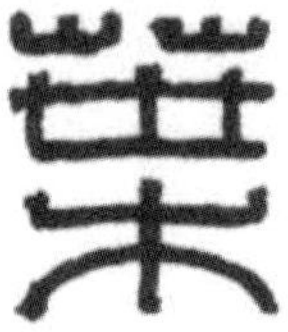
漢印文字徵

東漢・夏承碑

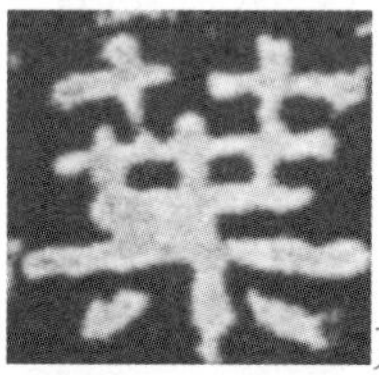
東漢・西岳華山廟碑陽

西晉・臨辟雍碑

北魏・穆彥誌

北魏・淨悟浮圖記

○貝葉生香

北魏・李蕤誌

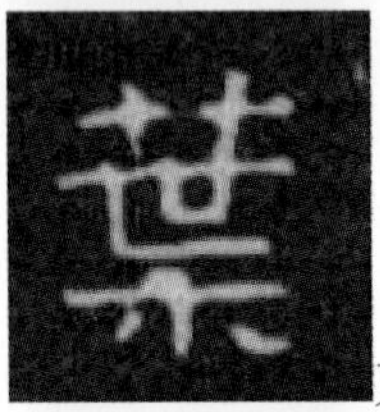
東魏・高盛碑

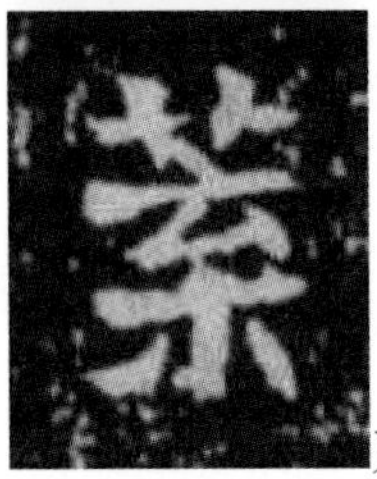
東魏・張瓘誌

○弈葉簪裾

【⿱艹劂】

《説文》：⿱艹劂，艸之小者。从艸劂聲。劂，古文銳字。讀若芮。

【芣】

《説文》：芣，華盛。从艸不聲。一曰芣苢。

【葩】

《説文》：葩，華也。从艸皅聲。

漢印文字徵

○蔡葩之印

北魏・弔比干文

○曳芙蓉之葩裳

北魏・元澄妃誌

○系葩今祜

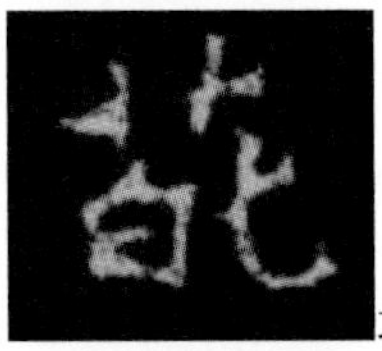
北魏・薛法紹造像

○合門榮葩

北魏・崔承宗造像

○門騰榮葩

北齊・斛律昭男誌

○顏豔豐葩

【芛】

《説文》：芛，艸之葟榮也。从艸尹聲。

【蘳】

《說文》：蘳，黃華。从艸黊聲。讀若壞。

【蔈】

《說文》：蔈，苕之黃華也。从艸㮾聲。一曰末也。

【英】

《說文》：英，艸榮而不實者。一曰黃英。从艸央聲。

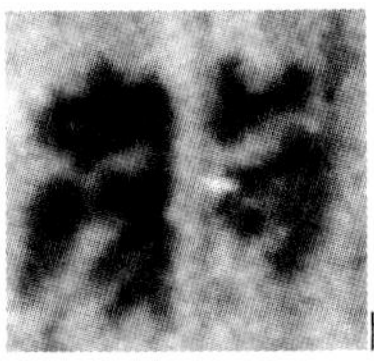
睡·日甲《歲》67

○禺（遇）英（殃）

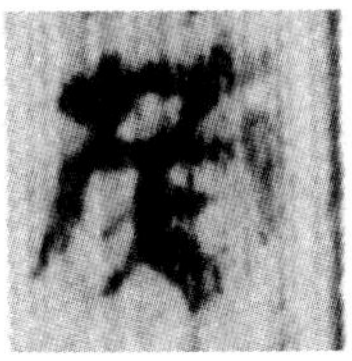
睡·日甲《毀弃》107

○受其英（殃）

馬壹 132_36 上/113 上

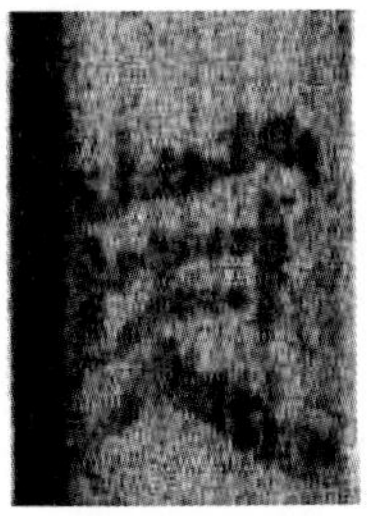
馬貳 203_11

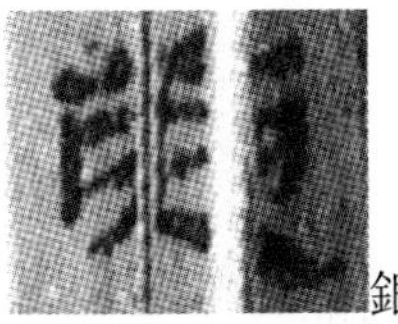
銀貳 1795

金關 T26:119

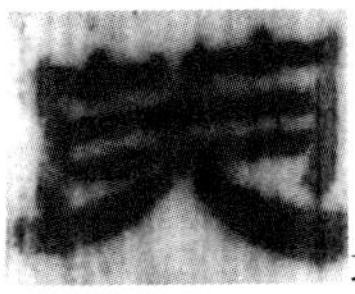
北壹·倉頡篇 64

○榮葉秀英

漢印文字徵

○王英

漢印文字徵

○字英

漢晉南北朝印風

○顏英私印

漢晉南北朝印風

○飤玉英

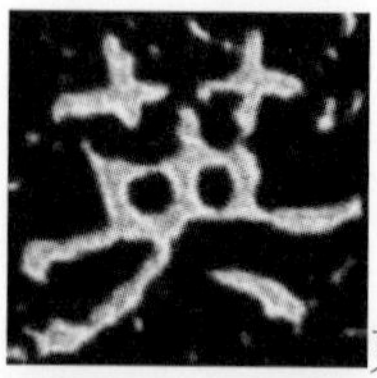
東漢・楊震碑

東漢・景君碑

東漢・朝侯小子殘碑

北魏・元理誌

北魏・元濬嬪耿氏誌

北魏・楊大眼造像

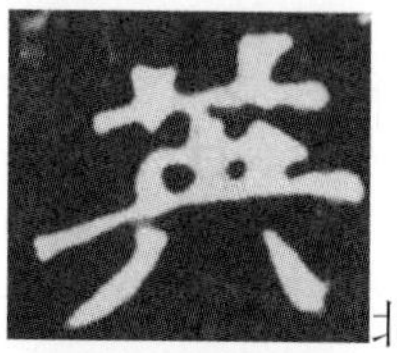
北魏・員標誌

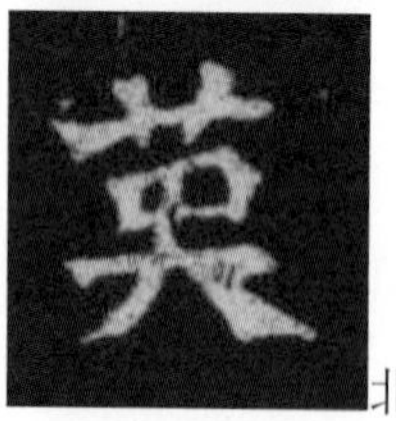
北魏・元始和誌

○誕育英良

北魏・吐谷渾璣誌

○簡拔英奇

北魏・秦洪誌

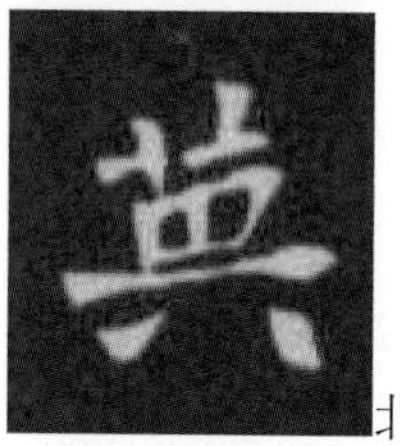
北魏・元朗誌

○英明夙發

北魏・穆亮誌

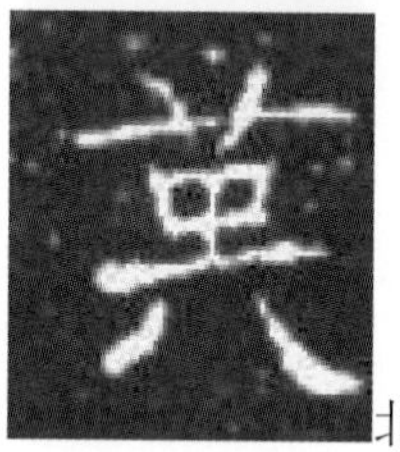
北齊・庫狄業誌

○人富英賢之業

【薾】

《説文》：薾，華盛。从艸爾聲。《詩》曰：“彼薾惟何？”

【萋】

《説文》：萋，艸盛。从艸妻聲。《詩》曰：“菶菶萋萋。”

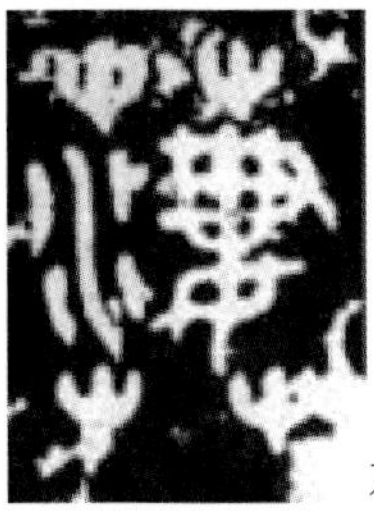
石鼓・霝雨

〇蓁=□□

北魏・盧令媛誌

北魏・盧令媛誌

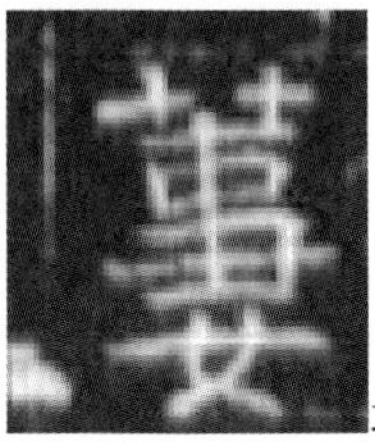
北齊・雲榮誌

〇宰樹蓁菁

【菶】

《説文》：，艸盛。从艸奉聲。

【薿】

《説文》：，茂也。从艸疑聲。《詩》曰："黍稷薿薿。"

【蕤】

《説文》：，艸木華垂皃。从艸甤聲。

銀貳 1785

〇奏蕤賓

北魏・元肅誌

〇葳蕤龍序

北魏・元維誌

〇葳蕤綠文

北魏・元秀誌

〇葳蕤休緒

北魏・穆纂誌

〇其德禮葳蕤

北魏・元融妃穆氏誌

〇茂葉葳蕤

【葼】

《説文》：，青齊沇冀謂木細枝曰葼。从艸嵏聲。

【萎】

《説文》：萎，艸萎萎。从艸移聲。

【蒝】

《説文》：蒝，艸木形。从艸原聲。

【莢】

《説文》：莢，艸實。从艸夾聲。

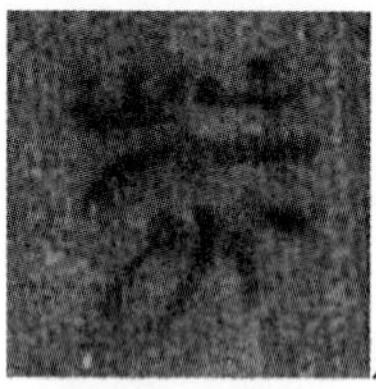
馬貳 128_9

○蕉莢

馬貳 77_166/153

○冶莢寞

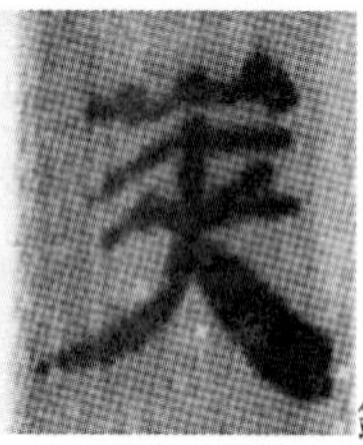
銀貳 1811

○食榆莢

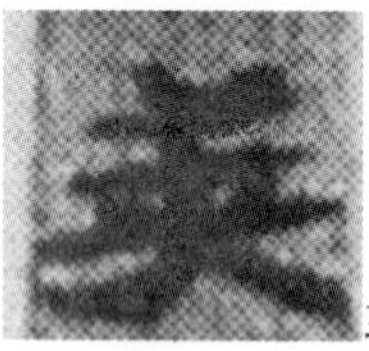
敦煌簡 2000

○辛皂莢

【芒】

《説文》：芒，艸耑。从艸亾聲。

里・第八層 837

馬壹 173_26 上

○黑芒北方之國

馬壹 120_13 上

○地芒（荒）土敝

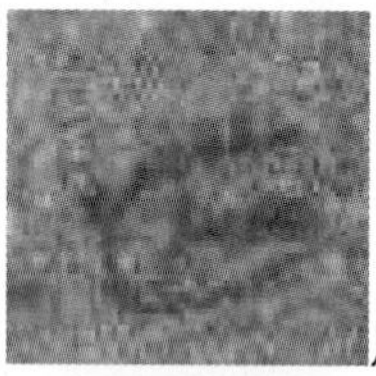
馬貳 98_12

銀貳 1497

北貳・老子 174

金關 T04:102

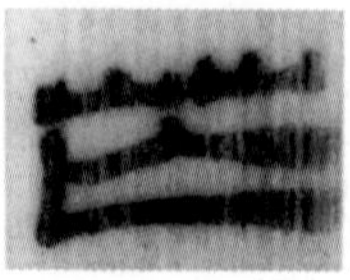
北壹・倉頡篇 13

○芒隙偏有

歷代印匋封泥

〇芒丞之印

廿世紀璽印三-GP

〇芒丞之印

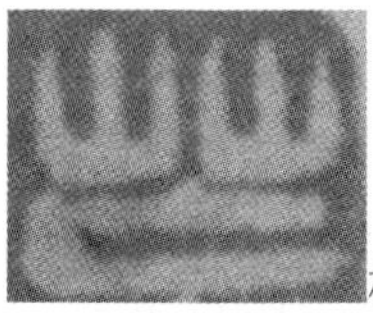
柿葉齋兩漢印萃

漢印文字徵

漢晉南北朝印風

東漢・賈仲武妻馬姜墓記

北魏・辛穆誌

〇葬於芒山之南

北魏・元楨誌

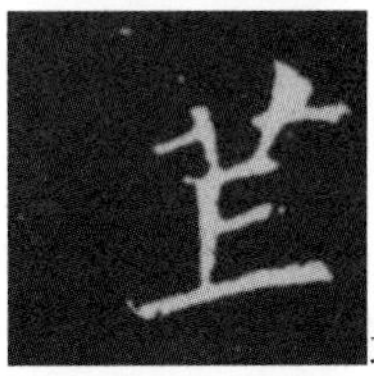
北魏・封昕誌

北魏・山暉誌

北魏・慧靜誌

北魏・緱光姬誌

北魏・于景誌

北魏・穆彥誌

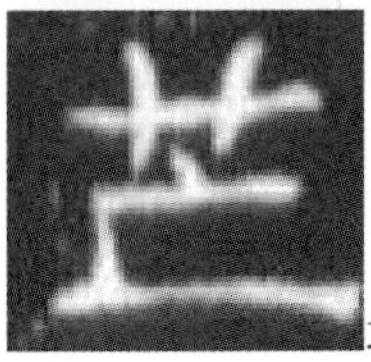
北魏・昭玄法師誌

北魏・元誘妻馮氏誌

北魏・王悦及妻郭氏誌

北魏・董偉誌

東魏・廣陽元湛誌

○芒阜臨北

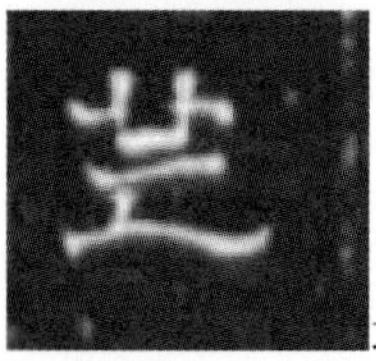
北周・安伽誌

【蓨】

《説文》：，藍蓼秀。从艸，隨省聲。

【蔕】

《説文》：，瓜當也。从艸帶聲。

北魏・元瞻誌

○超流品而岧蔕

【荄】

《説文》：，艸根也。从艸亥聲。

【莦】

《説文》：，茇也。茅根也。从艸均聲。

北魏・譚棻誌

【茇】

《説文》：，艸根也。从艸犮聲。春艸根枯，引之而發土爲撥，故謂之茇。一曰艸之白華爲茇。

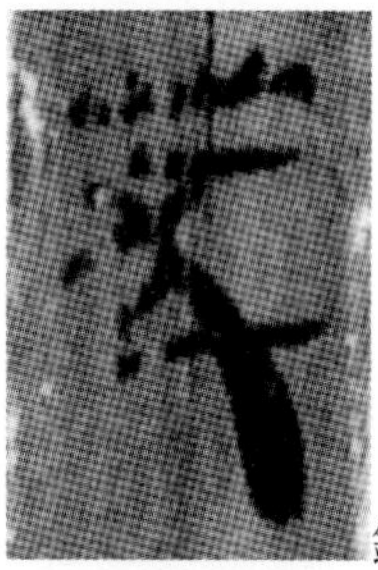
銀貳 1871

○分異茇（祓）除

銀貳 1781

○分異茇（祓）除

漢印文字徵

○茇閎私印

【芃】

《説文》：芃，艸盛也。从艸凡聲。《詩》曰：“芃芃黍苗。”

【蒪】

《説文》：蒪，華葉布。从艸傅聲。讀若傅。

【蓺】

《説文》：蓺，艸木不生也。一曰茅芽。从艸執聲。

【菦】

《説文》：菦，艸多皃。从艸斦聲。江夏平春有菦亭。

【茂】

《説文》：茂，艸豐盛。从艸戊聲。

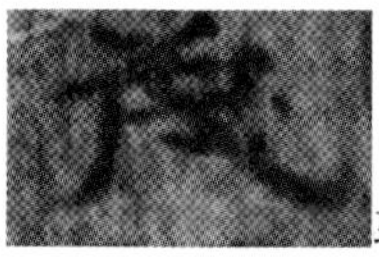
敦煌簡 0222

○助茂秉刃傷大君頭

金關 T08:084

○茂陵

漢代官印選

○茂陵令印

柿葉齋兩漢印萃

○陳茂印信

漢印文字徵

漢印文字徵

漢印文字徵

○李茂印信

廿世紀璽印四-SY

○孫茂鴻

漢晉南北朝印風

○薛茂私印

東漢・司馬芳殘碑額

○字子茂

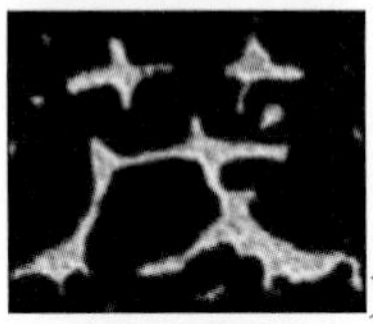
東漢・楊震碑

東漢・成陽靈臺碑

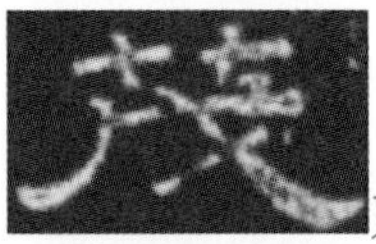
東漢・桐柏淮源廟碑

西晉・趙氾表

○容觀琰茂

西晉・徐義誌

西晉・石尠誌

○父字長茂

北魏・靈山寺塔銘

○王茂春

北魏・奚真誌

北魏・元秀誌

【⿱艹暘】

《説文》：⿱艹暘，艸茂也。从艸暘聲。

【蔭】

《説文》：蔭，艸陰地。从艸陰聲。

廿世紀璽印三-SP

○宜蔭

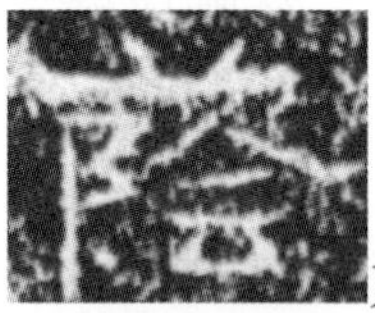
東漢・石門頌

○常蔭鮮晏

北魏・堯遵誌

○翠蔭踰芳

【⿱艹造】

《説文》：⿱艹造，艸皃。从艸造聲。

【茲（兹）】

《説文》：茲，艸木多益。从艸，兹

省聲。

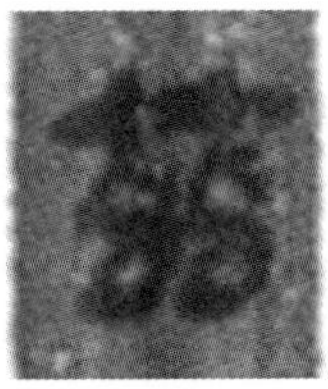
嶽・為吏 85

〇爲人父則茲（慈）

里・第八層 452

〇倉茲付司空

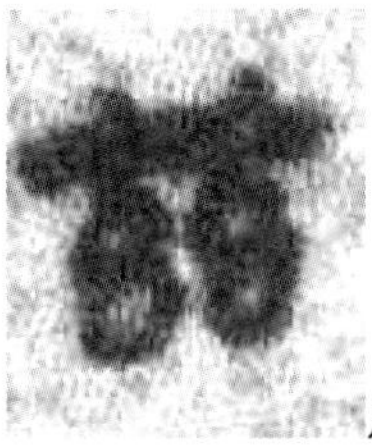
馬壹 145_33/207 下

〇舍其（亓）茲（慈）且勇

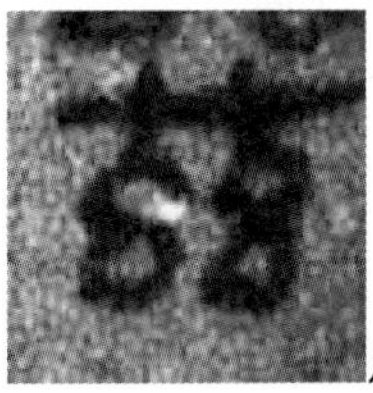
馬壹 130_7 上\84 上

〇茲（孳）天因而成之

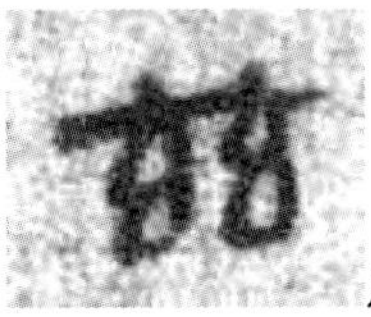
馬壹 4_8 下

〇邑人之茲（災）

北貳・老子 86

〇得邑人之茲（災）

北貳・老子 55

〇苛物茲（滋）起

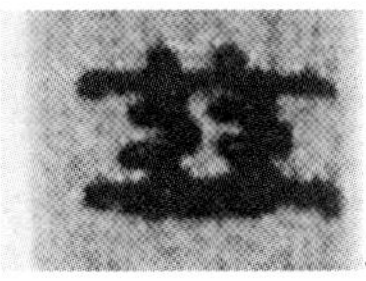
敦煌簡 2289

〇苛物茲（滋）起

魏晉殘紙

漢印文字徵

〇茲少儒

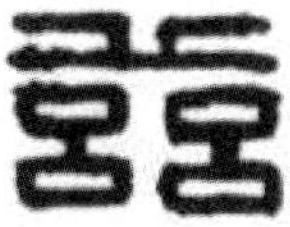
漢印文字徵

〇茲瞻私印

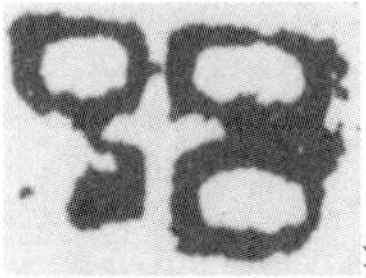
漢晉南北朝印風

〇大利蕃君茲

東漢・楊著碑額

東漢・景君碑

東漢・成陽靈臺碑

東漢・北海太守爲盧氏婦刻石

北魏・馮會誌

北魏・元肅誌

北魏・王普賢誌

北魏・元譚妻司馬氏誌

北魏・李超誌

北魏・元融誌

北魏・元昉誌

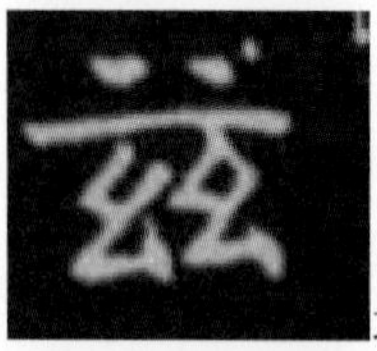
北魏・元顥誌

北魏・和醜仁誌

○銘茲懿德

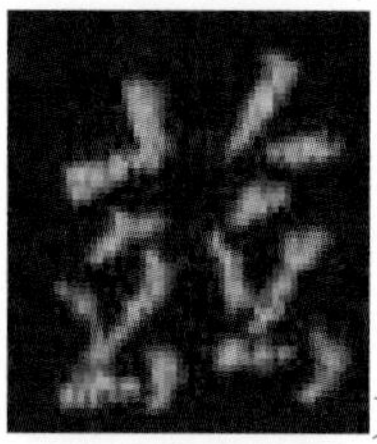
東魏・李顯族造像

北齊・唐邕刻經記

北齊・雲榮誌

北齊・婁黑女誌

【蔋】

《說文》：蔋，艸旱盡也。从艸俶聲。

《詩》曰："蔽蔽山川。"

【蔽】

《説文》：，艸皃。从艸歊聲。《周禮》曰："轂獘不蔽。"

【蘚】

《説文》：，艸多皃。从艸旣聲。

【薋】

《説文》：，艸多皃。从艸資聲。

廿世紀璽印三-GP

○薋丞之印

【蓁】

《説文》：，艸盛皃。从艸秦聲。

【萷】

《説文》：，惡艸皃。从艸肖聲。

【芮】

《説文》：，芮芮，艸生皃。从艸内聲。讀若汭。

嶽・占夢書 19

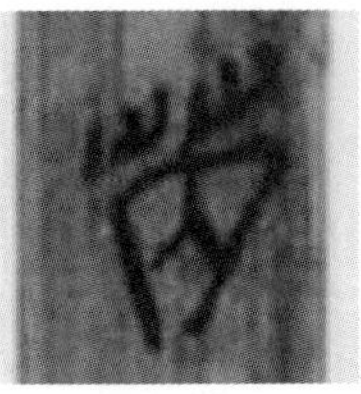
嶽・芮盜案 62

馬壹 171_3 上

馬壹 99_104

張・蓋盧 29

敦煌簡 1150

○木薪芮薪小

秦代印風

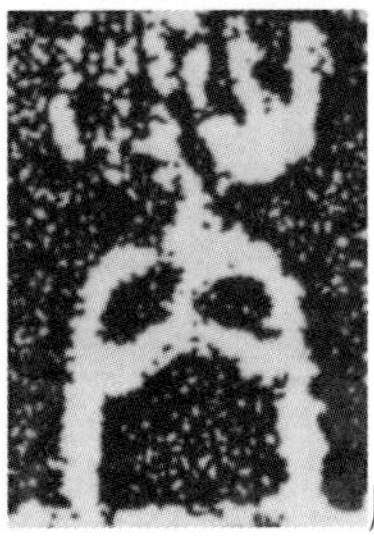
歷代印匋封泥

漢印文字徵

漢印文字徵

漢晉南北朝印風

【茬】

《説文》：茬，艸皃。从艸在聲。濟北有茬平縣。

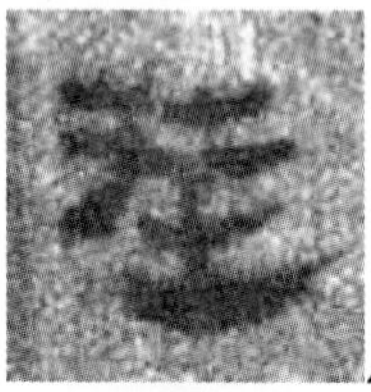
馬壹 43_43 上

○爲豐茬

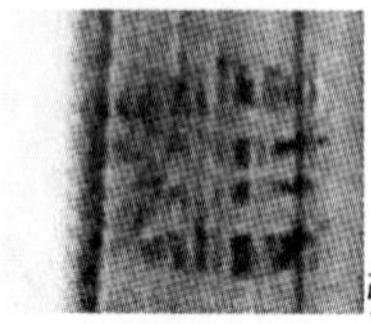
張・秩律 460

○茬平

漢印文字徵

○茬□丞□

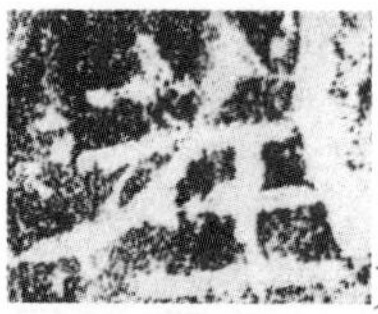
東漢・楊叔恭殘碑側

○書佐濟北茬平□納

【薈】

《説文》：薈，艸多皃。从艸會聲。《詩》曰："薈兮蔚兮。"

秦文字編 114

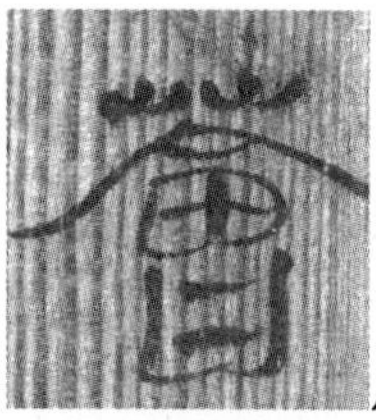
馬貳 295_7

○衣薈乙笥

東魏・趙紹誌

○文陶其薈

【蕪】

《説文》：蕪，細草叢生也。从艸敄聲。

【芼】

《説文》：芼，艸覆蔓。从艸毛聲。《詩》曰："左右芼之。"

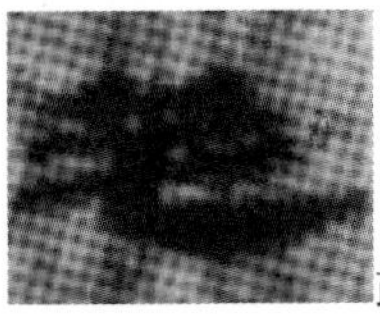
武・甲《特牲》15

〇刑（鉶）芼埶（設）于豆

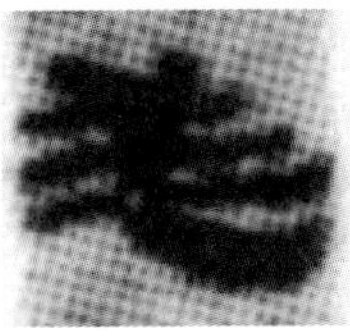
武・甲《少牢》26

〇南皆芼皆

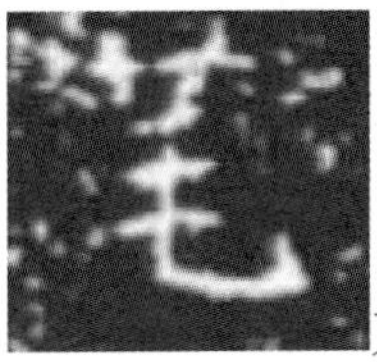
東魏・羊深妻崔元容誌

〇爰供蘋芼

【蒼】

《説文》：蒼，艸色也。从艸倉聲。

漢銘・建武泉範一

漢銘・元始高鐙

漢銘・建武泉範二

里・第八層 758

〇蒼梧

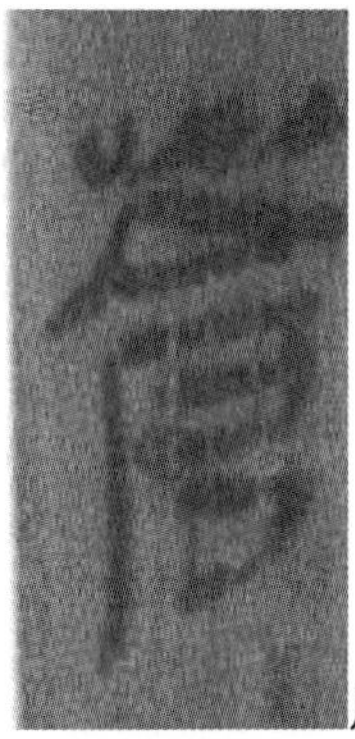
馬貳 203_10

〇食蒼則蒼

張・奏讞書 81

張・蓋盧 6

銀貳 1779

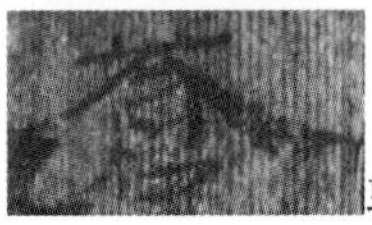
敦煌簡 1334B

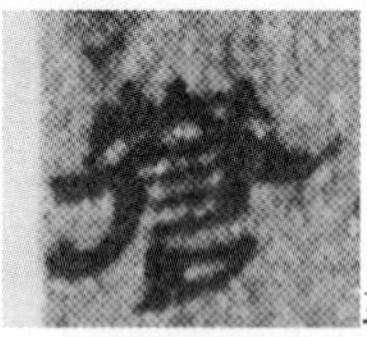
敦煌簡 2130

○猶黑蒼

金關 T06:111A

○蒼頡

秦代印風

歷代印匋封泥

○季蒼

歷代印匋封泥

○美陽工倉

秦代印風

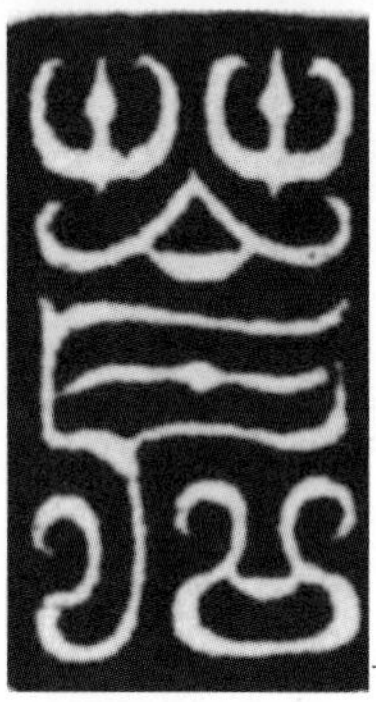
廿世紀璽印三-SY

○辛蒼

廿世紀璽印三-SY

○利蒼

漢晉南北朝印風

漢印文字徵

漢印文字徵

○沈蒼私印

漢晉南北朝印風

東漢・譙敏碑

東漢・西岳華山廟碑陽

東晉・張鎮誌

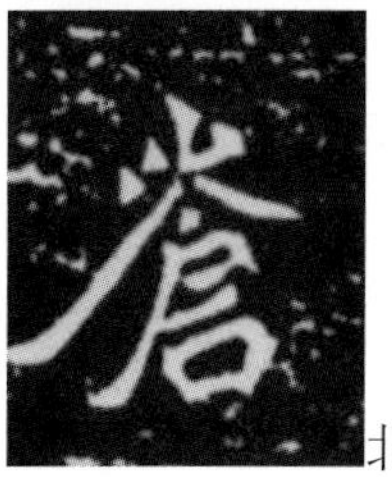
北魏・元詳誌

○配美平蒼

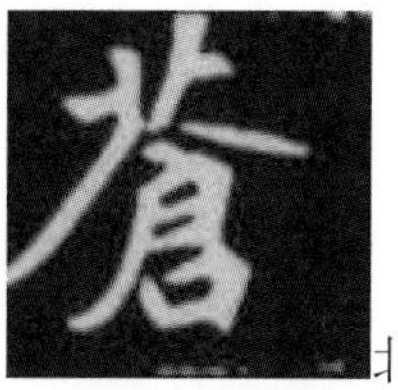
北魏・元顯俊誌

北魏・楊胤誌

○蒼山之麓。

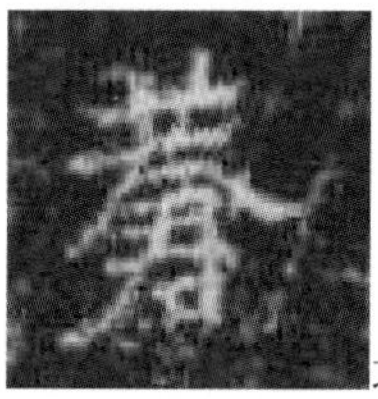
北齊・畢文造像

○愍此蒼生

【葻】

《説文》：，艸得風皃。从艸、風。讀若婪。

【萃】

《説文》：，艸皃。从艸卒聲。讀若瘁。

里・第八層背 141

○萃手

馬壹 175_52 上

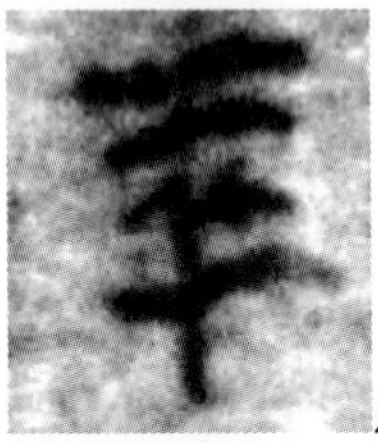
馬壹 83_87

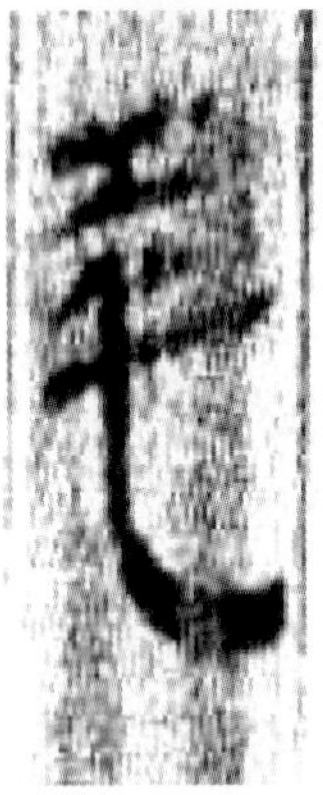
馬貳 216_2/13

○見陽萃（猝）而暴

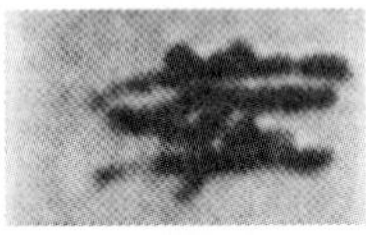
敦煌簡 1788

○相見萃然

金關 T07:094

○方姦萃有

秦代印風

○萃

秦代印風

○楚萃

漢印文字徵

漢印文字徵

○趙萃

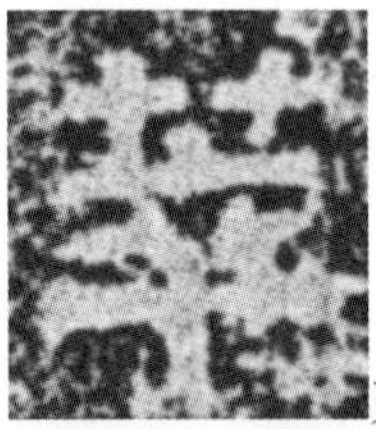
東漢・熹平石經殘石五

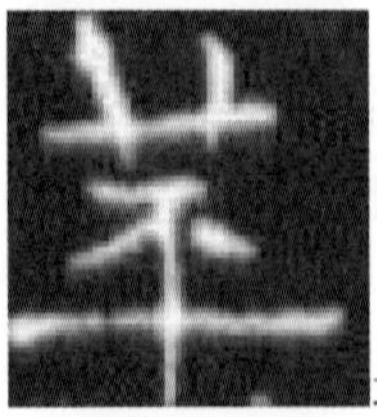
北魏・昭玄法師誌

○嘉命萃止

東魏・慧光誌

○尋妙響而影萃

北齊・赫連子悅誌

北齊・盧脩娥誌

【蒔】

《說文》：，更別種。从艸時聲。

嶽・猩敞案 54

【苗】

《說文》：，艸生於田者。从艸从田。

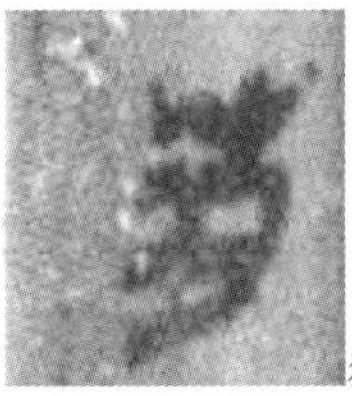
嶽・為吏 16

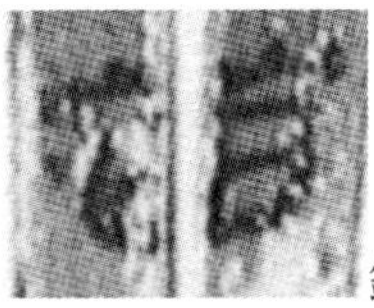
銀貳 1233

○勝三苗

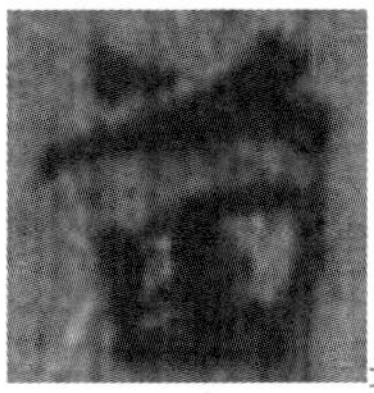
吴簡嘉禾・五・七一

秦代印風

○苗妾

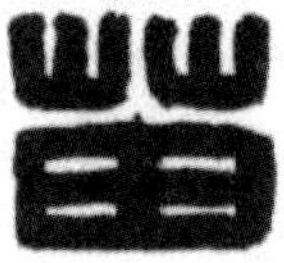
漢印文字徵

○苗乘之印

東漢・成陽靈臺碑

東漢・成陽靈臺碑

東漢・景君碑

東漢・石門頌

三國魏・曹真殘碑

○天水梁苗

北魏・高珪誌

北魏・侯愔誌

北魏・秦洪誌

○苗裔

【苛】

《説文》：，小艸也。从艸可聲。

漢銘・聖主佐宮中行樂錢

睡・為吏 6

睡・為吏 39

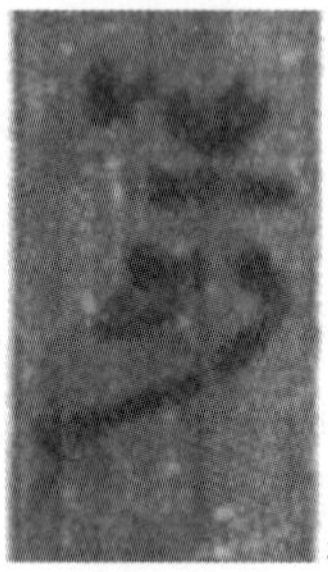
嶽・為吏 48

里・第八層 219

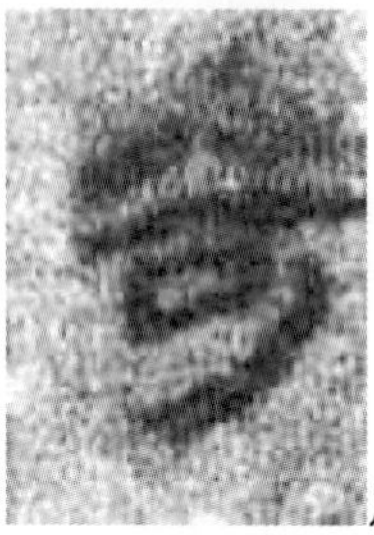
馬壹 122_21 上

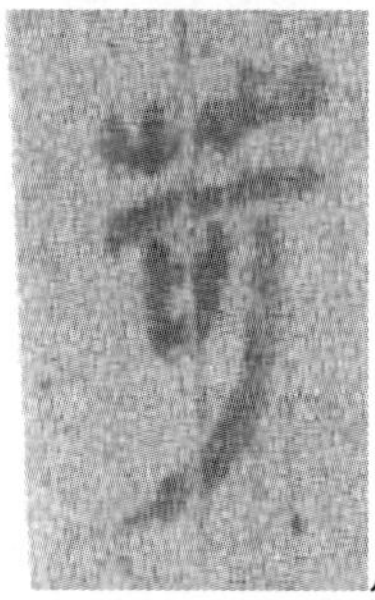
馬貳 206_36

張・蓋盧 51

金關 T09:062A

漢印文字徵

○苛先印信

漢印文字徵

○苛畢

東漢・三公山碑

北魏・□伯超誌

【蕪】

《說文》：蕪，薉也。从艸無聲。

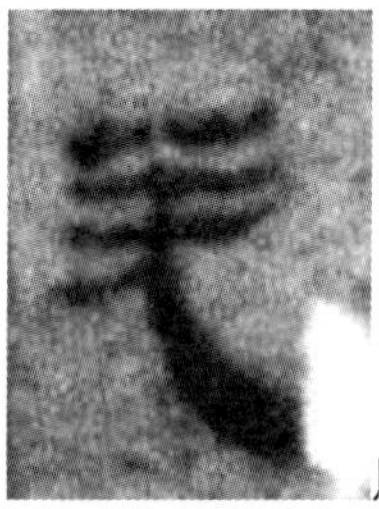
馬壹 142_15/189 上

○芜（蕪）倉甚虛服

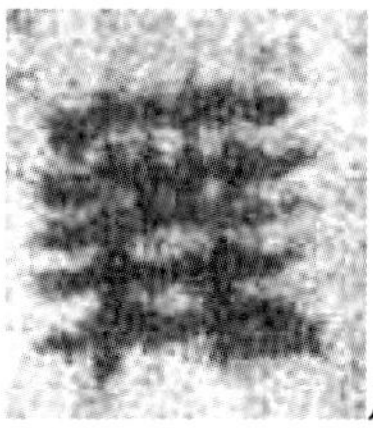
馬壹 15_10 上\103 上

○國蕪其（亓）地

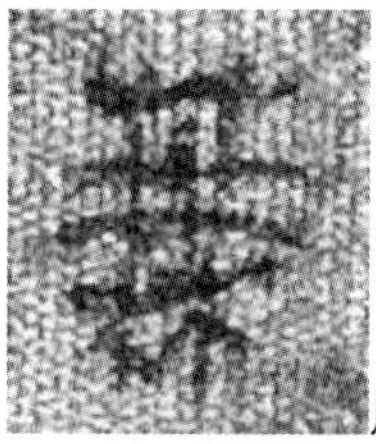
馬貳 71_76/76

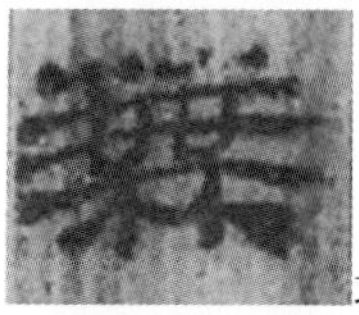
北貳・老子 43

北魏・穆纂誌

○荒丘蕪沒

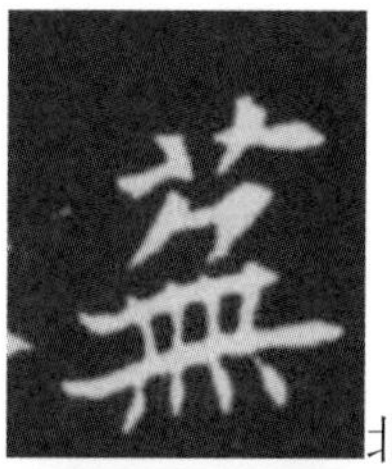
北魏・元濬嬪耿氏誌

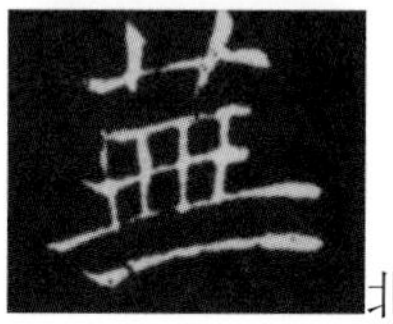
北魏・鄭君妻誌

○蕪沒佐鄉

【薉】

《說文》：薉，蕪也。从艸歲聲。

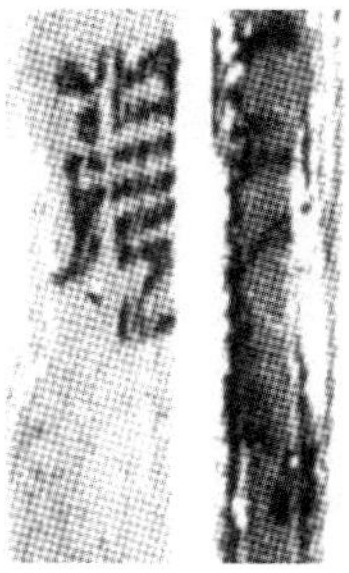
銀貳 1937

○疇薉（穢）國

漢印文字徵

○蕆憙

漢印文字徵

○討蕆辨軍印

【荒】

《説文》：，蕪也。从艸巟聲。一曰艸淹地也。

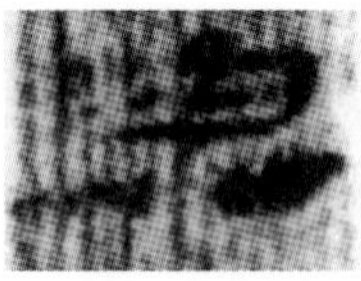
武・日忌木簡乙 2

○居必荒

東漢・成陽靈臺碑

東漢・成陽靈臺碑

東漢・張遷碑陽

東漢・西岳華山廟碑陽

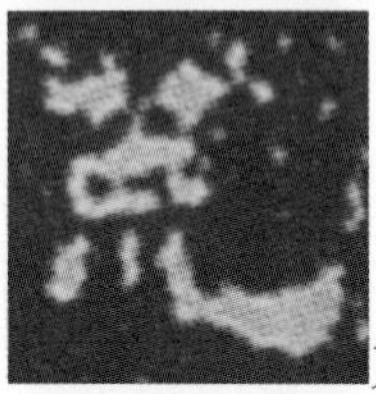
東漢・鮮於璜碑陽

東漢・孔宙碑陽

東漢・石門頌

○厲清八荒

北魏・□伯超誌

○遐荒窮塞

北魏・解伯都等造像

○荒沾泯

【蕰】

《説文》：，艸亂也。从艸盌聲。杜林說：艸莘蕰皃。

【䔲】

《說文》：䔲，䔲薀皃。从艸爭聲。

【落】

《說文》：落，凡艸曰零，木曰落。从艸洛聲。

張・奏讞書 212

張・引書 99

金關 T10:357

吴簡嘉禾・四・四七四

廿世紀璽印三-GY

○黄單落築

廿世紀璽印三-SY

○東壄落印

漢晉南北朝印風

漢晉南北朝印風

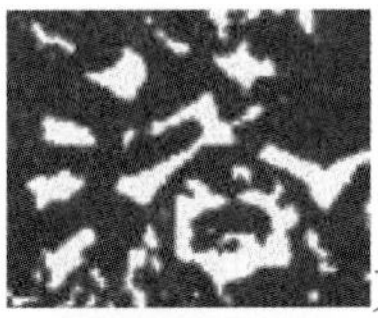
東漢・燕然山銘

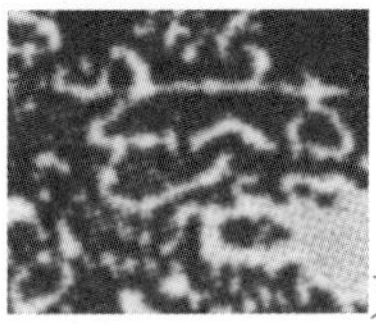
東漢・張遷碑陽

○隨就虛落

北魏・慈慶誌

北魏・李璧誌

○觀書亡落

北魏・元廣誌

北魏・元濬嬪耿氏誌

○陰蘿落英

北魏・淨悟浮圖記

【蔽】

《説文》：蔽，蔽蔽，小艸也。从艸敝聲。

馬壹 127_63 下

○蔽光

馬壹 113_42\393

○下蔽上

馬壹 111_2\353

○下蔽上

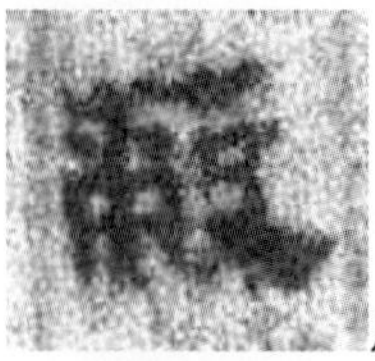
馬壹 38_3 上\27 上

○弗能蔽（敝）者

馬貳 69_31/31

○即出蔽以市

張・脈書 2

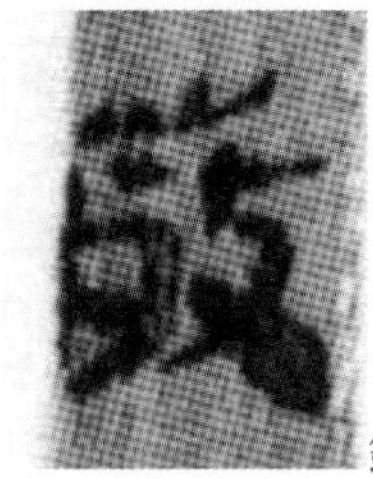
銀貳 1475

○賢者蔽有主

東漢・成陽靈臺碑

○永未蔽兮

北魏・王誦誌

○交柯蔽戶

北魏·楊乾誌

〇愁松蔽路

【蘀】

《說文》：蘀，艸木凡皮葉落陊地爲蘀。从艸擇聲。《詩》曰："十月隕蘀。"

北魏·元馗誌

〇先霜殞蘀

北魏·元昭誌

〇零蘀

【薀】

《說文》：薀，積也。从艸温聲。《春秋傳》曰："薀利生孽。"

北魏·元彧誌

〇薀道摛光

北魏·元彝誌

〇玄言內薀

北魏·元誘誌

〇薀氣風雲

西魏·鄧子詢誌

〇薀節含精

北齊·斛律氏誌

〇薀曜含華

【蔫】

《說文》：蔫，菸也。从艸焉聲。

【菸】

《說文》：菸，鬱也。从艸於聲。一曰殘也。

北魏·陳天寶造像

〇尫菸枕席

【藥】

《説文》：藥，艸旋皃也。从艸榮聲。《詩》曰："葛纍藥之。"

【蔡】

《説文》：蔡，艸也。从艸祭聲。

敦煌簡 0264

〇鄉里蔡育二十九廣

北壹・倉頡篇 47

〇陳蔡宋衛

吴簡嘉禾・五・四五八

〇縣卒蔡庫

吴簡嘉禾・五・四五六

〇男子蔡邠

吴簡嘉禾・五・一〇一

〇男子蔡健

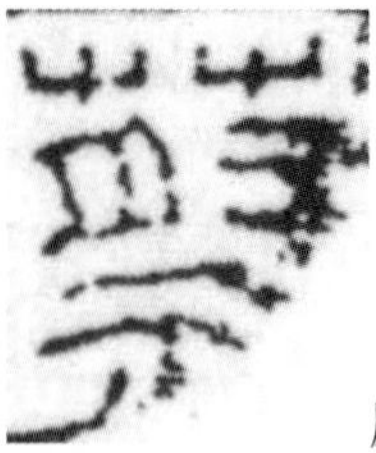
歷代印匋封泥

〇新蔡丞印

秦代印風

〇蔡把

秦代印風

〇蔡欬

廿世紀璽印三-SY

〇蔡常有

廿世紀璽印三-SY

〇蔡延年印

廿世紀璽印三-SP

〇蔡即

廿世紀璽印三-SY

〇蔡寵

漢印文字徵

〇蔡禹私印

柿葉齋兩漢印萃

〇蔡弓任

漢印文字徵

〇蔡柱私印

漢印文字徵

〇蔡小卿

漢印文字徵

〇蔡氏

漢印文字徵

〇蔡印延年

漢印文字徵

〇蔡陽國尉

漢晉南北朝印風

〇蔡氏

漢晉南北朝印風

○巨蔡千萬

漢晉南北朝印風

○臣蔡

漢晉南北朝印風

○蔡冋

漢晉南北朝印風

○蔡種印信

漢晉南北朝印風

○蔡異衆印

漢晉南北朝印風

○蔡柱私印

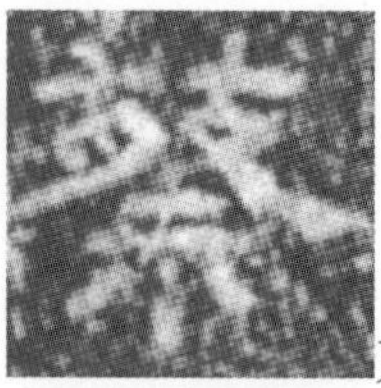
東漢・冠軍城石柱題名

○汝南蔡訓起宗

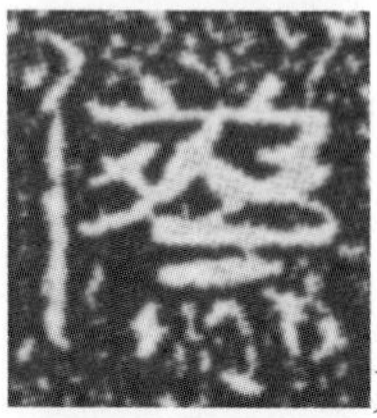
東漢・張遷碑陽

○臘正之蔡（傺）

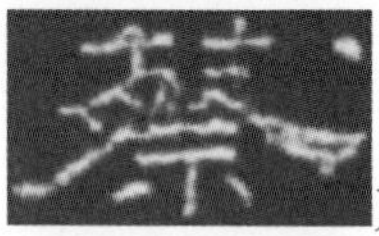
東漢・桐柏淮源廟碑

三國魏・三體石經春秋・隸書

三國魏・三體石經春秋・篆文

○蔡人

北魏・薛伯徽誌

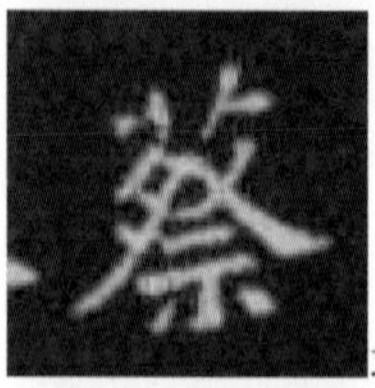
北魏・元乂誌

北齊・唐邕刻經記

【茷】

《説文》：，艸葉多。从艸伐聲。《春秋傳》曰：“晉糴茷。”

【菜】

《説文》：，艸之可食者。从艸采聲。

馬貳 240_217

○木五菜（彩）畫并

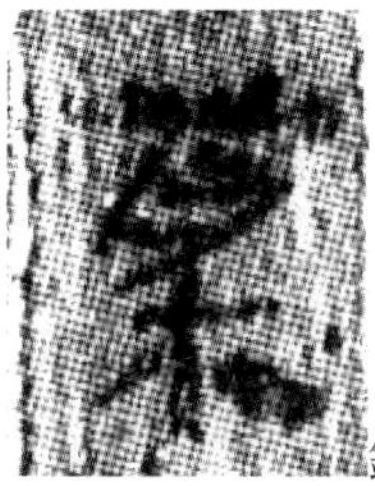
銀貳 1545

○全五菜（彩）必

東漢・東漢・婁壽碑陽

○蔬菜之食

東魏・趙秋唐吳造像

東魏・李憲誌

○草菜自盡

北齊・雋敬碑

○食菜勃海

【荋】

《説文》：，艸多葉皃。从艸而聲。沛城父有楊荋亭。

【芝】

《説文》：，艸浮水中皃。从艸乏聲。

【薄】

《説文》：，林薄也。一曰蠶薄。从艸溥聲。

漢銘・上林鐙

里・第八層 1742

○作徒薄（簿）受

里・第八層 1559

○作徒薄

馬壹 38_10 上

○德薄而立（位）

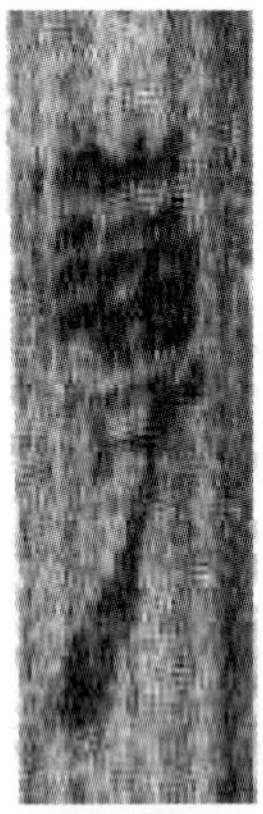
馬貳 219_43/54

馬貳 32_3 上

○得薄與轉馬

張・奏讞書 207

○謂即薄（簿）出

張・奏讞書 124

○獄薄（簿）

銀壹 582

○鄰（吝）於財薄乎

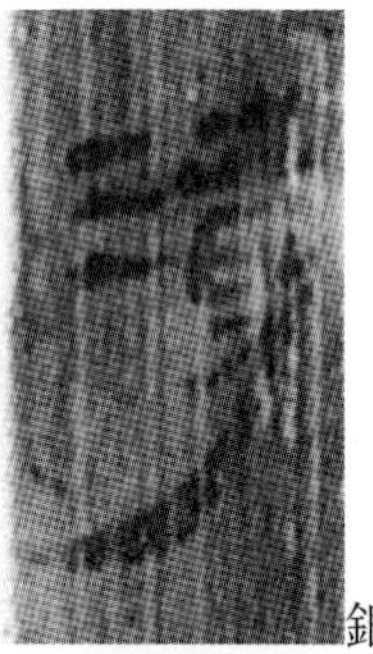
銀貳 2147

○欲殺薄數置次厚而

北貳・老子 5

○不居其薄

敦煌簡 2224

○兵四時薄（簿）

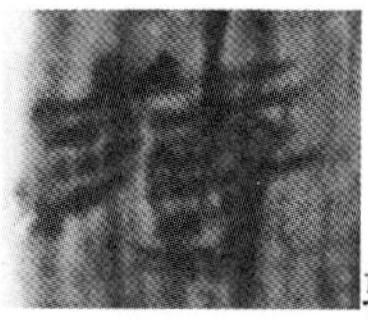
敦煌簡 1292

○精薄一編敢言之

金關 T24:144

金關 T10:065

○出入薄（簿）

金關 T04:124

○卒閣錢薄（簿）

金關 T21:431

○治兵薄

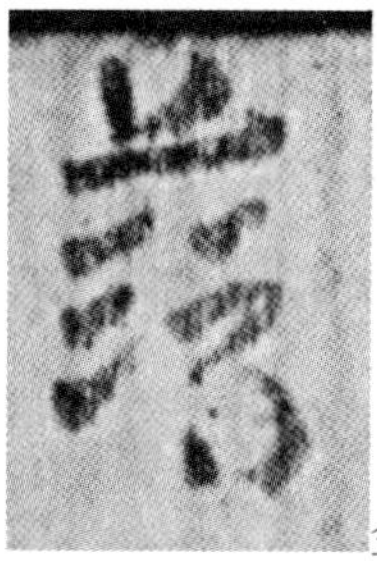
金關 T10:220A

○薄恕自憐

東牌樓 077 正

○掾史主薄（簿）

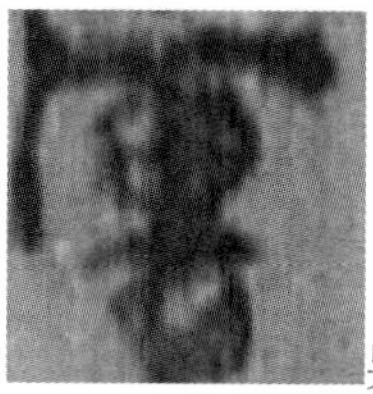
吳簡嘉禾・五・四二一

○東薄丘州卒

秦代印風

○李薄

漢印文字徵

○薄戎奴

漢印文字徵

○薄丞之印

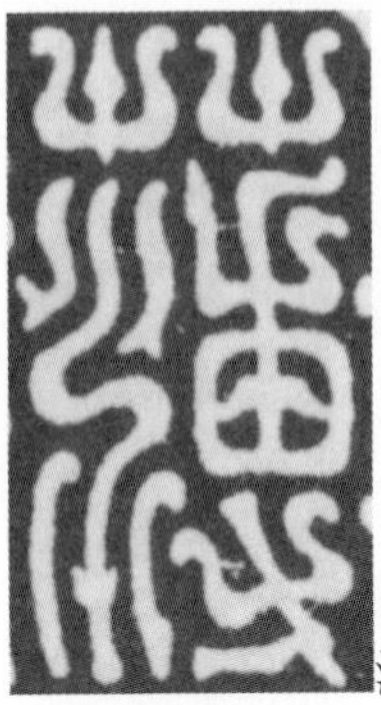
漢晉南北朝印風

○薄戎奴

東漢・孫仲隱墓刻石

○故主薄（簿）

東漢・西狹頌

○故從事主薄（簿）下辨李遂

東漢・夏承碑

○爲主薄（簿）

東漢・相張壽殘碑

○躬自菲薄

東漢・元嘉元年畫像石題記一

○前者功曹後主薄（簿）

北魏・陳天寶造像

○宿薄無良

北魏・元欽誌

○薄領紛騰

北魏・元進誌

○□爲主薄（簿）

北魏・元瑱誌

○高祖薄伐江陵

【苑】

《說文》：苑，所以養禽獸也。从艸夗聲。

睡・秦律十八種 190

睡・為吏 34

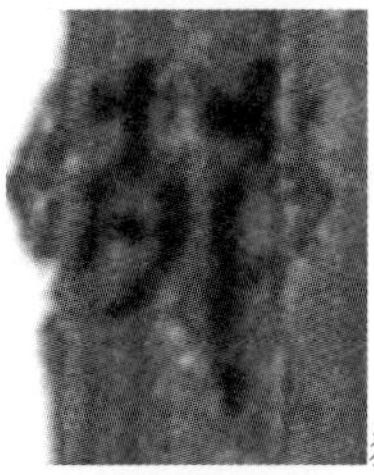
嶽・為吏 62

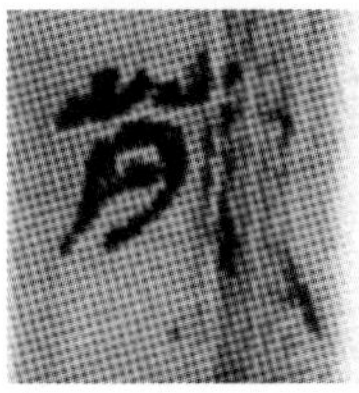
張・徭律 413

金關 T04:098A

東牌樓 006

歷代印匋封泥

○白水苑丞

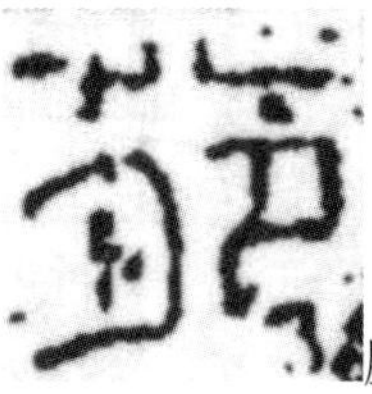
歷代印匋封泥

○東苑丞印

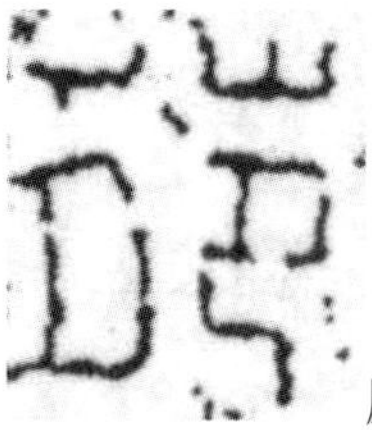
歷代印匋封泥

○杜南苑丞

秦代印風

○苑贏

廿世紀璽印三-GP

○鼎胡苑丞

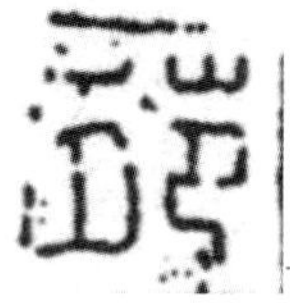
廿世紀璽印三-GP

○杜南苑丞

漢晉南北朝印風

○箄閭苑監

漢印文字徵

○苑恁私印

漢代官印選

○小苑東門侯

漢印文字徵

○右泉苑監

漢印文字徵

○苑光

漢印文字徵

○苑勝

漢晉南北朝印風

○苑壽貴印

東漢・王孝淵碑

東漢・張遷碑陽

東漢・張遷碑陽

北魏・穆紹誌

北魏・元鑽遠誌

【藪】

《説文》：藪，大澤也。从艸數聲。九州之藪：楊州具區，荊州雲夢，豫州甫田，青州孟諸，沇州大野，雝州弦圃，幽州奚養，冀州楊紆，并州昭餘祁是也。

北魏・元秀誌

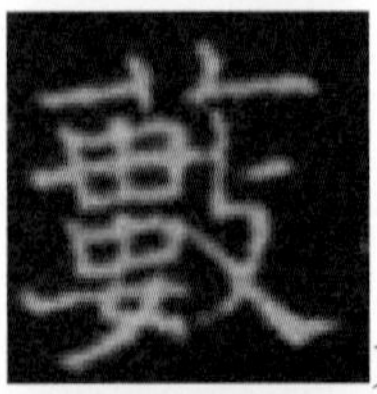
東魏・元悰誌

北齊・斛律氏誌

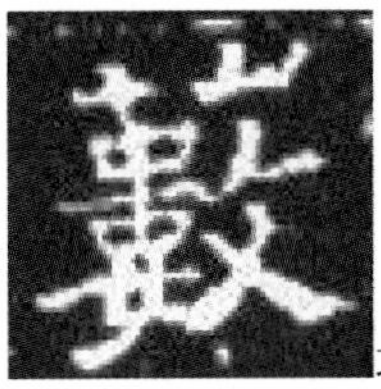
北齊·盧脩娥誌

【菑】

《説文》：菑，不耕田也。从艸、甾。《易》曰："不菑畬。"

【甾】

《説文》：甾，菑或省艸。

漢銘·菑川鼎二

漢銘·菑川太子家鑪

漢銘·臨菑鼎

馬壹 83_96

○俞疾功菑四

馬壹 16_12 下\105 下

○天地無菑（災）

張·奏讞書 18

○臨菑

銀貳 1904

○五穀有菑（災）

金關 T09:003

○齊郡臨菑

廿世紀璽印三-GP

○菑亭

廿世紀璽印三-GP

○臨菑市

廿世紀璽印三-GP

○臨菑市丞

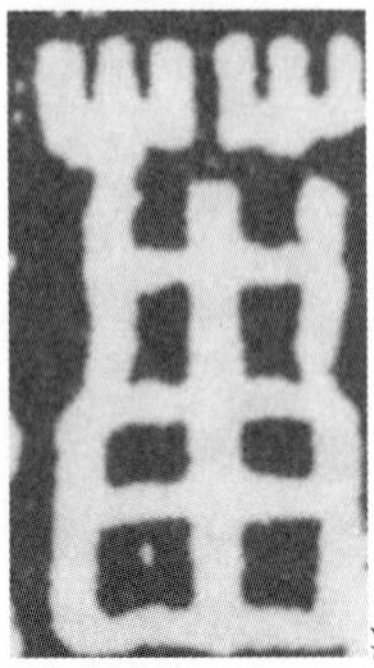
漢晉南北朝印風

○梁菑農長

廿世紀璽印三-GP

○臨菑卒尉

漢印文字徵

○臨菑邸閣督印

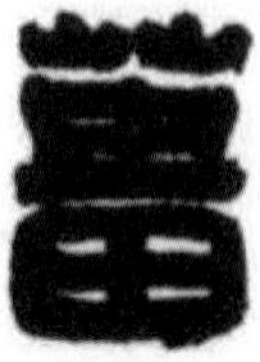
漢印文字徵

○宛菑偃

歷代印匋封泥

○臨菑左尉

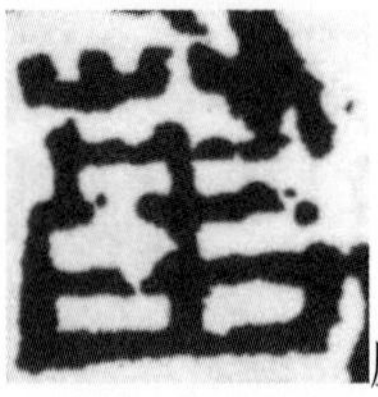
歷代印匋封泥

○菑川中尉

歷代印匋封泥

○菑川王璽

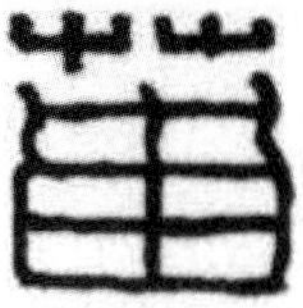
漢印文字徵

○菑川王璽

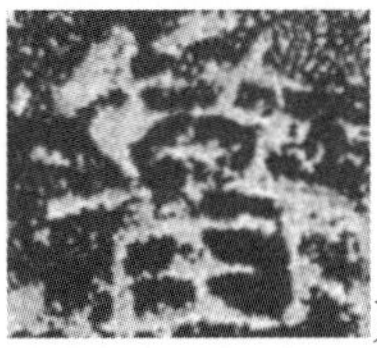
東漢・孟孝琚碑

○亦遇此菑

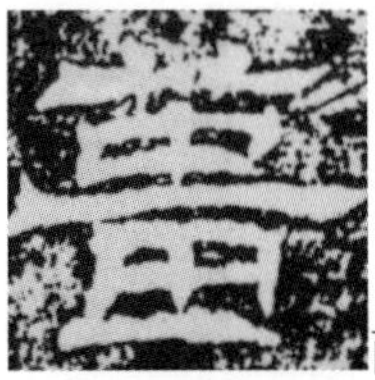
西晉・左棻誌

○齊國臨菑人

北魏・師僧達等造像

○齊郡臨菑

【蘨（蘨）】

《説文》：，艸盛皃。从艸繇聲。

《夏書》曰：“厥艸惟蘨。”

北壹・倉頡篇 16

〇橘蘨萋苞

【薙】

《說文》：薙，除艸也。《明堂月令》曰：“季夏燒薙。”从艸雉聲。

【𦬸】

《說文》：𦬸，耕多艸。从艸、耒，耒亦聲。

【䓇】

《說文》：䓇，艸大也。从艸致聲。

【蔪】

《說文》：蔪，艸相蔪苞也。从艸斬聲。《書》曰：“艸木蔪苞。”

【𧁨】

《說文》：𧁨，蔪或从槧。

敦煌簡 0032B

〇蔪干幡各一

【茀】

《說文》：茀，道多艸，不可行。从艸弗聲。

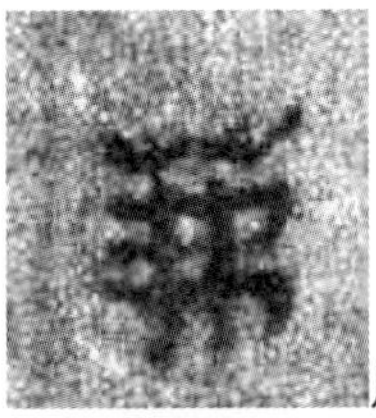
馬壹 135_41 下/118 下

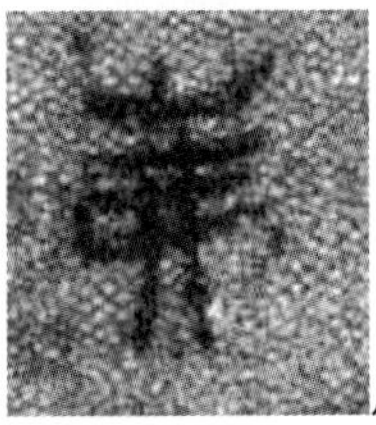
馬貳 114_90/90

〇取茀選一斗

秦代印風

〇駱茀

漢印文字徵

〇茀奴

漢印文字徵

〇茀通

漢印文字徵

〇茀定之印

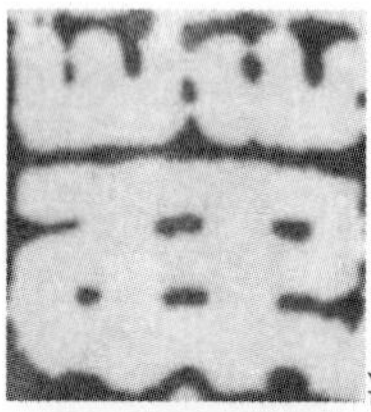
漢晉南北朝印風

東魏・元延明妃馮氏誌

○魚軒翟茀

【苾】

《說文》：，馨香也。从艸必聲。

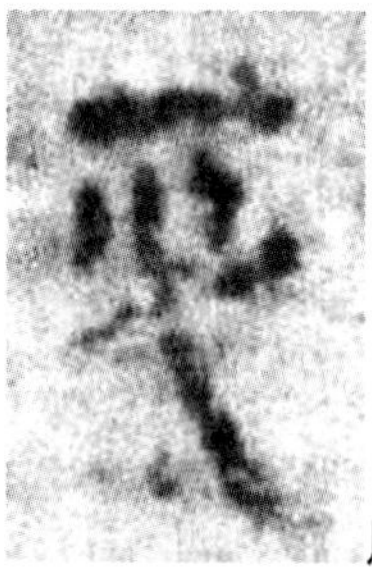
馬壹 91_267

漢印文字徵

○苾榮

【蔎】

《說文》：，香艸也。从艸設聲。

【芳】

《說文》：，香艸也。从艸方聲。

馬壹 14_92 下

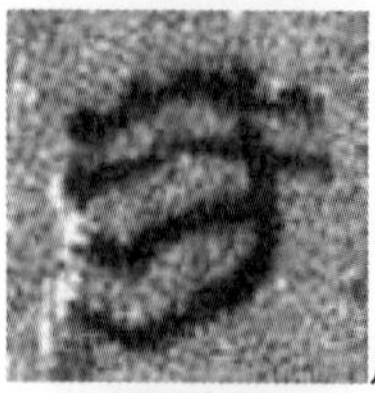
馬壹 9_63 上

馬貳 211_90

○曰毋（無）芳（妨）也

漢印文字徵

○象芳遂

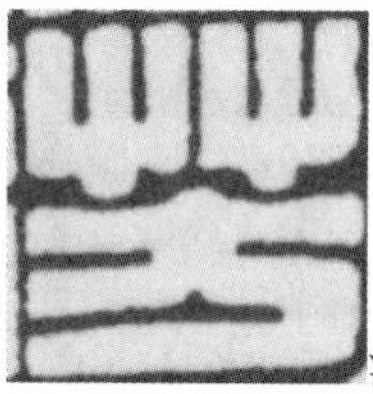
漢晉南北朝印風

○潤芳啟事

東漢・譙敏碑

○永世遺芳

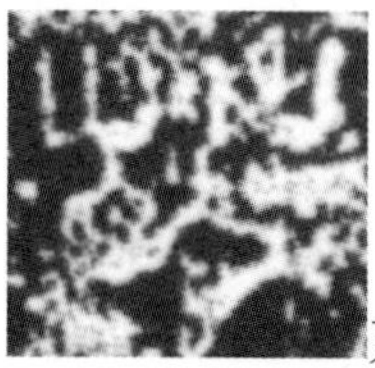
東漢・北海相景君碑陽

○垂芳燿於書篇。

東漢・西岳華山廟碑陽

東漢・熹平殘石

東漢・趙寬碑

北魏・穆亮誌

○風芳冀東

北魏・穆亮誌

北魏・和醜仁誌

○挺芳神於盛世

北魏・元弘嬪侯氏誌

○永光芳烈

東魏・淨智塔銘

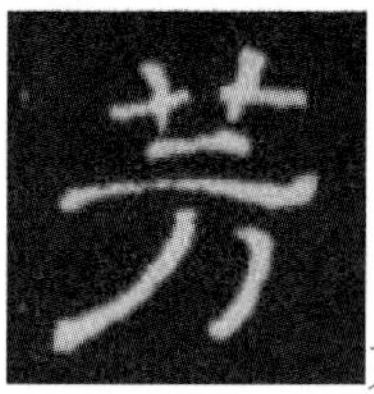
東魏・司馬韶及妻侯氏誌

【蕡】

《説文》：蕡，雜香艸。从艸賁聲。

北齊・徐之才誌

○昔苗蕡在晉

【藥】

《説文》：藥，治病艸。从艸樂聲。

里・第八層 1440

馬貳 69_28/28

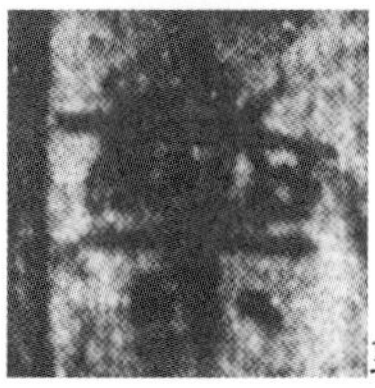
敦煌簡 2301

敦煌簡 2034

金關 T04:061

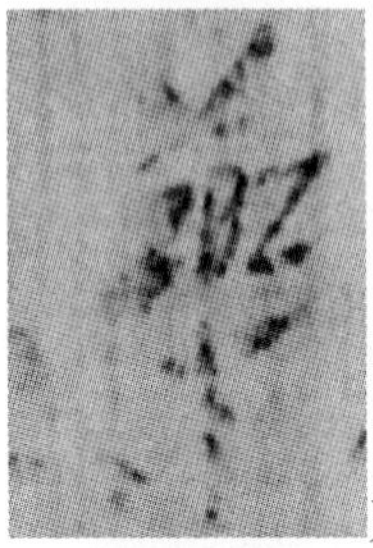
東牌樓 055 正

北壹・倉頡篇 3

○毒藥醫工

秦代印風

廿世紀璽印三-GY

漢晉南北朝印風

漢印文字徵

漢印文字徵

廿世紀璽印四-SY

漢晉南北朝印風

東漢・曹全碑陽

北魏・元子直誌

北魏・慧靜誌

東魏・杜文雅造像

北齊・唐邕刻經記

【䕻】

《説文》：䕻，艸木相附䕻土而生。从艸麗聲。《易》曰：“百穀艸木䕻於地。”

【蓆】

《説文》：蓆，廣多也。从艸席聲。

【芟】

《説文》：芟，刈艸也。从艸从殳。

東漢・曹全碑陽

○芟不臣

東漢・曹全碑陽

○芟夷殘迸

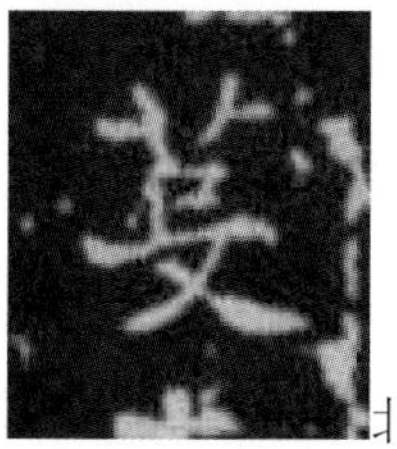
北魏・元壽安誌

○芟夷蔓草

【荐】

《説文》：荐，薦蓆也。从艸存聲。

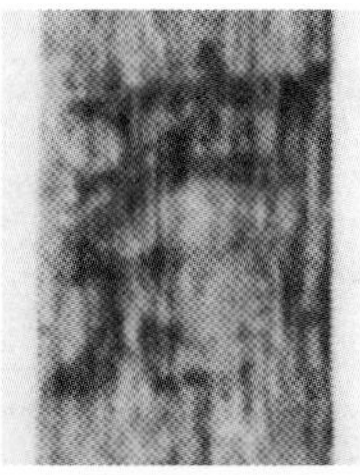
敦煌簡 0122

北魏・元壽安誌

○饑饉荐（洊）臻

北魏・元壽安誌

○饑饉荐（洊）之

【藉】

《説文》：藉，祭藉也。一曰艸不編，狼藉。从艸耤聲。

嶽・識劫案 126

○戶藉（籍）

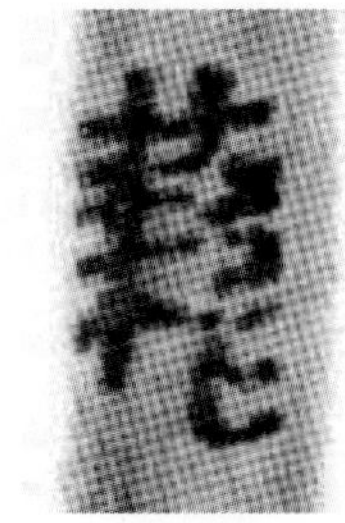
張・戶律 328

○戶藉（籍）

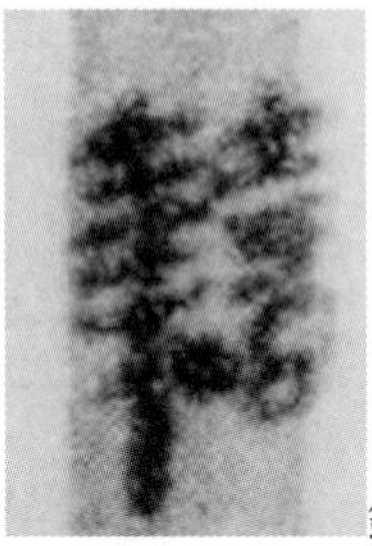
銀壹 270

○藉（沮）洳將患

敦煌簡 0534

○關致藉

居・EPF22.691

○關致藉

金關 T24:600

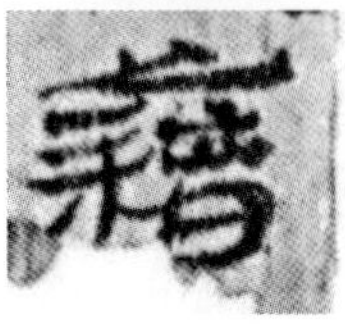
金關 T03:083

金關 T23:112

○名藉（籍）

金關 T01:001

○就載藉田倉

金關 T22:017

○戶藉（籍）

金關 T22:125

○名藉（籍）

金關 T07:049

金關 T30:022

金關 T21:035B

金關 T21:035A

○名藉（籍）

漢印文字徵

○藉莫武印

漢印文字徵

○藉賜私印

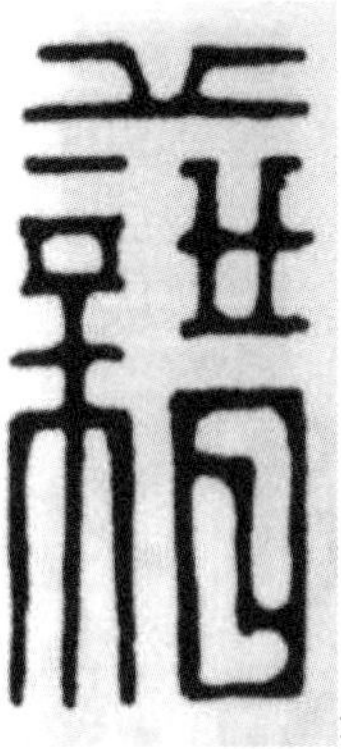
漢印文字徵

○藉靚

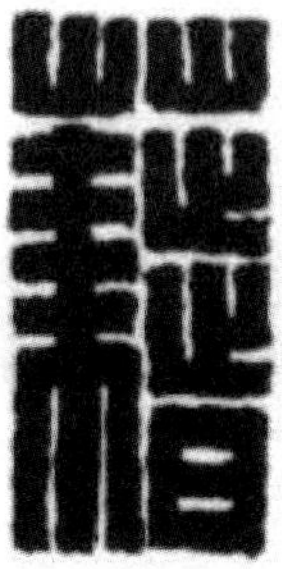
漢印文字徵

○傅藉

十六國前秦・護國定遠侯誌

○祖藉建

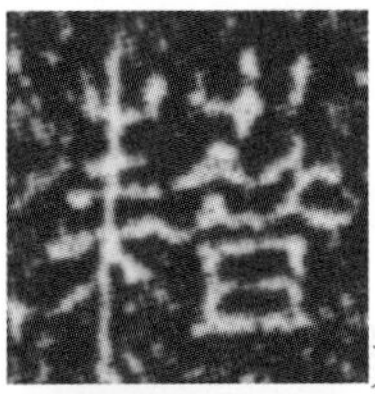
東漢・趙寬碑

三國魏・受禪表

○天子之藉（籍）

北魏・元暐誌

○藉甚南北

北魏・山暉誌

○氣藉（籍）重明之高

北魏・吳光誌

○氣藉（籍）重明之高

北魏・元暐誌

○藉甚洛中

北魏・徵虜將軍于纂誌

○史藉（籍）

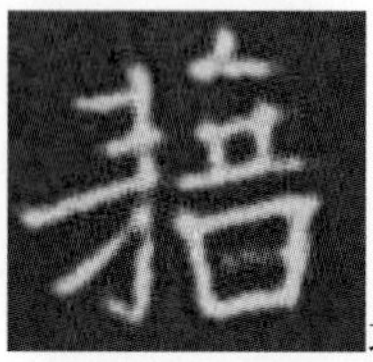
北魏・元瑹誌銘

○灼於篇藉(籍)

北魏・元平誌

○典藉(籍)

北魏・吐谷渾璣誌

○博暢群藉(籍)

北魏・元斌誌

○藉潤滄源

東魏・王令媛誌

○藉此膏腴

北齊・吐谷渾靜媚誌

○載藉(籍)垂芳

【蒩】

《説文》：，茅藉也。从艸租聲。《禮》曰："封諸侯以土，蒩以白茅。"

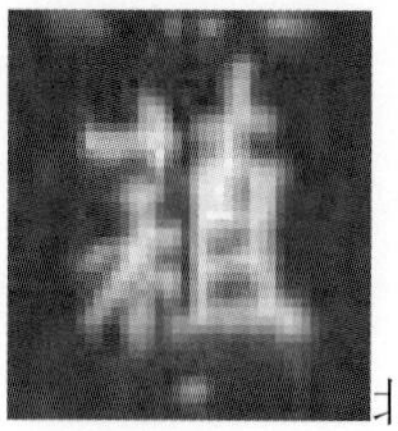
北魏・元邵誌

○蒩茅爲誓

【蕝】

《説文》：，朝會束茅表位曰蕝。从艸絕聲。《春秋國語》曰："致茅蕝，表坐。"

【茨】

《説文》：，以茅葦蓋屋。从艸次聲。

馬壹 11_73 上

○其（亓）茨（資）得童剝（剝—僕）

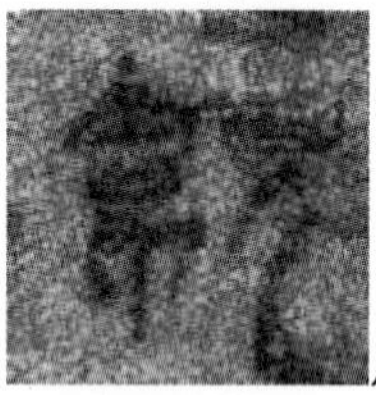
馬貳 120_222/217

○端夜茨白

漢印文字徵

○茨順

【茸】

《説文》：茸，茨也。从艸咠聲。

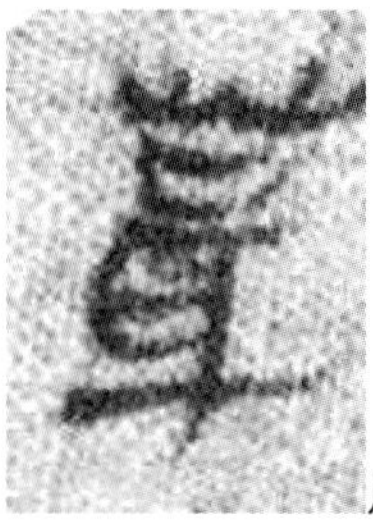
馬壹 260_4 下

○以茸牆有

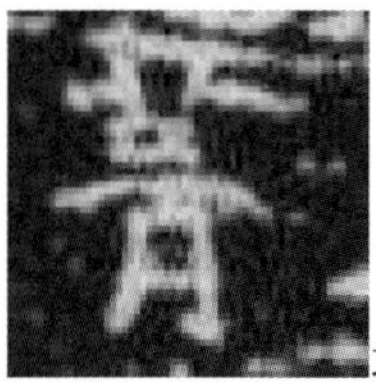
北齊・徐之才誌

○茸華既蘊

【蓋】

《説文》：蓋，苫也。从艸盍聲。

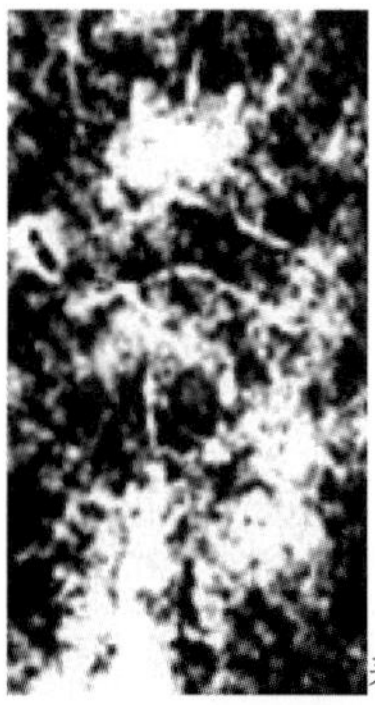
春晚・秦公簋

漢銘・濕成鼎

漢銘・漢長安共廚鼎

漢銘・家官鍾

漢銘・陽泉熏鑪

漢銘・陶陵鼎一

漢銘・杜鼎二

漢銘・盩厔鼎

漢銘・置鼎

漢銘・菑川鼎蓋一

漢銘・昆陽乘輿銅鼎

漢銘・西鄉鼎蓋

漢銘・酈偏鼎

漢銘・泰山宮鼎

漢銘・右丞宮鼎

漢銘・菑川鼎二

睡・秦律十八種 10

○以薦蓋田律

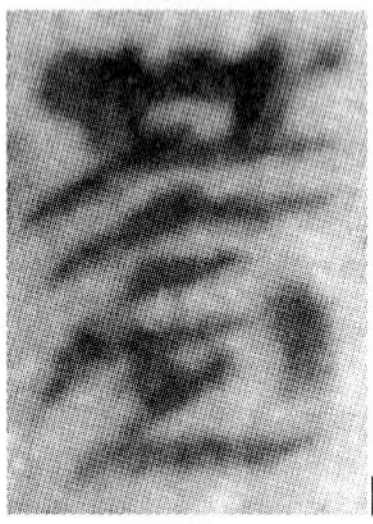
睡・日甲《稷（叢）辰》33

○室蓋屋正月以朔

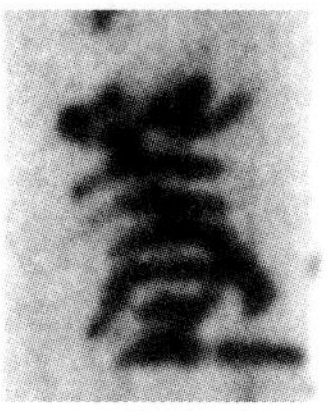
睡・日甲 1

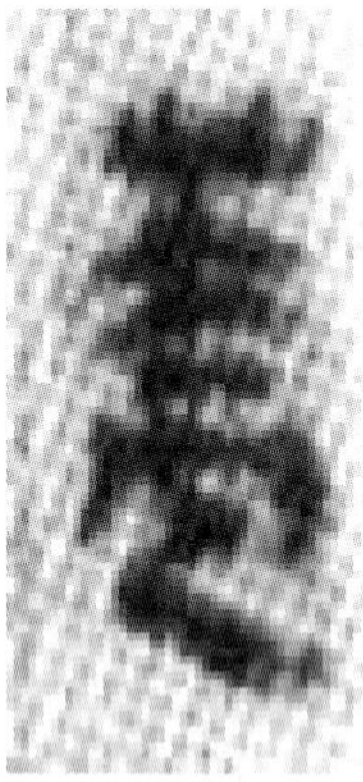
關・病方 328

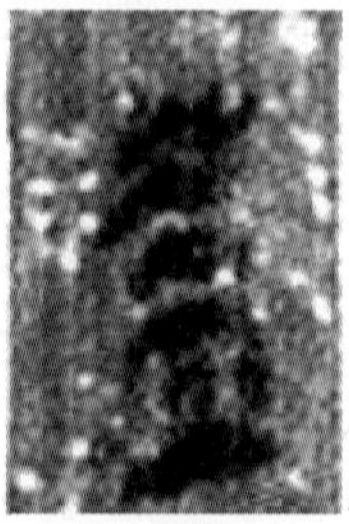
嶽・為吏 12

○蓋聯扇漏

嶽・芮盜案 62

里・第八層 143

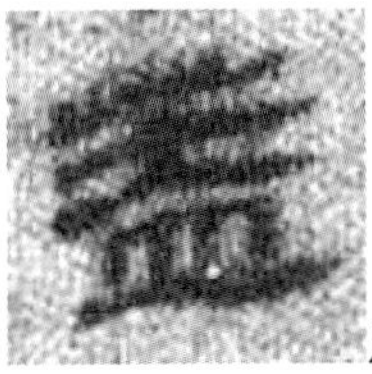
馬壹 40_8 下

○蓋曰美亞（惡）

馬貳 236_173

馬貳 235_165

馬貳 280_248/239

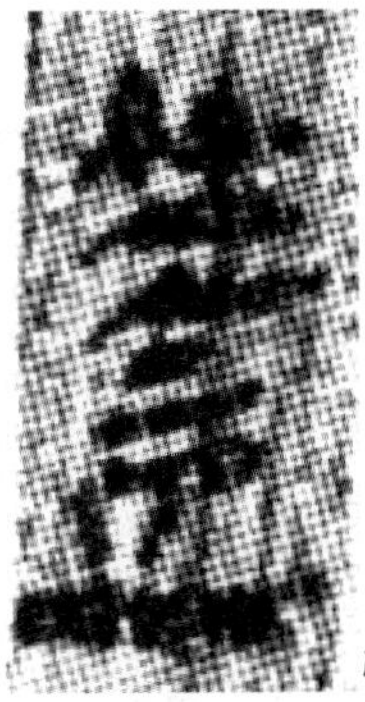
張・奏讞書 126

○從治蓋廬

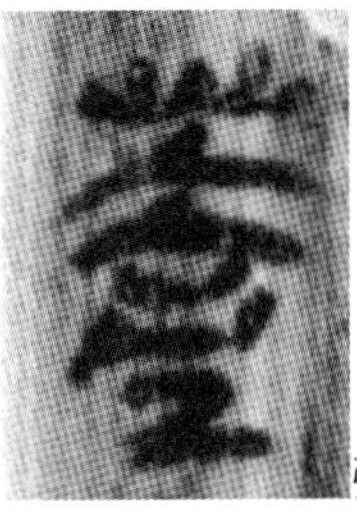
張・蓋廬 15

○蓋廬

張・算數書 148

銀壹 192

○蓋（闔）廬

銀貳 2140

○於身蓋囂（傲）

北貳・老子 35

〇蓋聞善聶（攝）生者

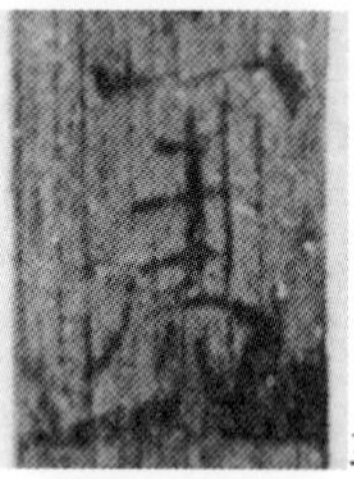
敦煌簡 0553

〇木蓋亭屋

金關 T14:038

〇放賜蓋衆

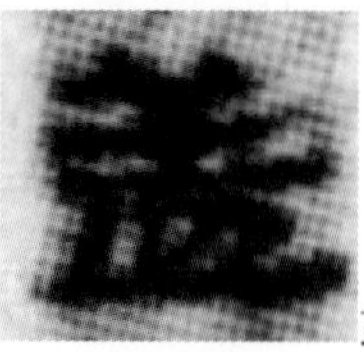
武・甲《特牲》47

〇壺焉蓋在南

武・甲《泰射》13

〇者蓋幕（冪）

武・日忌木簡丙 6

〇午毋蓋屋

北壹・倉頡篇 34

〇瓦蓋焚檮

秦代印風

〇王蓋

廿世紀璽印三-SY

〇莊蓋信印

廿世紀璽印三-SY

〇鄭蓋

漢印文字徵

〇蓋接印

柿葉齋兩漢印萃

〇盖憲私印

漢印文字徵

○蓋印賜之

漢印文字徵

○許蓋之

漢印文字徵

○楊蓋之

漢印文字徵

○蓋乘

漢印文字徵

○蓋可

漢印文字徵

○蓋宜在

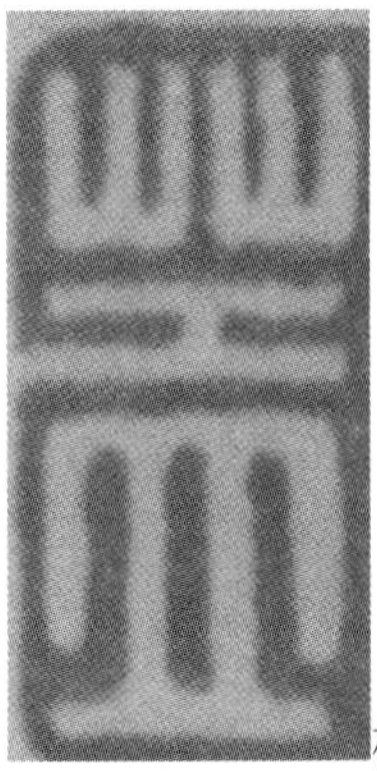
柿葉齋兩漢印萃

○張蓋

漢晉南北朝印風

○蓋成

漢晉南北朝印風

○蓋捐

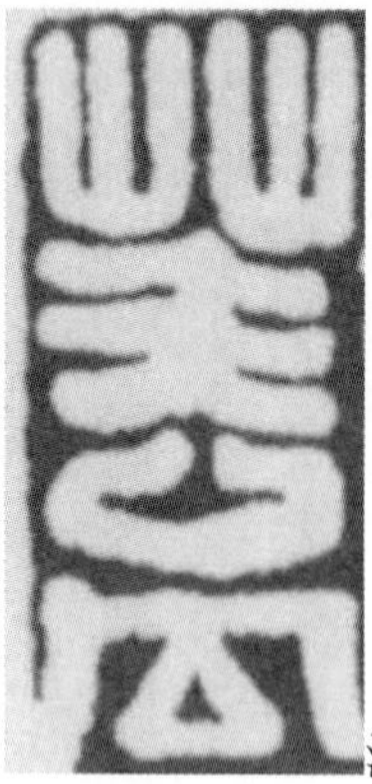
漢晉南北朝印風
○趙蓋

東漢・成陽靈臺碑

東漢・景君碑
○名右冠蓋

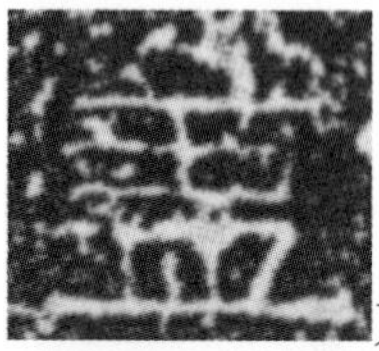
東漢・張遷碑陽

東漢・曹全碑陽

西晉・臨辟雍碑

北魏・解伯都等造像
○蓋定王

北魏・盧令媛誌
○冠蓋縉紳

東魏・趙紹誌
○以芘以蓋

東魏・侯海誌
○駢蓋兩都

東魏・馮令華誌
○軒蓋成陰

北齊・高湝誌
○高蓋駟馬

北齊・崔德誌
○冠蓋相因。

北齊・斛律氏誌

○良以冠蓋生民

【苫】

《説文》：，蓋也。从艸占聲。

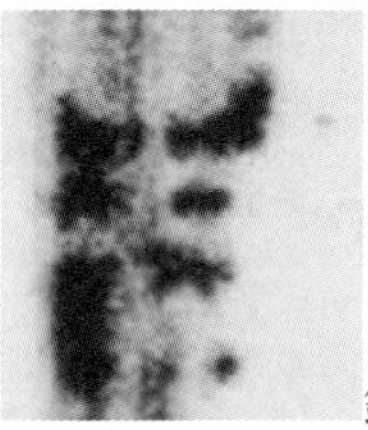
銀壹 469

○家絶苫（阽）俞

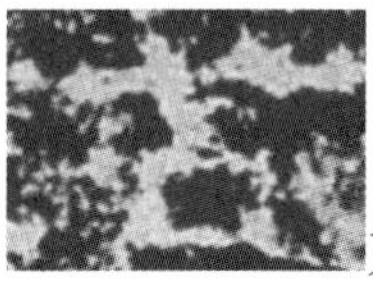
東漢・衛尉卿衡方碑

○寢闇苫凷（塊）

北魏・元宥誌

○遂寢伏苫土

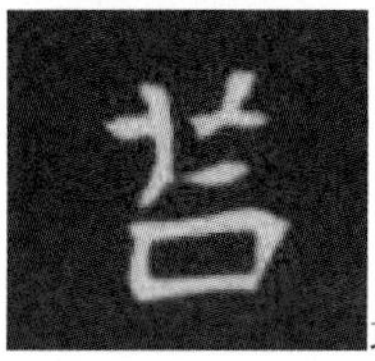
北魏・元朗誌

○苫塊二期

【藹】

《説文》：，蓋也。从艸渴聲。

【蓾】

《説文》：，刷也。从艸屈聲。

【藩】

《説文》：，屏也。从艸潘聲。

馬壹 226_70

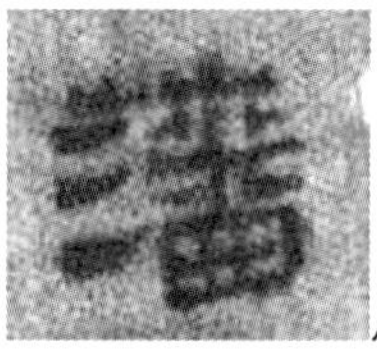
馬壹 7_33 上

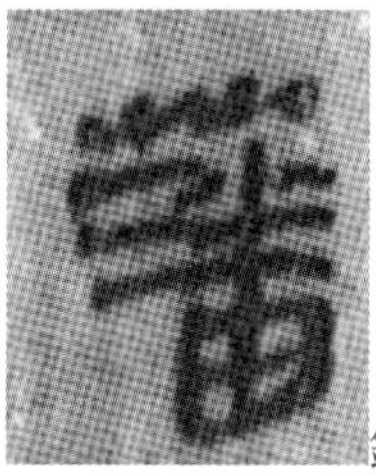
銀貳 1767

○藩草之時

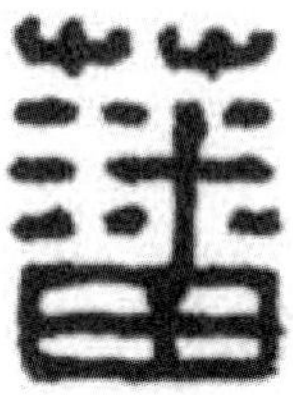
漢印文字徵

○藩世之印

漢印文字徵

○藩印彭祖

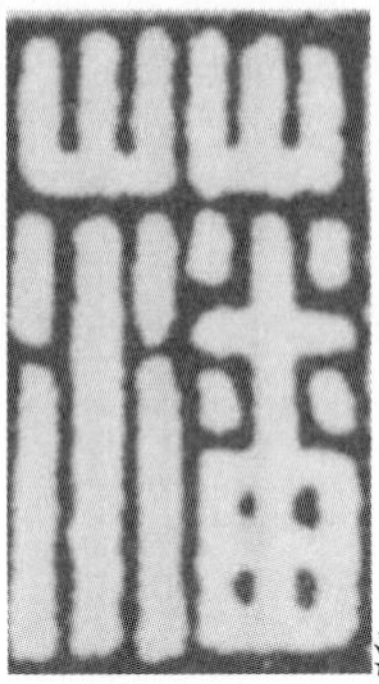
漢晉南北朝印風

○藩息

西漢・石墻村刻石

○善者藩昌

北魏・司馬顯姿誌

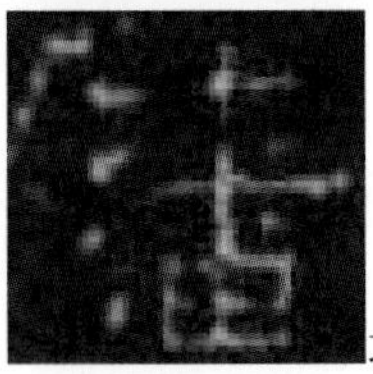
北周・豆盧恩碑

○羝羊觸藩。

【菹】

《說文》：菹，酢菜也。从艸沮聲。

【𧂒】

《說文》：𧂒，或从皿。

【𧅫】

《說文》：𧅫，或从缶。

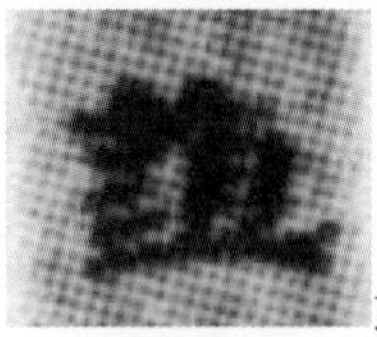
武・甲《特牲》17

○右取菹擩

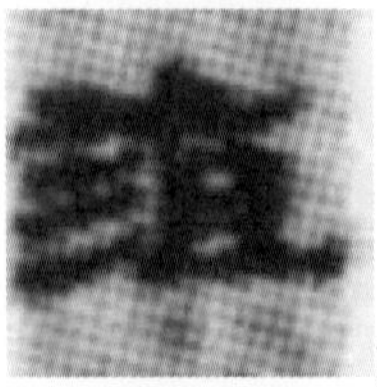
武・甲《少牢》19

○韭菹湛（醓）醢

武・甲《有司》73

○右取菹擩

北壹・倉頡篇 8

○無噍類菹

漢印文字徵

○菹遂

【荃】

《說文》：荃，芥脃也。从艸全聲。

張・市律 259

〇荃蕢不用此律

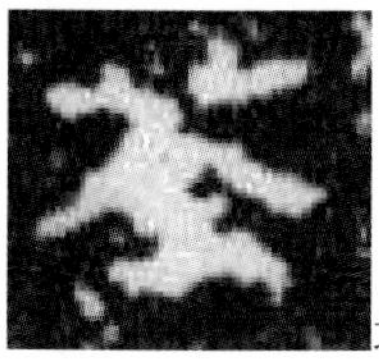

北魏・暉福寺碑

〇藻荃則淨

【⿱艹酤】

《説文》：，韭鬱也。从艸酤聲。

【蘫】

《説文》：，瓜菹也。从艸監聲。

【⿱艹泜】

《説文》：，菹也。从艸泜聲。

【⿱⿰氵⿱艹氐皿】

《説文》：，⿱艹泜或从皿。皿，器也。

北壹・倉頡篇 28

〇⿱艹泜菹

【蘛】

《説文》：，乾梅之屬。从艸橑聲。《周禮》曰："饋食之籩，其實乾蘛。"後漢長沙王始煑艸爲蘛。

【⿱艹潦】

《説文》：，蘛或从潦。

【⿱艹顡】

《説文》：，煎茱萸。从艸顡聲。漢律：會稽獻⿱艹顡一斗。

【⿱艹宰】

《説文》：，羹菜也。从艸宰聲。

【若】

《説文》：，擇菜也。从艸、右。右，手也。一曰杜若，香艸。

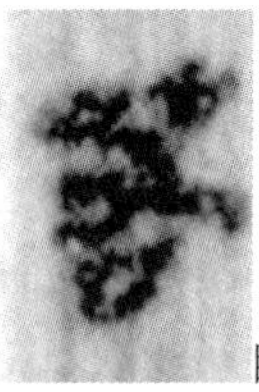

睡・秦律十八種 168

〇廥禾若干

睡・日甲《玄戈》61

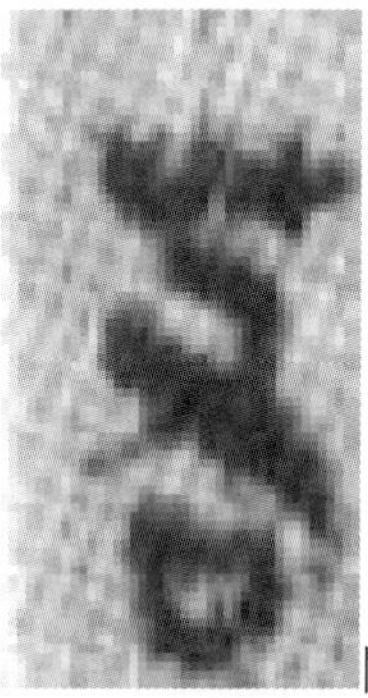

關・病方 312

嶽・為吏 37

嶽・占夢書 10

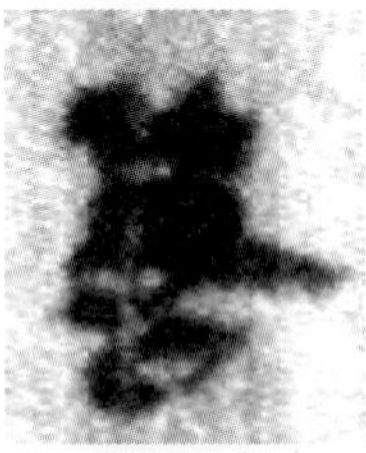
嶽・數 11

嶽・芮盜案 77

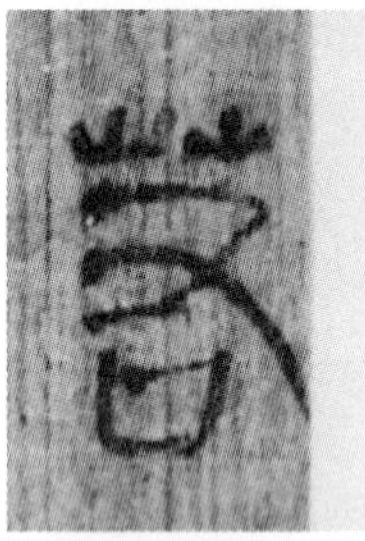
里・第八層 1500

里・第八層背 84

張・置後律 379

張・賊律 14

張・蓋廬 46

張・算數書 133

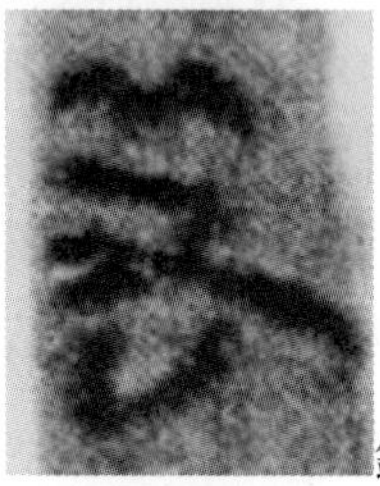
銀壹 200

銀貳 1574

北貳・老子 12

敦煌簡 0486

○若不相信

金關 T22:009

武・甲《特牲》50

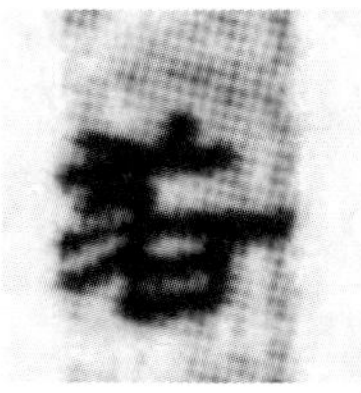
武·甲《泰射》48

北壹·倉頡篇 4

○渙奐若思

吳簡嘉禾·五·五一八

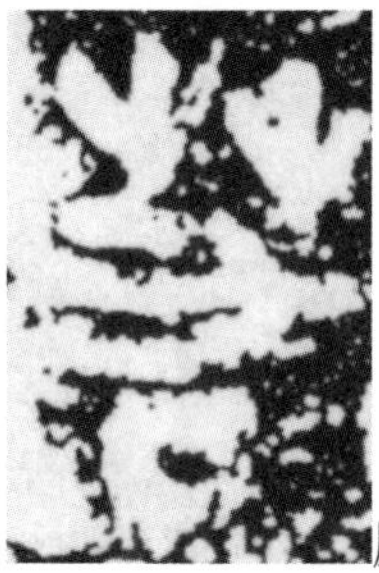
歷代印匋封泥

○咸商里若

漢代官印選

歷代印匋封泥

○季若私印

漢印文字徵

漢晉南北朝印風

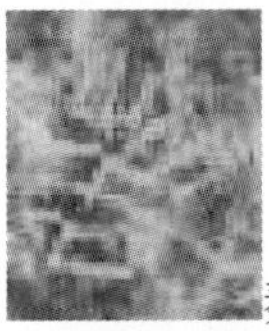
秦駰玉版

詛楚文·沈湫

○心兩邦若壹

東漢·楊著碑額

東漢·尚博殘碑

東漢·從事馮君碑

三國魏·三體石經尚書·篆文

三國魏·三體石經尚書·隸書

○兄若時

西晉・臨辟雍碑

北魏・元弼誌

○鬱若相如之美上林

北齊・文殊般若經

北周・若干雲誌蓋

【蓴】

《説文》：，蒲叢也。从艸專聲。

【茵】

《説文》：，以艸補缺。从艸西聲。讀若陸。或以爲綴。一曰約空也。

【蕁】

《説文》：，叢艸也。从艸尊聲。

【莜】

《説文》：，艸田器。从艸，條省聲。《論語》曰："以杖荷莜。"今作蓧。

【萆】

《説文》：，雨衣。一曰衰衣。从艸卑聲。一曰萆藨，似烏韭。

馬貳 117_149/149

○萆薢

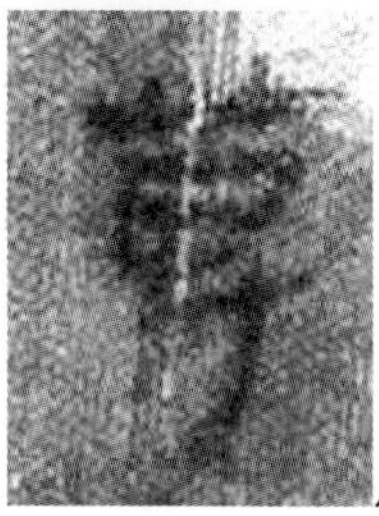
馬貳 116_122/121

○萆薁

【堤】

《説文》：，艸也。从艸是聲。

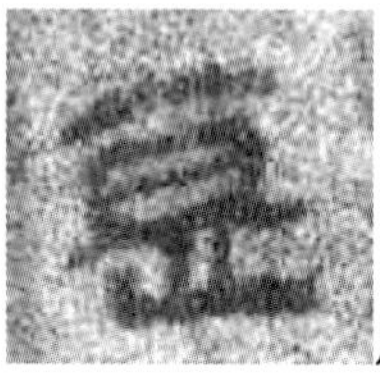
馬壹 38_11 上

○復无堤（祇）誨（悔）元吉

【苴】

《説文》：，履中艸。从艸且聲。

馬壹 130_12 上\89 上

○聲草苴復榮已

馬貳 267_109/126

○筍苴（范）一資

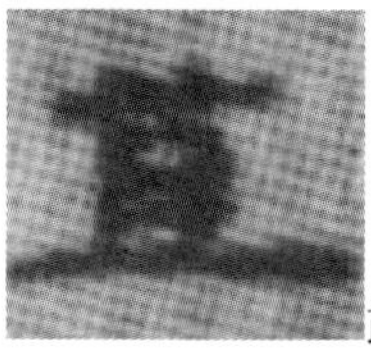
武・儀禮甲《服傳》2

○爲帶苴杖竹也

秦代印風

○苴欬

漢印文字徵

漢印文字徵

○苴晏私印

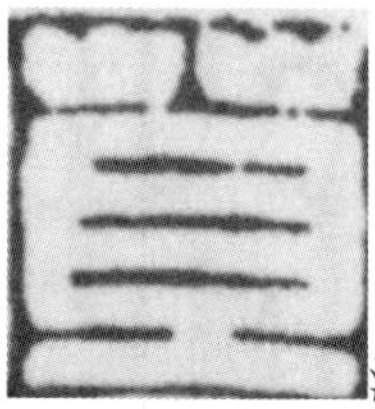
漢晉南北朝印風

○苴晏私印

東魏・蕭正表誌

東魏・元悰誌

○苞苴弗行

北齊・竇泰誌

【⿱艹麤】

《説文》：，艸履也。从艸麤聲。

【蕢】

《説文》：，艸器也。从艸貴聲。

【臾】

《説文》：，古文蕢，象形。《論語》曰："有荷臾而過孔氏之門。"

（又見《申部》"臾"字，第 6834 頁。）

銀壹 868

○而不蕢（匱）器

里・第八層 1139

○□臾死過程

張・引書 32

○息須臾之頃汗出走

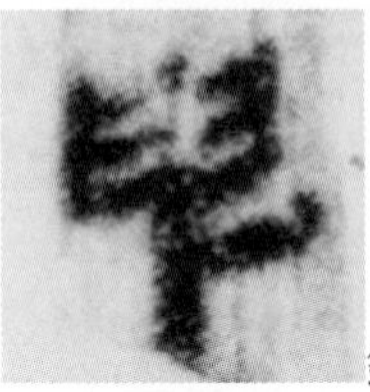
銀壹 628

○諂臾（諛）

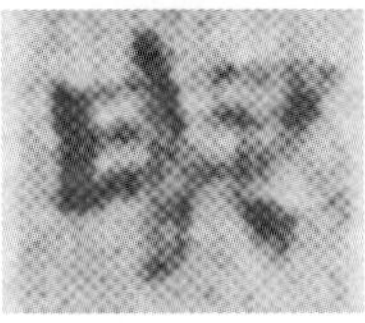
敦煌簡 1997

○須臾

金關 T14:041

○須臾

東牌樓 013 正

○予臾數相

北壹・倉頡篇 25

○茱臾（萸）蓼蕪

漢印文字徵

○蕢它

秦文字編 2207

○臾它

秦文字編 2207

○臾它

北魏・元寶月誌

○如何蕢（簣）覆

東漢・肥致碑

○須臾

北齊・柴季蘭造像

○氛藹須臾

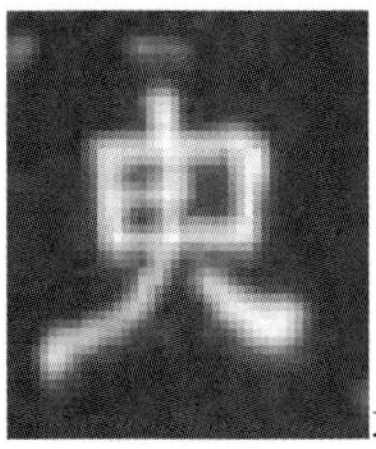
北周・叱羅協誌

○取辨須臾

【蓡】

《説文》：蓡，覆也。从艸，㑴省聲。

【茵】

《説文》：茵，車重席。从艸因聲。

【鞇】

《説文》：鞇，司馬相如説：茵从革。

東魏・元延明妃馮氏誌

北齊・崔博誌

○室滿重茵之侣

【芻】

《説文》：芻，刈艸也。象包束艸之形。

睡・秦律十八種 10

○禾芻稾徹（撤）

睡・效律 33

○禾芻稾

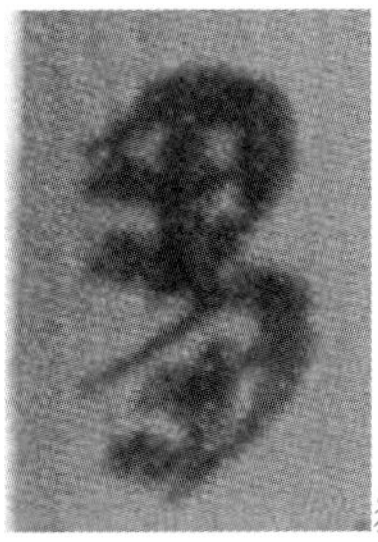
嶽・數 73

○芻一石十六錢

嶽・綰等案 243

○文、芻

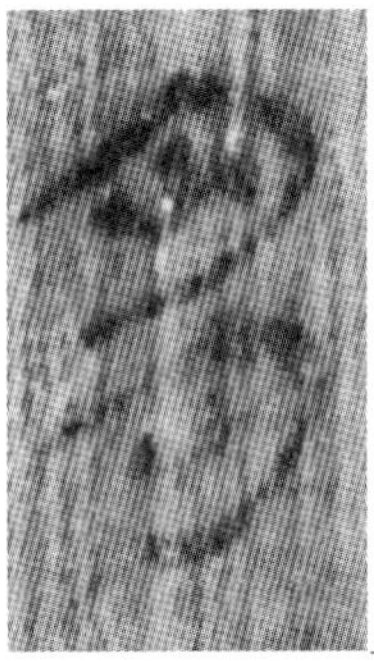
里・第八層 1165

○户芻錢六十四

馬壹 16_12 下\105 下

○時至芻稾不重

馬貳 78_193/180

〇燔陳芻若陳薪令病

張・田律 241

〇入芻稾縣

張・算數書 144

〇芻童

北貳・老子 136

〇萬物爲芻狗

廿世紀璽印三-SY

〇芻容

秦代印風

〇魏芻

漢印文字徵

〇芻印長壽

【茭】

《説文》：茭，乾芻。从艸交聲。一曰牛蘄艸。

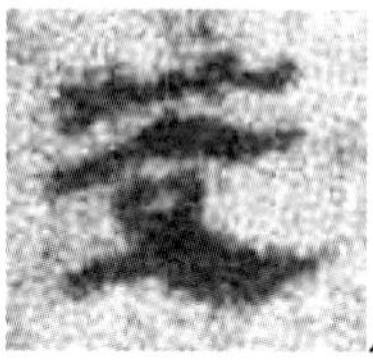
馬壹 7_36 上

〇我西茭（郊）公射

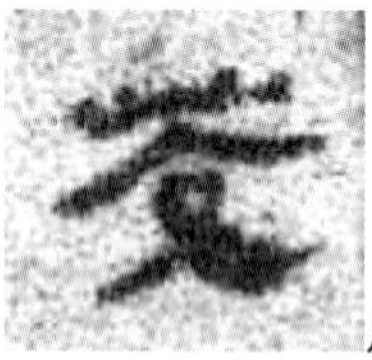
馬壹 5_22 上

〇茭利用恆无

銀壹 405

〇敕茭肆以囚逆陳

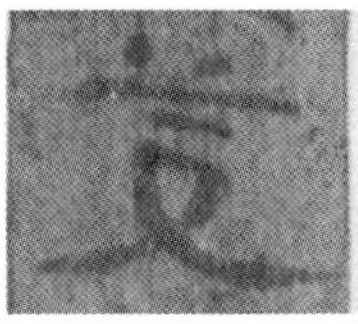
敦煌簡 1401

○王賓茭千廿束六人

敦煌簡 0936

○使賜茭言庫

金關 T29:097

○卒離茭

金關 T21:418

○出茭萬二千四百五

漢印文字徵

○茭光之印

【荹】

《説文》：荹，亂艸。从艸步聲。

【茹】

《説文》：茹，飤馬也。从艸如聲。

馬壹 7_46 上

馬壹 5_17 上

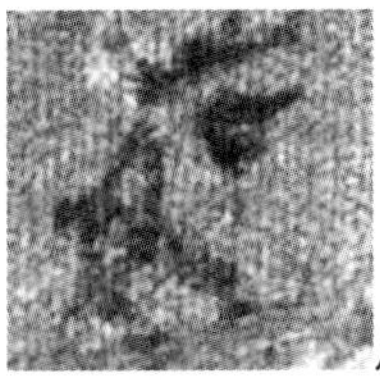
馬貳 81_264/251

○曰盧茹

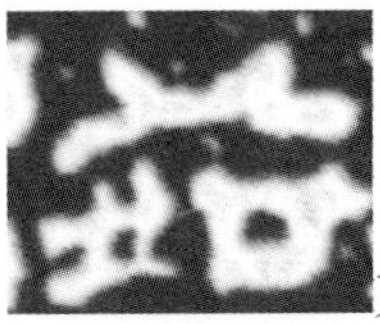
東漢・樊敏碑

北魏・王普賢誌

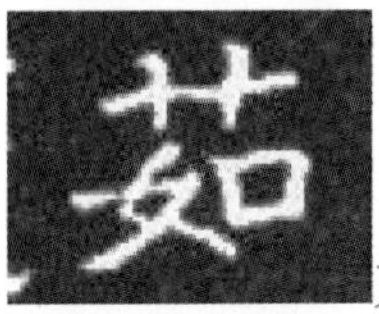
東魏・閭叱地連誌

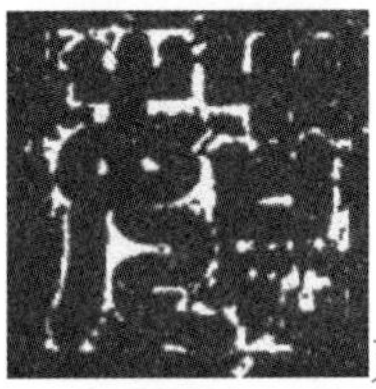
東魏・閭叱地連誌蓋

○茹茹公主

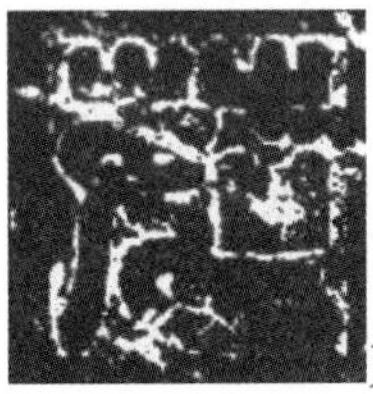
東魏・閭叱地連誌蓋

○茹茹公主

【莝】

《説文》：莝，斬芻。从艸坐聲。

銀貳 1012

○備固莝（挫）兵

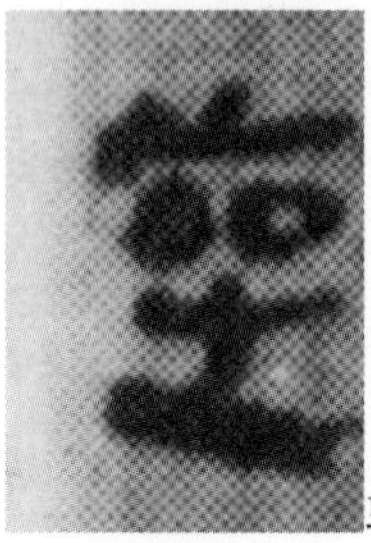
敦煌簡 0811

○一人莝

【萎】

《說文》：萎，食牛也。从艸委聲。

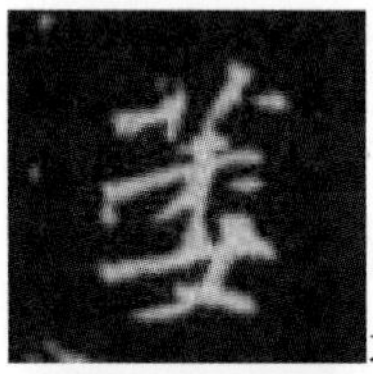
北魏・元瞻誌

東魏・王偃誌

【蓛】

《說文》：蓛，以穀萎馬，置莝中。从艸敕聲。

【䒼】

《說文》：䒼，蠶薄也。从艸曲聲。

【蔟】

《說文》：蔟，行蠶蓐。从艸族聲。

【苣】

《說文》：苣，束葦燒。从艸巨聲。

敦煌簡 0685

○夜一苣火

金關 T24:533A

○□苣火所起

【蕘】

《說文》：蕘，薪也。从艸堯聲。

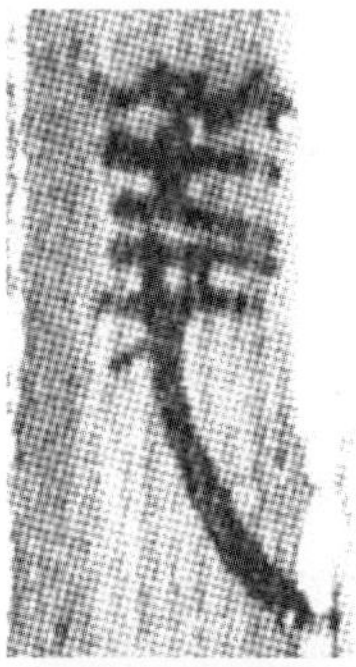
銀貳 1550

北魏・元維誌

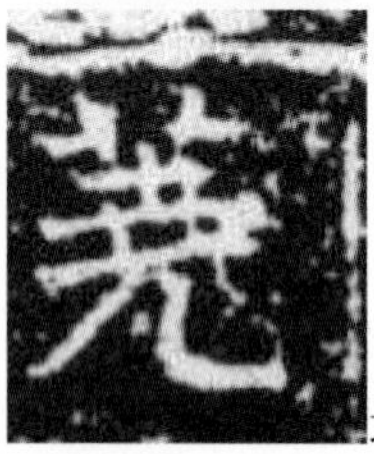
北魏・唐雲誌

【薪】

《說文》：薪，蕘也。从艸新聲。

戰晚・七年上郡閒戈

戰晚・二十五年上郡守廟戈

睡・秦律十八種 88

○以爲薪及蓋

睡・法律答問 110

里・第八層 1515

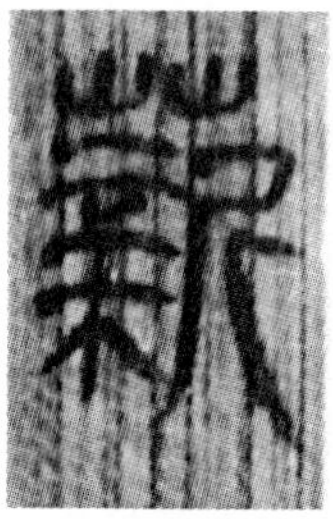
里・第八層 805

馬貳 69_23/23

張・賊律 48

張・奏讞書 159

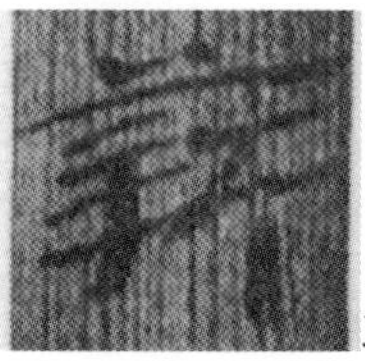
敦煌簡 1276

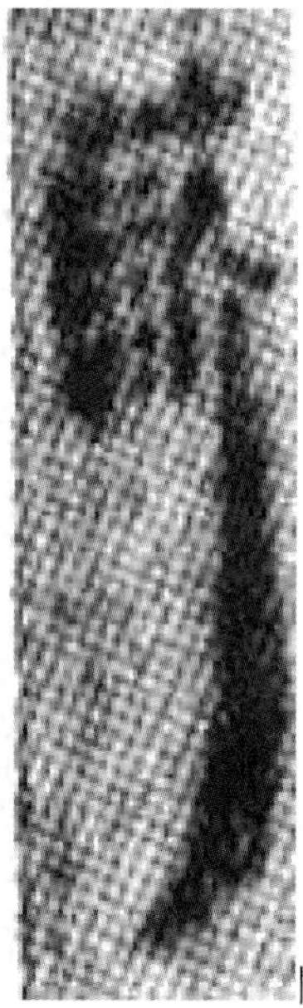
關沮・蕭・遣冊 34

○桑薪三束

金關 T28:026

漢晉南北朝印風

漢印文字徵

東漢·北海太守爲盧氏婦刻石

北魏·元暐誌

北魏·李伯欽誌

北魏·元固誌

【蒸】

《説文》：，折麻中榦也。从艸烝聲。

【菾】

《説文》：，蒸或省火。

馬貳 122_40

秦駰玉版

東漢·武氏左石室畫像題字

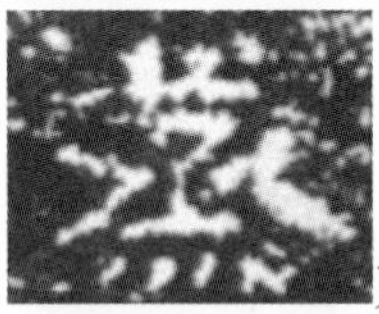
東漢·武氏左石室畫像題字

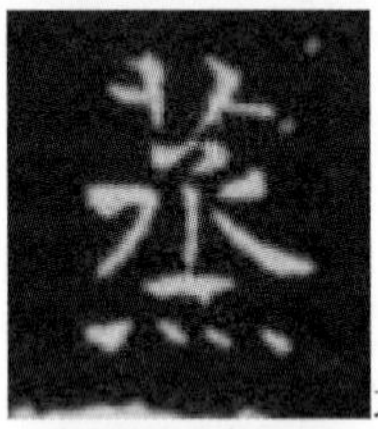
北魏·元子正誌

北魏·元融誌

○蒸蒸幾滅

北魏·元秀誌

西魏・辛萇誌

○生此蒸民

【蕉】

《説文》：，生枲也。从艸焦聲。

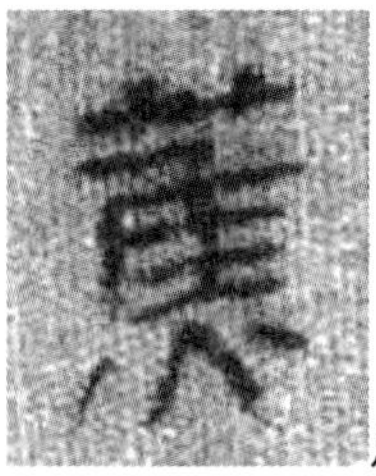
馬貳 129_22

○蕉荚

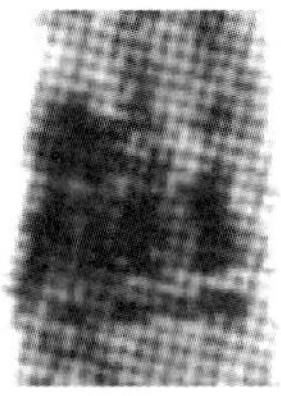
武・甲《燕禮》31

○（鵲）蕉（巢）

北齊・宋敬業造塔

【菌】

《説文》：，糞也。从艸，胃省。

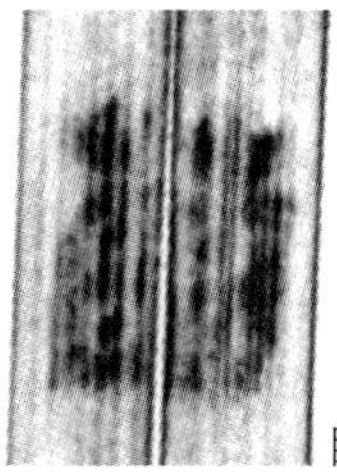
睡・封診式 36

○菌（遲）不來者

【薶】

《説文》：，瘞也。从艸貍聲。

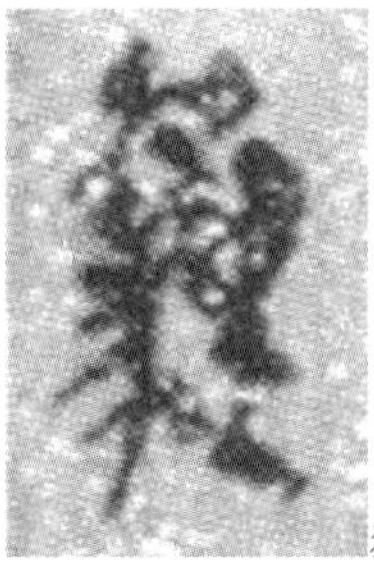
嶽・數 213

○材薶（埋）地

銀貳 1825

○徒以薶牙可以爲門

【蓡】

《説文》：，喪藉也。从艸侵聲。

【斮】

《説文》：，斷也。从斤斷艸。譚長說。

【折】

《説文》：，篆文折从手。

【靳】

《説文》：，籀文折从艸在仌中，仌寒故折。

西晚・不其簋

西晚・不其簋

睡・秦律十八種 125

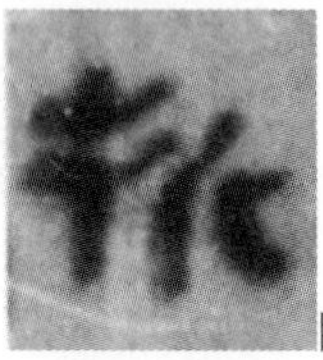
睡・秦律雜抄 36

睡・法律答問 75

睡・日甲《詰》67

嶽・識劫案 125

里・第八層 1028

馬壹 249_1-16 欄

○房心折

馬壹 176_56 下

馬壹 12_69 下

馬壹 8_41 下

馬貳 8_15 中\19

張・賊律 27

張・引書 104

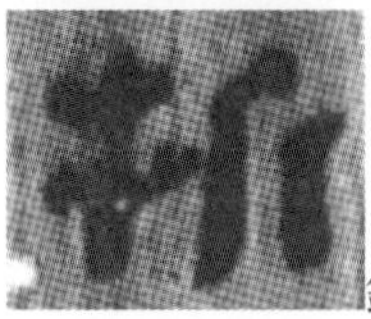
銀貳 1698

敦煌簡 1649

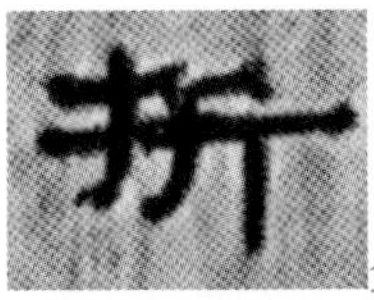
金關 T10:131

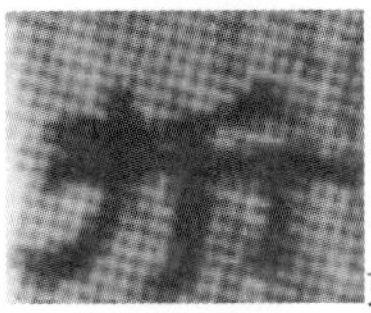
武・儀禮甲《服傳》59

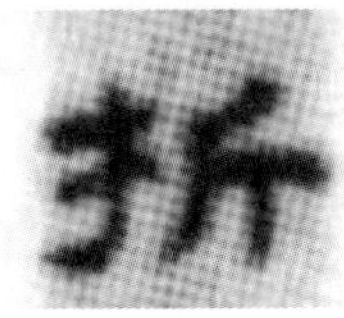
武・甲《特牲》31

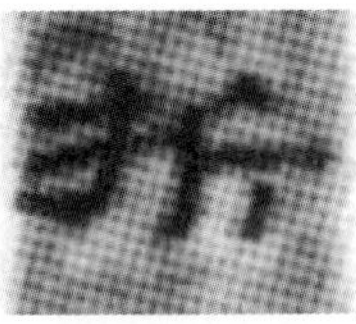
武・甲《有司》73

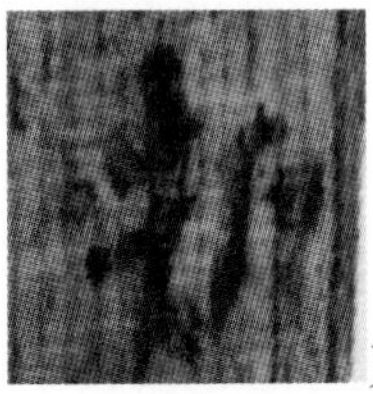
東牌樓 127

柿葉齋兩漢印萃

漢印文字徵

廿世紀璽印四-GY

廿世紀璽印四-GY

漢晉南北朝印風

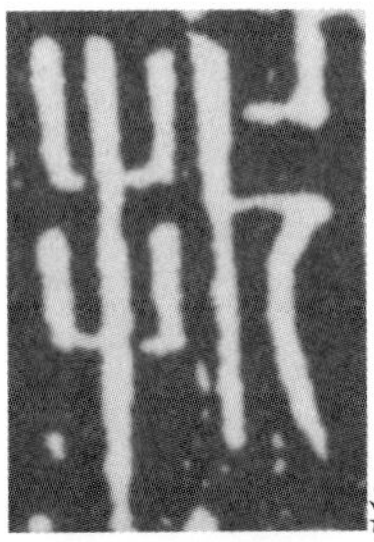
漢晉南北朝印風

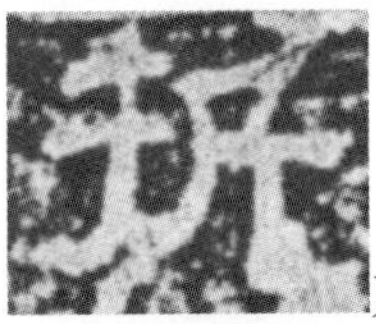
東漢・熹平石經殘石五

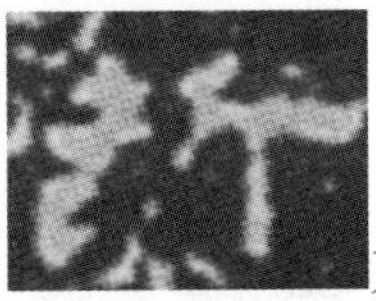
東漢・鮮於璜碑陽

東漢・鮮於璜碑陰

○聖人折中

東漢・相張壽殘碑

東晉・筆陣圖

北魏・元顯俊誌

○痛春蘭之早折

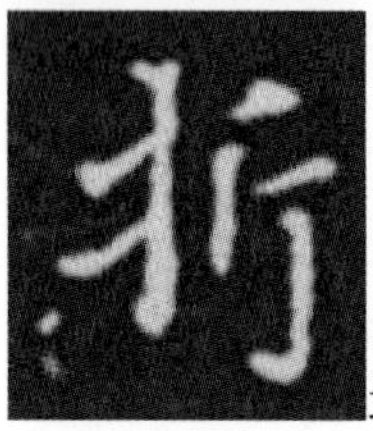
北魏・元瑑誌

○忽被摧折

北魏・長孫盛誌

○驅車九折

北齊・爾朱元靜誌

○收功於九折

北齊・唐邕刻經記

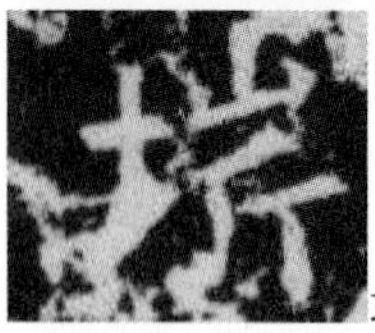
北齊・維摩經碑

【卉】

《說文》：，艸之總名也。从艸、屮。

北魏・元瞻誌

北魏・元斌誌

【艽】

《說文》：，遠荒也。从艸九聲。《詩》曰：“至于艽野。”

銀貳 1813

○始麥艽華

【蒜】

《說文》：，葷菜。从艸祘聲。

【芥】

《說文》：，菜也。从艸介聲。

睡·秦律十八種 126

○及不芥（介）車

馬壹 89_229

○屬壤芥（界）者七

馬貳 277_213/233

○薑芥各一器

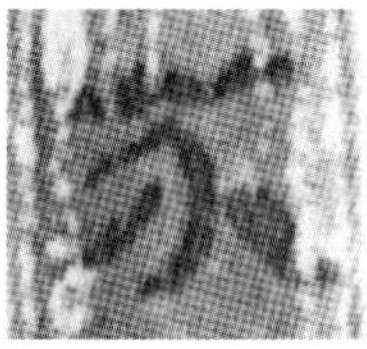
銀貳 1768

○葵芥

北壹·倉頡篇 24

○薺芥萊荏

秦代印風

○芥歐

秦代印風

○芥癧

漢印文字徵

○芥勝

漢印文字徵

○芥說之印

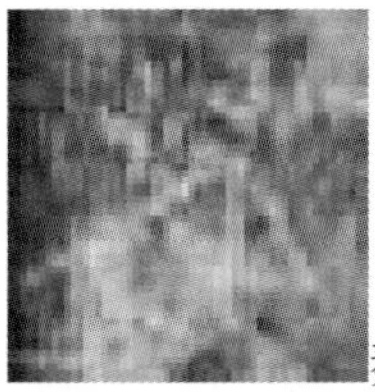
秦駰玉版

○駰敢以芥（介）圭

北魏·元徽誌

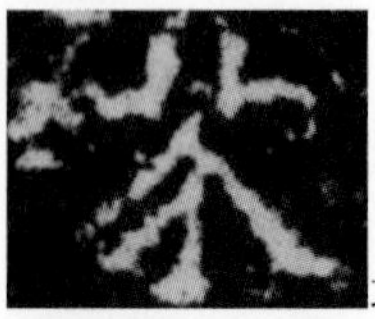
北魏・法生造像

○思樹芥子

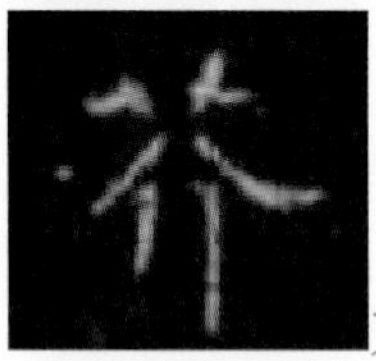
東魏・張滿誌

【蔥】

《說文》：，菜也。从艸悤聲。

關・病方 316

○因多食蔥令汗出

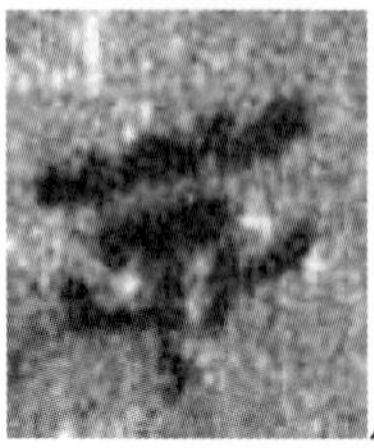
馬壹 43_38 上

○子曰蔥（聰）明

馬貳 268_112/129

○山蔥苴（菹）一

馬貳 141_5

○不食蔥薑

馬貳 33_18 下

○而杍蔥龍（蘢）

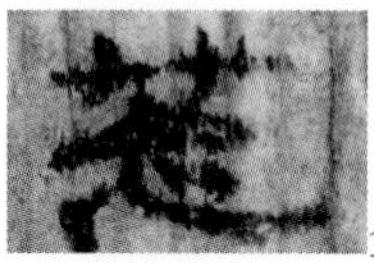
金關 T24:572

○蔥子韭子

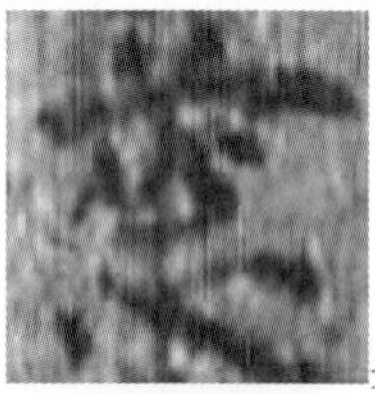
吴簡嘉禾・五・五五二

○男子蔥郅

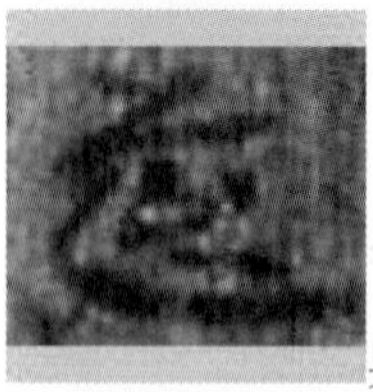
吴簡嘉禾・五・三三一

○男子烝蔥

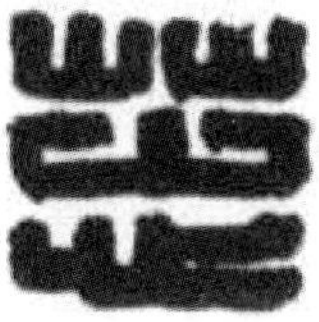
漢印文字徵
○岢蔥觭

漢印文字徵
○張蔥

漢印文字徵
○蔥仲印

漢印文字徵
○趙蔥

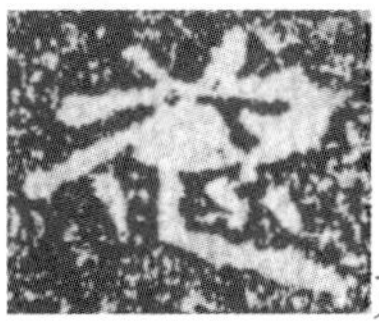
東漢 •元嘉元年畫像石墓題記二
○堂蓋蔥（蓯）

北魏・高慶碑
○被嚴霜而蔥翠

東魏・趙秋唐吳造像
○被嚴霜而蔥翠

東魏・邑主造像訟
○崇蔥寶業

北齊・牛景悅造石浮圖記
○蘭風生於蔥（窗）間

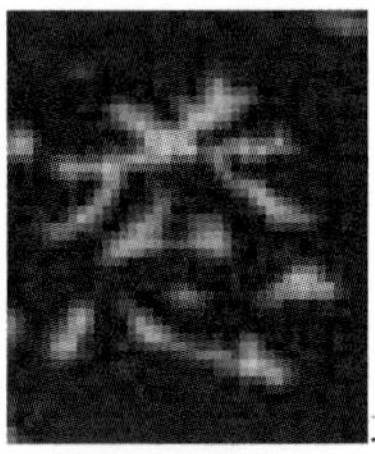
北齊・潘景暉造像
○綺結蔥紅

北周・尉遲將男誌
○聲譽蔥蒨

【萑】

《說文》：，艸也。从艸隺聲。《詩》曰：“食鬱及藿。”

【蕇】

《說文》：，亭歷也。从艸單聲。

漢印文字徵

○兼并州陽河蕇督

【苟】

《說文》：，艸也。从艸句聲。

張・奏讞書 117

○毛苟

敦煌簡 0171

○苟當事宜

東漢・東漢・婁壽碑陽

○窮下不苟

西晉・荀岳誌

○秉心不苟

北魏・元弘嬪侯氏誌

○應享胡苟（耇）

北魏・張正子父母鎮石

○苟越是盟

北齊・許儁卅人造像

○田黑苟

【蕨】

《說文》：，鼈也。从艸厥聲。

【莎】

《說文》：，鎬侯也。从艸沙聲。

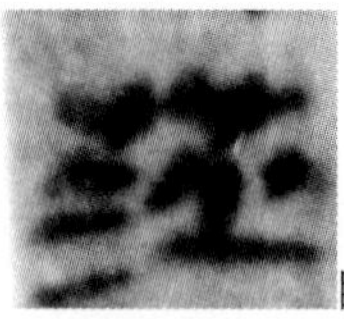
睡・日甲《詰》65

○者以莎芾（茇）

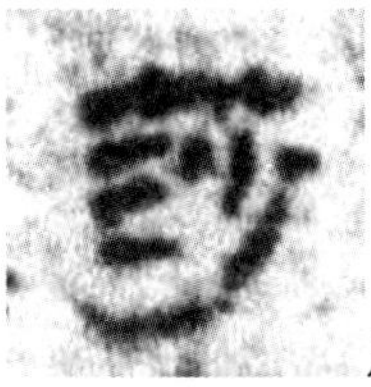
馬壹 89_228

敦煌簡 1927

○莎車

金關 T24:822

○莎亭卒

北壹·倉頡篇 24

○莎荔蓴蔓

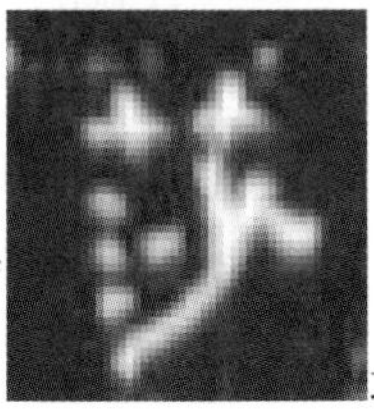
北周·叱羅協誌

【荓】

《説文》：荓，苹也。从艸洴聲。

【蓳】

《説文》：蓳，艸也。根如薺，葉如細桺，蒸食之甘。从艸堇聲。

北壹·倉頡篇 28

○禁蓳泜湒

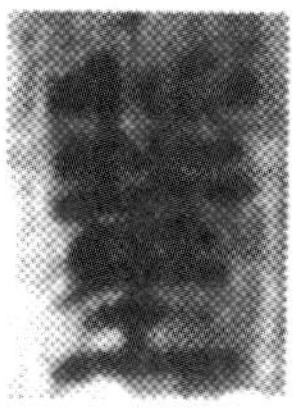
秦文字編 124

○禁蓳泜湒

【菲】

《説文》：菲，芴也。从艸非聲。

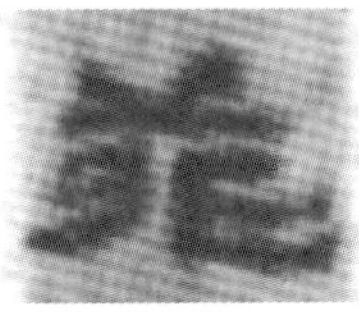
武·儀禮甲《服傳》8

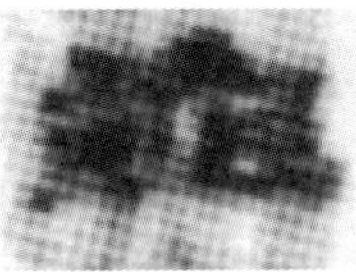
武·甲《特牲》46

○隅几菲（扉）用

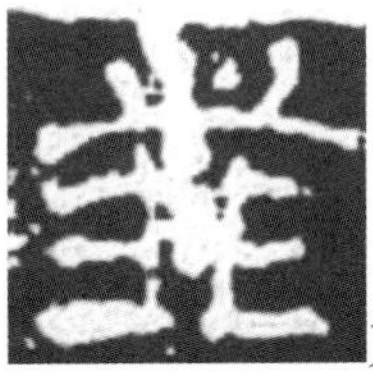
東漢·圉令趙君碑

○菲薄其身

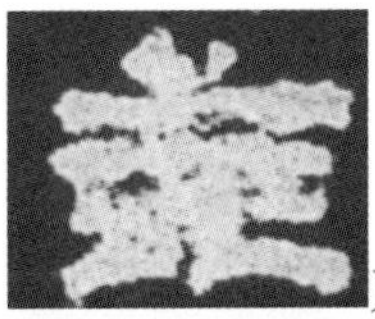
東漢·相張壽殘碑

○躬自菲薄

北魏·元純陀誌

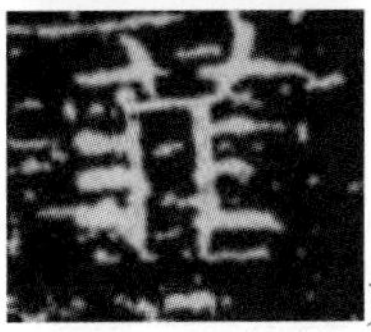
東魏·妻李豔華誌

○自有芳菲

北齊・斛律氏誌

【芴】

《說文》：芴，菲也。从艸勿聲。

【蘬】

《說文》：蘬，艸也。从艸鸛聲。

【萑】

《說文》：萑，蓷也。从艸隹聲。

【葦】

《說文》：葦，大葭也。从艸韋聲。

銀貳 1668

敦煌簡 1236A

○十束葦

北壹・倉頡篇 64

○藋葦菅蔽

東漢・姚孝經墓磚

北魏・檀賓誌

北魏・元璨誌

【葭】

《說文》：葭，葦之未秀者。从艸叚聲。

敦煌簡 0043

○食枯葭

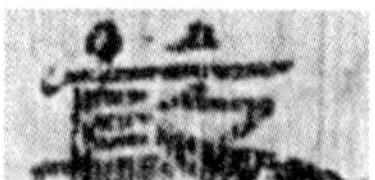
金關 T06:138

○葭密上明里公

北壹・倉頡篇 24

○蓬蒿蒹葭

漢印文字徵

○葭萌長印

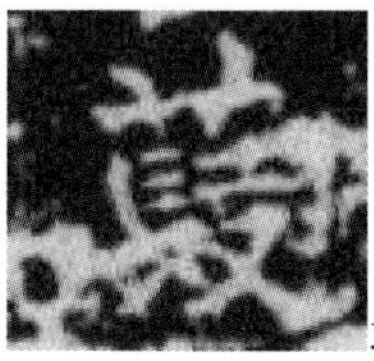
北齊・報德像碑

○葭莩之親

【萊】

《説文》：，蔓華也。从艸來聲。

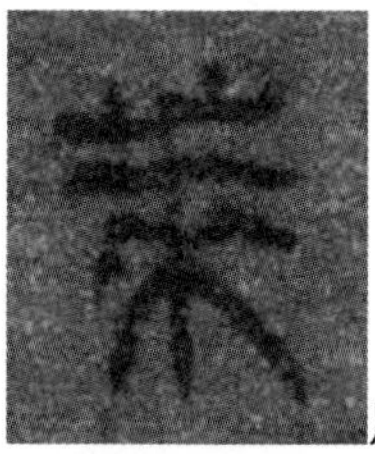
馬貳 109_18/18

張・奏讞書 83

北壹・倉頡篇 24

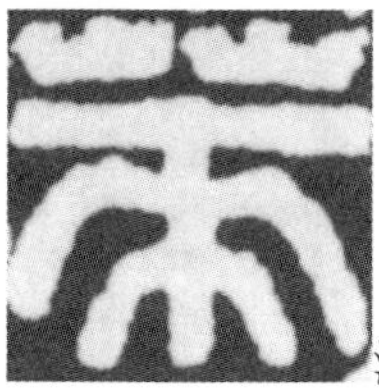
漢晉南北朝印風

○東萊守丞

漢印文字徵

○萊守

漢印文字徵

○東萊太守章

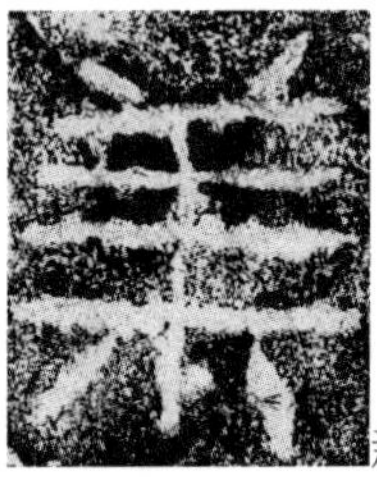
新莽・萊子侯刻石

○萊子侯

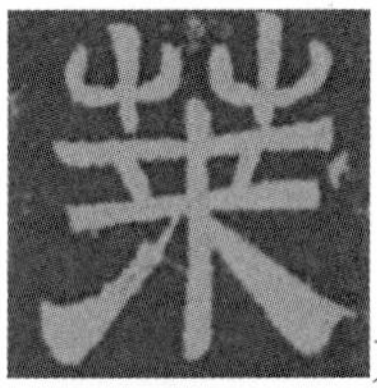
東漢・夏承碑

○東萊府君

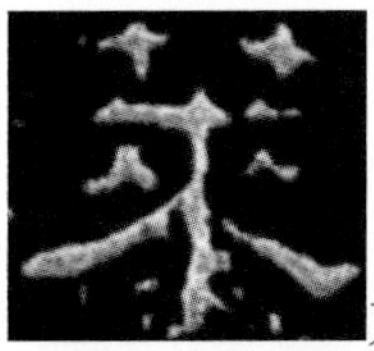
東漢・楊震碑

西晉・臨辟雍碑

北魏・鄭君妻誌

北齊・赫連子悅誌

【茘】

《說文》：，艸也。似蒲而小，根可作㕞。从艸劦聲。

睡・秦律十八種 4

○取生茘（甲）麛

北壹・倉頡篇 24

○莎茘䓘蔓

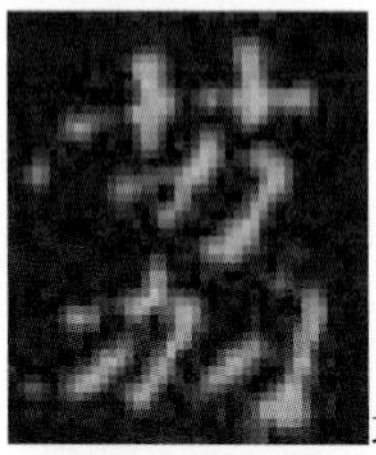
北魏・弔比干文

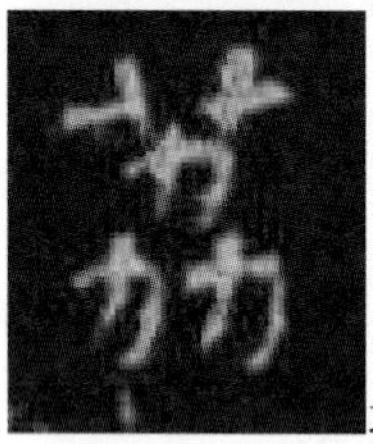
北周・須蜜多誌

【蒙】

《說文》：，王女也。从艸冡聲。

里・第八層 126

○妾無蒙

馬壹 91_270

○非愚蒙也兵爲秦禽

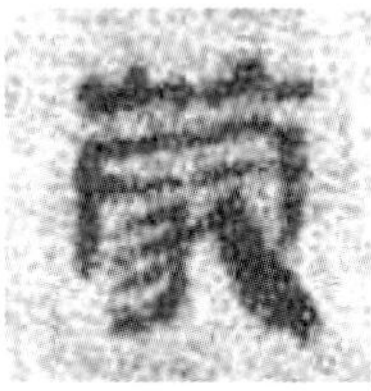
馬壹 4_15 下

○二包（枹）蒙吉納（入）

馬貳 235_163

○絮蒙（幪）四

銀貳 1459

○白刃蒙矢石民難敝

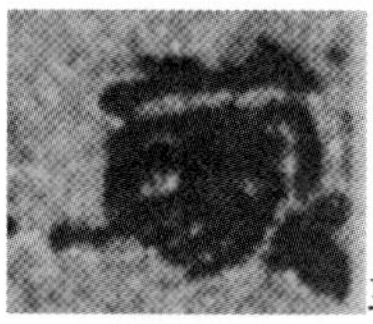
敦煌簡 2253

○從恣蒙水

敦煌簡 0127

金關 T04:004

○蒙宜成里

東牌樓 159

○加恩蒙不□□

東牌樓 012

○入冀蒙赦令云當虧

北壹・倉頡篇 44

○媿欺蒙期

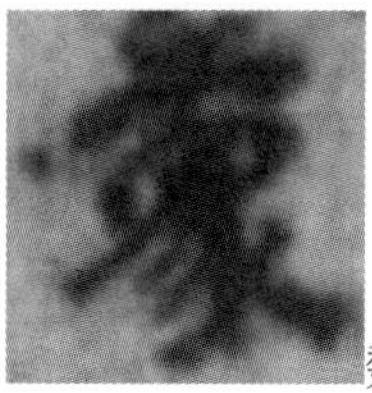
魏晉殘紙

○衣袂裂蒙

秦代印風

○蒙洋

秦代印風

○侯蒙

漢晉南北朝印風

○蒙陰宰之印

漢印文字徵

○蘇蒙

漢印文字徵

○蒙陰宰之印

漢印文字徵

○趙蒙

漢印文字徵

○張蒙

漢印文字徵

○胈蒙私印

漢印文字徵

○李蒙之印

東漢・成陽靈臺碑

○萬國蒙祉

東漢・曹全碑陽

○咸蒙瘳悛

東漢・肥致碑

○啟勸偅蒙

東漢・北海相景君碑陽

○微弱蒙恩

北魏・劉阿素誌

○蒙策紫極

北魏・韓氏誌

○韶亮在蒙

北魏·尉氏誌

○蒙沒松壚

北魏·奚智誌

○每蒙引議

北周·董道生造像

○含生蒙潤

【薻】

《說文》：，水艸也。从艸从水，巢聲。《詩》曰："于以采薻？"

【藻】

《說文》：，薻或从澡。

北魏·元維誌

○蒻蕘仰其聲藻

北魏·王翊誌

○麗藻陵雲之異

北魏·丘哲誌

○冠華藻望

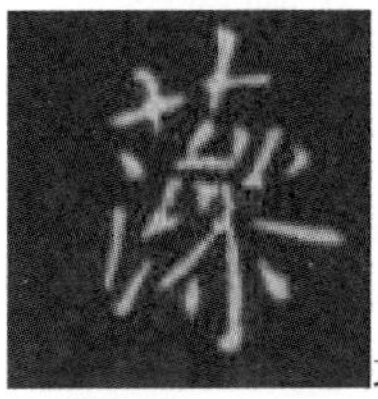
北魏·王普賢誌

○緝藻瓊式

北魏·元弼誌

○藻思情流

北齊·高湝誌

北齊·高滬誌

北齊·婁黑女誌

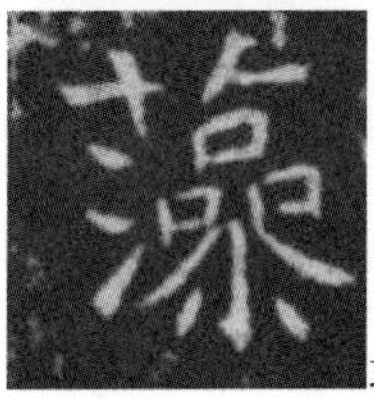
北齊·崔頠誌

○藻翰與春華比美

【菉】

《説文》：菉，王芻也。从艸录聲。《詩》曰："菉竹猗猗。"

【蓸】

《説文》：蓸，艸也。从艸曹聲。

【蓾】

《説文》：蓾，艸也。从艸鹵聲。

【萔】

《説文》：萔，艸也。从艸沼聲。

【䓊】

《説文》：䓊，艸也。从艸吾聲。《楚詞》有䓊蕭艸。

【范】

《説文》：范，艸也。从艸氾聲。

漢銘・范是鍾

漢銘・東海宮司空盤

秦文字編 125

敦煌簡 1462

○韓范鼠張

金關 T25:062

○明里范聖

金關 T09:069

○上里范安世國

東牌樓 104 背

○范通本事

北壹・倉頡篇 17

○媢嫭范麀

歷代印匋封泥

○範舍

廿世紀璽印三-SY

○范

漢印文字徵

○范信私印

漢印文字徵

漢晉南北朝印風

廿世紀璽印四-GY

○范陽公章

東漢・張遷碑陰

○故吏范巨

東漢・張遷碑陰

東漢・張遷碑陰

東漢・張遷碑陰

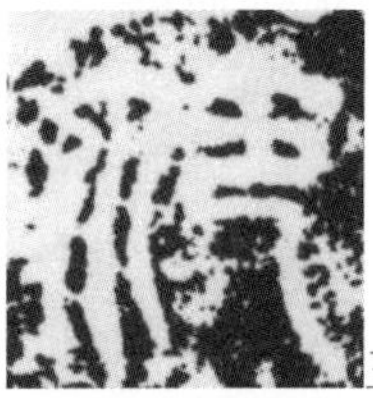
三國魏・范式碑額

○范府君之碑

北魏・盧令媛誌

北魏・郭顯誌

北魏・元誨誌

北魏・范國仁造像

○范懷嗣。

【艿】

《說文》：艿，艸也。从艸乃聲。

北周・拓跋虎誌

○玉艿未掩

【⿱艹血】

《說文》：⿱艹血，艸也。从艸血聲。

【萄】

《說文》：萄，艸也。从艸匋聲。

【芑】

《說文》：芑，白苗嘉穀。从艸己聲。

秦文字編 125

漢印文字徵

○李芑言事

漢印文字徵

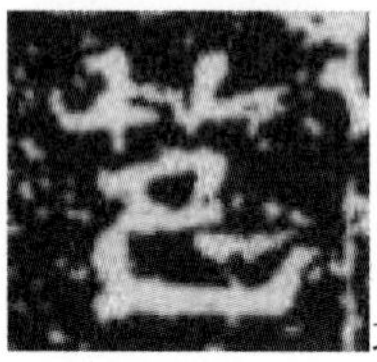
北齊・崔宣華誌

○質薰蘭芑

【藚】

《說文》：藚，水舄也。从艸賣聲。《詩》曰：“言采其藚。”

【苳】

《說文》：苳，艸也。从艸冬聲。

【薔】

《說文》：薔，薔虞，蓼。从艸嗇聲。

【苕】

《說文》：苕，艸也。从艸召聲。

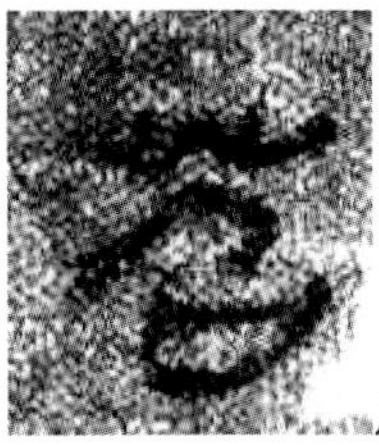
馬貳 111_45/45

○要苕

北魏・元瞻誌

北魏・元珍誌

○苕苕聖胄

【蒜】

《說文》：蒜，艸也。从艸枺聲。

【萺】

《說文》：萺，艸也。从艸冒聲。

【茆】

《說文》：茆，鳧葵也。从艸丣聲。《詩》曰："言采其茆。"

里・第八層 1623

○夫寡茆

漢印文字徵

○茆更生

漢印文字徵

○茆印壽貴

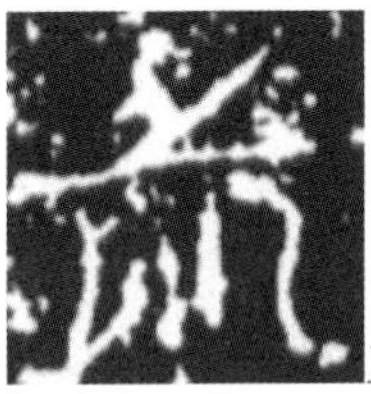
三國吳・山前買地券

○山前茆立冢

【荼】

《說文》：荼，苦荼也。从艸余聲。

里・第八層 1533

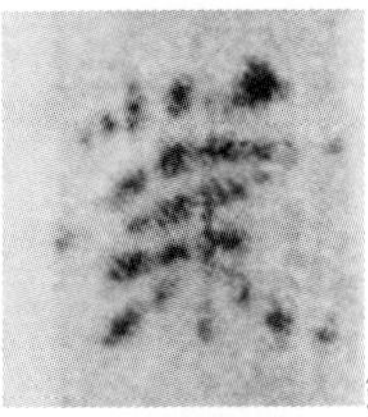
銀壹 408

北壹・倉頡篇 24

○藿藜薊荼

秦代印風

○張荼

廿世紀璽印三-GY

○荼陵

漢印文字徵

○荼陵

漢印文字徵

○荼承私印

歷代印匋封泥

○荼豕

北魏・甄凱誌

北魏・王普賢誌

北齊・崔宣華誌

【蘇】

《說文》：蘇，白蒿也。从艸繁聲。

【蒿】

《說文》：蒿，菣也。从艸高聲。

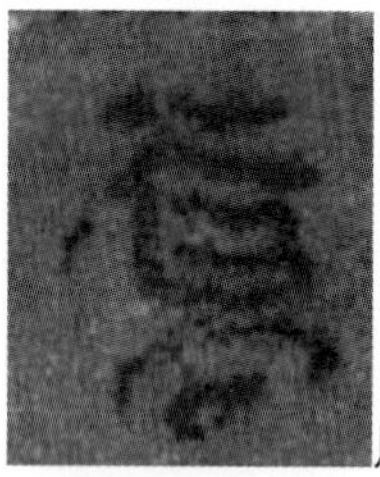
馬貳 141_22

○時取蒿牡

北貳・老子 107

○死也苦（枯）蒿（槁）

北壹・倉頡篇 24

○蓬蒿蒹葭

漢印文字徵

○翟蒿之印

秦文字編 125

○翟蒿之印

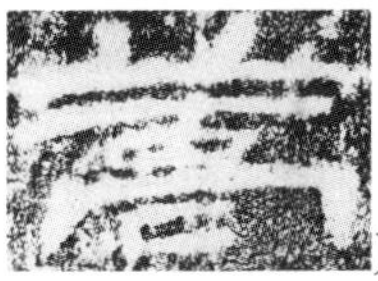
東漢・作石獅題字

○緱氏蒿聚成奴作

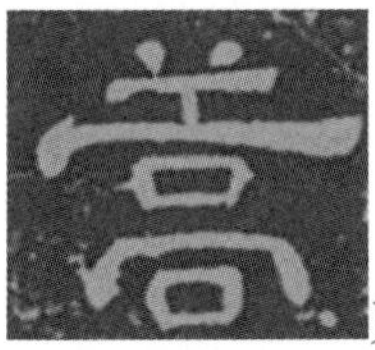
東漢・夏承碑

東漢・浚縣延熹三年畫像石

○孰忘蒿里

東漢・浚縣延熹三年畫像石

○下歸蒿里

北魏・元彝誌

東魏・元睟誌

【蓬】

《説文》：，蒿也。从艸逢聲。

【莑】

《説文》：，籀文蓬省。

里・第八層 109

○曰受蓬鐵權

馬貳 82_286/273

○三煮蓬虆

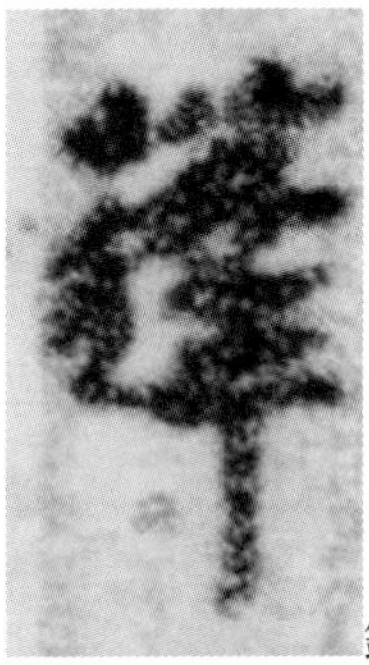
銀壹 409

○退以蓬錯繞山林以

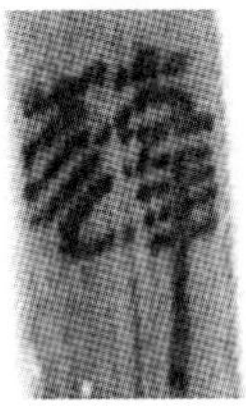
銀貳 1130

敦煌簡 2257

金關 T24:843

○主葛蓬愛費

北壹・倉頡篇 24

○蓬蒿兼葭

廿世紀璽印三-SP

○蓬丘元

秦代印風

○蓬昌

漢印文字徵

○蓬廣

漢印文字徵

○蓬吉

東漢・東漢・婁壽碑陽

○蓬戶茅宇

北魏・蓬萊題字

○棲蓬萊之山

北魏・吐谷渾氏誌

○蓬髮辭梳

東魏・廉富等造義井頌

○蓬萊

【藜】

《說文》：，艸也。从艸黎聲。

馬貳 86_372/362

○財冶藜盧

北魏·鄭君妻誌

○簪蒿杖藜

【蘬】

《説文》：，薺實也。从艸歸聲。

秦代印風

○左蘬

漢印文字徵

○蘬禹之印

【葆】

《説文》：，艸盛皃。从艸保聲。

漢銘·青羊畢少郎葆調

睡·秦律十八種 135

睡·法律答問 107

○葆子以上

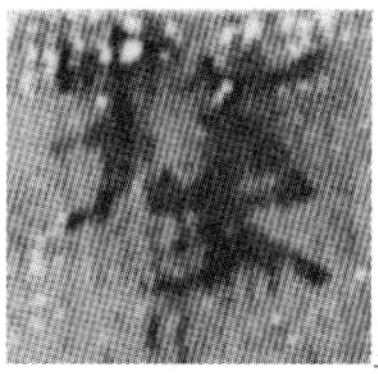
里·第八層 62

○曰上葆繕牛車

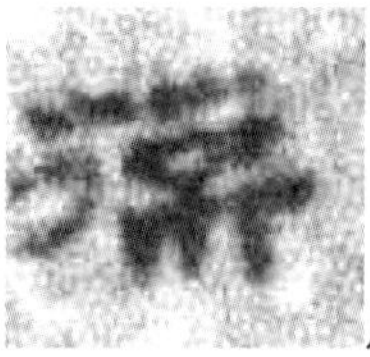
馬壹 146_50/224 上

○可長葆（保）也

馬壹 113_52\403

○以爲葆守臧（藏）

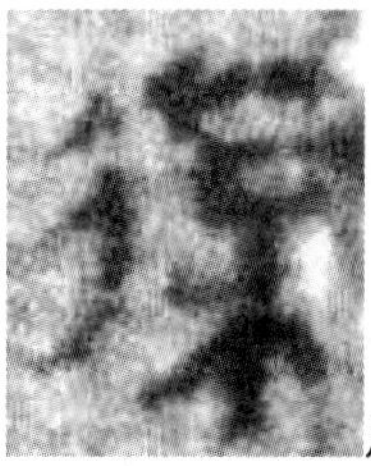
馬壹 100_121

○生葆（保）此

馬貳 210_78

〇其（亓）受地氣也葆

銀壹 348

〇地葆（寶）

銀貳 1576

北貳・老子 68

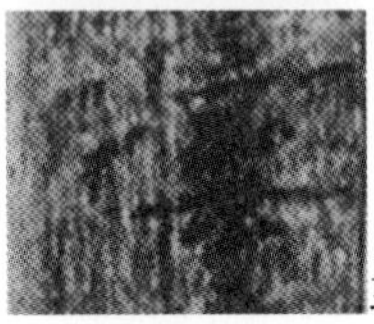
敦煌簡 1363

〇收葆不得行

金關 T10:118A

北壹・倉頡篇 12

〇葆䆃據趚

廿世紀璽印三-GP

〇葆不津

漢印文字徵

〇杜葆之印

歷代印匋封泥

〇葆不津

北魏・元爓誌

北魏・元懌誌

〇前後部羽葆鼓吹

北魏・元徽誌

【蕃】

《說文》：，艸茂也。从艸番聲。

漢銘・蕃禺鼎三

漢銘・蕃鼎二

漢銘・蕃禺鼎一

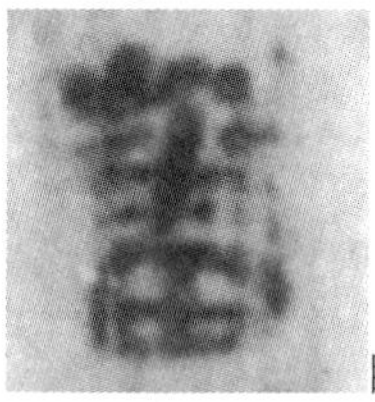
睡・秦律十八種 127

○蕃蓋強折

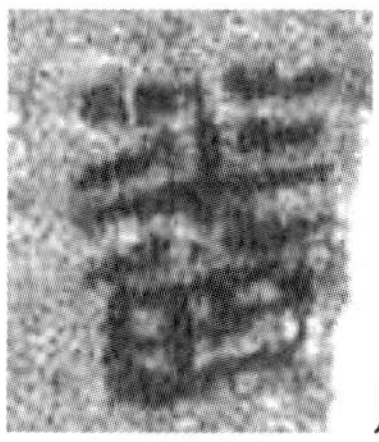
馬壹 5_17 上

馬貳 129_22

○與蕃石各二

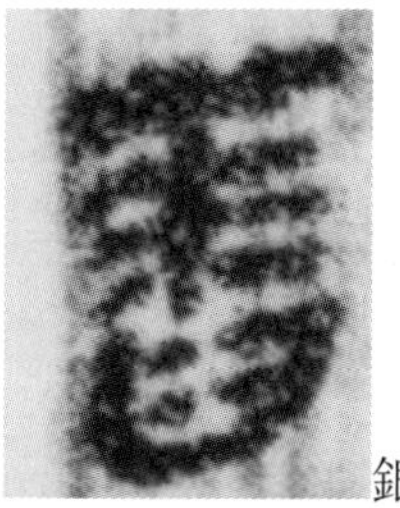
銀壹 624

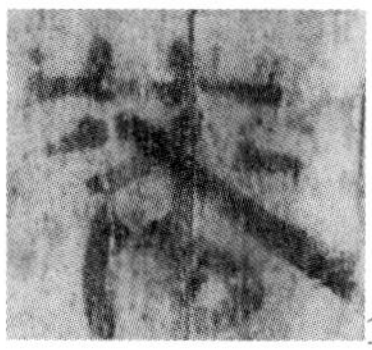
金關 T26:241

○蕃率持三席

北壹・倉頡篇 9

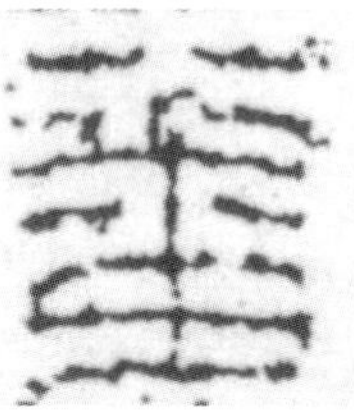
歷代印匋封泥

○蕃丞之印

廿世紀璽印三-GP

○蕃丞之印

廿世紀璽印三-GP

歷代印匋封泥

○蕃丞之印

漢印文字徵

東漢・景君碑

東漢・任城王墓黃腸石

○蕃張尉。

東漢・禮器碑側

○蕃王狼子二百

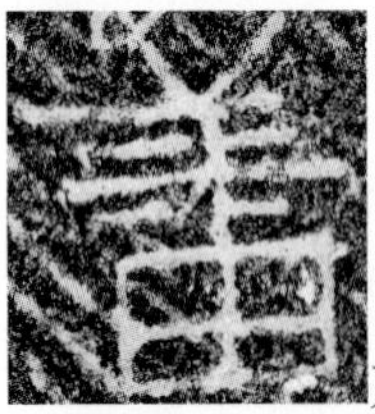
東漢・任城王墓黃腸石

○蕃張尉

北魏・元鑒誌

北魏・韓氏誌

北魏・馮會誌

【茸】

《説文》：，艸茸茸皃。从艸，聰省聲。

秦代印風

○李茸

【葎】

《説文》：，艸皃。从艸津聲。

【䕺】

《説文》：，艸叢生皃。从艸叢聲。

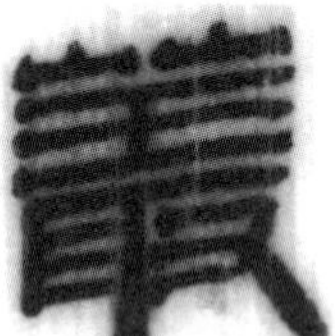
北壹・倉頡篇 6

○戲䕺奢插

【草】

《説文》：，草斗，櫟實也。一曰象斗子。从艸早聲。

睡・法律答問 210

睡・日甲《盜者》78

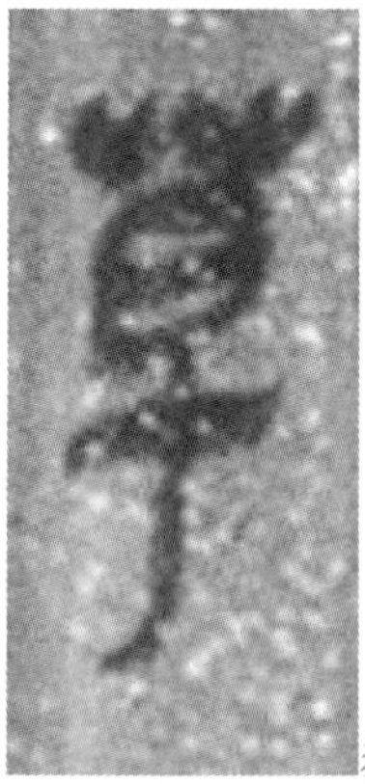
嶽・為吏 74

嶽・猩、敞知盜分贓案 50

里・第八層 1057

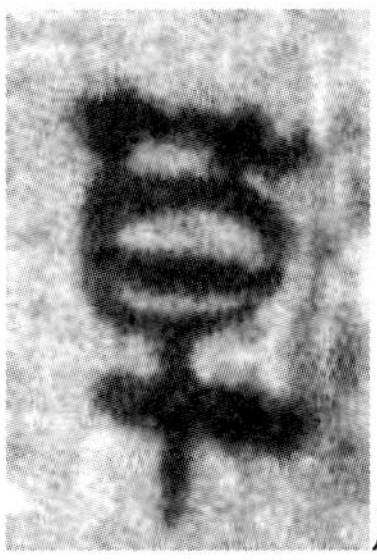
馬壹 98_84

馬貳 288_338/359

馬貳 33_1 下

張・傳食律 233

銀壹 687

銀貳 1900

敦煌簡 0207A

金關 T26:137

○地美草隧長

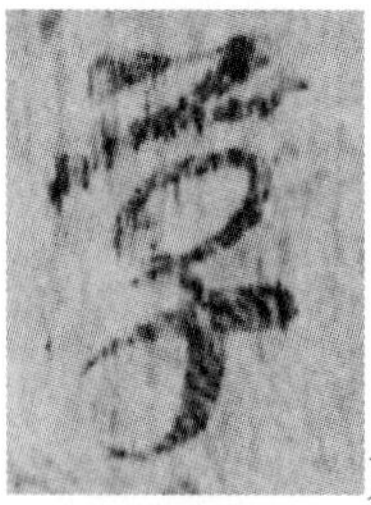
東牌樓 147 正

○地美草隧長

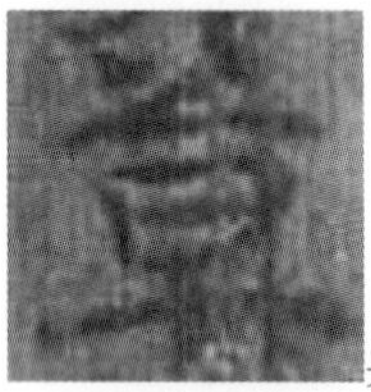
吳簡嘉禾・四・四五四

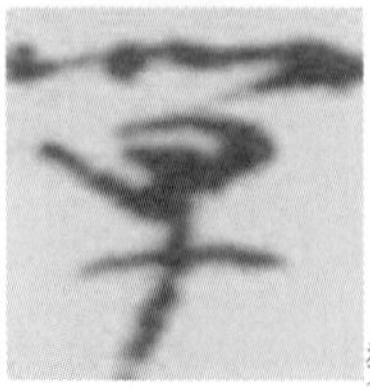
魏晉殘紙

○前草不備

廿世紀璽印三-SP

○成市草

漢印文字徵

漢晉南北朝印風

石鼓・作原

○彼陂草爲世里

東漢・孔彪碑陽

○斯多草竊

東漢・桐柏淮源廟碑

北魏・元引誌

北魏・寇憑誌

北魏・趙謐誌

○壟草將繁

北齊・劉悅誌

北齊・赫連子悅誌

【菆】

《說文》：，麻蒸也。从艸取聲。一曰蓐也。

金關 T05:051

○南菆里

漢印文字徵

○菆央

漢印文字徵

○菆朔

漢印文字徵

○菆憙私印

【蓄】

《說文》：，積也。从艸畜聲。

里・第八層 962

馬貳 218_23/34

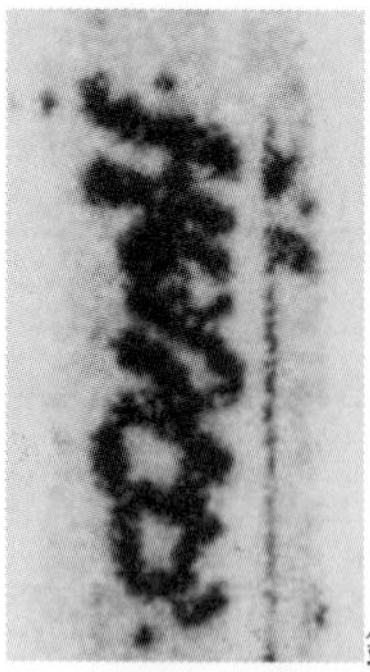
銀壹 859

銀貳 1056

東漢·西狹頌

東漢·北海相景君碑陽

北齊·高建妻王氏誌

【萅（春）】

《説文》：萅，推也。从艸从日，艸春時生也；屯聲。

戰晚·春成左庫戈

漢銘·張伯宗壺

漢銘·漢春信家銅斗

漢銘·壽春鈁

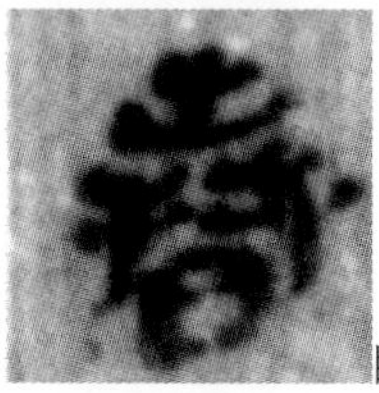
睡·日甲《取妻》155

〇及春之未

睡·日乙《入官》224

嶽·為吏 25

里・第八層 1725

里・第八層背 661

馬壹 141_22 下/164 下

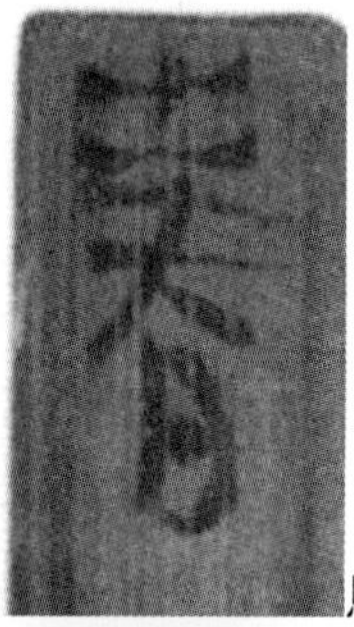
馬貳 288_338/359

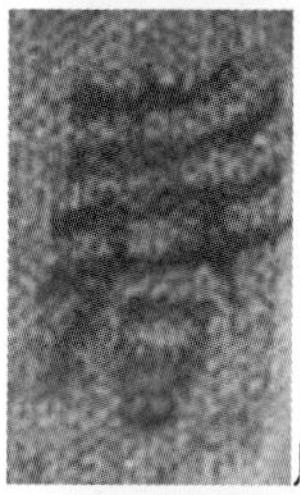
馬貳 115_99/99

張・田律 249

張・蓋盧 26

張・脈書 53

張・引書 1

○春產夏長

銀貳 1623

○春夏陽

北貳・老子 58

○其民萅（蠢）＝

敦煌簡 1962B

金關 T30:202

吳簡嘉禾・五・五〇五

〇蟡春佃田

魏晉殘紙

〇不為春居

漢晉南北朝印風

〇宜萅禁丞

廿世紀璽印三-GP

〇宜春鄉印

漢印文字徵

〇宜春左園

漢代官印選

〇宜春侯印

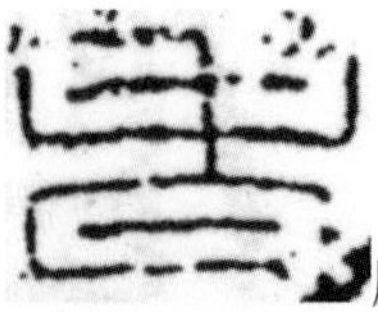
歷代印匋封泥

〇宜春左園

柿葉齋兩漢印萃

〇奉萅□印

漢印文字徵

〇衛春之印

漢印文字徵

〇莊春君

漢印文字徵

〇李春私印

漢印文字徵

〇張春

漢晉南北朝印風

○張春

漢晉南北朝印風

○巨章季春

漢晉南北朝印風

○仲春

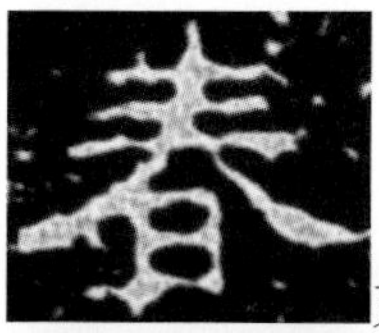
東漢・楊震碑

東漢・景君碑

東漢・成陽靈臺碑

三國魏・三體石經春秋・古文

○元年旾（春）

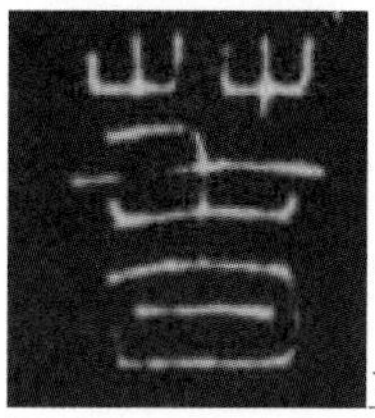
三國魏・三體石經春秋・篆文

○元年萅

北魏・崔隆誌

○初除壽春令

北魏・元文誌

北魏・元理誌

東魏・李祈年誌

○萅秋五十三

北齊・劉悅誌

○菩秋五十三

北周・寇熾誌

【菰】

《説文》：菰，艸多皃。从艸狐聲。江夏平春有菰亭。

【菿】

《説文》：菿，艸木倒。从艸到聲。

東漢・趙菿殘碑

○君諱菿

【芺】

《説文》：芺，芙蓉也。从艸夫聲。

馬壹 257_3 下\9

○芺（蒲）白茅

銀貳 1668

○芺蕖

【蓉】

《説文》：蓉，芙蓉也。从艸容聲。

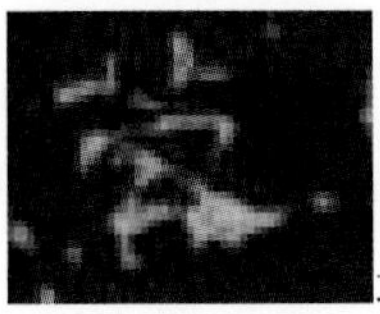
北齊・潘景暉造像

○若夫芳蓉姝婉

【薳】

《説文》：薳，艸也。《左氏傳》：“楚大夫薳子馮。”从艸遠聲。

【荀】

《説文》：荀，艸也。从艸旬聲。

金關 T25:121A

漢印文字徵

○荀延私印

漢印文字徵

〇荀光

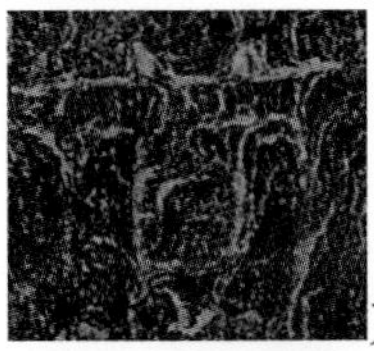
東漢・開通褒斜道摩崖刻石

西晉・荀岳誌

西晉・荀岳誌

【莋】

《説文》：，越嶲縣名，見《史記》。从艸作聲。

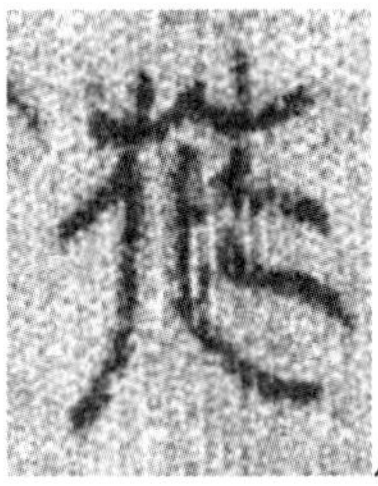
馬壹257_3下\9

〇白茅莋(藉)祝

【蓀】

《説文》：，香艸也。从艸孫聲。

北魏・元靈曜誌

北齊・赫連子悅誌

北周・崔宣默誌

【蔬】

《説文》：，菜也。从艸疏聲。

東漢・東漢・婁壽碑陰

〇蔬菜

北魏・元瞻誌

〇皇胤扶蔬

北齊・薛懷儁誌

〇散惠葉以扶蔬

北齊・劉碑造像

〇扶蔬英裔之孤

【芊】

《説文》：芊，艸盛也。从艸千聲。

【茗】

《説文》：茗，荼芽也。从艸名聲。

【薌】

《説文》：薌，穀气也。从艸鄉聲。

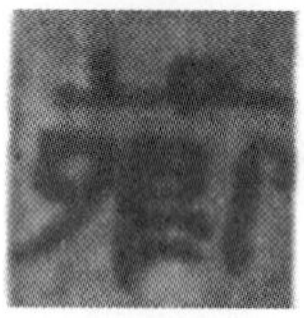
敦煌簡 1409A

○复莫薌於

金關 T01:140

武·甲《少牢》2

○尚薌（饗）

東漢·石祠堂石柱題記

東漢·薌他君石柱題記額

東漢·元嘉元年畫像石墓題記

○念遠近敬薌

【藏】

《説文》：藏，匿也。

金關 T04:014

○周卿藏翁

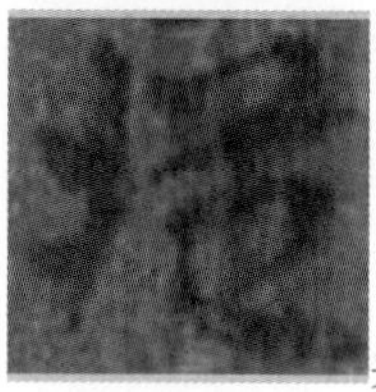
吳簡嘉禾·五·三六二

○馬藏佃田

廿世紀璽印三-SP

○宫藏

秦代印風

○周藏

東漢·許安國墓祠題記

○隱藏魂靈

東漢·孫琮畫像石墓題記

○咸石之郭藏

東晉・筆陣圖

○可藏之石室

北魏・檀賓誌

○囊不藏穎

北魏・李伯欽誌

○琛藏崐岫

北魏・張正子父母鎮石

○實爲吉藏

北齊・雲榮誌

○藏姓爲口豆連氏

北齊・唐邕刻經記

○與物行藏

【蒧】

《說文》：，《左氏傳》："以蒧陳事。"杜預注云：蒧，敕也。从艸未详。

【蘸】

《說文》：，以物没水也。此蓋俗語。从艸未详。

〖芳〗

漢印文字徵

○餘芳蓋印

漢印文字徵

○芳

〖芒〗

漢印文字徵

○芒偃之印

〖芊〗

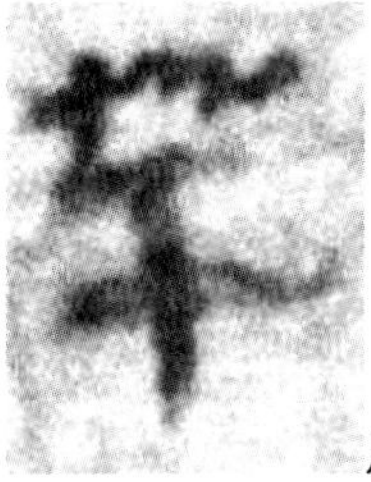
馬壹 114_28\431

○食苦（枯）芊（程）復庚

漢印文字徵

○大芊之印

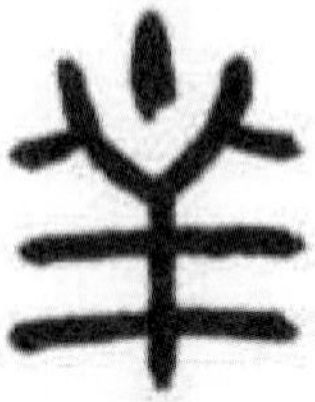
漢印文字徵

○大芊家印

東漢・開母廟石闕銘

○木連理於芊條

〖𦬁〗

秦文字編 128

〖芇〗

睡・日甲《詰》65

○以莎芇（茇）

三國魏・王基斷碑

○以爲芇

〖芺〗

漢印文字徵

○隗芺

〖苊〗

馬壹 86_155

○攻冥苊（戹）之塞

〖芷〗

廿世紀璽印二-GP

○芷

廿世紀璽印二-SP

○芷陽癸

廿世紀璽印二-SP

○芷陽工癸

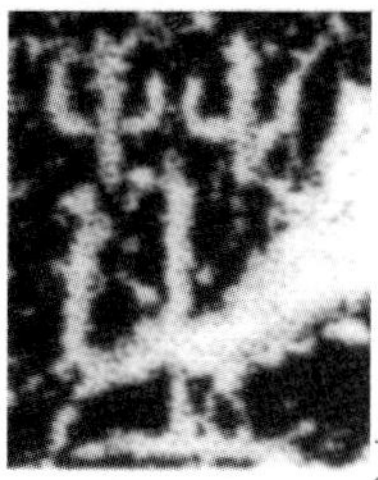
東漢・少室石闕銘

○□叢林芷，

北魏・和醜仁誌

○蕙芷長埋。

北魏・元瑱誌

北魏・元暐誌

北齊・婁黑女誌

○芬如蘭芷

〖茥〗

漢印文字徵

○茥萬

〖花〗

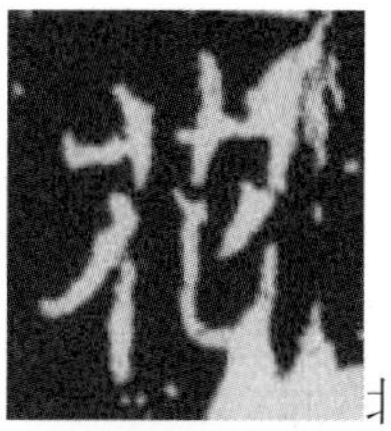
北魏・司馬王亮等造像

北魏・王翊誌

北魏・淨悟浮圖記

北魏・淨悟浮圖記

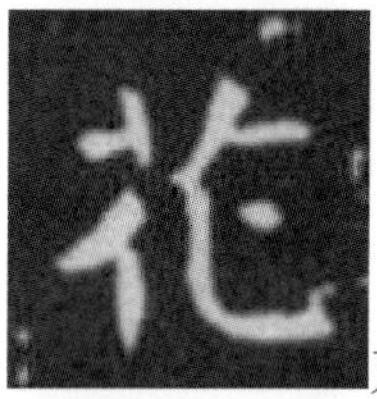
東魏・叔孫固誌

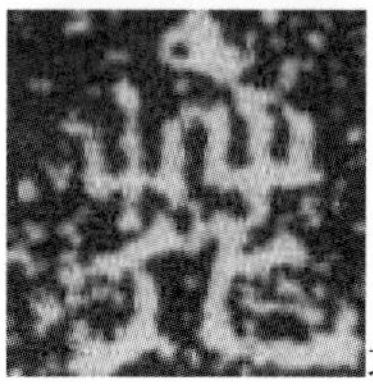
北齊・郭顯邕造經記

〖芫〗

漢印文字徵

○芫易博印

〖芯〗

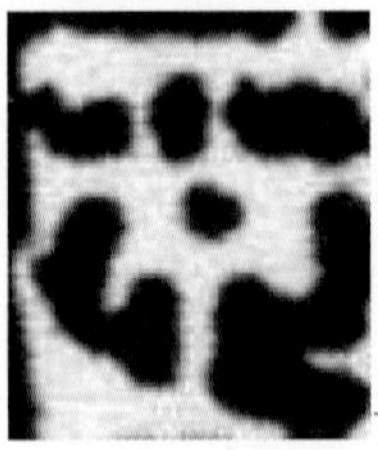
廿世紀璽印三-SP

○萬芯各

歷代印匋封泥

○萬芯吝

〖英〗

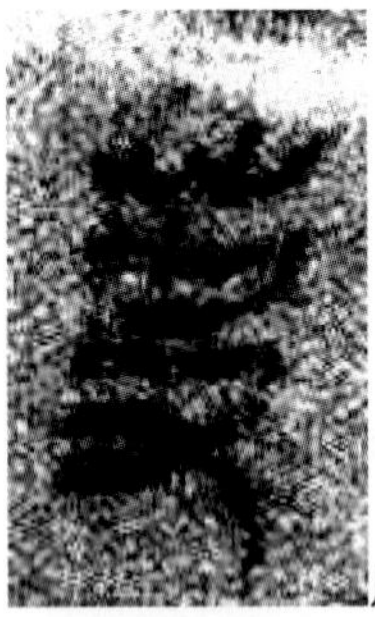
馬貳 115_110/109

○華英

〖芭〗

北齊・宋敬業造塔

○知芭蕉之匪實

〖茉〗

馬壹 8_41 下

○中見茉（沫）折其

〖苶〗

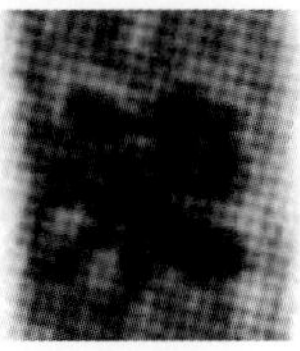
武・甲《燕禮》31

○生（笙）《崇立（丘）》

〖茞〗

馬壹 89_230

○今增注茞恆山

〖荖〗

漢印文字徵

○荖讓之印

漢印文字徵

○荖倫之印

〖莁〗

銀貳 1550

○陵猋蔣莁

〖苊〗

漢印文字徵

○苊利

〖苒〗

漢印文字徵

○苒騷

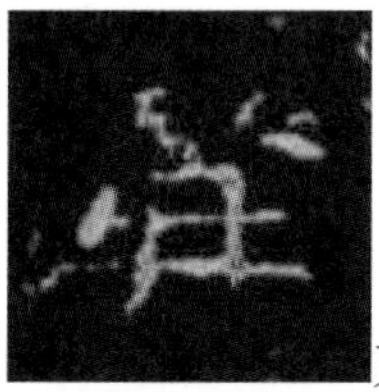
東魏・元均及妻杜氏誌

○苒苒不留

東魏・淨智塔銘

○時華淹苒

〖苲〗

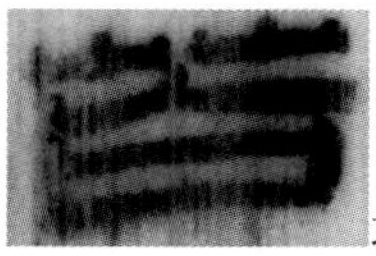
北壹・倉頡篇 14

○穗稍苲婡

吳簡嘉禾・四・四八二

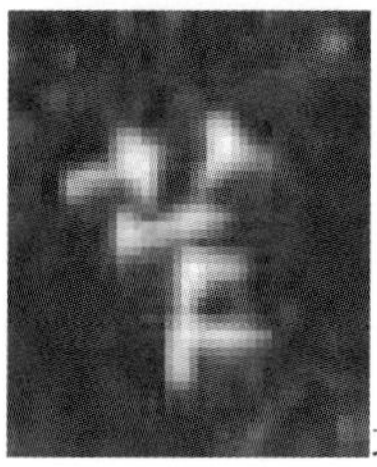
北周・鄭術誌

○邛苲未賓

〖茌〗

金關 T24:392

○東郡茌平邑□

〖苙〗

漢印文字徵

○苙君長印

〖苔〗

張・奏讞書 49

○昌苔（笞）奴

東牌樓 034 正

○相苔

北魏・元昉誌

○苔野流雲

北魏・論經書詩

○苔替□逕，

東魏・蕭正表誌

〖荰〗

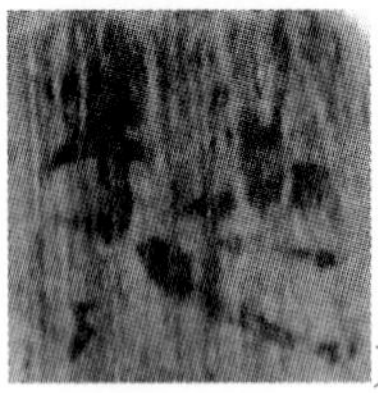
東牌樓 013 背

○荰蓖

〖苽〗

馬貳 85_351/341

○苽夷（荑）

〖荳〗

漢銘・上林行鐙

〖莇〗

漢印文字徵

○劉莇

〖荴〗

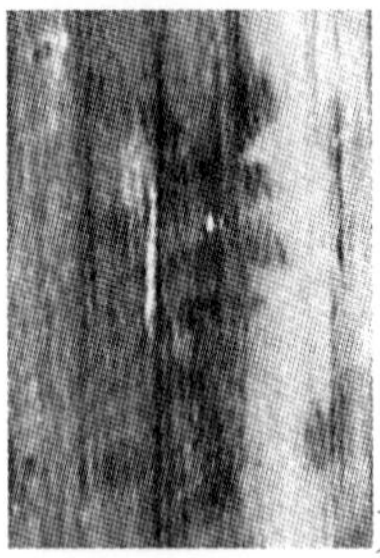
東牌樓 021 背

○家園荴羌

北魏・元瞻誌

北魏・馮邕妻元氏誌

北齊・薛懷儁誌

〖茝〗

馬壹 16_9 下\102 下

○公茝（餗）

馬壹 12_80 下

○公茝（餗）

〖莂〗

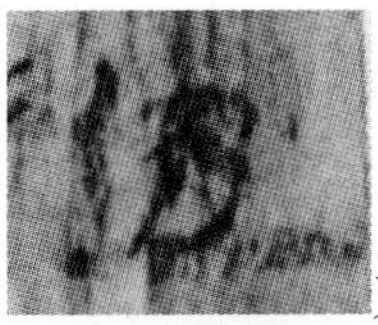
東牌樓 083

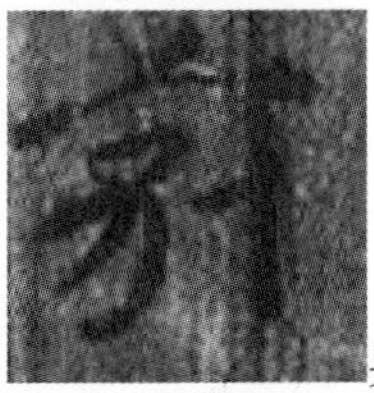
吳簡嘉禾・四・二

○吏民田家莂

吳簡嘉禾・四・三

○吏民田家莂

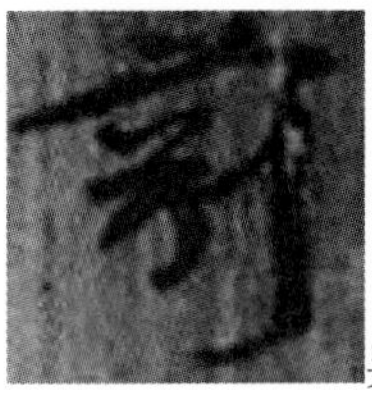
吳簡嘉禾・四・一

○吏民田家莂

〖𦬁〗

漢印文字徵

○𦬁就

〖莉〗

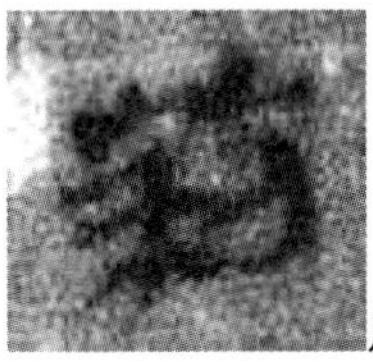
馬壹 10_62 下

○疾（蒺）莉（藜）

銀壹 812

○疾（蒺）莉（藜）

廿世紀璽印三-SP

○莉竝私印

〖莓〗

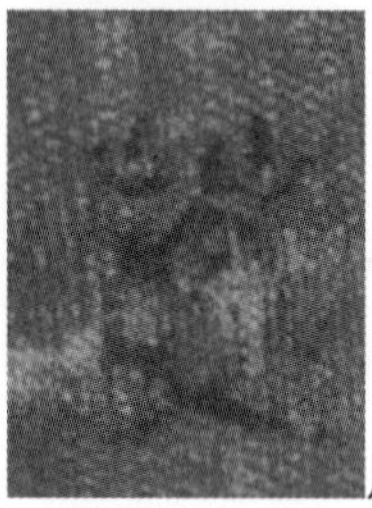
馬貳 91_469/459

○乾莓(苺)用之

〖莌〗

北魏・元欽誌

○蘭蕙從莌蕕俱盡

〖菟〗

漢印文字徵

○良菟

〖莘〗

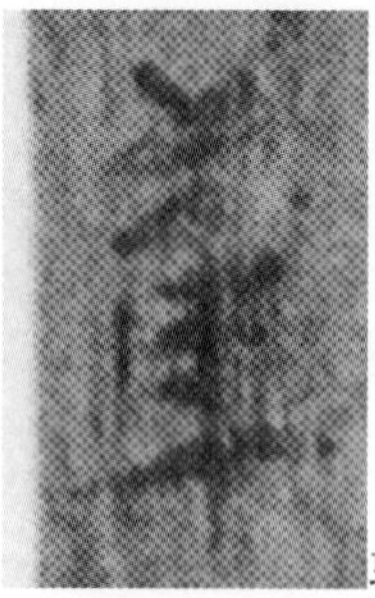
敦煌簡 0548

○黨付莘

廿世紀璽印二-GP

○余莘都鍴

漢印文字徵

○莘翁主

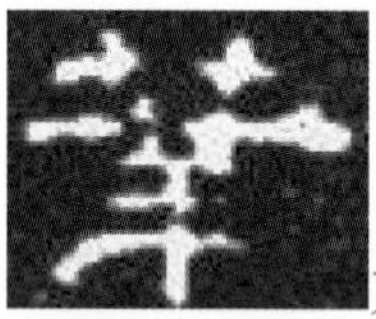
東漢・東漢・婁壽碑陽

○冕绅莘莘

北魏・辛穆誌

○資莘啓胄

東魏・趙紹誌

○莘轜已轉

〖荌〗

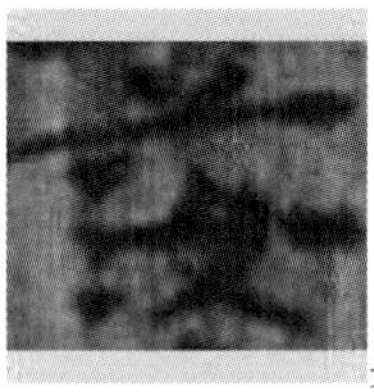
吳簡嘉禾・五・五〇二

○荌丘男子

〖葦〗

魏晉殘紙

○崇小大葦所能申答

〖荱〗

東牌樓 013 背

○茬荱

〖惎〗

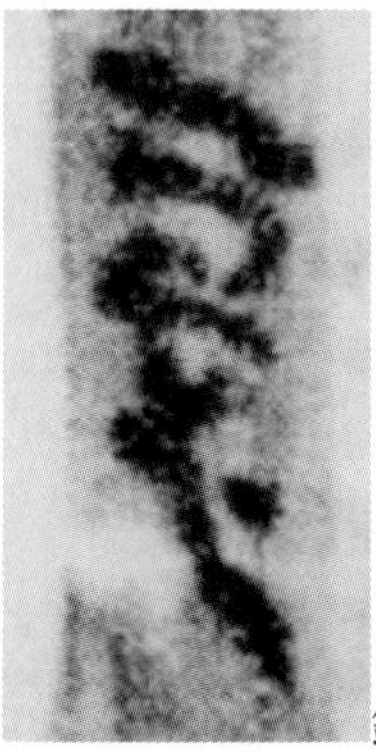
銀壹 942

○叔（菽）惎（萁）民得

〖菱〗

東牌樓 034 背

○不多云菱

〖蒻〗

漢印文字徵

○公蒻將印

〖蒙〗

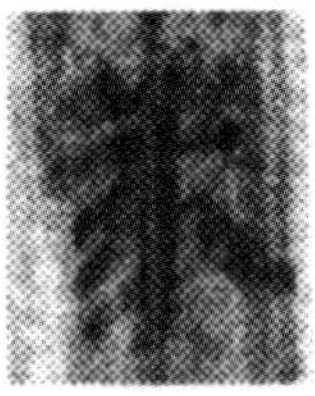
秦文字編 130

〖菩〗

漢印文字徵

○菩成

〖著〗

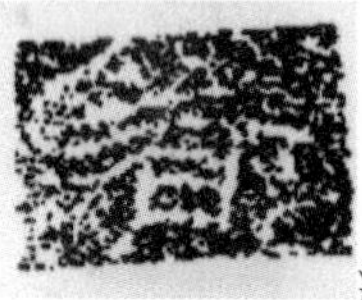
漢銘・謝著有洗

漢銘・謝著有壺

張・遣策 24

○藿一著部

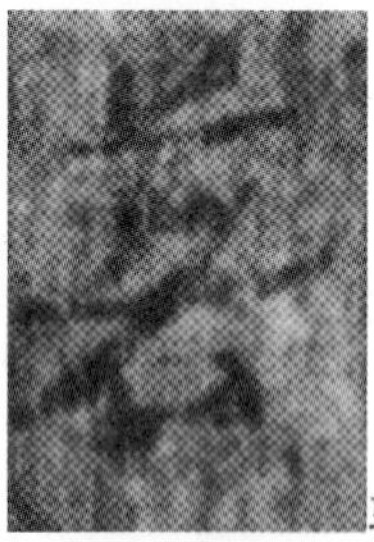
敦煌簡 0081

○已著頒賞

金關 T28:026

漢晉南北朝印風

○臨著令印

東漢・夏承碑

○策薰著于王室

東漢・肥致碑

東漢・尚博殘碑

北魏・薛孝通敘家世券

○著顯光華

北魏・元子正誌

北魏・韓顯宗誌蓋

○著作郎

東魏・司馬韶及妻侯氏誌

○不待著鞭

東魏・馮令華誌

北齊・爾朱元靜誌

○後著母儀

〖菩〗

馬壹 43_43 上

○加菩宮

〖菥〗

馬壹 101_145

○不以檮（籌）菥（策）

〖菴〗

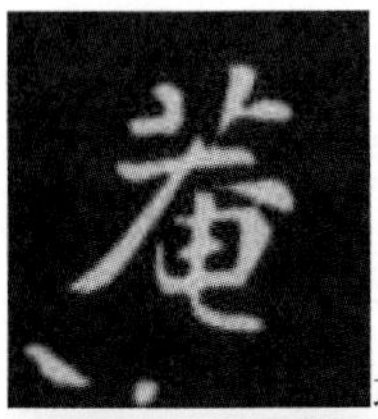
北魏・元洛神誌

北魏・馮邕妻元氏誌

北齊・崔昂誌

〖菒〗

銀貳 1668

○芙菒（蕖）生之其下者

〖菓〗

漢印文字徵

○菓印意之

漢印文字徵

○菓輔私印

北魏・青州元湛誌

○奇花異菓

〖菟〗

漢代官印選

○玄菟太守章

東漢・成陽靈臺碑

○玄礫菟蘆

北魏・元寶月誌

○夕菟催輪

北魏・王翊誌

○行遊狡菟

北魏・元詮誌

○遄哉夕菟

東魏・元睟誌

○安知狐菟

〖菽〗

張・算數書 90

○曰麥菽

銀貳 2034

○毋害菽地□

東魏・廣陽元湛誌

○固能採菽中原

〖菶〗

金關 T23:731B

○脫捞菶欲干□

〖菥〗

張・奏讞書 28

○菥詣女子

〖萳〗

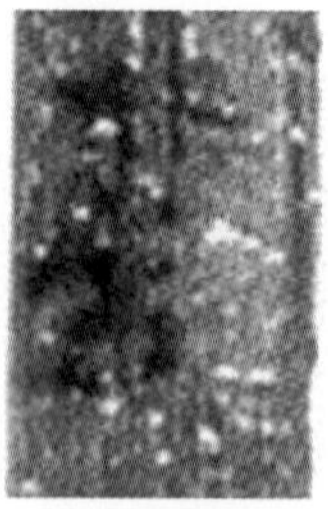
岳・占夢書 20

○有新萳未塞

〖蓉〗

秦文字編 129

秦文字編 129

秦文字編 129

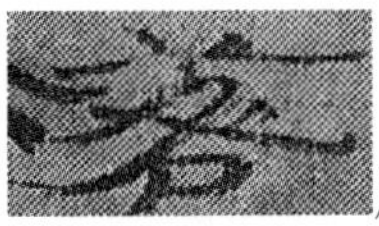
居・EPT20.31

○蓉過在萌

北壹・倉頡篇 5

秦代印風

○公蓉

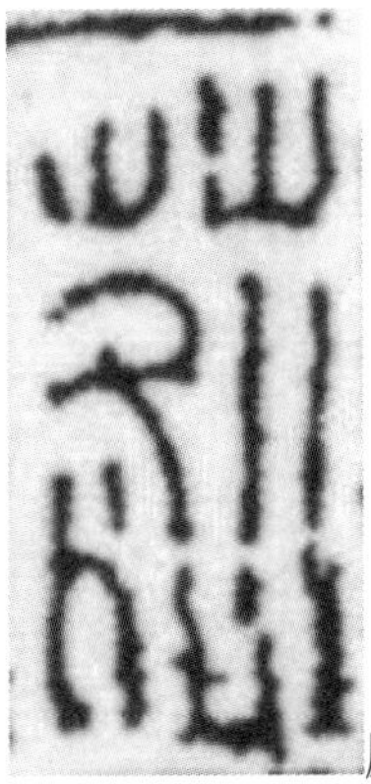
歷代印匋封泥

○蓉朝

歷代印匋封泥

○蓉繒

廿世紀璽印三-SP

○朝蓉

漢印文字徵

○周蓉

漢印文字徵

○崔蓉

漢印文字徵

○賈蓉

漢印文字徵

○公蓉長孺

〖葙〗

漢印文字徵

○臣葙免卿

〖崇〗

秦文字編 128

○

秦代印風

○徐崇

〖浾〗

居・EPT68.184

○詣官尊浾先出

〖幕〗

北魏・元純陀誌

○其幕

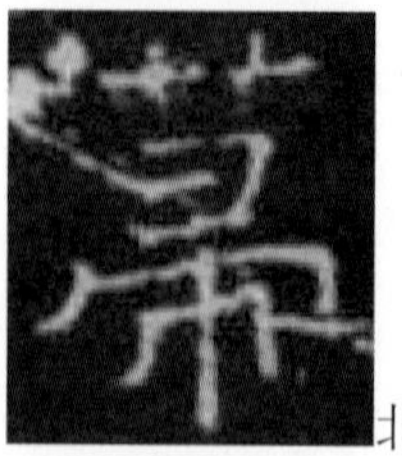
北齊・婁黑女誌

○密勿其幕

〖蒙〗

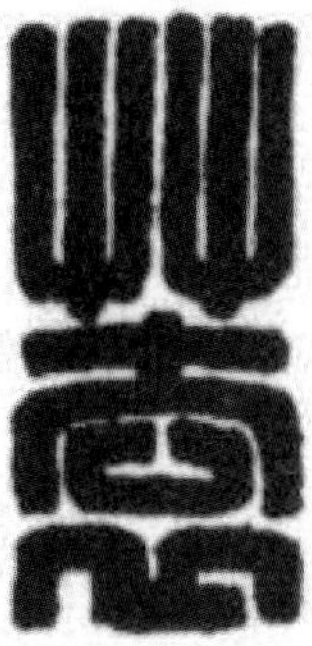
漢印文字徵

〇鱗蓑

〔棊〕

睡・日甲《詰》25

〇以棊（某）月日

馬壹 12_73 下

〇歍（烏）焚（棼）其（亓）棊(巢)旅人

漢印文字徵

〇棊繚

漢晉南北朝印風

〇棊繚

〔葴〕

北魏・緱光姬誌

北魏・元秀誌

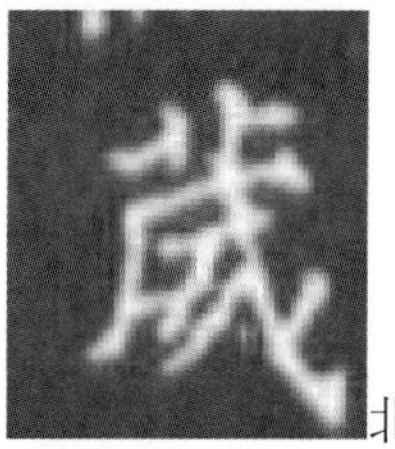
北魏・邢偉誌

〔葥〕

睡・秦律十八種 132

〔蒠〕

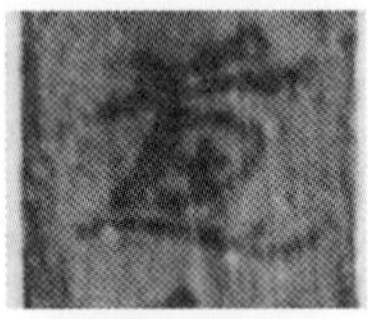
敦煌簡 1121

○莊子蒠

漢印文字徵

○蒠印安世

北魏・王紹誌

〖莆〗

北魏・元瞻誌

○玄莆(圃)

北魏・元暐誌

○義莆(圃)辭林

北齊・張潔誌

○桂生桂莆(圃)

〖蕚〗

北魏・秦洪誌

○而君執素松蕚

北魏・楊乾誌

○枝蕚之美。

北魏・元茂誌

○青蘭卷蕚

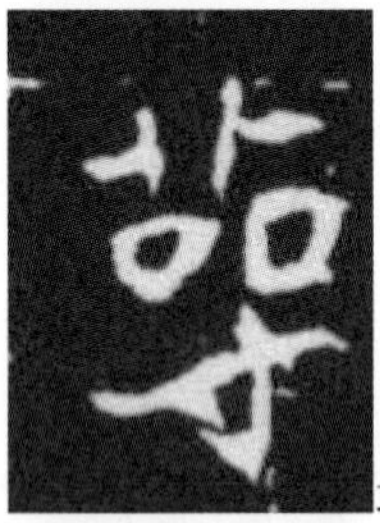
北魏・叔孫協及妻誌

○桂蕚懸莊

北魏・寇演誌

北魏・寇憑誌

北魏・王普賢誌

○璇根寶蕚

北魏・元冏誌

○王流暉皇蕚

〖葍〗

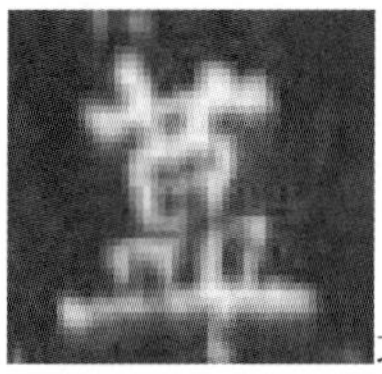
北周・乙弗紹誌

○派緒茲葍

〖萺〗

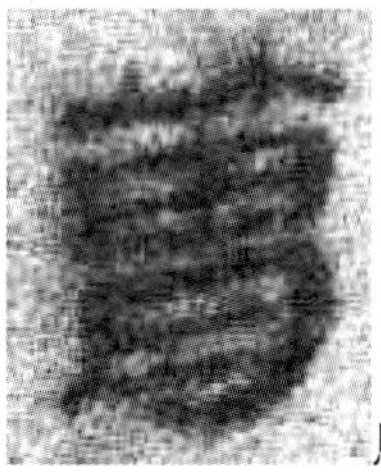
馬壹 3_2 上

○以其（亓）萺（彙）貞吉亨

〖董〗

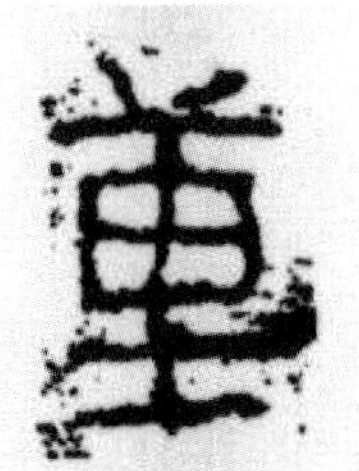
漢銘・蜀郡董是洗

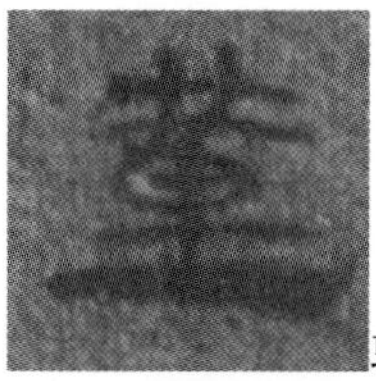
敦煌簡 1455B

金關 T24:262

○上造董賁

金關 T09:082

○內溫董里

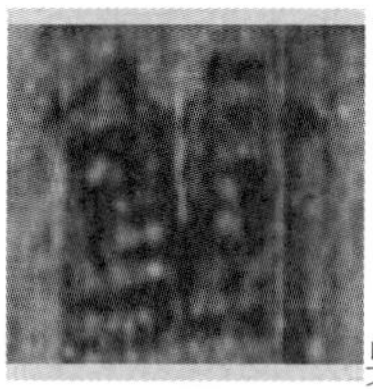
吳簡嘉禾・四・三三四

○逢董佃田

吳簡嘉禾・七二八二

○坻閣董基

廿世紀璽印三-SY

○董安國

漢印文字徵

○董冒

漢晉南北朝印風

○董產

漢晉南北朝印風

○董鄷印信

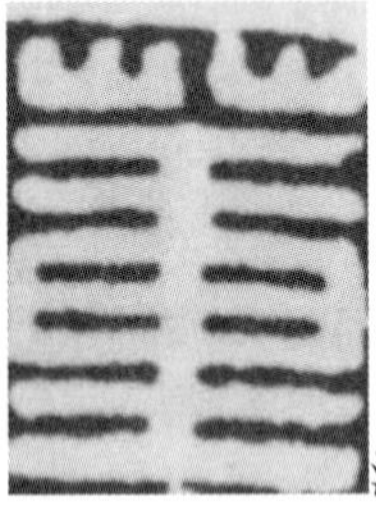
漢晉南北朝印風

○董宗之印

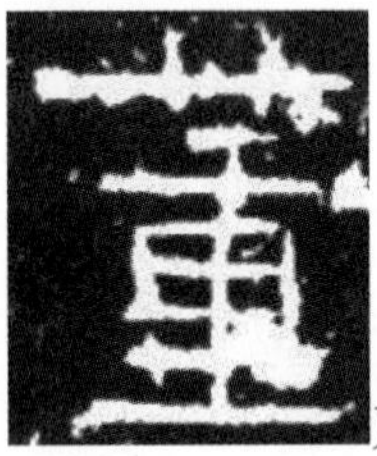
東漢・向壽碑

北魏・于景誌

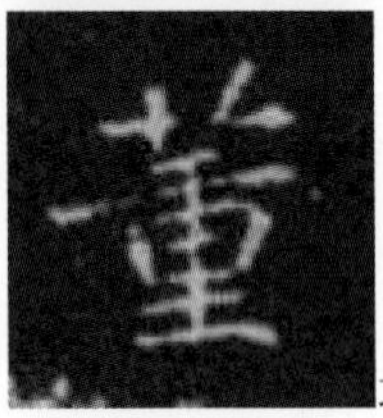
北魏・于纂誌

〖葮〗

秦文字編 128

〖葸〗

居・EPT40.206

○表葸弱則利

居・EPT40.207

○葸新器劍

〖葐〗

北周・乙弗紹誌

○派緒葐蒀

〖萮〗

馬壹 82_55

○將不萮（逾）泰

〖葂〗

漢印文字徵

○葂尊之印

〖蒂〗

北魏・元瞻誌

○蒂玄圃之蓊蔚

〖葙〗

馬壹 98_84

○葙仞堅强

〖蒫〗

秦文字編 130

〖菒〗

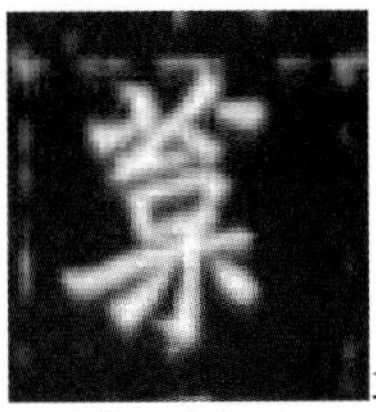
北魏・高猛妻元瑛誌

○躬察麻菒

〖莱〗

馬壹 114_20\423

〖蓍〗

秦文字編 132

石鼓・馬薦

○蓍蓍

〖蒱〗

東魏・元悰誌

○萑蒱(蒲)輒散

〖蒨〗

東漢・石祠堂石柱題記

○監蒨案獄賊決史

北魏・元寶月誌

○息蒨長禕

〖葭〗

東晉・高句麗好太王碑

○連葭浮龜

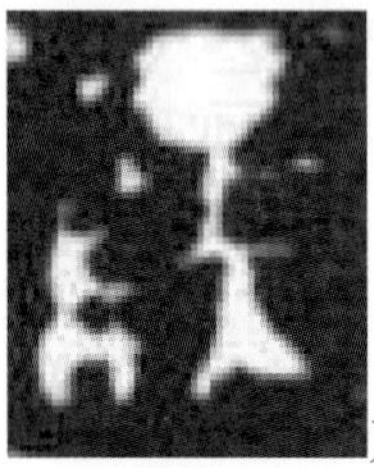
東晉・高句麗好太王碑

○爲我連葭浮龜

〖蒵〗

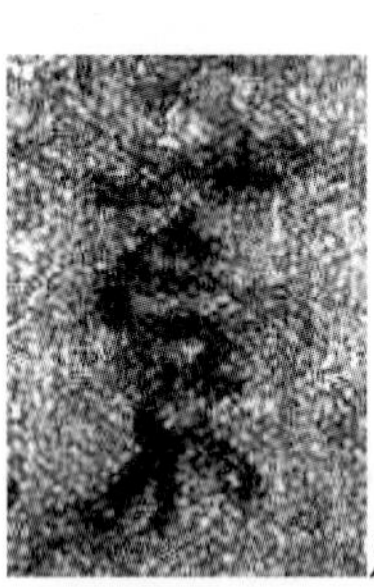
馬貳 116_122/121

○取萆蒵長四寸一把

〖蓊〗

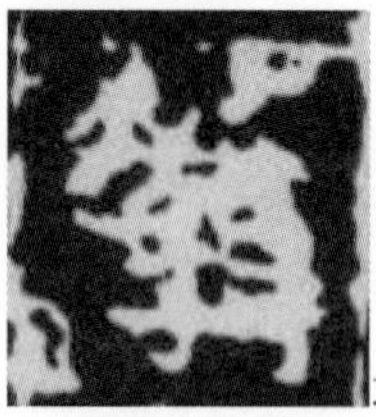
北魏・穆彥誌

○九夏蓊蔚

北魏・元瞻誌

〖蓹〗

漢印文字徵

○蓹拵施印

〖葿〗

漢印文字徵

○葿朝印信

〖蒥〗

馬貳 159_45

○蒥水

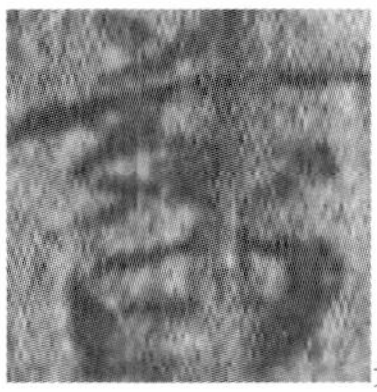
吳簡嘉禾・五・四

○男子蒴蕾

〖蒻〗

漢印文字徵

○蒻惲

北魏・元維誌

○蒻蕘仰其聲藻

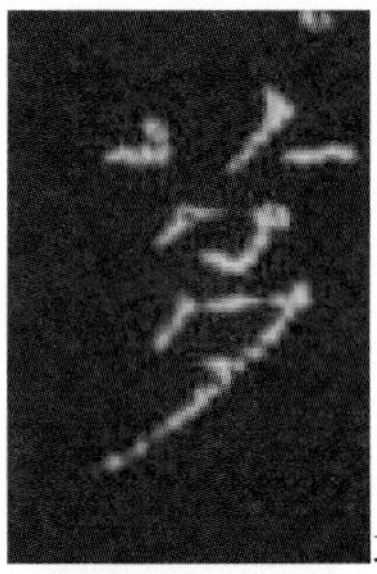
北魏・元毓誌

○垂藻於蒻蕘

北魏・元隱誌

○復戲蒻童

北魏・馮邕妻元氏誌

○蒻童來踐

〖蓎〗

東漢・張景造土牛碑

○蓎屋

〖蓘〗

秦文字編 128

〖蔀〗

東魏・王僧誌

○蔀（剖）符東夏

〖蔎〗

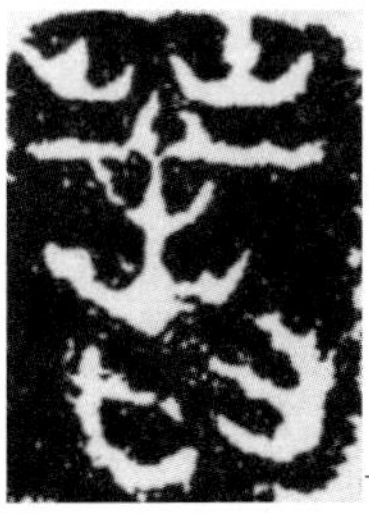
廿世紀璽印三-GP

○蔎

〖蒴〗

吴簡嘉禾・五・九八四

○男子蒴崇

〖蒞〗

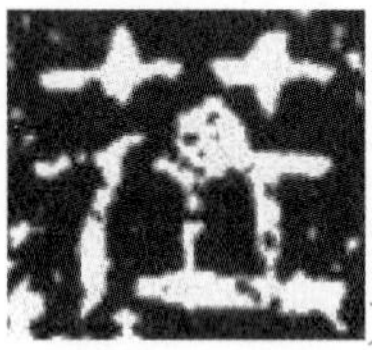
東漢・燕然山銘

○莅（蒞）以威神

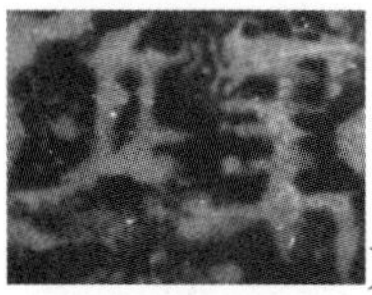
東漢・建和三年崖墓題記

○莅（逮）行十丈

晉・大中正殘石

○君莅以愷悌

西晉・臨辟雍碑額

○皇太子又再莅之

北魏・乞伏寶誌

○起莅南中郎將

北齊・賀拔昌誌

○蒞岳名蕃

〖蔯〗

吴簡嘉禾・五・三九五

○張蔯佃十町

吴簡嘉禾・五・四四二

○蟖蔯佃田

〖蔧〗

馬壹 139_18 下/160 下

○不聽聖蔧（慧）之慮

〖蕢〗

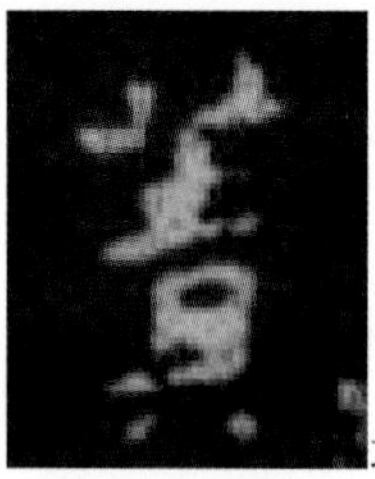
北魏・元寶月誌

○如何蕢覆

〖蓺〗

銀貳 1056

〖蓳〗

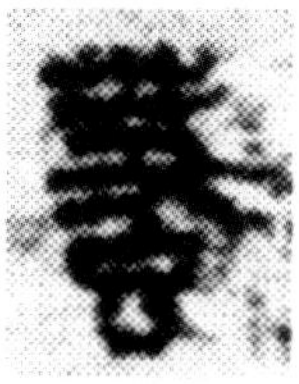
秦文字編 130

〖蒷〗

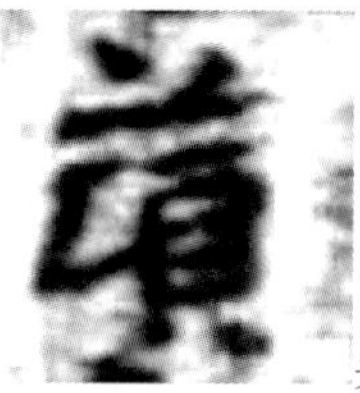
吳簡嘉禾・四六

○蒷丘李完關主

〖蓯〗

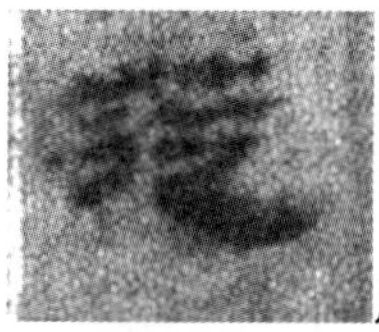
馬壹 138_11 上/153 上

○草蓯

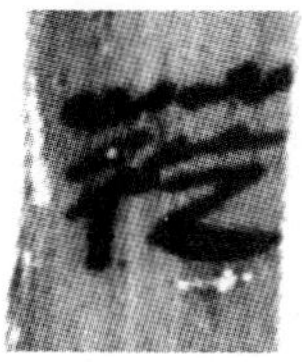
銀貳 1277

○地之蓯行

〖蓰〗

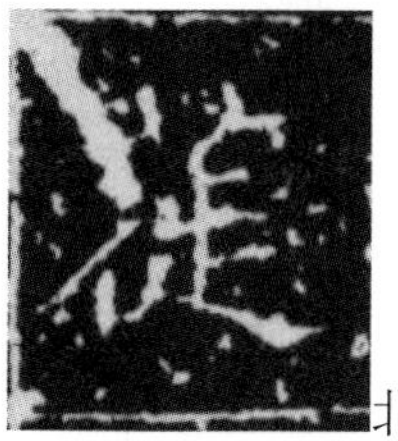
北齊・宇文誠誌

○遺名利如蔽蓰

〖蔘〗

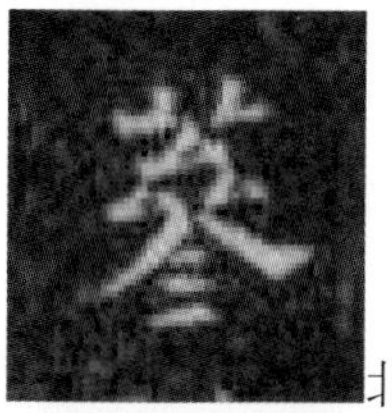
北魏・辛穆誌

北魏・元子直誌

○福極蔘差

〖蓴〗

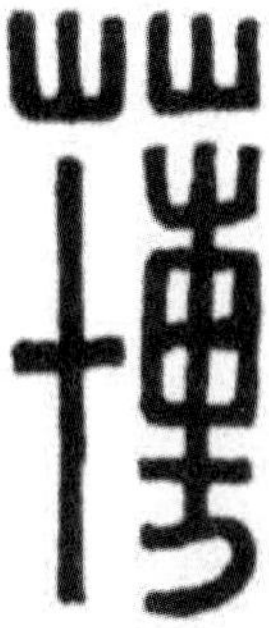
漢印文字徵

○蓴少卿

漢印文字徵

○蓴少平

〖蕙〗

北魏・劉阿素誌

北魏・李榘蘭誌

北魏・元飂妻王氏誌

北魏・李伯欽誌

〖蕀〗

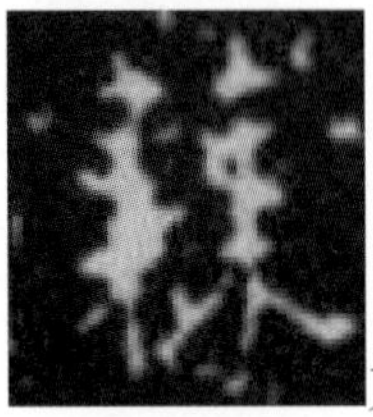
東魏・朱永隆等七十人造像銘

○樤葩槐蕀

〖蕞〗

北魏・乞伏寶誌

○蕞爾西戎

〖蔾〗

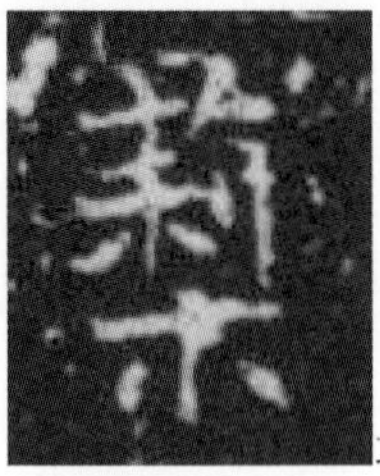
北齊・劉雙仁誌

○荷冠蔾杖

〖蓹〗

北魏・山公寺碑頌

○充集於庭蓹矣

〖蕦〗

銀貳 1869

〖薣〗

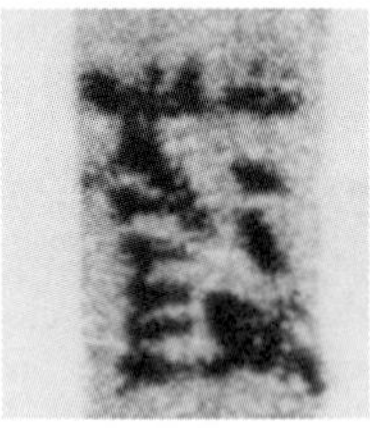
銀壹 176

○至於薣（戎）遂

〖薑〗

馬貳 129_18

〖⿱艹剽〗

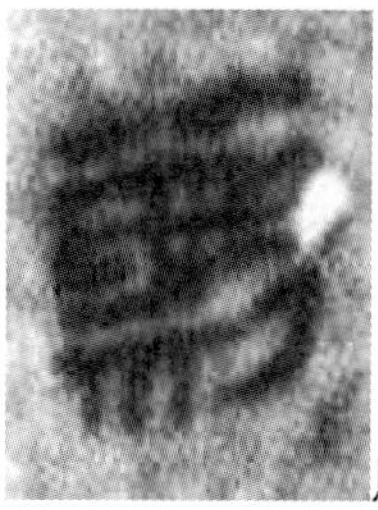
馬壹 147_64/238 下

○⿱艹剽（飄）風不冬（終）朝

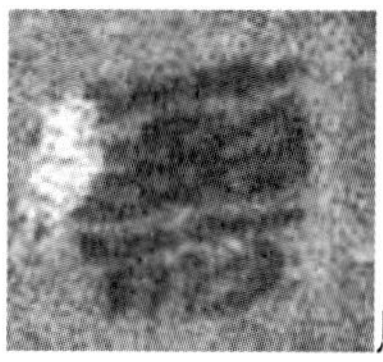
馬壹 15_13 上\106 上

○⿱艹剽（飄）風苦雨

〖薤〗

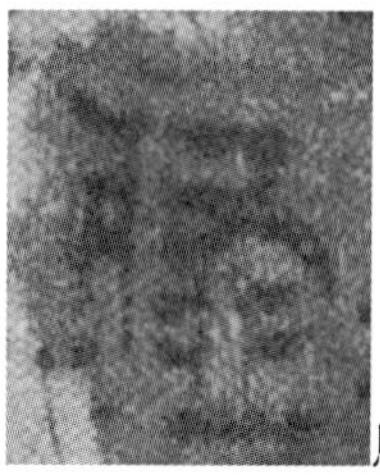
馬貳 110_29/29

○醴煮薤

北魏・王翊誌

○淒淒薤露

東魏・元延明妃馮氏誌

○薤歌曉急

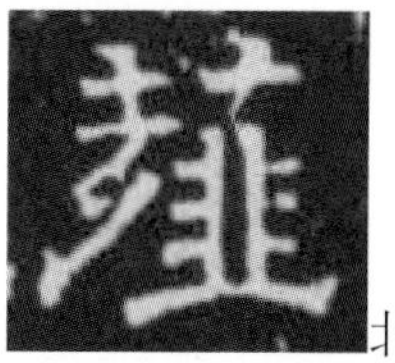
北齊・暴誕誌

○薤曲淒清

〖⿱艹拜〗

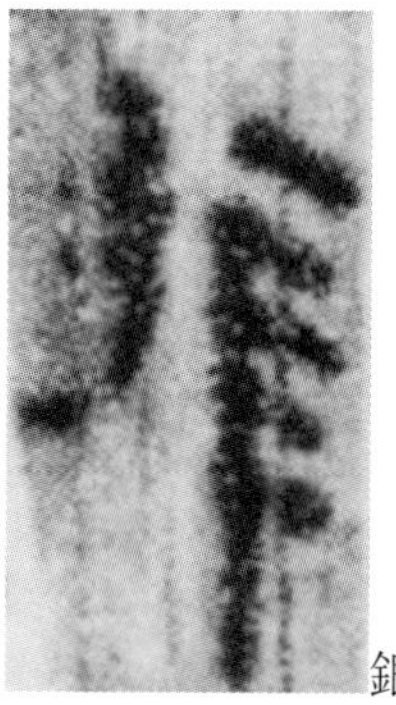
銀壹 644

○文王再⿱艹拜（拜）

〖薗〗

北魏・張寧誌

北魏・王遺女誌

○賫東園祕器

〖韮〗

漢印文字徵

○陳韮

〖⿰耒青〗

漢印文字徵

○石⿰耒青鹽督

〖萸〗

里・第八層 1069

○人爲萸獎

〖⿱艹皋〗

漢印文字徵

○⿱艹皋青肩

〖薝〗

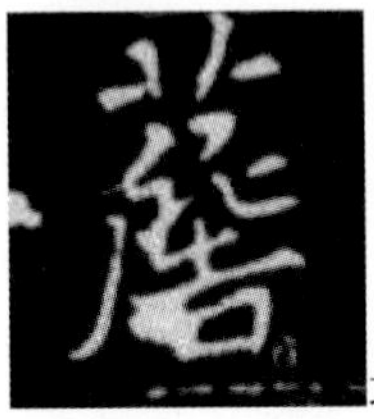
北魏・奚真誌

○養德閻薝(簷)

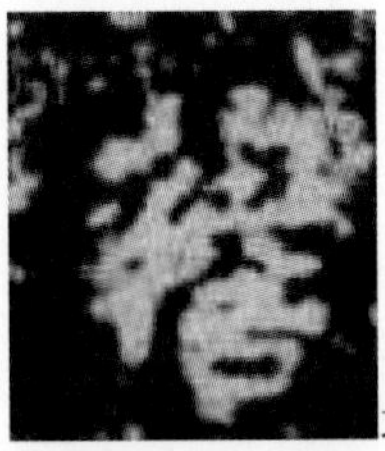
北魏・元萇温泉頌

北齊・趙郡王高叡修定國寺頌

○虬薝迴構

〖蒲〗

居・EPT59.472

○第三部蒲五

〖薩〗

北魏・乞伏寶誌

○字菩薩

北魏・僧欣造像

○與大菩薩同生一處

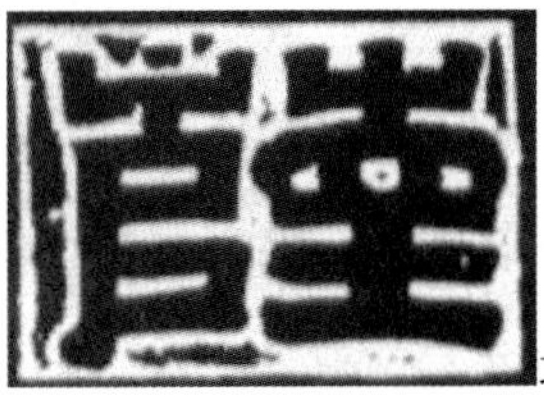

北周・安伽誌蓋

○大周同州薩保

〖⿰蓋欠〗

秦文字編 130

〖藐〗

漢印文字徵

○藐印延年

漢印文字徵

○藐鐵公

漢印文字徵

○藐置其

漢晉南北朝印風

○藐延年印

東漢・楊統碑陽

○勳跡藐矣

東漢・執金吾丞武榮碑

○藐然高厲。

北魏・穆紹誌

○儲后沖藐

北魏・常季繁誌

○遺胤藐孤

〖藁〗

銀壹 514

〇鼓其槀（豪）桀

金關 T23:917A

〇取茭槀貿

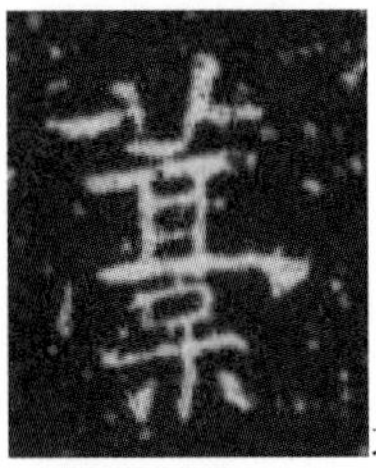
北齊・劉雙仁誌

〖精〗

漢晉南北朝印風

〇萬精鹽都

〖萃〗

北魏・元斑誌

〇瑶池奄萃

北周・華岳廟碑

〇聳萃崿於紫微

〖藝〗

東漢・舉孝廉等字殘碑

〇民樹藝三

東漢・張遷碑陽

〇藝於從畋

東漢・夏承碑

西晉・臨辟雍碑

〇遊心六藝

北魏・元璨誌

〇出處多藝

北魏・寇憑誌

○師心六藝

北魏・吐谷渾璣誌

○善文藝

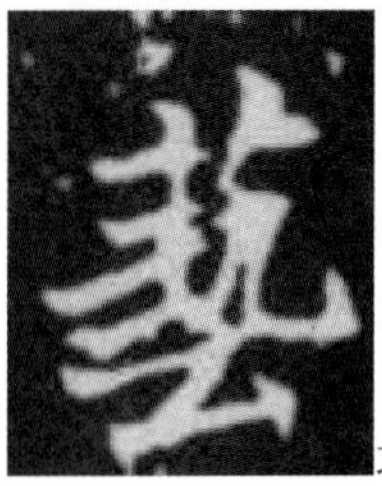
北魏・元珍誌

○六藝備脩

〖蓺〗

北壹・倉頡篇 24

○藿蓺薊荼

〖蓻〗

銀貳 1111

○五曰城勝蓻

〖藤〗

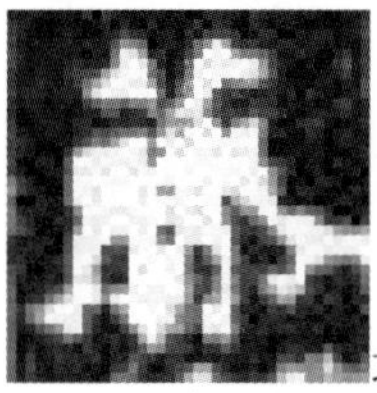
北齊・高叡修定國寺碑

○交藤代幄

〖蕉〗

北齊・崔德誌

○蕉薪

〖蘑〗

睡・秦律十八種 8

○黄穌及蘑束

〖蘋〗

廿世紀璽印二-SP

○蘋陽□

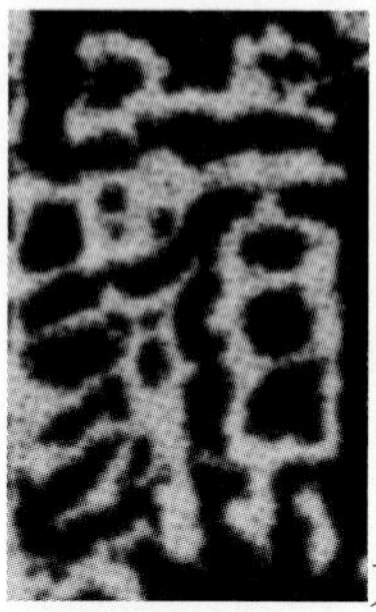
東漢・太室石闕銘

○存蘋乎

北魏・盧令媛誌

北魏・王普賢誌

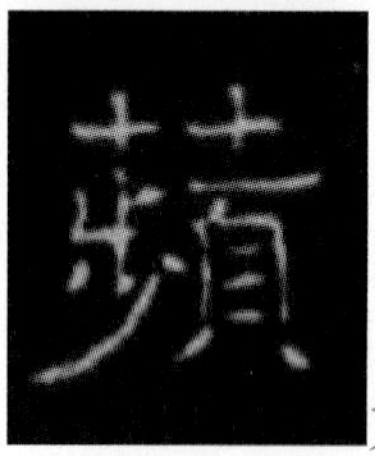
東魏・元延明妃馮氏誌

〖藒〗

北魏・元汎略誌

北魏・元進誌

〖蘅〗

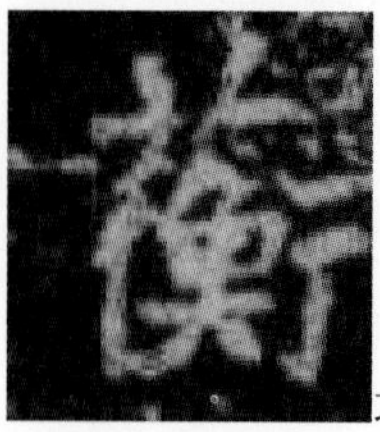
北魏・元寶月誌

○如蘅之馥

〖蘂〗

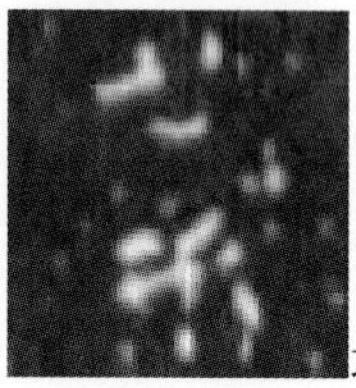
北魏・元睿誌

○瑶幹瓊蘂

〖藴〗

北魏・王翊誌

北魏・元顯魏誌

○藴藉禮容

北魏・李媛華誌

○藴無名於柱下

北齊・徐顯秀誌

北齊・高淯誌

〖蘙〗

睡・秦律十八種 88

○當爲蘙（翳）

北魏・南石窟寺碑

○六塵囂蘙

〖蘩〗

里・第八層 161

○潁陰蘩陽

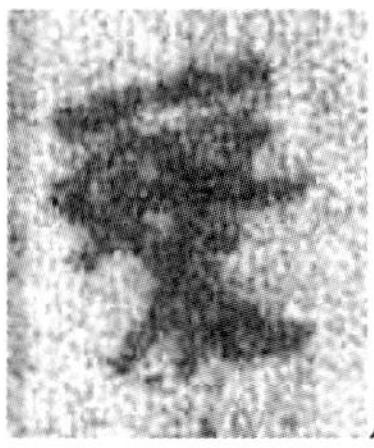
馬壹 38_13 上

○筮之蘩賜

金關 T23:933

○封詣蘩陽

廿世紀璽印三-GP

○蘩丞之印

漢印文字徵

○蘩□私印

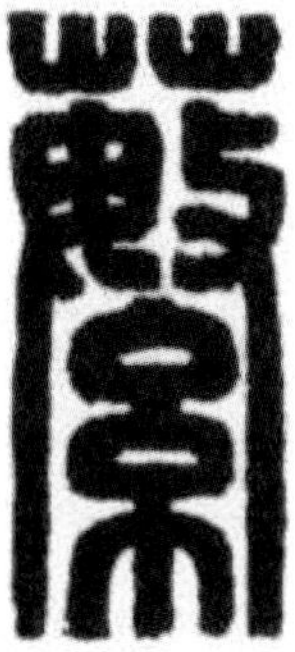
漢印文字徵

○蘩延壽

漢印文字徵

○蘩市

北魏・王翊誌

○將蘩叢棘

北魏・伏君妻咎雙仁誌

〖藹〗

北魏・緱光姬誌

○葳蕤散藹

〖蘗〗

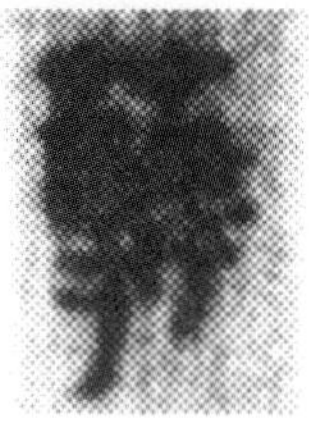
秦文字編 128

〖蘞〗

馬貳 83_304

○白蘞皆居三日旦

北魏・李超誌

○蘞蔓西垂

〖蘇〗

睡・秦律雜抄 25

漢印文字徵

○蘇于破胡

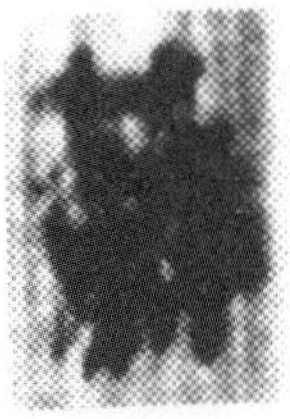
秦文字編 129

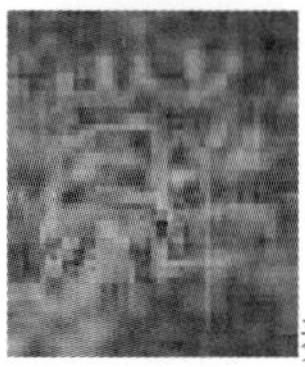
秦駰玉版

〖蘂〗

北魏・元徽誌

○招摇謝蘂

〖蘈〗

漢印文字徵

○蘱賞

漢印文字徵

○蘱君孺

〖蘋〗

廿世紀璽印三-GP

○蘋陽蘩印

〖蘁〗

馬壹 112_18\369

○自蘁（强）之命

張・遣策 23

○蘁（薑）一

〖蘻〗

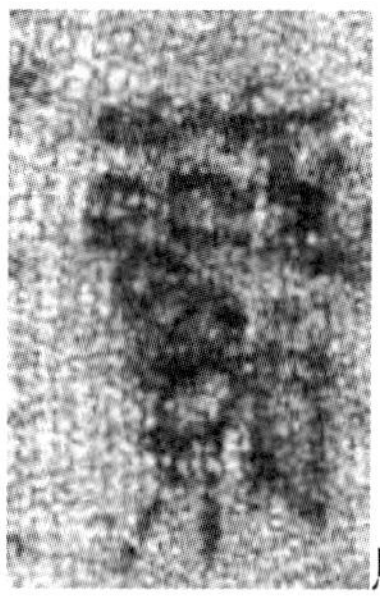
馬貳 82_286/273

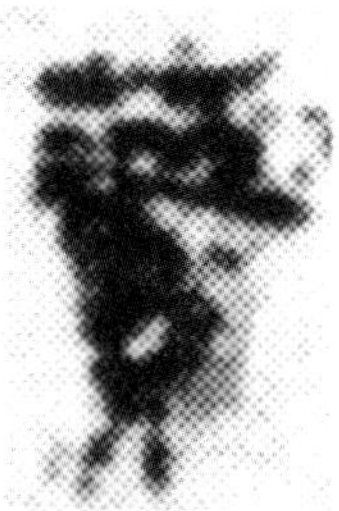
秦文字編 129

北魏・元純陀誌

〖蘩〗

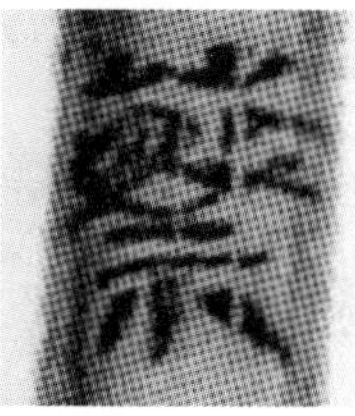
張・秩律 455

○蘩（繁）陽

〖蘩〗

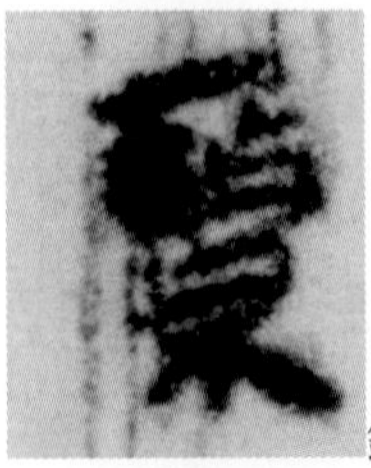
銀壹 621

○蘩（繁）飭（飾）降登以營世

北壹・倉頡篇 19

○鏲鍵蘩總

漢印文字徵

○蘩侯相印

〖藮〗

北壹・倉頡篇 72

○藮火燭熒

蓐部

【蓐】

《説文》：，陳艸復生也。从艸辱聲。一曰蔟也。凡蓐之屬皆从蓐。

【薅】

《説文》：，籀文蓐从茻。

嶽・占夢書 19

里・第八層 1861

里・第八層 395

馬壹 175_39 上

馬壹 81_45

北魏・乞伏寶誌

【薅】

《說文》：薅，拔去田艸也。从蓐，好省聲。

【茠】

《說文》：茠，薅或从休。《詩》曰：“既茠荼蓼。”

【蔟】

《說文》：蔟，籀文薅省。

茻部

【茻】

《說文》：茻，眾艸也。从四中。凡茻之屬皆从茻。讀與冈同。

【莫】

《說文》：莫，日且冥也。从日在茻中。

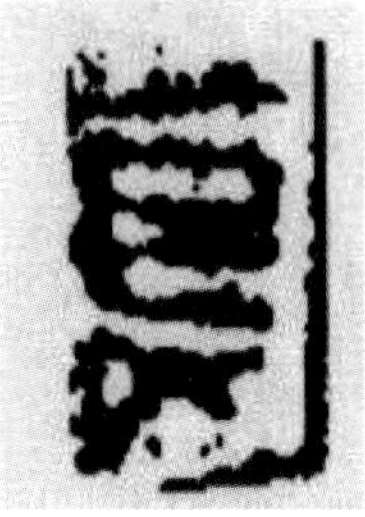
漢銘・除兇去央鈴範

睡・語書 3

〇吏民莫用鄉俗淫失

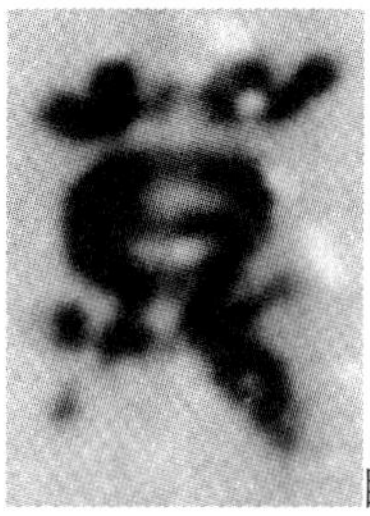
睡・秦律十八種 137

睡・封診式 93

〇食皆莫肯與

睡・日甲 100

〇已未莫（暮）市

嶽・為吏 68

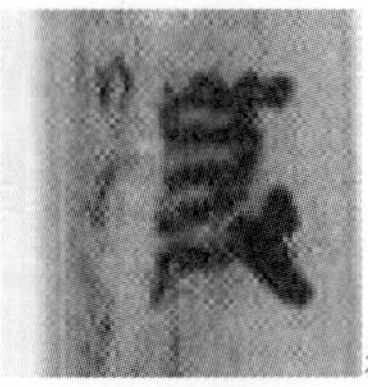
嶽・魏盜案 160

○以人莫智（知）

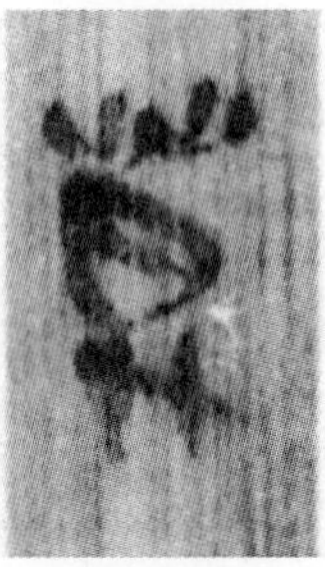
里・第八層 1733

里・第八層 647

○令佐莫邪

馬壹 211_24

馬壹 36_35 上

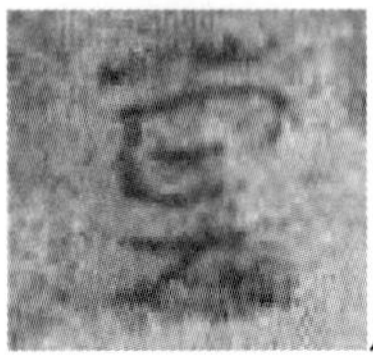
馬貳 144_9

○獨行莫（暮）

馬貳 210_89

○恆善莫（暮）飲

張・引書 4

銀壹 351

銀貳 1075

銀貳 1118

北貳・老子 2

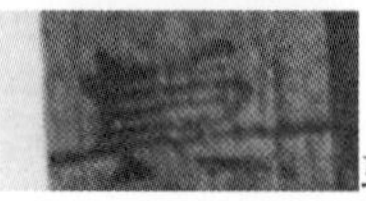
敦煌簡 0177

金關 T24:784

○要莫奉

金關 T27:025

○□受莫當卒同

吳簡嘉禾・五・五七二

○莫丘大女

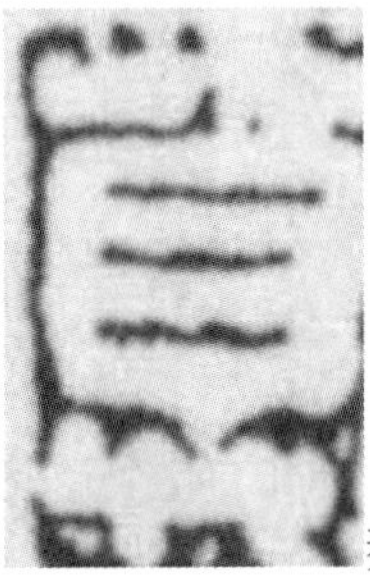
秦代印風

○趙莫如

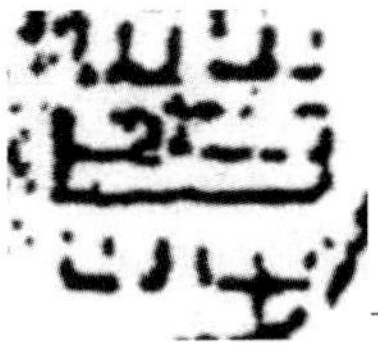
廿世紀璽印三-GP

○句莫鄉印

廿世紀璽印三-SY

○妾莫書

廿世紀璽印三-SP

漢晉南北朝印風

漢印文字徵

歷代印匋封泥

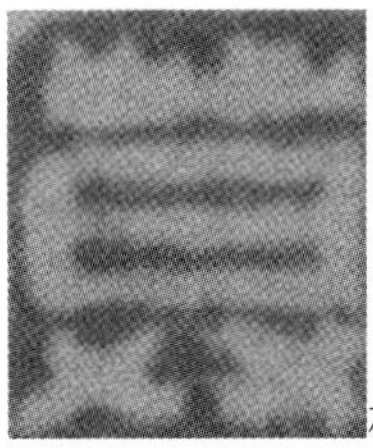
柿葉齋兩漢印萃

○蘇莫如印

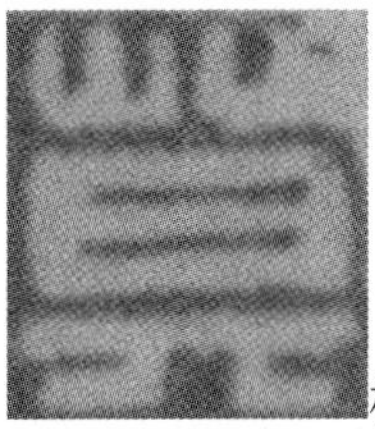
柿葉齋兩漢印萃

○莫常有印

漢印文字徵

漢印文字徵

○田莫如

漢印文字徵

○程莫當

漢印文字徵

○史莫御

漢晉南北朝印風

○大將軍莫府

漢晉南北朝印風

○王莫書

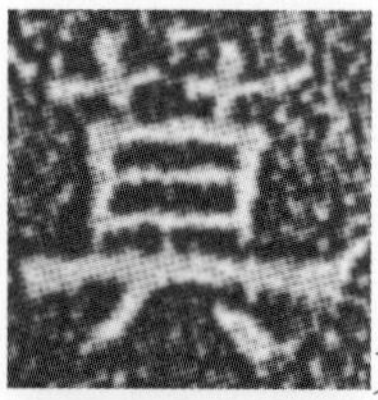
東漢・白石神君碑

東漢・太室石闕銘

○莫不蒙恩

東漢・尚博殘碑

東漢・西岳華山廟碑陽

東漢・肥致碑

東漢・成陽靈臺碑

○莫不被德

西晉・石尠誌

西晉・成晃碑

西晉・臨辟雍碑

北魏・元隱誌

【莽】

《說文》：莽，南昌謂犬善逐菟茻中爲莽。从犬从茻，茻亦聲。

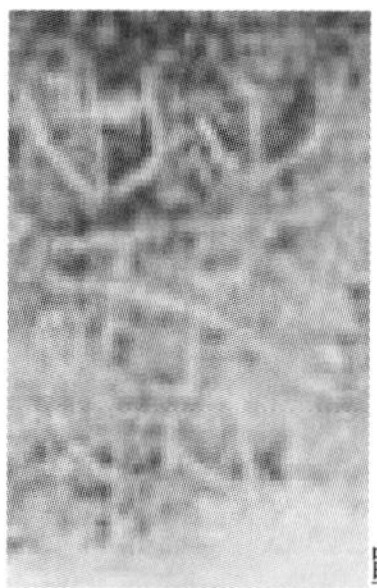
戰晚・寺工師初壺

睡・封診式 22

○帛里莽緣領褎

金關 T24:063

○夏侯莽□

廿世紀璽印三-SY

漢印文字徵

○莽胥

漢印文字徵

○姚莽私印

漢印文字徵

漢印文字徵

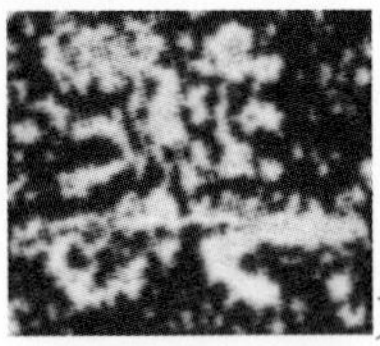
東漢・仙人唐公房碑陽

〇王莽居攝二年

北魏・元延明誌

〇既睹涅莽之形

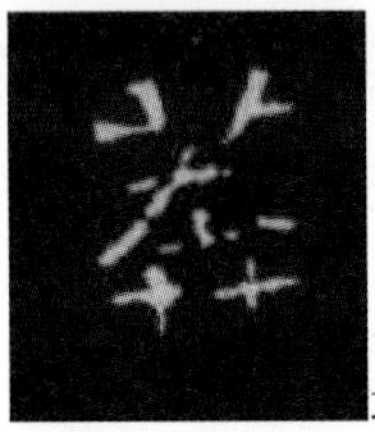
北魏・元宥誌

〇尚流芬於卉莽

北魏・李媛華誌

〇將繁宿莽

【葬】

《説文》：葬，藏也。从死在茻中；一其中，所以薦之。《易》曰：“古之葬者，厚衣之以薪。”

睡・法律答問 107

〇若已葬

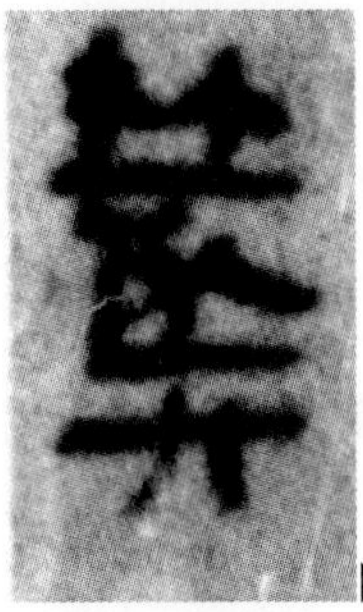
睡・日甲 11

〇牝日以葬

張・置後律 377

〇死者巳（已）葬

張・奏讞書 186

〇死未葬

銀貳 1872

〇葬貍（埋）

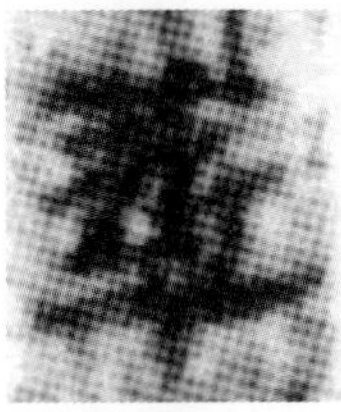
武・丙本《喪服》18

〇溉（既）葬除之者

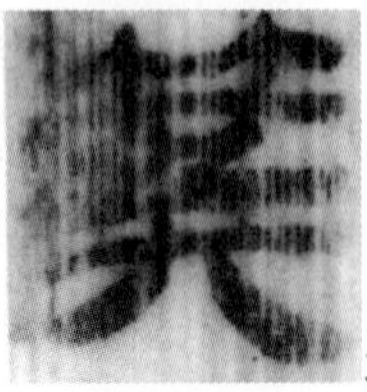
北壹・倉頡篇 19

〇葬墳髴獗

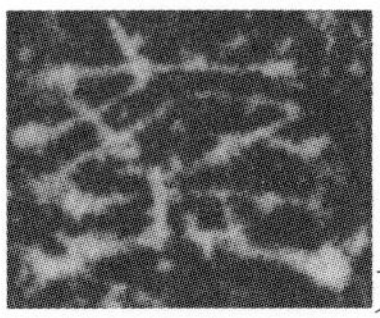
東漢·元嘉元年畫像石墓題記

○三月廿日葬

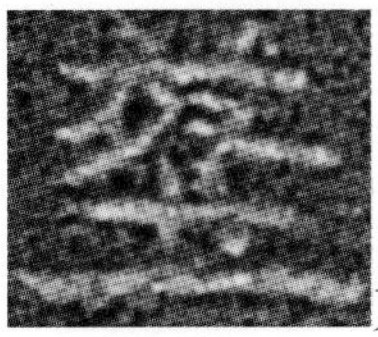
東漢·公乘田魴畫像石墓題記

○葬縣北

東漢·成陽靈臺碑

○蓋葬于茲

東漢·上計史王暉石棺銘

東漢·朝侯小子殘碑

○卜葬

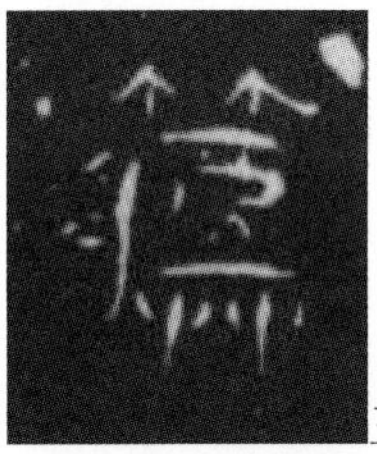
三國魏·三體石經春秋·古文

○弔(叔)服來佮(會)葬

三國魏·三體石經春秋·隸書

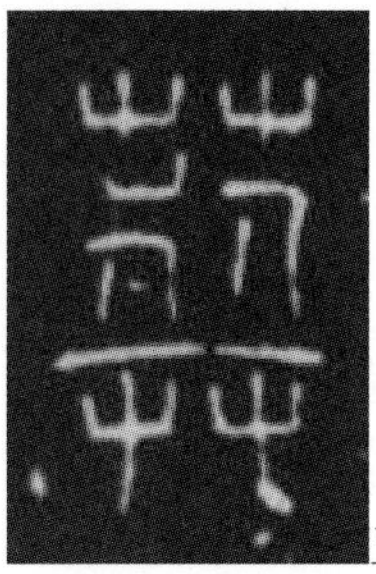
三國魏·三體石經春秋·篆文

○葬晉文公

西晉·石尠誌

○祔葬

西晉·石定誌

○祔葬

東晉·王丹虎誌

○九月卅日葬

十六國後秦·呂憲表

○葬於長安北

北魏·張正子父母鎮石

○合葬

北魏・□伯超誌

○還葬于洛陽

北齊・張海翼誌

○葬於並城

〖莾〗

秦文字編 132